经济犯罪
立案标准与法律适用

第2版

图解版

孙树光 / 著

中国法治出版社
CHINA LEGAL PUBLISHING HOUSE

图书在版编目（CIP）数据

经济犯罪立案标准与法律适用：图解版 / 孙树光著. 2 版. -- 北京：中国法治出版社，2024.12. -- ISBN 978-7-5216-4721-1

Ⅰ. D924.33-64

中国国家版本馆 CIP 数据核字第 2024Y0M624 号

责任编辑：黄丹丹　　　　　　　　　　　封面设计：李　宁

经济犯罪立案标准与法律适用：图解版
JINGJI FANZUI LI'AN BIAOZHUN YU FALÜ SHIYONG：TUJIEBAN

著者/孙树光
经销/新华书店
印刷/三河市紫恒印装有限公司
开本/880 毫米×1230 毫米　32 开　　　　　印张/ 18.5　字数/ 450 千
版次/2024 年 12 月第 2 版　　　　　　　　2024 年 12 月第 1 次印刷

中国法治出版社出版
书号 ISBN 978-7-5216-4721-1　　　　　　　定价：68.00 元

北京市西城区西便门西里甲 16 号西便门办公区
邮政编码：100053　　　　　　　　　　　　传真：010-63141600
网址：http://www.zgfzs.com　　　　　　　编辑部电话：010-63141812
市场营销部电话：010-63141612　　　　　　印务部电话：010-63141606

（如有印装质量问题，请与本社印务部联系。）

前　言

　　本书在体例安排上，按照刑法规定、立案标准、量刑标准（量刑参考）、重点解读和法律适用等部分进行设计。全面客观地呈现经济犯罪各罪的立案、定罪和量刑标准，结合经济犯罪罪名空白罪状的规范特征，将需要援引的法律、行政法规等前置法规范进行法律条文的精准梳理。重点解读部分，在解读各罪构罪逻辑的基础上，侧重对重点构成要件要素的理解和阐释。对于司法解释及司法解释性文件、指导性案例、人民法院案例库入库案例等形成共识的知识点，进行归纳梳理。对于上述规范性文件尚未涉及但实践中确存争议和规范性文件适用出现的盲点和难点，在遵循罪刑法定原则的基础上，提炼、总结法律职业共同体对该问题的阐释逻辑和解释结论，以飨读者。总体而言，本书具有以下特色。

　　全面性。经济犯罪作为行政犯的典型类型，往往以空白罪状的形式被规定在刑法中。对该规范的理解、适用，需要援引法律、行政法规等前置法。必要时，还需要借助部门规章甚至是行业协会规定等进行规范概念的解读、认定。故而，本书除收录刑法规范及各罪对应的司法解释及司法解释性文件外，还收录了对各罪刑事不法判断起重要作用的前置法规范，包括但不限于《公司法》①《证券法》《税收征收管理法》和《商标法》及相对应的行政法规。方便法律职业共同体在统一的法秩序体系下，更好地观察行政犯法律规范在不同部门法之间质与量的区别，更好地理解适用行政犯法律规范体系。本书第2版根据公安机关经济犯罪侦查部门管辖的78种刑事案件的管辖调整，新增帮助恐怖活动罪、职务侵占罪、挪用资金罪和虚假诉讼罪四个罪名，并及时更新《刑法修正案（十二）》《最高人民法院、最高人民检察院关于办理危害税收征管刑事案件适用法律若干问题的解释》和指导性案例等最新内容。与此同时，收录部分人民法院案例库中具有典型性、指导性的案例，为类案办理提供权威参考。

实用性。作为一本经济犯罪工具书，不仅需要对法律文本进行归纳梳理，对构罪要素进行理论解读，更要对实践类型进行规范适用层面的比对。具体而言，既有对刑事立法类型的分类解读，比如在侵犯商业秘密罪中，将侵犯商业秘密行为分为非法获取型、非法使用型和非法披露型，进而匹配不同类型"情节严重"的衡量标准；又有对司法解释等兜底条款的适用解释，

---

① 为便于阅读，本书中相关法律文件中的"中华人民共和国"字样都予以省略。

比如在操纵证券、期货市场罪中，法律规范对应的其实是实践操作中的九种交易类型，即"坐庄操纵""对倒""对敲""恍骗交易""蛊惑交易""抢帽子交易""重大事件操纵""控制信息操纵"和"跨市场操纵"；还有对已然类型化的实践焦点的总结解读，比如在虚开增值税专用发票罪中，实践中出现的"有货开票"虚开型、"变票"虚开型和"对开""环开"虚开型等虚开增值税专用发票行为；更有对存在行刑交叉、民刑交叉的办案指引，比如在合同诈骗罪中，对于托盘融资业务领域、"对赌"协议签订领域、汽车租赁领域和金融机构贷款领域中的合同欺诈行为等，整理、归纳公检法一线的办案智慧和理论前沿的解决思路。

说理性。经济犯罪的治理过程，是法律职业共同体在法律法规、司法解释及司法解释性文件等框架下，利用犯罪构成理论，在法律文本规范与个案案件事实之间不断往返比对的过程。在这一往返比对的过程中，对于解释模型和说理逻辑的把握，既需要关注司法解释执笔者、一线公检法办案人员对于经济犯罪规范适用及解释的再解释，也需要借鉴来自高校、科研院所等学者对司法实践的理论解读。笔者通过阅读相关学术专著和整理近千篇经济犯罪文献资料，提炼总结来自《人民法院报》《检察日报》《人民司法》《法律适用》《中国检察官》《中国法学》《法学研究》《中外法学》等报纸、期刊中的重点论述,为经济犯罪的法律适用提供办案指引、裁判思路和说理逻辑参考。

本书不足之处,还望批评指正。

孙树光

目 录

生产、销售伪劣商品罪

1　生产、销售伪劣产品罪（刑法第140条）/ 003

2　生产、销售、提供假药罪（刑法第141条）/ 011

3　生产、销售、提供劣药罪（刑法第142条）/ 021

4　妨害药品管理罪（刑法第142条之一）/ 026

5　生产、销售不符合安全标准的食品罪（刑法第143条）/ 034

6　生产、销售有毒、有害食品罪（刑法第144条）/ 043

7　生产、销售不符合标准的医用器材罪（刑法第145条）/ 052

8　生产、销售不符合安全标准的产品罪（刑法第146条）/ 057

9　生产、销售伪劣农药、兽药、化肥、种子罪（刑法第147条）/ 060

10　生产、销售不符合卫生标准的化妆品罪（刑法第148条）/ 063

走私罪

11　走私武器、弹药罪（刑法第151条第1款）/ 067

12　走私核材料罪（刑法第151条第1款）/ 073

13　走私假币罪（刑法第151条第1款）/ 076

14　走私文物罪（刑法第151条第2款）/ 080

15 走私贵重金属罪（刑法第 151 条第 2 款）/ 085

16 走私珍贵动物、珍贵动物制品罪（刑法第 151 条第 2 款）/ 088

17 走私国家禁止进出口的货物、物品罪（刑法第 151 条第 3 款）/ 093

18 走私淫秽物品罪（刑法第 152 条第 1 款）/ 097

19 走私废物罪（刑法第 152 条第 2 款）/ 101

20 走私普通货物、物品罪（刑法第 153 条）/ 106

妨害对公司、企业的管理秩序罪

21 虚报注册资本罪（刑法第 158 条）/ 113

22 虚假出资、抽逃出资罪（刑法第 159 条）/ 116

23 欺诈发行证券罪（刑法第 160 条）/ 120

24 违规披露、不披露重要信息罪（刑法第 161 条）/ 125

25 妨害清算罪（刑法第 162 条）/ 131

26 隐匿、故意销毁会计凭证、会计账簿、财务会计报告罪（刑法第 162 条之一）/ 135

27 虚假破产罪（刑法第 162 条之二）/ 138

28 非国家工作人员受贿罪（刑法第 163 条）/ 142

29 对非国家工作人员行贿罪（刑法第 164 条第 1 款）/ 147

30 对外国公职人员、国际公共组织官员行贿罪（刑法第 164 条第 2 款）/ 149

31 非法经营同类营业罪（刑法第 165 条）/ 151

32 为亲友非法牟利罪（刑法第 166 条）/ 158

33 签订、履行合同失职被骗罪（刑法第 167 条）/ 163

34 国有公司、企业、事业单位人员失职罪（刑法第 168 条）/ 166

35 国有公司、企业、事业单位人员滥用职权罪（刑法第 168 条）/ 168

36 徇私舞弊低价折股、出售公司、企业资产罪（刑法第 169 条）/ 170

37　背信损害上市公司利益罪（刑法第 169 条之一）/ 173

破坏金融管理秩序罪

38　伪造货币罪（刑法第 170 条）/ 181

39　出售、购买、运输假币罪（刑法第 171 条第 1 款）/ 185

40　金融工作人员购买假币、以假币换取货币罪（刑法第 171 条第 2 款）/ 187

41　持有、使用假币罪（刑法第 172 条）/ 189

42　变造货币罪（刑法第 173 条）/ 193

43　擅自设立金融机构罪（刑法第 174 条第 1 款）/ 196

44　伪造、变造、转让金融机构经营许可证、批准文件罪（刑法第 174 条第 2 款）/ 199

45　高利转贷罪（刑法第 175 条）/ 201

46　骗取贷款、票据承兑、金融票证罪（刑法第 175 条之一）/ 204

47　非法吸收公众存款罪（刑法第 176 条）/ 207

48　伪造、变造金融票证罪（刑法第 177 条）/ 215

49　妨害信用卡管理罪（刑法第 177 条之一第 1 款）/ 220

50　窃取、收买、非法提供信用卡信息罪（刑法第 177 条之一第 2 款）/ 226

51　伪造、变造国家有价证券罪（刑法第 178 条第 1 款）/ 229

52　伪造、变造股票、公司、企业债券罪（刑法第 178 条第 2 款）/ 232

53　擅自发行股票、公司、企业债券罪（刑法第 179 条）/ 234

54　内幕交易、泄露内幕信息罪（刑法第 180 条第 1 款）/ 237

55　利用未公开信息交易罪（刑法第 180 条第 4 款）/ 241

56　编造并传播证券、期货交易虚假信息罪（刑法第 181 条第 1 款）/ 247

57　诱骗投资者买卖证券、期货合约罪（刑法第 181 条第 2 款）/ 250

58 操纵证券、期货市场罪（刑法第 182 条）/ 254

59 背信运用受托财产罪（刑法第 185 条之一第 1 款）/ 263

60 违法运用资金罪（刑法第 185 条之一第 2 款）/ 265

61 违法发放贷款罪（刑法第 186 条）/ 267

62 吸收客户资金不入账罪（刑法第 187 条）/ 271

63 违规出具金融票证罪（刑法第 188 条）/ 274

64 对违法票据承兑、付款、保证罪（刑法第 189 条）/ 276

65 逃汇罪（刑法第 190 条）/ 278

66 骗取外汇罪 / 280

67 洗钱罪（刑法第 191 条）/ 283

金融诈骗罪

68 集资诈骗罪（刑法第 192 条）/ 291

69 贷款诈骗罪（刑法第 193 条）/ 299

70 票据诈骗罪（刑法第 194 条第 1 款）/ 304

71 金融凭证诈骗罪（刑法第 194 条第 2 款）/ 309

72 信用证诈骗罪（刑法第 195 条）/ 313

73 信用卡诈骗罪（刑法第 196 条）/ 318

74 有价证券诈骗罪（刑法第 197 条）/ 327

75 保险诈骗罪（刑法第 198 条）/ 330

危害税收征管罪

76 逃税罪（刑法第 201 条）/ 339

77 抗税罪（刑法第 202 条）/ 343

78 逃避追缴欠税罪（刑法第 203 条）/ 346

79 骗取出口退税罪（刑法第 204 条）/ 349

80 虚开增值税专用发票、用于骗取出口退税、抵扣税款发票罪（刑法第 205 条）/ 353

81 虚开发票罪（刑法第 205 条之一）/ 359

82 伪造、出售伪造的增值税专用发票罪（刑法第 206 条）/ 362

83 非法出售增值税专用发票罪（刑法第 207 条）/ 365

84 非法购买增值税专用发票、购买伪造的增值税专用发票罪（刑法第 208 条第 1 款）/ 368

85 非法制造、出售非法制造的用于骗取出口退税、抵扣税款发票罪（刑法第 209 条第 1 款）/ 370

86 非法制造、出售非法制造的发票罪（刑法第 209 条第 2 款）/ 372

87 非法出售用于骗取出口退税、抵扣税款发票罪（刑法第 209 条第 3 款）/ 374

88 非法出售发票罪（刑法第 209 条第 4 款）/ 376

89 持有伪造的发票罪（刑法第 210 条之一）/ 378

侵犯知识产权罪

90 假冒注册商标罪（刑法第 213 条）/ 383

91 销售假冒注册商标的商品罪（刑法第 214 条）/ 391

92 非法制造、销售非法制造的注册商标标识罪（刑法第 215 条）/ 394

93 假冒专利罪（刑法第 216 条）/ 398

94 侵犯著作权罪（刑法第 217 条）/ 401

95 销售侵权复制品罪（刑法第 218 条）/ 408

96 侵犯商业秘密罪（刑法第 219 条）/ 410

97 为境外窃取、刺探、收买、非法提供商业秘密罪（刑法第 219 条之一）/ 417

扰乱市场秩序罪

98　损害商业信誉、商品声誉罪（刑法第 221 条）/ 421

99　虚假广告罪（刑法第 222 条）/ 425

100　串通投标罪（刑法第 223 条）/ 429

101　合同诈骗罪（刑法第 224 条）/ 434

102　组织、领导传销活动罪（刑法第 224 条之一）/ 443

103　非法经营罪（刑法第 225 条）/ 448

104　强迫交易罪（刑法第 226 条）/ 461

105　伪造、倒卖伪造的有价票证罪（刑法第 227 条第 1 款）/ 466

106　倒卖车票、船票罪（刑法第 227 条第 2 款）/ 469

107　非法转让、倒卖土地使用权罪（刑法第 228 条）/ 471

108　提供虚假证明文件罪（刑法第 229 条第 1 款）/ 475

109　出具证明文件重大失实罪（刑法第 229 条第 3 款）/ 479

110　逃避商检罪（刑法第 230 条）/ 482

其他相关犯罪

111　帮助恐怖活动罪（刑法第 120 条之一）/ 487

112　职务侵占罪（刑法第 271 条）/ 491

113　挪用资金罪（刑法第 272 条第 1 款）/ 498

114　虚假诉讼罪（刑法第 307 条之一）/ 502

附录 1

中华人民共和国刑法（节录）/ 509

最高人民检察院、公安部关于公安机关管辖的刑事案件立案追诉标准的规定（二）/ 530

附录 2

指导案例 87 号　郭明升、郭明锋、孙淑标假冒注册商标案 / 566

指导案例 70 号　北京阳光一佰生物技术开发有限公司、习文有等生产、销售有毒、有害食品案 / 566

指导案例 61 号　马乐利用未公开信息交易案 / 567

检例第 194 号　上海某公司、许林、陶伟侵犯著作权案 / 567

检例第 193 号　梁永平、王正航等十五人侵犯著作权案 / 568

检例第 192 号　周某某与项某某、李某某著作权权属、侵权纠纷等系列虚假诉讼监督案 / 568

检例第 190 号　宋某某违规出具金融票证、违法发放贷款、非国家工作人员受贿案 / 569

检例第 188 号　桑某受贿、国有公司人员滥用职权、利用未公开信息交易案 / 569

检例第 177 号　孙旭东非法经营案 / 570

检例第 176 号　郭四记、徐维伦等人伪造货币案 / 570

检例第 175 号　张业强等人非法集资案 / 571

检例第 102 号　金义盈侵犯商业秘密案 / 572

检例第 101 号　姚常龙等五人假冒注册商标案 / 572

检例第 100 号　陈力等八人侵犯著作权案 / 572

检例第 99 号　广州卡门实业有限公司涉嫌销售假冒注册商标的商品立案监督案 / 573

检例第 98 号　邓秋城、双善食品（厦门）有限公司等销售假冒注册商标的商品案 / 573

检例第 93 号　丁某某、林某某等人假冒注册商标立案监督案 / 574

检例第 91 号　温某某合同诈骗立案监督案 / 574

检例第 90 号 许某某、包某某串通投标立案监督案 / 575

检例第 66 号 博元投资股份有限公司、余蒂妮等人违规披露、不披露重要信息案 / 575

检例第 65 号 王鹏等人利用未公开信息交易案 / 575

检例第 64 号 杨卫国等人非法吸收公众存款案 / 576

检例第 62 号 南京百分百公司等生产、销售伪劣农药案 / 576

检例第 61 号 王敏生产、销售伪劣种子案 / 577

检例第 55 号 福建王某兴等人劳动仲裁执行虚假诉讼监督案 / 577

检例第 54 号 陕西甲实业公司等公正执行虚假诉讼监督案 / 577

检例第 41 号 叶经生等组织、领导传销活动案 / 578

检例第 40 号 周辉集资诈骗案 / 578

检例第 39 号 朱炜明操纵证券市场案 / 578

检例第 15 号 胡林贵等人生产、销售有毒、有害食品，行贿；骆梅、刘康素销售伪劣产品；朱伟全、曾伟中生产、销售伪劣产品；黎达文等人受贿，食品监管渎职案 / 579

检例第 14 号 孙建亮等人生产、销售有毒、有害食品案 / 579

检例第 13 号 徐孝伦等人生产、销售有害食品案 / 580

检例第 12 号 柳立国等人生产、销售有毒、有害食品，生产、销售伪劣产品案 / 580

生产、销售伪劣商品罪

1 生产、销售伪劣产品罪
2 生产、销售、提供假药罪
3 生产、销售、提供劣药罪
4 妨害药品管理罪
5 生产、销售不符合安全标准的食品罪
6 生产、销售有毒、有害食品罪
7 生产、销售不符合标准的医用器材罪
8 生产、销售不符合安全标准的产品罪
9 生产、销售伪劣农药、兽药、化肥、种子罪
10 生产、销售不符合卫生标准的化妆品罪

1 生产、销售伪劣产品罪

刑法规定

第 140 条
　　生产者、销售者在产品中掺杂、掺假，以假充真，以次充好或者以不合格产品冒充合格产品，销售金额五万元以上不满二十万元的，处二年以下有期徒刑或者拘役，并处或者单处销售金额百分之五十以上二倍以下罚金；销售金额二十万元以上不满五十万元的，处二年以上七年以下有期徒刑，并处销售金额百分之五十以上二倍以下罚金；销售金额五十万元以上不满二百万元的，处七年以上有期徒刑，并处销售金额百分之五十以上二倍以下罚金；销售金额二百万元以上的，处十五年有期徒刑或者无期徒刑，并处销售金额百分之五十以上二倍以下罚金或者没收财产。

第 149 条
　　生产、销售本节第一百四十一条至第一百四十八条所列产品，不构成各该条规定的犯罪，但是销售金额在五万元以上的，依照本节第一百四十条的规定定罪处罚。
　　生产、销售本节第一百四十一条至第一百四十八条所列产品，构成各该条规定的犯罪，同时又构成本节第一百四十条规定之罪的，依照处罚较重的规定定罪处罚。

第 150 条
　　单位犯本节第一百四十条至第一百四十八条规定之罪的，对单位判处罚金，并对其直接负责的主管人员和其他直接责任人员，依照各该条的规定处罚。

立案标准	生产者、销售者在产品中掺杂、掺假，以假充真，以次充好或者以不合格产品冒充合格产品，涉嫌下列情形之一的，应予立案追诉： （1）伪劣产品销售金额 5 万元以上的； （2）伪劣产品尚未销售，货值金额 15 万元以上的； （3）伪劣产品销售金额不满 5 万元，但将已销售金额乘以 3 倍后，与尚未销售的伪劣产品货值金额合计 15 万元以上的。
量刑标准	（1）犯生产、销售伪劣产品罪的，分四个档次量刑： ①销售金额 5 万元以上不满 20 万元的，处 2 年以下有期徒刑或者拘役，并处或者单处销售金额 50% 以上 2 倍以下罚金； ②销售金额 20 万元以上不满 50 万元的，处 2 年以上 7 年以下有期徒刑，并处销售金额 50% 以上 2 倍以下罚金； ③销售金额 50 万元以上不满 200 万元的，处 7 年以上有期徒刑，并处销售金额 50% 以上 2 倍以下罚金； ④销售金额 200 万元以上的，处 15 年有期徒刑或者无期徒刑，并处销售金额 50% 以上 2 倍以下罚金或者没收财产。 （2）单位犯本罪的，对单位判处罚金，并对其直接负责的主管人员和其他直接责任人员依上述规定处罚。
重点解读	一、罪与非罪 本罪的成立，要求生产者、销售者违反国家的产品质量管理法规，在产品中掺杂、掺假，以假充真，以次充好或者以不合格产品冒充合格产品，销售金额超过 5 万元。犯罪客体是消费者合法权益和国家对产品的管理秩序。犯罪主体包括自然人和单位。单位犯本罪的，对单位判处罚金，并对其直接负责的主管人员和其他直接责任人员，依照《刑法》第 140 条的规定处罚。犯罪主观方面是故意，即明知自己在产品中掺杂、掺假，以假充真，以次充好或者以不合格产品冒充合格产品会侵害消

费者的合法权益和国家对产品的管理秩序，仍然希望或者放任这一危害结果的发生。生产、销售不符合食品安全标准的食品添加剂，用于食品的包装材料、容器、洗涤剂、消毒剂，或者用于食品生产经营的工具、设备等，符合《刑法》第 140 条规定的，以本罪论处。生产、销售用超过保质期的食品原料、超过保质期的食品、回收食品作为原料的食品，或者以更改生产日期、保质期、改换包装等方式销售超过保质期的食品、回收食品，符合《刑法》第 140 条规定的，以本罪论处。

（一）生产、销售伪劣产品行为

生产、销售伪劣产品的行为包括在产品中掺杂、掺假，以假充真，以次充好或者以不合格产品冒充合格产品等。

1. 掺杂、掺假的判断，需要进行"质"与"量"的双重把握。对于"质"而言，要合理区分在产品中掺"杂"与掺"假"。"杂"侧重于强调掺入与本产品组成成分不同的物质，即杂质。"假"侧重于强调掺入不属于本产品的其他物质，即异物。对于"量"而言，一方面，要求掺杂、掺假致使产品质量不符合国家法律法规或者产品明示质量标准规定的质量要求；另一方面，要求掺杂、掺假致使产品降低、失去应有的使用性能。需要注意的是，"量"的两个方面缺一不可，即必须同时具备"不符合国家法律法规或者产品明示质量标准规定的质量要求"和"致使产品降低、失去应有的使用性能"。

2. 以假充真的判断，是从使用性能上进行的区分，即将不具有某种使用性能的产品冒充具有该种使用性能的产品。对此标准进行判断时，会出现本罪适用与假冒注册商标罪之间的竞合判断问题。比如，具有同样使用性能的贴牌香烟，并不属于"以假充真"的行为，应以假冒注册商标罪论处。

3. 以次充好的判断，是对产品质量等级的衡量对比，与产品是否合格无关,是指以低等级、低档次产品冒充高等级、高档次产品,或者以残次、废旧零配件组合、拼装后冒充正品或者新产品的行为。次等品根据规定只要标明质量状况是可以销售的,只有冒充没有瑕疵的产品时才是"不合格产品"。

4.以不合格产品冒充合格产品,是指不符合以下产品质量要求:(1)不存在危及人身、财产安全的不合理的危险,有保障人体健康和人身、财产安全的国家标准、行业标准的,应当符合该标准;(2)具备产品应当具备的使用性能,但是,对产品存在使用性能的瑕疵作出说明的除外;(3)符合在产品或者其包装上注明采用的产品标准,符合以产品说明、实物样品等方式表明的质量状况。根据前述要求,用超过保质期的食品原料、超过保质期的食品、回收食品作为原料的食品和超过保质期的食品、回收食品,可认定为不合格产品。

对上述行为难以确定的,应当委托法律、行政法规规定的产品质量检验机构进行鉴定。

(二)伪劣产品

伪劣产品作为本罪的犯罪对象,包括"伪产品"和"劣产品"两类。其中,伪产品,是指"以假充真"的产品。对其认定,需要结合产品明示或产品性能或者生产者、销售者承诺的产品性能进行把握。劣产品,包括掺杂、掺假的产品,以次充好的产品和以不合格产品冒充合格产品的情形。只要是不符合国家强制性标准的产品以及不符合生产者、销售者对产品性能、质量作出承诺的产品,均属于劣产品。"三无"产品并不必然等同于本罪中的"伪劣产品"。

(三)销售金额

销售金额,包括生产者、销售者出售伪劣产品后所得的全部违法收入和应得的全部违法收入。其中,生产者、销售者出售伪劣产品所得的全部违法收入,包括出售伪劣产品后所得的全部或部分货款、买方支付的定金等。对于尚未出售的伪劣产品,其估价只是生产者、销售者的成本,并不属于销售金额考虑的范畴。生产者、销售者出售伪劣产品后应得的全部违法收入,是指生产者、销售者与买方就伪劣产品按照合同或者约定应得的全部违法所得。此时,只要合同双方基于真实的意思表示,达成买卖合意,该合同或约定的货款即是"销售金额"所考虑的应得的全部违法收入。

(四)货值金额

货值金额,以违法生产、销售的伪劣产品的标价计算;没有标价的,按照同类合同合格产品的市场中间价格计算。货值金额难以确定的,按照《扣押、追缴、没收物品估价管理办法》的规定,委托估价机构进行确定。

(五)未遂形态

伪劣产品尚未销售,货值金额达到本罪司法解释规定的销售金额3倍以上的,以生产、销售伪劣产品罪(未遂)定罪处罚。为了销售而单纯地购买、存储、运输伪劣产品,尚未销售就被抓获的,购买、存储、运输伪劣产品的行为只能算是销售伪劣产品罪的预备行为,不存在未遂犯的可能,不够定罪标准的,应按照相关法律法规,移送市场监督管理部门。对于违反行政法规的行为,给予相应的行政处罚。

(六)既遂、未遂并存

对于既遂、未遂并存的案件,首先要分别根据行为人的既遂数额和未遂数额判定其各自所对应的法定刑幅度,未遂部分还需同时考虑可以从轻或减轻处罚的情形;之后根据比较结果,如果既遂部分所对应的量刑幅度较重,或者既遂、未遂所对应的量刑幅度相同的,采用既遂吸收未遂方法,即以既遂部分所对应的量刑幅度为基础，酌情从重处罚；反之，如未遂部分对应的量刑幅度较重的，则需要采用未遂吸收既遂的方法，以未遂部分对应的量刑幅度为基础，酌情从重处罚。①

二、此罪与彼罪

1. 本罪与合同诈骗罪。合同诈骗罪，是指以非法占有为目的，在签订、履行合同过程中，使用虚构事实、隐瞒真相等欺骗手段，骗取对方当事人财物，数额较大的行为。二者的区别主要在于客观上有无施诈取财的行为，主观上有无真实交易的意图。此外，也可以通过对犯罪中使用的物进行界定来辨别，如果行为人交付的产品在主要组成、性能、外观上与合格产品相似，可以转手流通进入市场，应以本罪论处。反之，如果行为人交付的产品与合格产品相去甚远，无法流通进入市场，宜认定为诈骗犯罪。②

2. 本罪与其他关联犯罪。本罪作为"生产、销售伪劣商品罪"一节其他犯罪的兜底条款，是一般法条与特殊法条的关系。在适用时，应当从主客观方面进行综合分析，即行为人主观上是否明知或者应知生产、销售的对象是特殊的伪劣产品，客观上该行为是否可能危害到特殊产品背后所保护的特殊法益。对于主观明知的判断，不能脱离日常生活判断标准和行为人的认知水平。③对于主客观均符合特殊法条的，则按该特殊

---

① 参见聂昭伟、阳桂凤：《生产、销售伪劣产品既遂与未遂并存时的定罪处罚》，载《人民法院报》2012年8月16日，第7版。

② 参见马建平：《生产、销售伪劣产品罪与知识产权犯罪择一重罪处罚的适用》，载《人民法院报》2015年12月29日，第7版。

③ 参见贺卫：《生产、销售伪劣产品罪及其特殊罪名的犯罪对象区别——以"销售假口罩案"为例》，载《政治与法律》2020年第11期。

法条的罪名论处。对于不构成各特殊法条规定的犯罪，但是主客观方面符合本罪，且销售金额在 5 万元以上的，以本罪论处。

三、一罪与数罪

行为人利用伪劣商品假冒他人注册商标进行生产、销售的，属于牵连犯罪，应从一重罪处罚。在具体操作时，应认真把握两种罪名的性质，结合案件的具体情况，如产品的属性、质量、数量（销售金额、货值金额、非法经营数额）、假冒商标的种类、犯罪既遂、未遂等情况综合判断罪名轻重。

行为人知道或者应当知道他人实施生产、销售伪劣产品犯罪，而为其提供贷款、资金、账号、发票、证明、许可证件或者提供生产、经营场所或者运输、仓储、保管、邮寄等便利条件，或者提供制假生产技术的，以本罪的共犯定罪处罚。

【司法解释及司法解释性文件】1.《最高人民法院、最高人民检察院关于办理生产、销售伪劣商品刑事案件具体应用法律若干问题的解释》第 1 条、第 2 条、第 9~12 条

2.《最高人民法院关于审理生产、销售伪劣商品刑事案件有关鉴定问题的通知》一~三

3.《最高人民法院、最高人民检察院关于办理妨害预防、控制突发传染病疫情等灾害的刑事案件具体应用法律若干问题的解释》第 1 条、第 2 条

4.《最高人民法院、最高人民检察院关于办理非法生产、销售烟草专卖品等刑事案件具体应用法律若干问题的解释》第 2 条

5.《最高人民法院、最高人民检察院、公安部、国家烟草专卖局关于办理假冒伪劣烟草制品等刑事案件适用法律问题座谈会纪要》一、四~六、十、十一

法律适用

　　6.《最高人民法院、最高人民检察院关于办理危害食品安全刑事案件适用法律若干问题的解释》第 10 条、第 15 条

　【相关法律法规】1.《产品质量法》第 2 条、第 5 条、第 26~32 条、第 49~55 条、第 61 条、第 72~74 条

　　2.《消费者权益保护法》第 18~29 条、第 48~61 条

　　3.《农产品质量安全法》第 2 条、第 36 条、第 78 条

　　4.《饲料和饲料添加剂管理条例》第 1 条、第 2 条、第 21~50 条

　【规章及规范性文件】《最高人民检察院、公安部关于公安机关管辖的刑事案件立案追诉标准的规定（一）》第 16 条

2 生产、销售、提供假药罪

刑法规定

第 141 条

生产、销售假药的,处三年以下有期徒刑或者拘役,并处罚金;对人体健康造成严重危害或者有其他严重情节的,处三年以上十年以下有期徒刑,并处罚金;致人死亡或者有其他特别严重情节的,处十年以上有期徒刑、无期徒刑或者死刑,并处罚金或者没收财产。

药品使用单位的人员明知是假药而提供给他人使用的,依照前款的规定处罚。

第 149 条

生产、销售本节第一百四十一条至第一百四十八条所列产品,不构成各该条规定的犯罪,但是销售金额在五万元以上的,依照本节第一百四十条的规定定罪处罚。

生产、销售本节第一百四十一条至第一百四十八条所列产品,构成各该条规定的犯罪,同时又构成本节第一百四十条规定之罪的,依照处罚较重的规定定罪处罚。

第 150 条

单位犯本节第一百四十条至第一百四十八条规定之罪的,对单位判处罚金,并对其直接负责的主管人员和其他直接责任人员,依照各该条的规定处罚。

立案标准	生产、销售、提供假药的，应予立案追诉。 根据民间传统配方私自加工药品或者销售前述药品，数量不大，且未造成他人伤害后果或者延误诊治的，或者不以营利为目的实施带有自救、互助性质的生产、进口、销售药品的行为，不应当认定为犯罪。对于是否属于民间传统配方难以确定的，根据地市级以上药品监督管理部门或者有关部门出具的认定意见，结合其他证据作出认定。
量刑标准	（1）犯生产、销售、提供假药罪的，处3年以下有期徒刑或者拘役，并处罚金。 具有下列情形之一的，应当酌情从重处罚：①涉案药品以孕产妇、儿童或者危重病人为主要使用对象的；②涉案药品属于麻醉药品、精神药品、医疗用毒性药品、放射性药品、生物制品，或者以药品类易制毒化学品冒充其他药品的；③涉案药品属于注射剂药品、急救药品的；④涉案药品系用于应对自然灾害、事故灾难、公共卫生事件、社会安全事件等突发事件的；⑤药品使用单位及其工作人员生产、销售假药的；⑥其他应当酌情从重处罚的情形。 （2）对人体健康造成严重危害或者有其他严重情节的，处3年以上10年以下有期徒刑，并处罚金。 具有下列情形之一的，应当认定为"对人体健康造成严重危害"：①造成轻伤或者重伤的；②造成轻度残疾或者中度残疾的；③造成器官组织损伤导致一般功能障碍或者严重功能障碍的；④其他对人体健康造成严重危害的情形。 具有下列情形之一的，应当认定为"其他严重情节"：①引发较大突发公共卫生事件的；②生产、销售、提供假药的金额20万元以上不满50万元的；③生产、销售、提供假药的金额10万元以上不满20万元，并具有前述应当酌情从重处罚

情形之一的;④根据生产、销售、提供的时间、数量、假药种类、对人体健康危害程度等,应当认定为情节严重的。

(3)致人死亡或者有其他特别严重情节的,处10年以上有期徒刑、无期徒刑或者死刑,并处罚金或者没收财产。

有下列情形之一的,应当认定为"其他特别严重情节":①致人重度残疾以上的;②造成3人以上重伤、中度残疾或者器官组织损伤导致严重功能障碍的;③造成5人以上轻度残疾或者器官组织损伤导致一般功能障碍的;④造成10人以上轻伤的;⑤引发重大、特别重大突发公共卫生事件的;⑥生产、销售、提供假药的金额50万元以上的;⑦生产、销售、提供假药的金额20万元以上不满50万元,并具有前述应当酌情从重处罚情形之一的;⑧根据生产、销售、提供的时间、数量、假药种类、对人体健康危害程度等,应当认定为情节特别严重的。

(4)单位犯本罪的,对单位判处罚金,并对其直接负责的主管人员和其他直接责任人员依上述规定处罚。

一、罪与非罪

本罪的成立,只需要自然人或单位实施了生产、销售假药行为或者药品使用单位的人员明知是假药而提供给他人使用的行为即可。本罪属于行为犯,并无"情节严重"等危害后果的要求。既遂与否应以是否进入交易环节为准,如果因行为人意志以外的原因而未进行实质性的交易行为,则构成本罪未遂。犯罪客体是民众的生命健康安全和国家对药品的管理秩序。犯罪主体包括自然人和单位。单位犯本罪的,对单位判处罚金,并对其直接负责的主管人员和其他直接责任人员,依照《刑法》第141条的规定处罚。犯罪主观方面是故意,即明知自己生产、销售、提供的是假药。

（一）假药

假药，是指依据《药品管理法》的规定属于假药的情形。根据《药品管理法》第98条第2款的规定，有下列情形之一的，为假药：（1）药品所含成分与国家药品标准规定的成分不符；（2）以非药品冒充药品或者以他种药品冒充此种药品；（3）变质的药品；（4）药品所标明的适应症或者功能主治超出规定范围。

上述四种假药类型，是严格按照药品功效所做的判断，主要包括两类判断逻辑。一类是以非药品冒充药品。此种情况下，需要结合行为人使用非药品的对象进行判断。只要是将非药品用于人体，进行预防、治疗或诊断疾病的，就属于假药，而不论该非药品原来是否属于药品。另一类是以"假"药品冒充"真"药品。药品所含成分不符合国家标准、以他种药品冒充此种药品和药品所标明的适应症或功能主治超出规定范围，均属于此种情形。对该情形的判断，一是需要满足药品的内涵要求。药品，是指用于预防、治疗、诊断人的疾病，有目的地调节人的生理机能并规定有适应症或者功能主治、用法和用量的物质，包括中药、化学药和生物制品等。比如疫苗属于生物制品类药品，其功能主要在于预防、治疗人的疾病，有目的地调节人的生理机能。而生理盐水通常不具有上述功能，不属于药品。使用生理盐水充当"疫苗"，属于"以非药品冒充药品"，应当认定为"假药"。[①]

二是需要结合国家标准、药品适应症或功能主治的差异，进行假药与否的判断。实践中，将含有西药成分的药品冒充纯

[①] 参见"潘某销售假药案"（案例编号：2024-03-1-068-001），载人民法院案例库，最后访问日期：2024年9月12日。

中药制剂对外进行销售，以工业氧冒充医用氧对外进行销售的，均属于"以他种药品冒充此种药品"。①

当存在国家标准时，药品成分不符合国家药品标准规定的成分中的"成分不符"，一般是指完全不符。但需要注意的是，对于完全不符应作限制解释，即指主要成分或者有效成分与国家标准完全不符。实践中，通常表现为标准规定的有效成分或主要成分完全缺失或者被替换为其他成分，如将阿胶中的主要成分驴皮替换为牛皮（黄明胶）的情形就属于此类。

重点解读 对于"以非药品冒充药品或者以他种药品冒充此种药品""药品所标明的适应症或者功能主治超出规定范围"等假药类型，能够根据现场查获的原料、包装，结合犯罪嫌疑人、被告人供述等证据材料作出判断的，可以由地市级以上药品监督管理部门出具认定意见。对于"药品所含成分与国家药品标准规定的成分不符""变质的药品"等假药类型，或者是否属于"以非药品冒充药品或者以他种药品冒充此种药品"的，应当由省级以上药品监督管理部门设置或者确定的药品检验机构进行检验，出具质量检验结论。②司法机关根据认定意见、检验结论，结合其他证据作出认定。实践中，对"冒充纯中药制剂进行销售"的认定，应结合被告人的供述、药品来源、药品包装标签或说明书标注的药物成分信息、检验检测报告、假药认定书等，

---

① 参见"黄某辉、钟某州销售假药案"（案例编号：2023-02-1-068-002），载人民法院案例库；"新疆某气体制造有限公司等销售假药案"（案例编号：2024-02-1-068-001），载人民法院案例库，最后访问日期：2024年9月12日。

② 《药品行政执法与刑事司法衔接工作办法》第27条规定："药品、医疗器械、化妆品的检验检测，按照《中华人民共和国药品管理法》及其实施条例、《医疗器械监督管理条例》《化妆品监督管理条例》等有关规定执行。必要时，检验机构可以使用经国务院药品监督管理部门批准的补充检验项目和检验方法进行检验，出具检验结论。"

予以综合判定。[①]

（二）生产、销售、提供行为

以生产、销售、提供假药为目的，合成、精制、提取、储存、加工炮制药品原料，或者在将药品原料、辅料、包装材料制成成品过程中，进行配料、混合、制剂、储存、包装的，应认定为生产。以生产、销售、提供假药为目的，是指行为人明知他人生产、销售、提供假药，仍为其实施上述帮助行为的，以生产论。不以生产、销售、提供假药为目的，单纯合成、精制、提取、储存、加工炮制药品原料，或者在将药品原料、辅料、包装材料制成成品过程中，进行配料、混合、制剂、储存、包装的行为，不属于生产行为，但可以构成本罪行为的帮助行为。

销售，是指一切向社会不特定人有偿提供假药的行为，销售的方式、渠道和对象在所不问。药品使用单位及其工作人员明知是假药而有偿提供给他人使用的，应认定为销售。

提供，是指无偿提供给他人使用的行为。

（三）主观故意

主观故意的认定，应当结合行为人的从业经历、认知能力、药品质量、进货渠道和价格、销售渠道和价格以及生产、销售方式等事实综合判断。具有下列情形之一的，可以认定行为人有实施相关犯罪的主观故意，但有证据证明确实不具有故意的除外：（1）药品价格明显异于市场价格的。（2）向不具有资质的生产者、销售者购买药品，且不能提供合法有效的来历证明的。（3）逃避、抗拒监督检查的。（4）转移、隐匿、销毁涉案药品、进销货记录的。（5）曾因实施危害药品安全违法犯罪行

[①] 参见"黄某辉、钟某州销售假药案"（案例编号：2023-02-1-068-002），载人民法院案例库，最后访问日期：2024年9月12日。

为受过处罚，又实施同类行为的。此处的同类行为，既不应理解为完全相同的具体情形，也不应理解为相同罪名下的构成要件行为，而应理解为行为性质、行为手段相同的行为。比如，实践中较为常见的以"黑作坊"方式生产药品，对于后一次违法犯罪行为的主观明知，以后一次违法犯罪行为实际查证的违法类型为准。(6) 其他足以认定行为人主观故意的情形。

对其他足以认定行为人主观故意的认定，可以综合以下事实证据进行判断：行为人对我国药品生产、经营资格准入的应当明知，自己无能力、无资质鉴别药品真假的已然明知，行为人在制售假药过程中违法追逐暴利的思想背景和行为表现，违法制售过程中上、下线人员供述及相关证人证言之间对相关事实的相互印证，单纯销售环节上行为人对药品真实性的怀疑以及正常认知能力下的应当怀疑所表现出的故意和放任态度，行为人涉足药品行业因而对药品常识、管制制度及假药危害的知晓非比一般公民等，并在此基础上准确和科学地认定行为人的行为是否属于刑法条款所述的"明知自己的行为会发生危害社会的结果并希望或放任这种结果的发生"的主观要件要求。[1]

（四）其他严重情节

行为人生产、销售、提供假药，延误诊治，虽然未造成死亡、伤害等结果，但致人病情恶化、重度恶化，可视情况认定为"其他严重情节"或者"其他特别严重情节"。[2]

（五）金额的认定

对于生产、提供药品的金额，以药品的货值金额计算；销

---

[1] 参见陈晓钟等：《生产、销售假药罪主观上明知及相关难点的司法认定》，载《人民司法》2012年第8期。

[2] 参见周加海等：《〈关于办理危害药品安全刑事案件适用法律若干问题的解释〉的理解与适用》，载《人民司法》2022年第10期。

售药品的金额，以所得和可得的全部违法收入计算。多次实施危害药品安全违法犯罪行为，未经处理，且依法应当追诉的，涉案产品的销售金额或者货值金额累计计算。

（六）不作犯罪处理的情形

销售少量根据民间传统配方私自加工的药品，或者销售少量未经批准进口的国外、境外药品，没有造成他人伤害后果或者延误诊治，情节显著轻微危害不大的，可不作犯罪处理。其中，对于是否属于民间传统配方难以确定的，根据地市级以上药品监管部门或者有关部门出具的认定意见，结合其他证据作出认定。

《药品管理法实施条例》第 75 条规定："药品经营企业、医疗机构未违反《药品管理法》和本条例的有关规定，并有充分证据证明其不知道所销售或者使用的药品是假药、劣药的，应当没收其销售或者使用的假药、劣药和违法所得；但是，可以免除其他行政处罚。"[①] 也就是说，当行为人尽到了充分的注意义务且有充分证据证明其确实不知时，可以免予行政处罚，更没有刑事处罚的必要。

二、此罪与彼罪

本罪与生产、销售伪劣产品罪。生产、销售伪劣产品罪，是指生产者、销售者在产品中掺杂、掺假，以假充真，以次充好或者以不合格产品冒充合格产品，销售金额较大的行为。本罪与生产、销售伪劣产品罪属于特殊法条与一般法条的关系。对于主客观均符合特殊法条规定的，按特殊法条规定定罪处罚；对于不构成特殊法条规定的犯罪，但是主客观方面符合生产、销售伪劣产品罪，且销售金额在 5 万元以上的，以该罪论处。

---

① 类似的规定还有《医疗器械监督管理条例》第 87 条、《化妆品监督管理条例》第 68 条等。

重点解读

本罪与诈骗罪。诈骗罪，是指以非法占有为目的，诈骗公私财物，数额较大的行为。实践中，采用虚构事实的方法销售假药，尽管具有诈骗犯罪的特征，但与诈骗犯罪主要侵犯被害人的财产权利有所不同，所涉行为主要侵犯被害人健康权，宜以销售假药罪定罪处罚。[①]

三、一罪与数罪

明知他人实施本罪，而为其提供资金、贷款、账号、发票、证明、许可证件的；提供生产、经营场所、设备或者运输、储存、保管、邮寄、销售渠道等便利条件的；提供生产技术或者原料、辅料、包装材料、标签、说明书的；提供虚假药物非临床研究报告、药物临床试验报告及相关材料的；提供广告宣传等其他帮助的，以本罪的共犯论处。

以提供给他人生产、销售、提供药品为目的，违反国家规定，生产、销售不符合药用要求的原料、辅料，符合生产、销售伪劣产品罪规定的，以该罪从重处罚；同时构成本罪的，依照处罚较重的规定定罪处罚。实施妨害药品管理行为，同时符合本罪和生产、销售、提供劣药罪的，依照处罚较重的规定定罪处罚。

法律适用

【司法解释及司法解释性文件】1.《最高人民法院、最高人民检察院关于办理危害药品安全刑事案件适用法律若干问题的解释》第1~4条、第9~12条、第15~20条

2.《最高人民法院关于审理生产、销售伪劣商品刑事案件有关鉴定问题的通知》一~三

3.《最高人民法院、最高人民检察院关于办理妨害预防、控制突发传染病疫情等灾害的刑事案件具体应用法律若干问题

[①] 参见"潘某销售假药案"（案例编号：2024-03-1-068-001），载人民法院案例库，最后访问日期：2024年9月12日。

法律适用	的解释》第 1 条、第 2 条 【相关法律法规】1.《药品管理法》第 2 条、第 6 条、第 24 条、第 25 条、第 28 条、第 41 条、第 98 条、第 114~116 条、第 118~120 条、第 151 条 2.《药品管理法实施条例》第 3 条、第 8 条、第 43 条、第 53 条、第 63 条、第 73 条、第 77 条 3.《放射性药品管理办法》第 2~4 条、第 9~17 条 4.《麻醉药品和精神药品管理条例》第 2~6 条、第 15~33 条、第 65 条、第 73 条、第 77 条、第 81 条 【规章及规范性文件】《最高人民检察院、公安部关于公安机关管辖的刑事案件立案追诉标准的规定（一）》第 17 条

3 生产、销售、提供劣药罪

刑法规定

第 142 条

生产、销售劣药,对人体健康造成严重危害的,处三年以上十年以下有期徒刑,并处罚金;后果特别严重的,处十年以上有期徒刑或者无期徒刑,并处罚金或者没收财产。

药品使用单位的人员明知是劣药而提供给他人使用的,依照前款的规定处罚。

第 149 条

生产、销售本节第一百四十一条至第一百四十八条所列产品,不构成各该条规定的犯罪,但是销售金额在五万元以上的,依照本节第一百四十条的规定定罪处罚。

生产、销售本节第一百四十一条至第一百四十八条所列产品,构成各该条规定的犯罪,同时又构成本节第一百四十条规定之罪的,依照处罚较重的规定定罪处罚。

第 150 条

单位犯本节第一百四十条至第一百四十八条规定之罪的,对单位判处罚金,并对其直接负责的主管人员和其他直接责任人员,依照各该条的规定处罚。

立案标准	生产、销售、提供劣药，涉嫌下列情形之一的，应予立案追诉： （1）造成轻伤或者重伤的； （2）造成轻度残疾或者中度残疾的； （3）造成器官组织损伤导致一般功能障碍或者严重功能障碍的； （4）其他对人体健康造成严重危害的情形。
量刑标准	（1）犯生产、销售、提供劣药罪的，处3年以上10年以下有期徒刑，并处罚金。 具有下列情形之一的，应当酌情从重处罚：①涉案药品以孕产妇、儿童或者危重病人为主要使用对象的；②涉案药品属于麻醉药品、精神药品、医疗用毒性药品、放射性药品、生物制品，或者以药品类易制毒化学品冒充其他药品的；③涉案药品属于注射剂药品、急救药品的；④涉案药品系用于应对自然灾害、事故灾难、公共卫生事件、社会安全事件等突发事件的；⑤药品使用单位及其工作人员生产、销售劣药的；⑥其他应当酌情从重处罚的情形。 （2）后果特别严重的，处10年以上有期徒刑或者无期徒刑，并处罚金或者没收财产。 具有下列情形之一的，应当认定为"后果特别严重"：①致人死亡的；②致人重度残疾以上的；③造成3人以上重伤、中度残疾或者器官组织损伤导致严重功能障碍的；④造成5人以上轻度残疾或者器官组织损伤导致一般功能障碍的；⑤造成10人以上轻伤的；⑥引发重大、特别重大突发公共卫生事件的。 （3）单位犯本罪的，对单位判处罚金，并对其直接负责的主管人员和其他直接责任人员依上述规定处罚。

一、罪与非罪

本罪的成立要求自然人或单位实施了生产、销售劣药行为或者药品使用单位的人员明知是劣药而提供给他人使用的行为，且发生了对人体健康造成严重伤害的后果。犯罪客体是民众的生命健康安全和国家对药品的管理秩序。犯罪主体包括自然人和单位。单位犯本罪的，对单位判处罚金，并对其直接负责的主管人员和其他直接责任人员，依照《刑法》第142条的规定处罚。犯罪主观方面是故意，即明知生产、销售、提供假药的行为会对健康造成严重伤害的后果，仍然希望或者放任这一危害后果的发生。

（一）劣药

劣药，是指依据《药品管理法》的规定属于劣药的情形。根据《药品管理法》第98条第3款的规定，具有下列情形之一的，为劣药：（1）药品成分的含量不符合国家药品标准；（2）被污染的药品；（3）未标明或者更改有效期的药品；（4）未注明或者更改产品批号的药品；（5）超过有效期的药品；（6）擅自添加防腐剂、辅料的药品；（7）其他不符合药品标准的药品。

（二）生产、销售、提供行为

以生产、销售、提供劣药为目的，合成、精制、提取、储存、加工炮制药品原料，或者在将药品原料、辅料、包装材料制成成品过程中，进行配料、混合、制剂、储存、包装的，应认定为生产。以生产、销售、提供劣药为目的，是指行为人明知他人生产、销售、提供劣药，仍为其实施上述帮助行为的，以生产论。不以生产、销售、提供劣药为目的，单纯合成、精制、提取、储存、加工炮制药品原料，或者在将药品原料、辅料、包装材料制成成品过程中，进行配料、混合、制剂、储存、包装的行为，不属于生产行为，但可以构成本罪行为的帮助行为。

销售，是指一切向社会不特定人有偿提供劣药的行为，销售的方式、渠道和对象在所不问。药品使用单位及其工作人员明知是劣药而有偿提供给他人使用的，应认定为销售。

提供，是指无偿提供给他人使用的行为。

（三）主观故意

主观故意的认定，应当结合行为人的从业经历、认知能力、药品质量、进货渠道和价格、销售渠道和价格以及生产、销售方式等事实综合判断。具有下列情形之一的，可以认定行为人有实施相关犯罪的主观故意，但有证据证明确实不具有故意的除外：（1）药品价格明显异于市场价格的；（2）向不具有资质的生产者、销售者购买药品，且不能提供合法有效的来历证明的；（3）逃避、抗拒监督检查的；（4）转移、隐匿、销毁涉案药品、进销货记录的；（5）曾因实施危害药品安全违法犯罪行为受过处罚，又实施同类行为的；（6）其他足以认定行为人主观故意的情形。

二、此罪与彼罪

本罪与生产、销售伪劣产品罪。生产、销售伪劣产品罪，是指生产者、销售者在产品中掺杂、掺假，以假充真，以次充好或者以不合格产品冒充合格产品，销售金额较大的行为。本罪与生产、销售伪劣产品罪属于特殊法条与一般法条的关系。对于主客观均符合特殊法条规定的，按特殊法条规定定罪处罚；对于不构成特殊法条规定的犯罪，但是主客观方面符合生产、销售伪劣产品罪，且销售金额在5万元以上的，以该罪论处。当行为人对假药与劣药产生错误认识时，宜在重合的范围内认定为本罪。

三、一罪与数罪

明知他人实施本罪，而为其提供资金、贷款、账号、发票、

重点解读

证明、许可证件的;提供生产、经营场所、设备或者运输、储存、保管、邮寄、销售渠道等便利条件的;提供生产技术或者原料、辅料、包装材料、标签、说明书的;提供虚假药物非临床研究报告、药物临床试验报告及相关材料的;提供广告宣传等其他帮助的,以本罪的共犯论处。

以提供给他人生产、销售、提供药品为目的,违反国家规定,生产、销售不符合药用要求的原料、辅料,符合生产、销售伪劣产品罪规定的,以该罪从重处罚;同时构成本罪的,依照处罚较重的规定定罪处罚。实施妨害药品管理行为,同时符合本罪和生产、销售、提供假药罪的,依照处罚较重的规定定罪处罚。

法律适用

【司法解释及司法解释性文件】1.《最高人民法院、最高人民检察院关于办理危害药品安全刑事案件适用法律若干问题的解释》第1~6条、第9条、第17条、第18条

2.《最高人民法院、最高人民检察院关于办理生产、销售伪劣商品刑事案件具体应用法律若干问题的解释》第9~12条

3.《最高人民法院、最高人民检察院关于办理妨害预防、控制突发传染病疫情等灾害的刑事案件具体应用法律若干问题的解释》第2条

【相关法律法规】1.《药品管理法》第2条、第6条、第24条、第25条、第28条、第41条、第98条、第114~116条、第118~120条、第151条

2.《药品管理法实施条例》第63条、第73条、第75条

3.《放射性药品管理办法》第2~4条、第9~17条

4.《麻醉药品和精神药品管理条例》第2~6条、第15~33条、第65条、第73条、第77条、第81条

【规章及规范性文件】《最高人民检察院、公安部关于公安机关管辖的刑事案件立案追诉标准的规定(一)》第18条

4 妨害药品管理罪

刑法规定

第 142 条之一

违反药品管理法规,有下列情形之一,足以严重危害人体健康的,处三年以下有期徒刑或者拘役,并处或者单处罚金;对人体健康造成严重危害或者有其他严重情节的,处三年以上七年以下有期徒刑,并处罚金:

(一)生产、销售国务院药品监督管理部门禁止使用的药品的;

(二)未取得药品相关批准证明文件生产、进口药品或者明知是上述药品而销售的;

(三)药品申请注册中提供虚假的证明、数据、资料、样品或者采取其他欺骗手段的;

(四)编造生产、检验记录的。

有前款行为,同时又构成本法第一百四十一条、第一百四十二条规定之罪或者其他犯罪的,依照处罚较重的规定定罪处罚。

第 149 条

生产、销售本节第一百四十一条至第一百四十八条所列产品,不构成各该条规定的犯罪,但是销售金额在五万元以上的,依照本节第一百四十条的规定定罪处罚。

生产、销售本节第一百四十一条至第一百四十八条所列产品,构成各该条规定的犯罪,同时又构成本节第一百四十条规

刑法规定	定之罪的,依照处罚较重的规定定罪处罚。 **第 150 条** 　　单位犯本节第一百四十条至第一百四十八条规定之罪的,对单位判处罚金,并对其直接负责的主管人员和其他直接责任人员,依照各该条的规定处罚。
立案标准	违反药品管理法规,涉嫌下列行为之一,足以严重危害人体健康的,应予立案追诉: 　　(1)生产、销售国务院药品监督管理部门禁止使用的药品的; 　　(2)未取得药品相关批准证明文件生产、进口药品或者明知是上述药品而销售的; 　　(3)药品申请注册中提供虚假的证明、数据、资料、样品或者采取其他欺骗手段的; 　　(4)编造生产、检验记录的。
量刑标准	(1)犯妨害药品管理罪的,处 3 年以下有期徒刑或者拘役,并处或者单处罚金。 　　(2)对人体健康造成严重危害或者有其他严重情节的,处 3 年以上 7 年以下有期徒刑,并处罚金。 　　具有下列情形之一的,应当认定为"对人体健康造成严重危害":①造成轻伤或者重伤的;②造成轻度残疾或者中度残疾的;③造成器官组织损伤导致一般功能障碍或者严重功能障碍的;④其他对人体健康造成严重危害的情形。 　　具有下列情形之一的,应当认定为"有其他严重情节":①生产、销售国务院药品监督管理部门禁止使用的药品,生产、销售的金额 50 万元以上的;②未取得药品相关批准证明文件生产、进口药品或者明知是上述药品而销售,生产、销售的金额 50 万元以上的;③药品申请注册中提供虚假的证明、数据、资

料、样品或者采取其他欺骗手段,造成严重后果的;④编造生产、检验记录,造成严重后果的;⑤造成恶劣社会影响或者具有其他严重情节的情形。

(3)单位犯本罪的,对单位判处罚金,并对其直接负责的主管人员和其他直接责任人员依上述规定处罚。

一、罪与非罪

本罪的成立,以违反药品管理法规为前提,其客观方面的行为主要有:(1)生产、销售国务院药品监督管理部门禁止使用的药品的;(2)未取得药品相关批准证明文件生产、进口药品或者明知是上述药品而销售的;(3)药品申请注册中提供虚假的证明、数据、资料、样品或者采取其他欺骗手段的;(4)编造生产、检验记录的。犯罪客体是民众的生命健康安全和国家对药品的管理秩序。犯罪主体包括自然人和单位。单位犯本罪的,对单位判处罚金,并对其直接负责的主管人员和其他直接责任人员,依照《刑法》第142条之一的规定处罚。犯罪主观方面只能是故意,即明知自己妨害药品管理的行为足以严重危害人体健康,仍希望或者放任这一结果的发生。

(一)妨害药品管理行为

妨害药品管理行为,包括违反行政许可等要求生产、进口以及销售药品和骗取药品注册、编造生产、检验记录等两类行为类型。[①] 具体包括以下四种行为方式。

1.生产、销售国务院药品监督管理部门禁止使用的药品的。国务院药品监督管理部门禁止使用的药品,一般会以公告的形式予以公布。需要注意的是,在适用中要注意国家禁止使用的药品与限制使用的药品。所谓限制使用的药品,是对特定人群

---

① 参见陈兴良:《妨害药品管理罪:从依附到独立》,载《当代法学》2022年第1期。

或者以特定方式使用的。如果违反规定使用限制使用的药品，只是一种行政违法行为。

2.未取得药品相关批准证明文件生产、进口药品或者明知是上述药品而销售的。该行为方式具体包括以下三种：（1）未取得药品相关批准证明文件生产药品。该处的相关批准证明文件主要是指所在地省、自治区、直辖市人民政府药品监督管理部门批准颁发的药品生产许可证。（2）未取得药品相关批准证明文件进口药品。该处的相关批准证明文件主要是指国务院药品监督管理部门批准颁发的药品注册证书以及进出口药企所在地药品监督管理部门依法发放的进口药品通关单等。（3）明知是未取得药品相关批准证明文件生产、进口的药品而销售。此处的明知，包括知道或可能知道。前者是具有证据证明的主观明知，后者则是基于客观证明推定的主观明知。

3.药品申请注册中提供虚假的证明、数据、资料、样品或者采取其他欺骗手段的。本项行为，是指在药品申请注册过程中，通过对数据、资料、样品等的造假或其他欺骗手段，骗取行政许可。

4.编造生产、检验记录的。该项行为主要是指违反药品管理法规，编造药品生产、检验记录。实践中，主要表现为未按照国家标准和药品监督管理部门核准的生产工艺进行生产，在面对监督检查时，拒绝并隐瞒。

（二）足以严重危害人体健康

作为具体危险犯，本罪的成立要求达到足以严重危害人体健康的危害要求。具体包括以下四种行为类型。

1.生产、销售国务院药品监督管理部门禁止使用的药品。对于该行为类型的认定，应当综合生产、销售的时间、数量、禁止使用原因等情节，认定是否具有严重危害人体健康的现实危险。之所以要求综合"生产、销售的时间、数量、禁止使用原因等情节",主要是考虑此种行为类型涉及的药品此前经过批准生产,与自始至终未经批准的药品在对人体健康的危害程度方面存在差异。所谓"禁止使用原因",主要是指《药品管理法》第67条规定的,禁止进口疗效不确切、不良反应大或者因其他原因危害人体健康的药品的情形。

2. 未取得药品相关批准证明文件生产药品或者明知是上述药品而销售。该行为类型主要包括以下三种情形:

(1) 涉案药品属于以孕产妇、儿童或者危重病人为主要使用对象的;或者属于麻醉药品、精神药品、医疗用毒性药品、放射性药品、生物制品,或者以药品类易制毒化学品冒充其他药品的;或者属于注射剂药品、急救药品的。

(2) 涉案药品的适应症、功能主治或者成分不明的或者涉案药品没有国家药品标准,且无核准的药品质量标准,但检出化学药成分的。

(3) 未取得药品相关批准证明文件生产药品或者明知是上述药品而销售,涉案药品在境外也未合法上市的。对于涉案药品是否在境外合法上市,应当根据境外药品监督管理部门或者权利人的证据等证明,结合犯罪嫌疑人、被告人及其辩护人提供的证据材料综合审查,依法作出认定。[1] 如果有关药品系在境外合法上市的药品,则不宜认定为"足以严重危害人体健康"。相反,如果在境外也未合法上市的,应认定为"足以严重危害人体健康"的情形。但是,对于不以营利为目的实施的带有自救、互助性质的进口药品的行为,不应认定为犯罪。

---

[1] 参见"朱某华妨害药品管理案"(案例编号:2024-02-1-070-001),载人民法院案例库,最后访问日期:2024年9月12日。

3.药品申请注册中提供虚假的证明、数据、资料、样品或者采取其他欺骗手段。该行为类型包括以下三种情形。

（1）在药物非临床研究或者药物临床试验过程中故意使用虚假试验用药品，或者瞒报与药物临床试验用药品相关的严重不良事件的。

（2）故意损毁原始药物非临床研究数据或者药物临床试验数据，或者编造受试动物信息、受试者信息、主要试验过程记录、研究数据、检测数据等药物非临床研究数据或者药物临床试验数据，影响药品的安全性、有效性和质量可控性的。

（3）编造生产、检验记录，影响药品的安全性、有效性和质量可控性的。

4.其他足以严重危害人体健康的情形。

实践中，对未经批准进口使人形成瘾癖的麻醉药品、精神药品或明知是上述药品而销售，特别是面向未成年人销售，即使不构成毒品犯罪，也可根据案件情况考虑是否属于妨害药品管理罪中的"其他足以严重危害人体健康的情形"。

对于"足以严重危害人体健康"难以确定的，根据地市级以上药品监督管理部门出具的认定意见，结合其他证据作出认定。

（三）主观故意

主观故意的认定，应当结合行为人的从业经历、认知能力、药品质量、进货渠道和价格、销售渠道和价格以及生产、销售方式等事实综合判断。具有下列情形之一的，可以认定行为人有实施相关犯罪的主观故意，但有证据证明确实不具有故意的除外：（1）药品价格明显异于市场价格的；（2）向不具有资质的生产者、销售者购买药品，且不能提供合法有效的来历证明的；（3）逃避、抗拒监督检查的；（4）转移、隐匿、销毁涉案药品、进销货记录的;(5)曾因实施危害药品安全违法犯罪行为受过处罚,又实施同类行为的;(6)其他足以认定行为人主观故意的情形。

二、此罪与彼罪

本罪与其他关联犯罪。对于未取得药品相关批准证明文件生产、进口药品或者明知是上述药品而销售的行为,如果未达到"足以严重危害人体健康"程度的,不适用生产、销售伪劣产品罪。通常而言,涉案药品只是妨害药品管理,不能认定为假药、劣药(否则,就适用假劣药犯罪的规定,无需在此讨论),如果未达到"足以严重危害人体健康"的程度,也难以认定伪劣产品,不符合生产、销售伪劣产品罪的构成要件。[①]

三、一罪与数罪

明知他人实施本罪,而为其提供资金、贷款、账号、发票、证明、许可证件的;提供生产、经营场所、设备或者运输、储存、保管、邮寄、销售渠道等便利条件的;提供生产技术或者原料、辅料、包装材料、标签、说明书的;提供虚假药物非临床研究报告、药物临床试验报告及相关材料的;提供广告宣传等其他帮助的,以本罪的共犯论处。

行为人实施本罪行为,同时构成生产、销售、提供假药罪或者生产、销售、提供劣药罪的,依照处罚较重的规定定罪处罚。负有药品安全监督管理职责的国家机关工作人员与他人共谋,利用其职务便利帮助他人实施危害药品安全犯罪行为,同时构成渎职犯罪和危害药品安全犯罪共犯的,依照处罚较重的规定定罪从重处罚。

---

① 参见喻海松编著:《实务刑法评注》,北京大学出版社2022年版,第553~554页。

【司法解释及司法解释性文件】《最高人民法院、最高人民检察院关于办理危害药品安全刑事案件适用法律若干问题的解释》第 2 条、第 7~10 条、第 17 条

【相关法律法规】1.《药品管理法》第 2 条、第 6 条、第 24 条、第 25 条、第 28 条、第 41 条、第 98 条、第 114~116 条、第 118~120 条、第 123 条、第 124 条、第 151 条

2.《药品管理法实施条例》第 63 条、第 73 条、第 75 条

5 生产、销售不符合安全标准的食品罪

刑法规定

第 143 条

生产、销售不符合食品安全标准的食品，足以造成严重食物中毒事故或者其他严重食源性疾病的，处三年以下有期徒刑或者拘役，并处罚金；对人体健康造成严重危害或者有其他严重情节的，处三年以上七年以下有期徒刑，并处罚金；后果特别严重的，处七年以上有期徒刑或者无期徒刑，并处罚金或者没收财产。

第 149 条

生产、销售本节第一百四十一条至第一百四十八条所列产品，不构成各该条规定的犯罪，但是销售金额在五万元以上的，依照本节第一百四十条的规定定罪处罚。

生产、销售本节第一百四十一条至第一百四十八条所列产品，构成各该条规定的犯罪，同时又构成本节第一百四十条规定之罪的，依照处罚较重的规定定罪处罚。

第 150 条

单位犯本节第一百四十条至第一百四十八条规定之罪的，对单位判处罚金，并对其直接负责的主管人员和其他直接责任人员，依照各该条的规定处罚。

立案标准	生产、销售不符合食品安全标准的食品，涉嫌下列情形之一的，应予立案追诉： （1）含有严重超出标准限量的致病性微生物、农药残留、兽药残留、生物毒素、重金属等污染物质以及其他严重危害人体健康的物质的； （2）属于病死、死因不明或者检验检疫不合格的畜、禽、兽、水产动物肉类及其制品的； （3）属于国家为防控疾病等特殊需要明令禁止生产、销售的； （4）特殊医学用途配方食品、专供婴幼儿的主辅食品营养成分严重不符合食品安全标准的； （5）其他足以造成严重食物中毒事故或者严重食源性疾病的情形。 在食品生产、销售、运输、贮存等过程中，违反食品安全标准，超限量或者超范围滥用食品添加剂，足以造成严重食物中毒事故或者其他严重食源性疾病的，应予立案追诉。 在食用农产品种植、养殖、销售、运输、贮存等过程中，违反食品安全标准，超限量或者超范围滥用添加剂、农药、兽药等，足以造成严重食物中毒事故或者其他严重食源性疾病的，应予立案追诉。
量刑标准	（1）犯生产、销售不符合安全标准的食品罪，处3年以下有期徒刑或者拘役，并处罚金。 （2）对人体健康造成严重危害或者有其他严重情况的，处3年以上7年以下有期徒刑，并处罚金。 具有下列情形之一的，应当认定为"对人体健康造成严重危害"：①造成轻伤以上伤害的；②造成轻度残疾或者中度残疾的；③造成器官组织损伤导致一般功能障碍或者严重功能障碍

的；④造成 10 人以上严重食物中毒或者其他严重食源性疾病的；⑤其他对人体健康造成严重危害的情形。

具有下列情形之一的，应当认定为"其他严重情节"：①生产、销售金额 20 万元以上的；②生产、销售金额 10 万元以上不满 20 万元，不符合食品安全标准的食品数量较大或者生产、销售持续时间 6 个月以上的；③生产、销售金额 10 万元以上不满 20 万元，属于特殊医学用途配方食品、专供婴幼儿的主辅食品的；④生产、销售金额 10 万元以上不满 20 万元，且在中小学校园、托幼机构、养老机构及周边面向未成年人、老年人销售的；⑤生产、销售金额 10 万元以上不满 20 万元，曾因危害食品安全犯罪受过刑事处罚或者 2 年内因危害食品安全违法行为受过行政处罚的；⑥其他情节严重的情形。

（3）后果特别严重的，处 7 年以上有期徒刑或者无期徒刑，并处罚金或者没收财产。

具有下列情形之一的，应当认定为"后果特别严重"：①致人死亡的；②造成重度残疾以上的；③造成 3 人以上重伤、中度残疾或者器官组织损伤导致严重功能障碍的；④造成 10 人以上轻伤、5 人以上轻度残疾或者器官组织损伤导致一般功能障碍的；⑤造成 30 人以上严重食物中毒或者其他严重食源性疾病的；⑥其他特别严重的后果。

（4）单位犯本罪的，对单位判处罚金，并对其直接负责的主管人员和其他直接责任人员依上述规定处罚。

一、罪与非罪

本罪要求自然人或单位以故意的主观罪过实施了生产、销售不符合食品安全标准的食品，足以造成严重食物中毒事故或者其他严重食源性疾病的行为。犯罪客体是民众的生命健康安全和国家对食品的管理秩序。犯罪主体包括自然人和单位。单位犯本罪的，对单位判处罚金，并对其直接负责的主管人员和其他直接责任人员，依照《刑法》第143条的规定处罚。

（一）食品安全标准

不符合食品安全标准是成立本罪的前提，该标准是强制执行的标准。主要包含食品、食品添加剂、食品相关产品中的致病性微生物，农药残留、兽药残留、生物毒素、重金属等污染物质以及其他危害人体健康物质的限量规定；食品添加剂的品种、使用范围、用量；专供婴幼儿和其他特定人群的主辅食品的营养成分要求；对与卫生、营养等食品安全要求有关的标签、标志、说明书的要求；食品生产经营过程的卫生要求；与食品安全有关的质量要求和食品检验方法、规程等内容。

（二）足以造成严重食物中毒事故或者其他严重食源性疾病

食源性疾病，是指食品中致病因素进入人体引起的感染性、中毒性等疾病，包括食物中毒。其他严重食源性疾病的判断，需要从"质"上符合食源性疾病的客观要求，即食品中的致病因素引发人体感染性、中毒性等疾病。从"量"上需要与"严重食物中毒事故"具有相当社会危害性的程度。

具有下列情形之一的，应当认定为"足以造成严重食物中毒事故或者其他严重食源性疾病"。

1.含有严重超出标准限量的致病性微生物、农药残留、兽药残留、重金属、生物毒素等污染物质以及其他严重危害人体健康的物质的。需要注意的是，对于"严重超出"的标准把握，鉴于食品中涉及的物质种类繁多，不同物质标准制定过程中考虑的因素多样，且超出标准后的危害差异性悬殊，如农药就有高毒、中毒、低毒和微毒之分，故相关司法解释中并未一刀切地以倍比数的方式加以规定。① 对于实践中该标准的把握，还有赖于未来对特定领域标准的细化规定，与此同时，还应关注检材的真实性、可靠性，确保符合刑事诉讼的证据要求。

2. 属于病死、死因不明或者检验检疫不合格的畜、禽、兽、水产动物肉类及其制品的。实践中，对于"病死、死因不明"的认定，应当结合犯罪嫌疑人、被告人的供述和辩解、证人证言、物证、书证等证据，从来源渠道、价格、外观等方面审查判断。有条件的，可以委托鉴定机构进行鉴定或委托官方兽医、执业兽医等具有相关专业知识的人根据外观等情况进行判断，出具病死或死因不明的意见。若难以作出认定，可通过行为人的说明义务的违反进行推定，即行为人作为经营者对食品来源负有说明义务，对行为人无法提供涉案动物的死因和合法来源，仅辩称可凭自身经验来判断动物死因，结合其他在案证据亦无法认定涉案动物死因明确并符合食品安全标准的，应当认定涉案动物"死因不明""足以造成严重食物中毒事故或者其他严重食源性疾病"。②

3. 属于国家为防控疾病等特殊需要明令禁止生产、销售的。

4. 特殊医学用途配方食品、专供婴幼儿的主辅食品营养成分严重不符合食品安全标准的。

5. 其他足以造成严重食物中毒事故或者严重食源性疾病的情形。

---

① 参见安翱等：《〈关于办理危害食品安全刑事案件适用法律若干问题的解释〉的理解与适用》，载《人民司法》2022年第7期。

② 参见"朱某华等生产、销售不符合安全标准的食品案"（案例编号：2024-02-1-071-002），载人民法院案例库，最后访问日期：2024年9月12日。

以上"足以造成严重食物中毒事故或者其他严重食源性疾病"等专门性问题难以确定的，司法机关可以依据鉴定意见、检验报告、地市级以上相关行政主管部门组织出具的书面意见，结合其他证据作出认定。必要时，专门性问题由省级以上相关行政主管部门组织出具书面意见。

（三）实践中以本罪论处的类型

1. 在食品生产、销售、运输、贮存等过程中，违反食品安全标准，超限量或者超范围滥用食品添加剂，足以造成严重食物中毒事故或者其他严重食源性疾病的，依照本罪定罪处罚。在该种类型中，应注意把握食品滥用添加行为与食品非法添加行为的区别，特别是要注意"超范围滥用食品添加剂"与"掺入有毒、有害的非食品原料"的区分，避免将仅在部分食品中禁止使用的食品添加剂视为有毒、有害的非食品原料，进而混淆本罪与生产、销售有毒、有害食品罪。[1]

2. 在食用农产品种植、养殖、销售、运输、贮存等过程中，违反食品安全标准，超限量或者超范围滥用添加剂、农药、兽药等，足以造成严重食物中毒事故或者其他严重食源性疾病的，依照本罪定罪处罚。在这种类型中，应注意超范围滥用农药、兽药与使用禁用农药、食品动物中禁止使用的药品及其他化合物等有毒、有害的非食品原料的区别，避免将仅在部分食用农产品中禁止使用的农药、兽药认定为有毒、有害的非食品原料，进而混淆本罪与生产、销售有毒、有害食品罪。

3. 在食品生产、销售、运输、贮存等过程中，使用不符合食

---

[1] 参见安翱等：《〈关于办理危害食品安全刑事案件适用法律若干问题的解释〉的理解与适用》，载《人民司法》2022年第7期。

品安全标准的食品包装材料、容器、洗涤剂、消毒剂,或者用于食品生产经营的工具、设备等,造成食品被污染,符合本罪规定的,依照本罪定罪处罚。

二、此罪与彼罪

本罪与生产、销售伪劣产品罪。生产、销售伪劣产品罪,是指生产者、销售者在产品中掺杂、掺假,以假充真,以次充好或者以不合格产品冒充合格产品,销售金额较大的行为。生产、销售不符合食品安全标准的食品添加剂,用于食品的包装材料、容器、洗涤剂、消毒剂,或者用于食品生产经营的工具、设备等,符合生产、销售伪劣产品罪定罪规定的,以该罪定罪处罚。生产、销售用超过保质期的食品原料、超过保质期的食品、回收食品作为原料的食品,或者以更改生产日期、保质期、改换包装等方式销售超过保质期的食品、回收食品的,应以生产、销售伪劣产品罪论处。

本罪与生产、销售有毒、有害食品罪。生产、销售有毒、有害食品罪的成立,只要求自然人或单位在生产、销售的食品中掺入有毒、有害的非食品原料,或者在明知是掺有有毒、有害的非食品原料的食品的情况下仍然销售,属于行为犯,并不要求实际的危害后果。实践中,常出现将允许添加的物质严重超标后转化为有毒、有害物质,进而将本属于生产、销售不符合安全标准的食品罪认定为生产、销售有毒、有害食品罪的问题。值得注意的是,"两超一非"中的超限量添加与超范围添加,在严重超量、超范围的情况下,并不必然等同于"一非"(有毒、有害)。因为无论是超限量添加还是超范围添加,其本质都是必要性禁止,是一种国家标准层面对于"量"和"范围"限度的管控,而有毒、有害是一种安全性禁止,是一种无论在何处、用何量都绝对禁止的行为,二者之间存在本质区别。对于两罪之间的判断，必须严格按照罪刑法定原则的要求，进行不同罪名下构成要件的符合性判断。只有既不在国家标准所列的食品添加剂品种范围之内，又含有有毒、有害物质的，才考虑以生产、销售有毒、有害食品罪论处。[①] 当然，基于有毒、有害必然不符合安全标准的逻辑，对于尚不构成生产、销售有毒、有害食品罪的情形，并不排除生产、销售不符合安全标准的食品罪的适用，相反则不行。

三、一罪与数罪

生产、销售不符合食品安全标准的食品，符合本罪定罪要求的，以本罪论处。同时构成其他犯罪的，依照处罚较重的规定定罪处罚。生产、销售不符合食品安全标准的食品，无证据证明足以造成严重食物中毒事故或者其他严重食源性疾病，不构成本罪，但构成生产、销售伪劣产品罪，妨害动植物防疫、检疫罪等其他犯罪的，依照该其他犯罪定罪处罚。

生产、销售不符合食品安全标准的食品添加剂，用于食品的包装材料、容器、洗涤剂、消毒剂，或者用于食品生产经营的工具、设备等，同时构成本罪，生产、销售不符合安全标准的产品罪等其他犯罪的，依照处罚较重的规定定罪处罚。

明知他人生产、销售不符合食品安全标准的食品，而为其提供资金、贷款、账号、发票、证明、许可证件，或者提供生产、经营场所或者运输、贮存、保管、邮寄、销售渠道等便利条件的或者提供生产技术，或者食品原料、食品添加剂、食品相关产品或者有毒、有害的非食品原料的，或者提供广告宣传等其他帮助的，以本罪的共犯论处。

---

① 参见"田某伟、谭某琼生产、销售不符合安全标准的食品案"（案例编号：2023-05-1-071-001），载人民法院案例库，最后访问日期：2024年9月12日。

法律适用	【司法解释及司法解释性文件】《最高人民法院、最高人民检察院关于办理危害食品安全刑事案件适用法律若干问题的解释》第 1~5 条、第 11~15 条、第 17~18 条、第 20~25 条
	【相关法律法规】1.《食品安全法》第 2 条、第 33~46 条、第 57 条、第 58 条、第 65~83 条、第 149~152 条
	2.《食品安全法实施条例》第 2~4 条、第 10~39 条
	3.《粮食流通管理条例》第 2~23 条、第 41 条、第 44 条、第 48 条、第 50~52 条
	4.《食盐加碘消除碘缺乏危害管理条例》第 25~27 条
	【规章及规范性文件】《最高人民检察院、公安部关于公安机关管辖的刑事案件立案追诉标准的规定（一）》第 19 条

6 生产、销售有毒、有害食品罪

刑法规定

第 144 条
在生产、销售的食品中掺入有毒、有害的非食品原料的,或者销售明知掺有有毒、有害的非食品原料的食品的,处五年以下有期徒刑,并处罚金;对人体健康造成严重危害或者有其他严重情节的,处五年以上十年以下有期徒刑,并处罚金;致人死亡或者有其他特别严重情节的,依照本法第一百四十一条的规定处罚。

第 149 条
生产、销售本节第一百四十一条至第一百四十八条所列产品,不构成各该条规定的犯罪,但是销售金额在五万元以上的,依照本节第一百四十条的规定定罪处罚。

生产、销售本节第一百四十一条至第一百四十八条所列产品,构成各该条规定的犯罪,同时又构成本节第一百四十条规定之罪的,依照处罚较重的规定定罪处罚。

第 150 条
单位犯本节第一百四十条至第一百四十八条规定之罪的,对单位判处罚金,并对其直接负责的主管人员和其他直接责任人员,依照各该条的规定处罚。

立案标准

在生产、销售的食品中掺入有毒、有害的非食品原料的,或者销售明知掺有有毒、有害的非食品原料的食品的,应予立案追诉。

立案标准	在食品生产、销售、运输、贮存等过程中，掺入有毒、有害的非食品原料，或者使用有毒、有害的非食品原料加工食品的，应予立案追诉。 　　在食用农产品种植、养殖、销售、运输、贮存等过程中，使用禁用农药、食品动物中禁止使用的药品及其他化合物等有毒、有害的非食品原料，应予立案追诉。 　　在保健食品或者其他食品中非法添加国家禁用药物等有毒、有害的非食品原料，应予立案追诉。
量刑标准	（1）犯生产、销售有毒、有害食品罪，处 5 年以下有期徒刑，并处罚金。 　　（2）对人体健康造成严重危害或者有其他严重情节的，处 5 年以上 10 年以下有期徒刑，并处罚金。 　　具有下列情形之一的，应当认定为"对人体健康造成严重危害"：①造成轻伤以上伤害的；②造成轻度残疾或者中度残疾的；③造成器官组织损伤导致一般功能障碍或者严重功能障碍的；④造成 10 人以上严重食物中毒或者其他严重食源性疾病的；⑤其他对人体健康造成严重危害的情形。 　　具有下列情形之一的，应当认定为"其他严重情节"：①生产、销售金额 20 万元以上不满 50 万元的；②生产、销售金额 10 万元以上不满 20 万元，有毒、有害食品数量较大或者生产、销售持续时间 6 个月以上的；③生产、销售金额 10 万元以上不满 20 万元，属于特殊医学用途配方食品、专供婴幼儿的主辅食品的；④生产、销售金额 10 万元以上不满 20 万元，且在中小学校园、托幼机构、养老机构及周边面向未成年人、老年人销售的；⑤生产、销售金额 10 万元以上不满 20 万元，曾因危害食品安全犯罪受过刑事处罚或者 2 年内因危害食品安全违法行为受过行政处罚的；⑥有毒、有害的非食品原料毒害性强或者

含量高的；⑦其他情节严重的情形。

（3）致人死亡或者有其他特别严重情节的，处10年以上有期徒刑、无期徒刑或者死刑，并处罚金或者没收财产。

具有下列情形之一的，应当认定为"其他特别严重情节"：①生产、销售金额50万元以上的；②造成重度残疾以上的；③造成3人以上重伤、中度残疾或者器官组织损伤导致严重功能障碍的；④造成10人以上轻伤、5人以上轻度残疾或者器官组织损伤导致一般功能障碍的；⑤造成30人以上严重食物中毒或者其他严重食源性疾病的；⑥其他特别严重的后果。

（4）单位犯本罪的，对单位判处罚金，并对其直接负责的主管人员和其他直接责任人员依上述规定处罚。

一、罪与非罪

本罪的成立只要求自然人或单位在生产、销售的食品中掺入有毒、有害的非食品原料，或者在明知是掺有有毒、有害的非食品原料的食品的情况下仍然销售的行为，属于行为犯，并不要求实际的危害后果。犯罪客体是民众的生命健康安全和国家对食品的管理秩序。犯罪主体包括自然人和单位。单位犯本罪的，对单位判处罚金，并对其直接负责的主管人员和其他直接责任人员，依照《刑法》第144条的规定处罚。犯罪主观方面是故意，即明知是有毒、有害的非食品原料，仍掺入自己生产、销售的食品中，或者明知是掺有有毒、有害的非食品原料的食品而销售，明知自己的行为会损害他人的生命健康安全、造成食物中毒或者其他食源性疾病等后果，仍然希望或者放任该结果的发生。

（一）食品

食品，是指各种供人食用或者饮用的成品和原料以及按照传统既是食品又是中药材的物品，但是不包括以治疗为目的的物品。实践中,生产、销售"保健品"案件中,对涉案产品属于保健品还是药品,应当结合被告人供述,综合产品标识、外观及产品说明书等方面进行判断。对行政机关出具的认定意见,人民法院经审查认为不符合客观事实和相关法律规定的,依法不予采信。区分销售对象是食品还是药品的关键在于该产品是否"以治疗为目的"。一般来说,可以通过产品审批文号,产品说明是否规定有适应症或功能主治、用法和用量等外观标识进行判断。在产品标识不明或标识与对外宣传不一致时,应按照经营者对外宣传的产品性能并结合消费者购买、使用产品的目的来确定"保健品"的性质。需要指出的是,经营场所和经营者的职业不是区分食品、药品的依据,不能仅以经营场所是药店或保健品店为由,直接认定案涉产品属于药品或食品,也不能仅以经营者属于食品或药品行业的从业人员径行区分认定案涉产品的类别。①

(二)明知

"销售明知掺有有毒、有害的非食品原料的食品"中的明知,不要求达到确知的程度,只需要达到概括性的程度即可。对于主观明知的判断,应当综合行为人的认知能力、食品质量、进货或者销售的渠道及价格等主、客观因素进行认定。具体包括:一是进货渠道是否正常,价格是否明显偏低;二是行为人对涉案食品有无生产日期、生产厂家、卫生检验合格证是否明知;三是行为人基于其长期从事相关职业的知识经验是否知道掺入食品的物质可能是有毒、有害的非食品原料,或是否知道食品

---

① 参见"刘某安销售有毒、有害食品案"(案例编号:2023-02-1-072-007)、"钟某本销售有毒、有害食品案"(案例编号:2023-02-1-072-003),载人民法院案例库,最后访问日期:2024年9月12日。

中可能含有有毒、有害的非食品原料。①

具有以下情形之一的，可以认定主观明知，但存在相反证据并经查证属实的除外：（1）长期从事相关食品、食用农产品生产、种植、养殖、销售、运输、贮存行业，不依法履行保障食品安全义务的；（2）没有合法有效的购货凭证，且不能提供或者拒不提供销售的相关食品来源的；（3）以明显低于市场价格进货或者销售且无合理原因的；（4）在有关部门发出禁令或者食品安全预警的情况下继续销售的；（5）因实施危害食品安全行为受过行政处罚或者刑事处罚，又实施同种行为的；（6）其他足以认定行为人明知的情形。

（三）有毒、有害的非食品原料

有毒、有害的非食品原料包括：（1）因危害人体健康，被法律、法规禁止在食品生产经营活动中添加、使用的物质；（2）因危害人体健康，被国务院有关部门列入《食品中可能违法添加的非食用物质名单》《保健食品中可能非法添加的物质名单》和国务院有关部门公告的禁用农药、《食品动物中禁止使用的药品及其他化合物清单》等名单上的物质；（3）其他有毒、有害的物质。

实践中，以上因危害人体健康，被法律、法规禁止在食品生产经营活动中添加、使用的物质及被国务院有关部门列入名单和清单的情形，统称为"黑名单"中的物质。

有毒、有害的非食品原料等专门性问题难以确定的，司法机关可以依据鉴定意见、检验报告、地市级以上相关行政主管部门组织出具的书面意见，结合其他证据作出认定。必

---

① 参见"杨某号、冯某销售有毒、有害食品案"（案例编号：2024-03-1-072-001），载人民法院案例库，最后访问日期：2024年9月12日。

要时，专门性问题由省级以上相关行政主管部门组织出具书面意见。对于已销售的部分食品因已被消费者食用，无法进行毒物成分鉴定的，亦可以根据行为人供述，结合扣押食品抽检情况，判定已销售的食品是否属于掺入有毒、有害非食品原料的食品。①

（四）"黑名单"及其衍生物

近年来，食品中非法添加"黑名单"中物质的衍生物案件时有发生，危害群众身体健康，全国各地市场监管部门多次咨询相关的检验方法及涉案物质危害性认定意见。目前，从国家市场监督管理总局层面，主要包括"食品中非法添加那非拉非类物质及其系列衍生物""食品中非法添加酚汀（酚丁）、酚酞及其酯类衍生物或类似物""食品中非法添加非甾体抗炎药品及其系列衍生物或类似物"以及"《食品中双丙酚汀的测定方法》等3个测定方法可用于食品安全案件查办"，并附有检验方法、专家认定意见。其中，在专家认定意见中，根据衍生物与"黑名单"中的物质核心药效团一致，具有等同属性和等同危害，认定食品中添加上述衍生物对人体存在有毒副作用的风险。这一认定逻辑，也符合最高人民法院指导性案例的精神。在北京阳光一佰生物技术开发有限公司、习文有等生产、销售有毒、有害食品案中，行为人在食品生产经营中添加的虽然不是国务院有关部门公布的《食品中可能违法添加的非食用物质名单》和《保健食品中可能非法添加的物质名单》中的物质，但如果该物质与上述名单中所列物质具有同等属性，并且根据检验报告和专家意见等相关材料能够确定该物质对人体具有同

---

① 参见"田某某生产、销售有毒、有害食品案"（案例编号：2024-02-1-072-002），载人民法院案例库，最后访问日期：2024年9月12日。

等危害的,应当认定为《刑法》第144条规定的"有毒、有害的非食品原料"。

(五)实践中以本罪论处的类型

1. 在食品生产、销售、运输、贮存等过程中,掺入有毒、有害的非食品原料,或者使用有毒、有害的非食品原料生产食品的,依照本罪定罪处罚。

2. 在食用农产品种植、养殖、销售、运输、贮存等过程中,使用禁用农药、食品动物中禁止使用的药品及其他化合物等有毒、有害的非食品原料,依照本罪定罪处罚。

3. 在保健食品或者其他食品中非法添加国家禁用药物等有毒、有害的非食品原料的,依照本罪定罪处罚。

4. 在食品生产、销售、运输、贮存等过程中,使用不符合食品安全标准的食品包装材料、容器、洗涤剂、消毒剂,或者用于食品生产经营的工具、设备等,造成食品被污染,符合本罪规定的,依照本罪定罪处罚。

二、此罪与彼罪

本罪与非法经营罪。非法经营罪,是指违反国家规定,实施非法经营行为,扰乱市场秩序,情节严重的行为。(1)以提供给他人生产、销售食品为目的,违反国家规定,生产、销售国家禁止用于食品生产、销售的非食品原料,情节严重的,以非法经营罪定罪处罚。(2)以提供给他人生产、销售食用农产品为目的,违反国家规定,生产、销售国家禁用农药、食品动物中禁止使用的药品及其他化合物等有毒、有害的非食品原料,或者生产、销售添加上述有毒、有害的非食品原料的农药、兽药、饲料、饲料添加剂、饲料原料,情节严重的,以非法经营罪定罪处罚。

本罪与其他关联犯罪。在畜禽屠宰相关环节,对畜禽使用

重点解读

食品动物中禁止使用的药品及其他化合物等有毒、有害的非食品原料，依照生产、销售有毒、有害食品罪定罪处罚；对畜禽注水或者注入其他物质，足以造成严重食物中毒事故或者其他严重食源性疾病的，依照生产、销售不符合安全标准的食品罪定罪处罚，虽不足以造成严重食物中毒事故或者其他严重食源性疾病，但符合生产、销售伪劣产品罪规定的，按照该罪定罪处罚。

三、一罪与数罪

生产、销售有毒、有害食品，符合本罪规定的，以本罪定罪处罚。同时构成其他犯罪的，依照处罚较重的规定定罪处罚。

明知他人生产、销售有毒、有害食品，而为其提供资金、贷款、账号、发票、证明、许可证件，或者提供生产、经营场所或者运输、贮存、保管、邮寄、销售渠道等便利条件，或者提供生产技术或者食品原料、食品添加剂、食品相关产品或者有毒、有害的非食品原料，或者提供广告宣传等帮助行为的，以本罪的共犯论处。

法律适用

【司法解释及司法解释性文件】1.《最高人民法院、最高人民检察院关于办理危害食品安全刑事案件适用法律若干问题的解释》第2条、第4条、第6~14条、第16~18条、第20~23条、第25条

2.《最高人民法院、最高人民检察院关于办理非法生产、销售、使用禁止在饲料和动物饮用水中使用的药品等刑事案件具体应用法律若干问题的解释》第1~6条

3.《最高人民法院关于审理走私、非法经营、非法使用兴奋剂刑事案件适用法律若干问题的解释》第5条

4.《最高人民法院、最高人民检察院、公安部关于依法严惩"地沟油"犯罪活动的通知》一~三

法律适用	【相关法律法规】1.《食品安全法》第 34 条、第 123 条 2.《食品安全法实施条例》第 63 条、第 78 条、第 85 条 【规章及规范性文件】《最高人民检察院、公安部关于公安机关管辖的刑事案件立案追诉标准的规定（一）》第 20 条

7 生产、销售不符合标准的医用器材罪

刑法规定

第 145 条

生产不符合保障人体健康的国家标准、行业标准的医疗器械、医用卫生材料,或者销售明知是不符合保障人体健康的国家标准、行业标准的医疗器械、医用卫生材料,足以严重危害人体健康的,处三年以下有期徒刑或者拘役,并处销售金额百分之五十以上二倍以下罚金;对人体健康造成严重危害的,处三年以上十年以下有期徒刑,并处销售金额百分之五十以上二倍以下罚金;后果特别严重的,处十年以上有期徒刑或者无期徒刑,并处销售金额百分之五十以上二倍以下罚金或者没收财产。

第 149 条

生产、销售本节第一百四十一条至第一百四十八条所列产品,不构成各该条规定的犯罪,但是销售金额在五万元以上的,依照本节第一百四十条的规定定罪处罚。

生产、销售本节第一百四十一条至第一百四十八条所列产品,构成各该条规定的犯罪,同时又构成本节第一百四十条规定之罪的,依照处罚较重的规定定罪处罚。

第 150 条

单位犯本节第一百四十条至第一百四十八条规定之罪的,对单位判处罚金,并对其直接负责的主管人员和其他直接责任人员,依照各该条的规定处罚。

立案标准

生产不符合保障人体健康的国家标准、行业标准的医疗器械、医用卫生材料,或者销售明知是不符合保障人体健康的国家标准、行业标准的医疗器械、医用卫生材料,涉嫌下列情形之一的,应予立案追诉:

(1)进入人体的医疗器械的材料中含有超过标准的有毒、有害物质的;

(2)进入人体的医疗器械的有效性指标不符合标准要求,导致治疗、替代、调节、补偿功能部分或者全部丧失,可能造成贻误诊治或者人体严重损伤的;

(3)用于诊断、监护、治疗的有源医疗器械的安全指标不符合强制性标准要求,可能对人体构成伤害或者潜在危害的;

(4)用于诊断、监护、治疗的有源医疗器械的主要性能指标不合格,可能造成贻误诊治或者人体严重损伤的;

(5)未经批准,擅自增加功能或者适用范围,可能造成贻误诊治或者人体严重损伤的;

(6)其他足以严重危害人体健康或者对人体健康造成严重危害的情形。

医疗机构或者个人知道或者应当知道是不符合保障人体健康的国家标准、行业标准的医疗器械、医用卫生材料而购买并有偿使用的,视为"销售"。

量刑标准

(1)犯生产、销售不符合标准的医用器材罪的,处3年以下有期徒刑或者拘役,并处销售金额50%以上2倍以下罚金。

(2)对人体健康造成严重危害的,处3年以上10年以下有期徒刑,并处销售金额50%以上2倍以下罚金。

生产、销售不符合标准的医疗器械、医用卫生材料,致人轻伤或者其他严重后果的,应认定为"对人体健康造成严重危害"。

量刑标准

（3）后果特别严重的，处 10 年以上有期徒刑或者无期徒刑，并处销售金额 50% 以上 2 倍以下罚金或者没收财产。

生产、销售不符合标准的医疗器械、医用卫生材料，造成感染病毒性肝炎等难以治愈的疾病、1 人以上重伤、3 人以上轻伤或者其他严重后果的，应认定为"后果特别严重"。

（4）单位犯本罪的，对单位判处罚金，并对其直接负责的主管人员和其他直接责任人员依上述规定处罚。

重点解读

一、罪与非罪

本罪的成立要求自然人或单位生产不符合保障人体健康的国家标准、行业标准的医疗器械、医用卫生材料，或者明知是不符合保障人体健康的国家标准、行业标准的医疗器械、医用卫生材料而销售，达到足以严重危害人体健康的危害后果。犯罪客体是民众的生命健康安全和国家对医疗器材的管理秩序。犯罪主体包括自然人和单位。自然人一般仅包括生产者和销售者，但医疗机构及其职工帮助销售的，也按照销售者处理。单位犯本罪的，对单位判处罚金，并对其直接负责的主管人员和其他直接责任人员，依照《刑法》第 145 条的规定处罚。犯罪主观方面是故意。

（一）行为对象

医疗器械，是指直接或间接作用于人体仪器、设备、器具、体外诊断试剂及校准物、材料以及其他类似或者相关的物品，包括所需要的计算机软件等；医用卫生材料，是指医疗卫生机构在医疗、预防、保健以及其他相关活动中使用的消耗型辅助用品。

（二）标准

生产、销售不符合的标准，包括国家标准和行业标准。国家标准和行业标准，是指由国家设立的各医疗器械专业标准化技委员会或者国务院药品监督管理部门设立的医疗器械标准化技术委员会组织制定和审核的标准。对于没有国家标准、行业标准的医疗器械，注册产品标准可视为"保障人体健康的卫生标准"。

（三）明知

对于明知的判断，可以综合行为人的认知能力、医用器材质量、进货或者销售的渠道及价格等主、客观因素进行认定。借鉴生产、销售有毒、有害食品罪司法解释对于主观明知的判断逻辑，具有以下情形之一的，可以认定主观明知但存在相反证据并经查证属实的除外：（1）长期从事相关医用器材生产、销售、运输、贮存行业，不依法履行法定义务的；（2）没有合法有效的购货凭证，且不能提供或者拒不提供销售的相关医用器材来源的；（3）以明显低于市场价格进货或者销售且无合理原因的；（4）在有关部门发出禁令的情况下继续销售的；（5）因实施生产、销售不符合标准的医用器材行为受过行政处罚或者刑事处罚，又实施同种行为的；（6）其他足以认定行为人明知的情形。

（四）足以严重危害人体健康

对于是否"足以严重危害人体健康"的判断，应当从是否具有防护、救治功能，是否可能造成贻误诊治，是否可能造成人体严重损伤，是否可能对人体健康造成严重危害等方面，结合医疗器械的功能、使用方式和适用范围等，综合判断。

二、一罪与数罪

明知他人生产、销售不符合标准的医用器材，而为其提供资金、贷款、账号、发票、证明、许可证件，或者提供生产、经营场所或者运输、贮存、保管、邮寄、销售渠道等便利条件，或者提供生产技术的，以本罪的共犯论处。

实施本罪犯罪，又以暴力、威胁方法抗拒查处，构成犯罪的，依照数罪并罚的规定处罚。

法律适用

【司法解释及司法解释性文件】1.《最高人民法院、最高人民检察院关于办理生产、销售伪劣商品刑事案件具体应用法律若干问题的解释》第6条、第9~12条

2.《最高人民法院、最高人民检察院关于办理妨害预防、控制突发传染病疫情等灾害的刑事案件具体应用法律若干问题的解释》第3条

【相关法律法规】1.《产品质量法》第13条、第18条、第26条、第49条

2.《标准化法》第36~39条

3.《医疗器械监督管理条例》第6条、第75~76条、第103条

【规章及规范性文件】《最高人民检察院、公安部关于公安机关管辖的刑事案件立案追诉标准的规定（一）》第21条

8 生产、销售不符合安全标准的产品罪

刑法规定

第 146 条

生产不符合保障人身、财产安全的国家标准、行业标准的电器、压力容器、易燃易爆产品或者其他不符合保障人身、财产安全的国家标准、行业标准的产品，或者销售明知是以上不符合保障人身、财产安全的国家标准、行业标准的产品，造成严重后果的，处五年以下有期徒刑，并处销售金额百分之五十以上二倍以下罚金；后果特别严重的，处五年以上有期徒刑，并处销售金额百分之五十以上二倍以下罚金。

第 149 条

生产、销售本节第一百四十一条至第一百四十八条所列产品，不构成各该条规定的犯罪，但是销售金额在五万元以上的，依照本节第一百四十条的规定定罪处罚。

生产、销售本节第一百四十一条至第一百四十八条所列产品，构成各该条规定的犯罪，同时又构成本节第一百四十条规定之罪的，依照处罚较重的规定定罪处罚。

第 150 条

单位犯本节第一百四十条至第一百四十八条规定之罪的，对单位判处罚金，并对其直接负责的主管人员和其他直接责任人员，依照各该条的规定处罚。

立案标准	生产不符合保障人身、财产安全的国家标准、行业标准的电器、压力容器、易燃易爆或者其他不符合保障人身、财产安全的国家标准、行业标准的产品，或者销售明知是以上不符合保障人身、财产安全的国家标准、行业标准的产品，涉嫌下列情形之一的，应予立案追诉： （1）造成人员重伤或者死亡的； （2）造成直接经济损失 10 万元以上的； （3）其他造成严重后果的情形。
量刑标准	（1）犯生产、销售不符合安全标准的产品罪的，处 5 年以下有期徒刑，并处销售金额 50% 以上 2 倍以下罚金。 　　（2）后果特别严重的，处 5 年以上有期徒刑，并处销售金额 50% 以上 2 倍以下罚金。 　　（3）单位犯本罪的，对单位判处罚金，并对其直接负责的主管人员和其他直接责任人员依上述规定处罚。
重点解读	本罪，是指生产不符合保障人身、财产安全的国家标准、行业标准的电器、压力容器、易燃易爆产品或者其他不符合保障人身、财产安全的国家标准、行业标准的产品，或者销售明知是以上不符合保障人身、财产安全的国家标准、行业标准的产品，造成严重后果的行为。犯罪客体是民众的生命健康安全和国家对电器、压力容器、易燃易爆产品等产品的管理秩序。犯罪主体包括自然人和单位。单位犯本罪的，对单位判处罚金，并对其直接负责的主管人员和其他直接责任人员，依照《刑法》第 146 条的规定处罚。犯罪主观方面是故意。 　　生产不符合保障人身、财产安全的国家标准、行业标准的安全设备，或者明知安全设备不符合保障人身、财产安全的国家标准、行业标准而进行销售，致使发生安全事故，造成严重后果的，以本罪论处。

【司法解释及司法解释性文件】 1.《最高人民法院、最高人民检察院关于办理危害生产安全刑事案件适用法律若干问题的解释》第 11 条

2.《最高人民法院、最高人民检察院、公安部关于办理涉窨井盖相关刑事案件的指导意见》六、十二

【相关法律法规】 1.《产品质量法》第 13 条、第 18 条、第 26 条、第 49 条

2.《标准化法》第 36~39 条

3.《特种设备安全监察条例》第 20~22 条、第 72~95 条

4.《危险化学品安全管理条例》第 77 条

5.《民用爆炸物品安全管理条例》第 2~3 条、第 44 条

【规章及规范性文件】《最高人民检察院、公安部关于公安机关管辖的刑事案件立案追诉标准的规定（一）》第 22 条

9 生产、销售伪劣农药、兽药、化肥、种子罪

刑法规定

第 147 条

生产假农药、假兽药、假化肥，销售明知是假的或者失去使用效能的农药、兽药、化肥、种子，或者生产者、销售者以不合格的农药、兽药、化肥、种子冒充合格的农药、兽药、化肥、种子，使生产遭受较大损失的，处三年以下有期徒刑或者拘役，并处或者单处销售金额百分之五十以上二倍以下罚金；使生产遭受重大损失的，处三年以上七年以下有期徒刑，并处销售金额百分之五十以上二倍以下罚金；使生产遭受特别重大损失的，处七年以上有期徒刑或者无期徒刑，并处销售金额百分之五十以上二倍以下罚金或者没收财产。

第 149 条

生产、销售本节第一百四十一条至第一百四十八条所列产品，不构成各该条规定的犯罪，但是销售金额在五万元以上的，依照本节第一百四十条的规定定罪处罚。

生产、销售本节第一百四十一条至第一百四十八条所列产品，构成各该条规定的犯罪，同时又构成本节第一百四十条规定之罪的，依照处罚较重的规定定罪处罚。

第 150 条

单位犯本节第一百四十条至第一百四十八条规定之罪的，对单位判处罚金，并对其直接负责的主管人员和其他直接责任人员，依照各该条的规定处罚。

立案标准

生产假农药、假兽药、假化肥，销售明知是假的或者失去使用效能的农药、兽药、化肥、种子，或者生产者、销售者以不合格的农药、兽药、化肥、种子冒充合格的农药、兽药、化肥、种子，涉嫌下列情形之一的，应予立案追诉：

（1）使生产遭受损失 2 万元以上的；

（2）其他使生产遭受较大损失的情形。

量刑标准

（1）犯生产、销售伪劣农药、兽药、化肥、种子罪的，处 3 年以下有期徒刑或者拘役，并处或者单处销售金额 50% 以上 2 倍以下罚金。

（2）使生产遭受重大损失的，处 3 年以上 7 年以下有期徒刑，并处销售金额 50% 以上 2 倍以下罚金。重大损失一般以 10 万元为起点。

（3）使生产遭受特别重大损失的，处 7 年以上有期徒刑或者无期徒刑，并处销售金额 50% 以上 2 倍以下罚金或者没收财产。特别重大损失一般以 50 万元为起点。

（4）单位犯本罪的，对单位判处罚金，并对其直接负责的主管人员和其他直接责任人员依上述规定处罚。

重点解读

一、罪与非罪

本罪是指生产假农药、假兽药、假化肥，销售明知是假的或者失去使用效能的农药、兽药、化肥、种子，或者生产者、销售者以不合格的农药、兽药、化肥、种子冒充合格的农药、兽药、化肥、种子，使生产遭受较大损失的行为。犯罪客体是国家对农药、兽药、化肥、种子的管理秩序。犯罪主体包括自然人和单位。单位犯本罪的，对单位判处罚金，并对其直接负责的主管人员和其他直接责任人员，依照《刑法》第 147 条的规定处罚。犯罪主观方面是故意。行为人明知所培育的种子具有质量问题，仍以合格种子名义销售，或者明知种子无任何生产标

重点解读

识,也无种子检验合格证明,仍予以收购并销售,涉案种子系伪劣种子的,应认定行为人具有销售伪劣种子的主观故意。①

以同一科属的此品种种子冒充彼品种种子,属于《刑法》上的"假种子"。行为人对假种子进行小包装分装销售,使农业生产遭受较大损失的,应当以本罪论处。

未取得农药登记证的企业或者个人,借用他人农药登记证、生产许可证、质量标准证等许可证明文件生产、销售农药,使生产遭受较大损失的,以本罪论处。

二、一罪与数罪

对实施生产、销售伪劣种子行为,因无法认定使生产遭受较大损失等原因,不构成本罪,但销售金额在5万元以上的,以生产、销售伪劣产品罪定罪处罚。同时构成假冒伪劣注册商标罪等其他犯罪的,依照处罚较重的规定定罪处罚。

法律适用

【司法解释及司法解释性文件】《最高人民法院、最高人民检察院关于办理生产、销售伪劣商品刑事案件具体应用法律若干问题的解释》第7条、第9~12条

【相关法律法规】1.《农业法》第25条、第29条、第91条 2.《种子法》第2条、第48条、第75条、第76条、第89条 3.《农药管理条例》第2条、第44~48条、第60条、第61条 4.《兽药管理条例》第47条、第48条、第56条、第72条

【规章及规范性文件】《最高人民检察院、公安部关于公安机关管辖的刑事案件立案追诉标准的规定(一)》第23条

---

① 参见"刘某林等销售伪劣种子案"(案例编号:2024-02-1-075-002),载人民法院案例库,最后访问日期:2024年9月12日。

10　生产、销售不符合卫生标准的化妆品罪

刑法规定

第 148 条
　　生产不符合卫生标准的化妆品，或者销售明知是不符合卫生标准的化妆品，造成严重后果的，处三年以下有期徒刑或者拘役，并处或者单处销售金额百分之五十以上二倍以下罚金。

第 149 条
　　生产、销售本节第一百四十一条至第一百四十八条所列产品，不构成各该条规定的犯罪，但是销售金额在五万元以上的，依照本节第一百四十条的规定定罪处罚。
　　生产、销售本节第一百四十一条至第一百四十八条所列产品，构成各该条规定的犯罪，同时又构成本节第一百四十条规定之罪的，依照处罚较重的规定定罪处罚。

第 150 条
　　单位犯本节第一百四十条至第一百四十八条规定之罪的，对单位判处罚金，并对其直接负责的主管人员和其他直接责任人员，依照各该条的规定处罚。

立案标准

　　生产不符合卫生标准的化妆品，或者销售明知是不符合卫生标准的化妆品，涉嫌下列情形之一的，应予立案追诉：
　　（1）造成他人容貌毁损或者皮肤严重损伤的；
　　（2）造成他人器官组织损伤导致严重功能障碍的；
　　（3）致使他人精神失常或者自杀、自残造成重伤、死亡的；
　　（4）其他造成严重后果的情形。

量刑标准	（1）犯生产、销售不符合卫生标准的化妆品罪的，处 3 年以下有期徒刑或者拘役，并处或者单处销售金额 50% 以上 2 倍以下罚金。 （2）单位犯本罪的，对单位判处罚金，并对其直接负责的主管人员和其他直接责任人员依上述规定处罚。
重点解读	生产、销售不符合卫生标准的化妆品罪，是指生产不符合卫生标准的化妆品，或者销售明知是不符合卫生标准的化妆品，造成严重后果的行为。犯罪客体是国家对化妆品的管理秩序。犯罪主体包括自然人和单位。单位犯本罪的，对单位判处罚金，并对其直接负责的主管人员和其他直接责任人员，依照《刑法》第 148 条的规定处罚。犯罪主观方面是故意。
法律适用	【相关法律法规】《化妆品监督管理条例》第 3 条、第 77 条、第 78 条 【规章及规范性文件】《最高人民检察院、公安部关于公安机关管辖的刑事案件立案追诉标准的规定（一）》第 24 条

走私罪

- 11 走私武器、弹药罪
- 12 走私核材料罪
- 13 走私假币罪
- 14 走私文物罪
- 15 走私贵重金属罪
- 16 走私珍贵动物、珍贵动物制品罪
- 17 走私国家禁止进出口的货物、物品罪
- 18 走私淫秽物品罪
- 19 走私废物罪
- 20 走私普通货物、物品罪

11 走私武器、弹药罪

刑法规定

第 151 条第 1、4 款

走私武器、弹药、核材料或者伪造的货币的，处七年以上有期徒刑，并处罚金或者没收财产；情节特别严重的，处无期徒刑，并处没收财产；情节较轻的，处三年以上七年以下有期徒刑，并处罚金。

单位犯本条规定之罪的，对单位判处罚金，并对其直接负责的主管人员和其他直接责任人员，依照本条各款的规定处罚。

第 155 条

下列行为，以走私罪论处，依照本节的有关规定处罚：

（一）直接向走私人非法收购国家禁止进口物品的，或者直接向走私人非法收购走私进口的其他货物、物品，数额较大的；

（二）在内海、领海、界河、界湖运输、收购、贩卖国家禁止进出口物品的，或者运输、收购、贩卖国家限制进出口货物、物品，数额较大，没有合法证明的。

第 156 条

与走私罪犯通谋，为其提供贷款、资金、帐号、发票、证明，或者为其提供运输、保管、邮寄或者其他方便的，以走私罪的共犯论处。

第 157 条第 1 款

武装掩护走私的，依照本法第一百五十一条第一款的规定从重处罚。

立案标准

根据《刑法》第151条和《最高人民法院关于办理走私刑事案件适用法律若干问题的解释》的规定，涉嫌走私武器、弹药，具有下列情形之一的，应予立案追诉：

（1）走私以压缩气体等非火药为动力发射枪弹的枪支2支以上的；

（2）走私气枪铅弹500发以上，或者其他子弹10发以上的；

（3）未达到上述数量标准，但属于犯罪集团的首要分子，使用特种车辆从事走私活动，或者走私的武器、弹药被用于实施犯罪等情形的；

（4）走私各种口径在60毫米以下常规炮弹、手榴弹或者枪榴弹等分别或者合计不满5枚的。

量刑标准

（1）走私武器、弹药，具有下列情形之一的，可以认定为"情节较轻"，处3年以上7年以下有期徒刑，并处罚金：①走私以压缩气体等非火药为动力发射枪弹的枪支2支以上不满5支的；②走私气枪铅弹500发以上不满2500发，或者其他子弹10发以上不满50发的；③未达到上述数量标准，但属于犯罪集团的首要分子，使用特种车辆从事走私活动，或者走私的武器、弹药被用于实施犯罪等情形的；④走私各种口径在60毫米以下常规炮弹、手榴弹或者枪榴弹等分别或者合计不满5枚的。

（2）走私武器、弹药，具有下列情形之一的，处7年以上有期徒刑，并处罚金或者没收财产：①走私以火药为动力发射枪弹的枪支1支，或者以压缩气体等非火药为动力发射枪弹的枪支5支以上不满10支的；②走私上述"情节较轻"中第2项规定的弹药，数量在该项规定的最高数量以上不满最高数量5倍的；③走私各种口径在60毫米以下常规炮弹、手榴弹或者枪榴弹等分别或者合计达到5枚以上不满10枚，或者各种口径超过60毫米以上常规炮弹合计不满5枚的；④达到上述"情节较轻"中第1、2、4项规定的数量标准,且属于犯罪集团的首要分子,使用特种车辆从事走私活动,或者走私的武器、弹药被用于实施犯罪等情形的。

(3)具有下列情形之一的,应当认定为"情节特别严重",处无期徒刑,并处没收财产:①走私上述(2)中第1项规定的枪支,数量超过该项规定的数量标准的;②走私上述(1)中第2项规定的弹药,数量在该项规定的最高数量标准5倍以上的;③走私上述(2)中第3项规定的弹药,数量超过该项规定的数量标准,或者走私具有巨大杀伤力的非常规炮弹1枚以上的;④达到上述(2)中第1项至第3项规定的数量标准,且属于犯罪集团的首要分子,使用特种车辆从事走私活动,或者走私的武器、弹药被用于实施犯罪等情形的。

(4)单位犯本罪的,对单位判处罚金,并对其直接负责的主管人员和其他直接责任人员,依照上述规定处罚。

一、罪与非罪

本罪的成立要求自然人或单位故意违反海关法规,逃避海关监管,非法运输、携带、邮寄武器、弹药进出国(边)境。在海关监管现场被查获的,即可认定为本罪既遂。犯罪主体是自然人和单位。单位犯本罪的,对单位判处罚金,并对其直接负责的主管人员和其他直接责任人员,依照《刑法》第151条的规定处罚。犯罪主观方面是故意,即明知是或者可能是国家禁止进出口的武器、弹药,仍然走私。

(一)走私行为

本罪的走私行为,是指违反《海关法》及有关法律、行政法规,逃避海关监管,逃避国家有关进出境的禁止性或者限制性管理,实施走私和准走私行为。主要表现为以下三种:(1)通关走私,即走私分子在海关进出境时,通过假报、伪装、藏匿等欺骗手段，瞒过海关的监督、检查，偷运、偷带或者偷寄武器、弹药；（2）绕关走私，又叫闯关走私，即走私分子不经过国家海关或者边境哨卡检查站，走私武器、弹药；（3）准走私，又叫间接走私、牵连走私，即直接向走私人非法收购国家禁止进出口的武器、弹药或在内海、领海、界河、界湖运输、收购、贩卖国家禁止进出口的武器、弹药的行为。

（二）走私对象

本罪的走私对象是武器、弹药。对于武器、弹药的理解，既包括常规炮弹、手榴弹或者枪榴弹等武器的整件，也包括各种弹药的弹头、弹壳等枪支散件。"武器、弹药"的种类，参照《进口税则》和《禁止进出境物品表》的有关规定确定。《禁止进出境物品表》规定，各种武器、仿真武器、弹药及爆炸物品均属于禁止进出境物品。仿真武器、爆炸物品在概念范畴上，与武器、弹药属于同一类，也就是说，武器、弹药并不能包含仿真武器和爆炸物品。所以，本罪的走私对象，并不包括仿真武器和爆炸物品。走私国家禁止或限制进出口的仿真枪的，应以走私国家禁止进出口的货物、物品罪论处。走私的仿真枪经鉴定为枪支，构成犯罪的，以走私武器罪定罪处罚。不以牟利或者从事违法犯罪活动为目的，且无其他严重情节的，可以依法从轻处罚；情节轻微不需要判处刑罚的，可以免予刑事处罚。

（三）主观故意

本罪的主观故意，是指行为人明知自己的行为违反国家法律法规，逃避海关监管，或者逃避国家有关进出境的禁止性管理，并且希望或者放任危害结果发生。其中，主观故意中的"明知"是指行为人知道或者应当知道所从事的行为是走私行为。具有下列情形之一的，可以认定为"明知"，但有证据证明确属被蒙骗的除外：（1）逃避海关监管，运输、携带、邮寄武器、弹药的；(2)用特制的设备或者运输工具走私武器、弹药的；(3)未经海关同意，在非设关的码头、海（河）岸、陆路边境等地点，运输（驳载）、收购或者贩卖非法进出境武器、弹药的；(4)提供虚假的合同、发票、证明等商业单证委托他人办理通关手续的；(5)以明显低于货物正常进（出）口的应缴税额委托他人代理进（出）口业务的；(6)曾因同一种走私行为受过刑事处罚或者行政处罚的；(7)其他有证据证明的情形。

二、此罪与彼罪

本罪与走私普通货物、物品罪。走私普通货物、物品罪，是指违反海关法规，逃避海关监管，走私《刑法》第151条、第152条、第347条规定以外的货物、物品，偷逃应缴税额较大，或者1年内曾因走私被给予两次行政处罚后又走私的行为。二者主要通过走私对象和主观故意内容进行区别。在走私对象方面，如果行为人走私的对象是武器、弹药，一般以本罪论处。但走私报废或者无法组装并使用的各类弹药的弹头、弹壳，构成犯罪的，以走私普通货物、物品罪论处。在主观故意内容方面，行为人主观上具有走私犯罪故意，但对其走私的具体对象不明确的，不影响走私犯罪的认定，应当根据实际走私对象定罪处罚。但是，确有证据证明行为人因受蒙骗而对走私对象发生认识错误的，可以从轻处罚。

三、一罪与数罪

行为人走私武器、弹药后又在境内运输、买卖该武器、弹药的，应分情况处理：(1)行为人走私武器、弹药后又在境内运输的，属于牵连犯，从一重罪论处。(2)行为人走私武器、弹药后又在境内买卖的，因走私前是否具有出售目的的不同，而有所区别。如果行为人以出售为目的，走私武器、弹药后又在境内买卖的，属于手段行为（前行为）与目的行为（后行为）

重点解读

之间的牵连关系，从一重罪论处。如果行为人出于自用走私武器、弹药，而后产生出售意图并进行买卖的，属于在不同的主观故意下实施的数个犯罪行为，构成犯罪的，应数罪并罚。

行为人走私武器、弹药进境后，又利用信息网络发布有关制作或者销售该武器、弹药等违禁物品、管制物品的，由于实施了走私武器、弹药和非法利用信息网络两个行为，侵犯了不同的犯罪客体，达到定罪标准的，应以本罪和非法利用信息网络罪，实行数罪并罚。

行为人与本罪罪犯通谋，为其提供贷款、资金、账号、发票、证明，或者为其提供运输、保管、邮寄或者其他方便的，以本罪的共犯论处。通谋，是指犯罪行为人之间事先或者事中形成的共同的走私故意。下列情形可以认定为通谋：（1）对明知他人从事走私活动而同意为其提供贷款、资金、账号、发票、证明、海关单证，提供运输、保管、邮寄或者其他方便的；（2）多次为同一走私犯罪分子的走私行为提供前项帮助的。

法律适用

【司法解释及司法解释性文件】1.《最高人民法院、最高人民检察院关于办理走私刑事案件适用法律若干问题的解释》第1~5条、第17~24条

2.《最高人民法院、最高人民检察院关于涉以压缩气体为动力的枪支、气枪铅弹刑事案件定罪量刑问题的批复》一、二

【相关法律法规】1.《海关法》第8条、第82~84条

2.《出口管制法》第2条、第34条、第36条、第43条

3.《对外贸易法》第16条、第34条、第61条

4.《民兵武器装备管理条例》第2条、第15条

12　走私核材料罪

刑法规定

第 151 条第 1、4 款

走私武器、弹药、核材料或者伪造的货币的,处七年以上有期徒刑,并处罚金或者没收财产;情节特别严重的,处无期徒刑,并处没收财产;情节较轻的,处三年以上七年以下有期徒刑,并处罚金。

单位犯本条规定之罪的,对单位判处罚金,并对其直接负责的主管人员和其他直接责任人员,依照本条各款的规定处罚。

第 155 条

下列行为,以走私罪论处,依照本节的有关规定处罚:

(一)直接向走私人非法收购国家禁止进口物品的,或者直接向走私人非法收购走私进口的其他货物、物品,数额较大的;

(二)在内海、领海、界河、界湖运输、收购、贩卖国家禁止进出口物品的,或者运输、收购、贩卖国家限制进出口货物、物品,数额较大,没有合法证明的。

第 156 条

与走私罪犯通谋,为其提供贷款、资金、帐号、发票、证明,或者为其提供运输、保管、邮寄或者其他方便的,以走私罪的共犯论处。

第 157 条第 1 款

武装掩护走私的,依照本法第一百五十一条第一款的规定从重处罚。

立案标准	本罪属于行为犯，只要行为人实施了非法运输、携带、邮寄核材料进出国（边）境的行为，就应予立案追诉。
量刑标准	（1）犯走私核材料罪的，处 7 年以上有期徒刑，并处罚金或者没收财产。 （2）情节特别严重的，处无期徒刑，并处没收财产。 （3）情节较轻的，处 3 年以上 7 年以下有期徒刑，并处罚金。 （4）单位犯本罪的，对单位判处罚金，并对其直接负责的主管人员和其他直接责任人员，依照上述规定处罚。
重点解读	走私核材料罪，是指违反海关法规和核材料管理法规，逃避海关监管，非法运输、携带、邮寄核材料进出国（边）境的行为。本罪属于行为犯，只要行为人实施了非法运输、携带、邮寄核材料进出国（边）境的行为，就应当被立案追责。犯罪客体是国家对核材料的禁止进出口管理制度。犯罪主体是自然人和单位。犯罪主观方面是故意。过失实施本罪行为的，并不能以本罪论处，但可根据其符合的构成要件以其他犯罪论处，如走私普通货物、物品罪等。至于其犯罪目的，一般是牟利，但是否具有这样的目的，并不影响本罪的成立。 本罪的走私对象核材料，是指铀和钚等可产生原子核裂变或聚变的放射性材料及其制品，包括铀-235 材料及其制品、铀-233 材料及其制品、钚-239 材料及其制品和法律、行政法规规定的其他需要管制的核材料。值得注意的是，本罪的走私对象，并不包括核设施、放射性废物和铀矿石及其初级产品等。走私上述产品的，一般不以本罪论处，符合走私普通货物、物品罪的，按该罪论处。

| 法律适用 | 【司法解释及司法解释性文件】《最高人民法院、最高人民检察院关于办理走私刑事案件适用法律若干问题的解释》第20~24条
【相关法律法规】1.《海关法》第8条、第82~84条
2.《出口管制法》第2条、第34条、第36条、第43条
3.《核安全法》第2条
4.《对外贸易法》第16条、第34条、第61条
5.《核出口管制条例》第1~23条 |

13　走私假币罪

刑法规定

第 151 条第 1、4 款

　　走私武器、弹药、核材料或者伪造的货币的，处七年以上有期徒刑，并处罚金或者没收财产；情节特别严重的，处无期徒刑，并处没收财产；情节较轻的，处三年以上七年以下有期徒刑，并处罚金。

　　单位犯本条规定之罪的，对单位判处罚金，并对其直接负责的主管人员和其他直接责任人员，依照本条各款的规定处罚。

第 155 条

　　下列行为，以走私罪论处，依照本节的有关规定处罚：

　　（一）直接向走私人非法收购国家禁止进口物品的，或者直接向走私人非法收购走私进口的其他货物、物品，数额较大的；

　　（二）在内海、领海、界河、界湖运输、收购、贩卖国家禁止进出口物品的，或者运输、收购、贩卖国家限制进出口货物、物品，数额较大，没有合法证明的。

第 156 条

　　与走私罪犯通谋，为其提供贷款、资金、帐号、发票、证明，或者为其提供运输、保管、邮寄或者其他方便的，以走私罪的共犯论处。

第 157 条第 1 款

　　武装掩护走私的，依照本法第一百五十一条第一款的规定从重处罚。

立案标准	走私伪造的货币，涉嫌下列情形之一的，应予立案追诉： （1）总面额在2000元以上或者币量在200张（枚）以上的； （2）总面额在1000元以上或者币量在100张（枚）以上，2年内因走私假币受过行政处罚，又走私假币的； （3）其他走私假币应予追究刑事责任的情形。
量刑标准	（1）走私伪造的货币，数额在2000元以上不满2万元，或者数量在200张（枚）以上不满2000张（枚）的，可以认定为"情节较轻"，处3年以上7年以下有期徒刑，并处罚金。 （2）具有下列情形之一的，处7年以上有期徒刑，并处罚金或者没收财产：①走私数额在2万元以上不满20万元，或者数量在2000张（枚）以上不满2万张（枚）的；②走私数额或者数量达到上述（1）中的标准，且具有走私的伪造货币流入市场等情节的。 （3）具有下列情形之一的，应当认定为"情节特别严重"，处无期徒刑，并处没收财产：①走私数额在20万元以上，或者数量在2万张（枚）以上的；②走私数额或者数量达到上述（2）中第1项规定的标准，且属于犯罪集团的首要分子，使用特种车辆从事走私活动，或者走私的伪造货币流入市场等情形的。 （4）单位犯本罪的，对单位判处罚金，并对其直接负责的主管人员和其他直接责任人员，依照上述规定处罚。
重点解读	一、罪与非罪 走私假币罪，是指违反海关法规和国家货币管理制度，逃避海关监管，明知是伪造的货币而非法运输、携带、邮寄进出国（边）境的行为。犯罪客体是国家的货币管理秩序和对外贸易管理秩序。犯罪主体是自然人和单位。主观方面表现为故意。本罪作为故意犯罪，对于主观明知的认定需要结合销售记录、

运输轨迹、货物来源等进行综合判断。

本罪的走私行为,是指违反《海关法》及有关法律、行政法规,逃避海关监管,逃避国家有关进出境的禁止性或者限制性管理,实施走私和准走私。具体行为方式与走私武器、弹药罪一致,不再赘述。

走私假币罪的走私对象,即伪造的货币,包括正在流通的人民币和境外货币。伪造的境外货币数额,折合成人民币计算。伪造的货币,是指仿照真币的图案、形状、色彩等要素进行制作的。实践中,常见的伪造方法包括机制胶印、凹印、石板、木板、拉板印制,复印、影印等。走私的假币的逼真程度如何并不影响本罪的成立。正在流通的货币,是指流通的人民币(含普通纪念币、贵金属纪念币)、港元、澳门元、新台币以及其他国家及地区的法定货币。通过剪贴、挖补、揭层、涂改等方法变造的货币并不属于本罪的犯罪对象,走私变造的货币的,并不能以本罪论处。

二、一罪与数罪

走私假币罪与出售、购买、运输假币罪。出售、购买、运输假币罪,是指出售、购买伪造的货币或者明知是伪造的货币而运输,数额较大的行为。二者在侵犯的客体和行为方式上存在差异。前者侵犯的客体是国家的货币管理秩序和对外贸易管理秩序,后者侵犯的客体只有国家的货币管理秩序。在行为方式上,前者主要表现为逃避海关监管,非法运输、携带、邮寄假币进出国(边)境的行为;后者主要是出售、购买、运输假币的行为。值得注意的是,境内外运输假币,应按走私假币罪论处;直接向走私人收购假币或在境内收购、运输、贩卖走私来的假币,应按走私假币罪(间接走私)论处。

【司法解释及司法解释性文件】《最高人民法院、最高人民检察院关于办理走私刑事案件适用法律若干问题的解释》第 6 条、第 7 条、第 20~24 条

【相关法律法规】1.《海关法》第 8 条、第 82~84 条

2.《中国人民银行法》第 17 条、第 18 条

3.《对外贸易法》第 16 条、第 34 条、第 61 条

4.《人民币管理条例》第 2 条、第 4 条、第 15 条、第 16 条、第 25 条、第 30 条

【规章及规范性文件】《最高人民检察院、公安部关于公安机关管辖的刑事案件立案追诉标准的规定（二）》第 2 条

14 走私文物罪

第 151 条第 2、4 款

走私国家禁止出口的文物、黄金、白银和其他贵重金属或者国家禁止进出口的珍贵动物及其制品的,处五年以上十年以下有期徒刑,并处罚金;情节特别严重的,处十年以上有期徒刑或者无期徒刑,并处没收财产;情节较轻的,处五年以下有期徒刑,并处罚金。

单位犯本条规定之罪的,对单位判处罚金,并对其直接负责的主管人员和其他直接责任人员,依照本条各款的规定处罚。

第 155 条

下列行为,以走私罪论处,依照本节的有关规定处罚:

(一)直接向走私人非法收购国家禁止进口物品的,或者直接向走私人非法收购走私进口的其他货物、物品,数额较大的;

(二)在内海、领海、界河、界湖运输、收购、贩卖国家禁止进出口物品的,或者运输、收购、贩卖国家限制进出口货物、物品,数额较大,没有合法证明的。

第 156 条

与走私罪犯通谋,为其提供贷款、资金、帐号、发票、证明,或者为其提供运输、保管、邮寄或者其他方便的,以走私罪的共犯论处。

第 157 条第 1 款

武装掩护走私的,依照本法第一百五十一条第一款的规定从重处罚。

立案标准

根据《刑法》第151条和《最高人民法院、最高人民检察院关于办理走私刑事案件适用法律若干问题的解释》的有关规定，走私国家禁止出口的文物，应予立案追诉。

量刑标准

（1）走私国家禁止出口的三级文物2件以下的，可以认定为"情节较轻"，处5年以下有期徒刑，并处罚金。

（2）具有下列情形之一的，处5年以上10年以下有期徒刑，并处罚金：①走私国家禁止出口的二级文物不满3件，或者三级文物3件以上不满9件的；②走私国家禁止出口的三级文物不满3件，且具有造成文物严重毁损或者无法追回等情节的。

（3）具有下列情形之一的，应当认定为"情节特别严重"，处10年以上有期徒刑或者无期徒刑，并处没收财产：①走私国家禁止出口的一级文物1件以上，或者二级文物3件以上，或者三级文物9件以上的；②走私国家禁止出口的文物达到上述（2）中第1项规定的数量标准，且属于犯罪集团的首要分子，使用特种车辆从事走私活动，或者造成文物严重毁损、无法追回等情形的。

（4）单位犯本罪的，对单位判处罚金，并对其直接负责的主管人员和其他直接责任人员，依照上述规定处罚。

重点解读

一、罪与非罪

走私文物罪，是指违反海关法规和国家对外贸易管理制度（禁止出口制度），逃避海关监管，非法运输、携带、邮寄国家禁止出口的文物出国（边）境的行为。犯罪客体是国家对文物的管理秩序和对外贸易管理秩序。犯罪主体是自然人和单位。成立本罪，要求具备主观故意，如果行为人并不知道其运输、携带、邮寄的是禁止出口的文物，即使客观上实施了本罪的犯罪行为，也不能以本罪论处。对于主观故意的把握，可以根据《文物保护法》的相关规定进行判断。该法规定，国有文物、非国有文物中的珍贵文物和国家禁止出境的其他文物，不得出境；依照该法规定出境展览，或者因特殊需要经国务院批准出境的除外。文物出境，应当经国务院文物行政部门指定的文物进出境审核机构审核。经审核允许出境的文物，由国务院文物行政部门颁发文物出境许可证，从国务院文物行政部门指定的口岸出境。任何单位或者个人运送、邮寄、携带文物出境，应当向海关申报；海关凭文物出境许可证放行。

（一）走私行为

本罪的走私行为，是指违反《海关法》及有关法律、行政法规，逃避海关监管，逃避国家有关禁止出口的规定，实施走私或者准走私。本罪的走私行为，仅限于将文物从境内走私至境外的行为，对于将文物从境外走私入境的，仅能在走私普通货物罪内定罪量刑。具体行为方式与走私武器、弹药罪一致，在此不再赘述。

（二）走私对象

走私文物罪的走私对象，即国家禁止出口的文物，依照《文物保护法》规定的"国家禁止出境的文物"的范围对其进行认定。文物，是指人类创造的或者与人类活动有关的，具有历史、艺术、科学价值的下列物质遗存：（1）古文化遗址、古墓葬、古建筑、石窟寺和古石刻、古壁画；（2）与重大历史事件、革命运动或者著名人物有关的以及具有重要纪念意义、教育意义或者史料价值的近代现代重要史迹、实物、代表性建筑；（3）历史上各时代珍贵的艺术品、工艺美术品；（4）历史上各时代重要的文献资料、手稿和图书资料等；（5）反映历史上各时代、各民族社会制度、社会生产、社会生活的代表性实物。此外，具有科学价值的古脊椎动物化石和古人类化石同文物一样受国家保护。

针对不可移动文物整体实施走私的，根据所属不可移动文物的等级定罪量刑；走私不可移动文物的可移动部分的，可以依照有关走私可移动文物的规定定罪量刑。对涉案文物鉴定、价值认定等专门性问题难以确定的，由司法鉴定机构出具鉴定意见，或者由国务院文物行政部门指定的机构出具报告。对于文物价值，也可以由有关价格认证机构作出价格认证并出具报告。

（三）犯罪情节轻微

走私国家禁止出口文物的行为，包括走私国家禁止出口的二级文物、走私国家禁止出口的一级文物情节特别严重和走私国家禁止出口的三级文物情节较轻等行为。虽已达到应当追究刑事责任的标准，但行为人系初犯，积极退回或者协助追回文物，未造成文物损毁，并确有悔罪表现的，可以认定为犯罪情节轻微，不起诉或者免予刑事处罚。走私国家禁止出口的文物，无法确定文物等级，或者按照文物等级定罪量刑明显过轻或者过重的，可以按照走私的文物价值定罪量刑。

二、一罪与数罪

走私文物罪与倒卖文物罪。倒卖文物罪，是指以牟利为目的，倒卖国家禁止经营的文物，情节严重的行为。二者均为针对文物的犯罪，在犯罪对象、客观行为上均存在关联之处，尤其是走私文物罪的过程中，往往带有倒卖文物的行为。在实践中，可以从犯罪客体和主观方面加以区分。走私文物罪侵害的主要是国家对外贸易管理制度和海关制度，主观方面表现为走私文物的故意，至于目的为何，在所不论。倒卖文物罪主要侵害的是国家的文物管理制度，本罪的成立必须"以牟利为目的"。

| 法律适用 | 【司法解释及司法解释性文件】1.《最高人民法院、最高人民检察院关于办理走私刑事案件适用法律若干问题的解释》第8条、第20~24条
2.《最高人民法院、最高人民检察院关于办理妨害文物管理等刑事案件适用法律若干问题的解释》第1条、第11~18条
【相关法律法规】1.《文物保护法》第2条、第3条、第5条
2.《海关法》第8条、第82~84条
3.《出口管制法》第2条、第34条、第36条、第43条
4.《对外贸易法》第16条、第34条、第61条 |

15 走私贵重金属罪

刑法规定

第 151 条第 2、4 款

走私国家禁止出口的文物、黄金、白银和其他贵重金属或者国家禁止进出口的珍贵动物及其制品的,处五年以上十年以下有期徒刑,并处罚金;情节特别严重的,处十年以上有期徒刑或者无期徒刑,并处没收财产;情节较轻的,处五年以下有期徒刑,并处罚金。

单位犯本条规定之罪的,对单位判处罚金,并对其直接负责的主管人员和其他直接责任人员,依照本条各款的规定处罚。

第 155 条

下列行为,以走私罪论处,依照本节的有关规定处罚:

(一)直接向走私人非法收购国家禁止进口物品的,或者直接向走私人非法收购走私进口的其他货物、物品,数额较大的;

(二)在内海、领海、界河、界湖运输、收购、贩卖国家禁止进出口物品的,或者运输、收购、贩卖国家限制进出口货物、物品,数额较大,没有合法证明的。

第 156 条

与走私罪犯通谋,为其提供贷款、资金、帐号、发票、证明,或者为其提供运输、保管、邮寄或者其他方便的,以走私罪的共犯论处。

第 157 条第 1 款

武装掩护走私的,依照本法第一百五十一条第一款的规定从重处罚。

立案标准	根据《刑法》第151条的规定，涉嫌走私黄金、白银和其他贵重金属的，应予立案追诉。
量刑标准	（1）犯走私贵重金属罪，处5年以上10年以下有期徒刑，并处罚金。 （2）情节特别严重的，处10年以上有期徒刑或无期徒刑，并处没收财产。 （3）情节较轻的，处5年以下有期徒刑，并处罚金。 （4）单位犯本罪的，对单位判处罚金，并对其直接负责的主管人员和其他直接责任人员，依照上述规定处罚。
重点解读	走私贵重金属罪，是指违反海关法规，逃避海关监管，将国家禁止出口的黄金、白银和其他贵重金属非法携带、运输、邮寄出国（边）境的行为。犯罪客体是国家对贵重金属的管理秩序和对外贸易管理秩序。犯罪主体是自然人和单位。本罪作为故意犯罪，不仅要求行为人认识到走私的物品是黄金、白银和其他贵重金属，而且要求其认识到这种贵重金属是国家所禁止出口的。走私贵重金属罪的定罪量刑的考量，可以结合走私贵重金属的数量、重量、价值等，进行社会危害性的综合评价。 本罪的犯罪对象是贵重金属，是指具有高价值性或稀有性的金属，主要是指黄金、白银和国家禁止出口的其他贵重金属。其他贵重金属，主要包括钛、铂、铱等。一般的非贵重金属或者虽为贵重金属，但尚未被国家禁止出口的，并不属于本罪的犯罪对象。贵重金属纪念币作为一种艺术品、收藏品和投资品，其面额只是象征法定货币的符号，不反映其真实价值。实际上，其实际价值远超币面价值。故，走私贵重金属纪念币的行为，既非本罪的走私对象，也非走私假币罪的走私对象，只能成为走私普通货物、物品罪的走私对象。

重点解读	行为人本欲走私黄金、白银等贵重金属，实际上却走私了武器，发生认识错误时，由于黄金、白银等贵重金属和武器均属于国家禁止进出口的货物、物品，存在走私国家禁止进出口货物的主观故意与客观行为的，可认定为走私国家禁止进出口的货物、物品罪。行为人走私黄金、白银等贵重金属，同时符合本罪与走私国家禁止进出口的货物、物品罪的犯罪构成的，属于法条竞合关系，以本罪论处。在走私的货物、物品中藏匿贵重金属，构成犯罪的，以本罪论处；构成数罪的，实行数罪并罚。但值得注意的是，对于走私贵重金属极少且综合全案来看属于"情节显著轻微危害不大"的，可不以本罪论处。
法律适用	【相关法律法规】1.《海关法》第8条、第82~84条 2.《出口管制法》第2条、第34条、第36条、第43条 3.《对外贸易法》第16条、第34条、第61条 4.《金银管理条例》第25~28条

16 走私珍贵动物、珍贵动物制品罪

刑法规定

第 151 条第 2、4 款

走私国家禁止出口的文物、黄金、白银和其他贵重金属或者国家禁止进出口的珍贵动物及其制品的,处五年以上十年以下有期徒刑,并处罚金;情节特别严重的,处十年以上有期徒刑或者无期徒刑,并处没收财产;情节较轻的,处五年以下有期徒刑,并处罚金。

单位犯本条规定之罪的,对单位判处罚金,并对其直接负责的主管人员和其他直接责任人员,依照本条各款的规定处罚。

第 155 条

下列行为,以走私罪论处,依照本节的有关规定处罚:

(一)直接向走私人非法收购国家禁止进口物品的,或者直接向走私人非法收购走私进口的其他货物、物品,数额较大的;

(二)在内海、领海、界河、界湖运输、收购、贩卖国家禁止进出口物品的,或者运输、收购、贩卖国家限制进出口货物、物品,数额较大,没有合法证明的。

第 156 条

与走私罪犯通谋,为其提供贷款、资金、帐号、发票、证明,或者为其提供运输、保管、邮寄或者其他方便的,以走私罪的共犯论处。

第 157 条第 1 款

武装掩护走私的,依照本法第一百五十一条第一款的规定从重处罚。

立案标准	根据《刑法》第 151 条和《最高人民法院、最高人民检察院关于办理破坏野生动物资源刑事案件适用法律若干问题的解释》的规定，涉嫌下列行为之一的，应予立案追诉： （1）未经批准擅自进出口列入经国家濒危物种进出口管理机构公布的《濒危野生动植物种国际贸易公约》附录一、附录二的野生动物及其制品； （2）未经批准擅自出口列入《国家重点保护野生动物名录》的野生动物及其制品。
量刑标准	（1）走私国家禁止进出口的珍贵动物及其制品，价值 20 万元以上不满 200 万元的，以走私珍贵动物、珍贵动物制品罪处 5 年以上 10 年以下有期徒刑，并处罚金。 （2）走私国家禁止进出口的珍贵动物及其制品，价值 200 万元以上的，应当认定为"情节特别严重"，处 10 年以上有期徒刑或者无期徒刑，并处没收财产。 （3）走私国家禁止进出口的珍贵动物及其制品，价值 2 万元以上不满 20 万元的，应当认定为"情节较轻"，处 5 年以下有期徒刑，并处罚金。 （4）实施走私国家禁止进出口的珍贵动物及其制品的行为，具有下列情形之一的，从重处罚：①属于犯罪集团的首要分子的；②为逃避监管，使用特种交通工具实施的；③ 2 年内曾因破坏野生动物资源受过行政处罚的。 （5）实施走私国家禁止进出口的珍贵动物及其制品的行为，不具有从重处罚的情形，且未造成动物死亡或者动物、动物制品无法追回，行为人全部退赃退赔，确有悔罪表现的，按照下列规定处理：①珍贵动物及其制品价值 200 万元以上的，可以处 5 年以上 10 年以下有期徒刑，并处罚金；②珍贵动物

量刑标准

及其制品价值20万元以上不满200万元的，可以认定为"情节较轻"，处5年以下有期徒刑，并处罚金；③珍贵动物及其制品价值2万元以上不满20万元的，可以认定为犯罪情节轻微，不起诉或者免予刑事处罚；情节显著轻微危害不大的，不作为犯罪处理。

（6）单位犯本罪的，对单位判处罚金，并对其直接负责的主管人员和其他直接责任人员，依照上述规定处罚。

重点解读

一、罪与非罪

走私珍贵动物、珍贵动物制品罪，是指违反国家珍贵动物及其制品禁止进出口制度和海关管理制度，逃避海关监管，非法运输、携带、邮寄珍贵动物、珍贵动物制品进出国（边）境的行为。犯罪客体是国家对珍贵动物、珍贵动物制品管理秩序和对外贸易管理秩序。犯罪主体是自然人和单位。犯罪主观方面为故意。对于本罪社会危害性的考量，主要以价值（主要由国务院野生动物保护主管部门根据野生动物的珍贵、濒危程度、生态价值和市场价值等综合评估确定）作为定罪量刑标准。[①]

本罪作为选择性罪名，因犯罪对象的不同可以分为走私珍贵动物罪、走私珍贵动物制品罪，若犯罪对象同时包括珍贵动物和珍贵动物制品，只成立本罪，不实行数罪并罚。本罪的犯罪对象，即国家禁止进出口的珍贵动物、珍贵动物制品。具有下列情形之一的，应当认定为本罪规定的走私国家禁止进出口的珍贵动物及其制品：（1）未经批准擅自进出口列入经国家濒危物种进出口管理机构公布的《濒危野生动植

[①] 参见周加海等：《〈关于办理破坏野生动物资源刑事案件适用法律若干问题的解释〉的理解与适用》，载《人民司法·应用》2022年第13期。

物种国际贸易公约》附录Ⅰ、附录Ⅱ的野生动物及其制品；（2）未经批准擅自出口列入《国家重点保护野生动物名录》的野生动物及其制品。对于境外在逃人员及其辩护人、诉讼代理人提交的来自境外的证据材料，法院应根据《最高人民法院关于适用〈中华人民共和国刑事诉讼法〉的解释》第77条第2款之规定进行先审查形式之证据资格后审查内容之证明力的递进式审查。①

二、一罪与数罪

走私珍贵动物、珍贵动物制品罪与危害珍贵、濒危野生动物罪。危害珍贵、濒危野生动物罪，是指非法猎捕、杀害国家重点保护的珍贵、濒危野生动物，或者非法收购、运输、出售国家重点保护的珍贵、濒危野生动物及其制品的行为。走私珍贵动物、珍贵动物制品罪的行为人往往具有收买、倒卖等行为，使得上述两个罪名在适用上存在一定的交叉之处。虽然二者在犯罪对象、行为方式上存在相似之处，但又因侵害客体的不同而有所区分。走私珍贵动物、珍贵动物制品罪侵害的是国家对珍贵动物、珍贵动物制品管理秩序和对外贸易管理秩序；危害珍贵、濒危野生动物罪侵害的是国家对野生动物资源的保护制度。值得注意的是，走私集团的成员按照事先的分工，在国内负责收购珍贵动物及其制品以及受走私团伙的收买、指使，帮助收购珍贵动物及其制品，均不属于危害珍贵、濒危野生动物罪，而应认定为走私珍贵动物、珍贵动物制品罪。

---

① 参见"古某飞走私珍贵动物制品案"（案例编号：2023-06-1-082-001），载人民法院案例库，最后访问日期：2024年9月12日。

| 法律适用 | 【司法解释及司法解释性文件】1.《最高人民法院、最高人民检察院关于办理走私刑事案件适用法律若干问题的解释》第9条、第10条
　　2.《最高人民法院、最高人民检察院关于办理破坏野生动物资源刑事案件适用法律若干问题的解释》第1条、第2条
【相关法律法规】1.《森林法》第82条
　　2.《海关法》第8条、第82~84条
　　3.《出口管制法》第2条、第34条、第36条、第43条
　　4.《对外贸易法》第16条、第34条、第61条 |

17　走私国家禁止进出口的货物、物品罪

刑法规定

第 151 条第 3、4 款

走私珍稀植物及其制品等国家禁止进出口的其他货物、物品的，处五年以下有期徒刑或者拘役，并处或者单处罚金；情节严重的，处五年以上有期徒刑，并处罚金。

单位犯本条规定之罪的，对单位判处罚金，并对其直接负责的主管人员和其他直接责任人员，依照本条各款的规定处罚。

第 155 条

下列行为，以走私罪论处，依照本节的有关规定处罚：

（一）直接向走私人非法收购国家禁止进口物品的，或者直接向走私人非法收购走私进口的其他货物、物品，数额较大的；

（二）在内海、领海、界河、界湖运输、收购、贩卖国家禁止进出口物品的，或者运输、收购、贩卖国家限制进出口货物、物品，数额较大，没有合法证明的。

第 156 条

与走私罪犯通谋，为其提供贷款、资金、帐号、发票、证明，或者为其提供运输、保管、邮寄或者其他方便的，以走私罪的共犯论处。

第 157 条第 1 款

武装掩护走私的，依照本法第一百五十一条第一款的规定从重处罚。

立案标准	根据《刑法》第151条和《最高人民法院、最高人民检察院关于办理走私刑事案件适用法律若干问题的解释》的规定，涉嫌下列行为之一的，应予立案追诉： 　　（1）走私国家一级保护野生植物5株以上不满25株，国家二级保护野生植物10株以上不满50株，或者珍稀植物、珍稀植物制品数额在20万元以上不满100万元的； 　　（2）走私重点保护古生物化石或者未命名的古生物化石不满10件，或者一般保护古生物化石10件以上不满50件的； 　　（3）走私禁止进出口的有毒物质1吨以上不满5吨，或者数额在2万元以上不满10万元的； 　　（4）走私来自境外疫区的动植物及其产品5吨以上不满25吨，或者数额在5万元以上不满25万元的； 　　（5）走私木炭、硅砂等妨害环境、资源保护的货物、物品10吨以上不满50吨，或者数额在10万元以上不满50万元的； 　　（6）走私旧机动车、切割车、旧机电产品或者其他禁止进出口的货物、物品20吨以上不满100吨，或者数额在20万元以上不满100万元的； 　　（7）数量或者数额未达到上述第1项至第6项规定的标准，但属于犯罪集团的首要分子，使用特种车辆从事走私活动，造成环境严重污染，或者引起甲类传染病传播、重大动植物疫情等情形的。
量刑标准	（1）犯走私国家禁止进出口的货物、物品罪，处5年以下有期徒刑或者拘役，并处或者单处罚金。 　　（2）情节严重的，处5年以上有期徒刑，并处罚金。 　　具有下列情形之一的，应当认定为"情节严重"：①走私数量或者数额超过立案标准的；②达到立案标准，且属于犯罪集团的首要分子，使用特种车辆从事走私活动，造成环境

量刑标准	严重污染，或者引起甲类传染病传播、重大动植物疫情等情形的。 （3）单位犯本罪的，对单位判处罚金，并对其直接负责的主管人员和其他直接责任人员，依照上述规定处罚。
重点解读	走私国家禁止进出口的货物、物品罪，是指违反海关法规，逃避海关监管，非法运输、携带、邮寄珍稀植物及其制品等国家禁止进出口的其他货物、物品进出国（边）境的行为。犯罪客体是国家对外贸易管理秩序。犯罪主体是自然人和单位。本罪的主观罪过为故意。 　　本罪的犯罪对象是珍稀植物及其制品等国家禁止进出口的其他货物、物品。"珍稀植物"，是指国家重点保护的原生地天然生长的珍贵植物和原生地天然生长并具有重要经济、科学研究、文化价值的濒危稀有植物。具体包括列入《国家重点保护野生植物名录》《国家重点保护野生药材物种名录》《国家珍贵树种名录》中的国家一、二级保护野生植物、国家重点保护的野生药材、珍贵树木，《濒危野生动植物种国际贸易公约》附录Ⅰ、附录Ⅱ中的野生植物，以及人工培育的上述植物。 　　明知是国家禁止进口的、来源于境外动物疫情流行国家或者地区内的、与所发生动物疫病有关的动物产品，而直接向走私人非法收购，并予以屠宰、销售，同时构成走私国家禁止进出口的货物、物品罪和生产、销售不符合安全标准的食品罪的，依照处罚较重的规定定罪处罚。①

---

① 参见"王某贞走私国家禁止进出口的货物、物品案"（案例编号：2023-02-1-083-001），载人民法院案例库，最后访问日期：2024年9月12日。

| 法律适用 | 【司法解释及司法解释性文件】1.《最高人民法院关于审理走私、非法经营、非法使用兴奋剂刑事案件适用法律若干问题的解释》第1~9条
2.《最高人民法院、最高人民检察院关于办理走私刑事案件适用法律若干问题的解释》第11条、第12条
【相关法律法规】1.《海关法》第8条、第82~84条
2.《出口管制法》第2条、第34条、第36条、第43条
3.《对外贸易法》第16条、第34条、第61条
4.《野生植物保护条例》第10条 |

18　走私淫秽物品罪

刑法规定

第 152 条第 1、3 款

以牟利或者传播为目的,走私淫秽的影片、录像带、录音带、图片、书刊或者其他淫秽物品的,处三年以上十年以下有期徒刑,并处罚金;情节严重的,处十年以上有期徒刑或者无期徒刑,并处罚金或者没收财产;情节较轻的,处三年以下有期徒刑、拘役或者管制,并处罚金。

单位犯前两款罪的,对单位判处罚金,并对其直接负责的主管人员和其他直接责任人员,依照前两款的规定处罚。

第 155 条

下列行为,以走私罪论处,依照本节的有关规定处罚:

(一)直接向走私人非法收购国家禁止进口物品的,或者直接向走私人非法收购走私进口的其他货物、物品,数额较大的;

(二)在内海、领海、界河、界湖运输、收购、贩卖国家禁止进出口物品的,或者运输、收购、贩卖国家限制进出口货物、物品,数额较大,没有合法证明的。

第 156 条

与走私罪犯通谋,为其提供贷款、资金、帐号、发票、证明,或者为其提供运输、保管、邮寄或者其他方便的,以走私罪的共犯论处。

第 157 条第 1 款

武装掩护走私的,依照本法第一百五十一条第一款的规定从重处罚。

立案标准

根据《刑法》第 152 条和有关司法解释的规定，涉嫌走私淫秽物品达到下列数量之一的，应予立案追诉：

（1）走私淫秽录像带、影碟 50 盘（张）以上不满 100 盘（张）的；

（2）走私淫秽录音带、音碟 100 盘（张）以上不满 200 盘（张）的；

（3）走私淫秽扑克、书刊、画册 100 副（册）以上不满 200 副（册）的；

（4）走私淫秽照片、画片 500 张以上不满 1000 张的；

（5）走私其他淫秽物品相当于上述数量的。

量刑标准

（1）走私淫秽物品在前述立案标准规定的最高数量以上不满最高数量 5 倍的，处 3 年以上 10 年以下有期徒刑，并处罚金。

（2）情节严重的，处 10 年以上有期徒刑或者无期徒刑，并处罚金或者没收财产。

走私淫秽物品在前述立案标准规定的最高数量 5 倍以上，或者虽然不满 5 倍，但属于犯罪集团的首要分子，使用特定车辆从事走私活动的情形的，应当认定为"情节严重"。

（3）情节较轻的，处 3 年以下有期徒刑、拘役或者管制，并处罚金。

（4）单位犯本罪的，对单位判处罚金，并对其直接负责的主管人员和其他直接责任人员，依照上述规定处罚。

重点解读

一、罪与非罪

走私淫秽物品罪，是指以牟利或者传播为目的，故意违反海关法规，逃避海关监管，非法运输、携带、邮寄淫秽的影片、录像带、录音带、图片、书刊或者其他淫秽物品进出国（边）境的行为。犯罪客体是国家对外贸易管理秩序。犯罪主体是自然人和单位。本罪的主观罪过是故意，即明知自己走私的是淫秽物品。此外，以牟利或者传播为目的是本罪成立的目的要求，以牟利或者传播为目的，走私淫秽物品，达到走私淫秽物品定罪要求的，以本罪定罪处罚。但行为人牟利或传播目的是否实现并不影响本罪的成立。确实不是为了牟利、传播，携带、邮寄少量淫秽物品进出国（边）境的，既未达到走私淫秽物品罪的定罪要求，也不构成走私普通货物、物品罪的，依照《海关法》的有关规定处罚。对于为了自用、赠送、受他人委托代买、夹带少量淫秽物品入境的，因不具有牟利或传播的目的，不宜以本罪论处。对于行为人是否具有牟利或传播目的的认定，可以通过走私淫秽物品的种类、数量、次数等进行判断。

本罪的犯罪对象是国家禁止进出口的淫秽的影片、录像带、录音带、图片、书刊或者其他淫秽物品。淫秽物品，是指具体描绘性行为或者露骨宣扬色情的诲淫性的书刊、影片、录像带、录音带、图片及其他淫秽物品。有关人体生理、医学知识的科学著作不是淫秽物品。包含色情内容的有艺术价值的文学、艺术作品不视为淫秽物品。淫秽物品的种类和目录，由国务院有关主管部门规定。在实践中，对于淫秽物品的认定标准，主要以《关于认定淫秽及色情出版物的暂行规定》为依据。

二、一罪与数罪

行为人以牟利、传播为目的，从境外走私淫秽物品后又在境内传播、贩卖的，虽然实施了两个危害行为，但可以理解为具有类型性的牵连关系，应从一重罪论处。行为人以牟利、传播为目的，从境外走私淫秽物品后，利用信息网络发布该淫秽物品销售信息的，虽然属于非法利用信息网络的行为，但可以理解为销售手段，具有社会一般意义上的通常性，以本罪论处。行为人以牟利、传播为目的，从境外走私淫秽物品后进行复制

重点解读	牟利的，由于其实施了走私行为和复制牟利行为，在达到本罪和复制淫秽物品牟利罪定罪标准的情况下，应按照本罪和复制淫秽物品牟利罪，实行数罪并罚。
法律适用	【司法解释及司法解释性文件】《最高人民法院、最高人民检察院关于办理走私刑事案件适用法律若干问题的解释》第13条、第20~24条 【相关法律法规】1.《海关法》第 8 条、第 82~84 条 　2.《出口管制法》第 2 条、第 34 条、第 36 条、第 43 条 　3.《对外贸易法》第 16 条、第 34 条、第 61 条 【规章及规范性文件】《最高人民检察院、公安部关于公安机关管辖的刑事案件立案追诉标准的规定（一）》第 25 条

19 走私废物罪

刑法规定

第 152 条第 2、3 款

逃避海关监管将境外固体废物、液态废物和气态废物运输进境，情节严重的，处五年以下有期徒刑，并处或者单处罚金；情节特别严重的，处五年以上有期徒刑，并处罚金。

单位犯前两款罪的，对单位判处罚金，并对其直接负责的主管人员和其他直接责任人员，依照前两款的规定处罚。

第 155 条

下列行为，以走私罪论处，依照本节的有关规定处罚：

（一）直接向走私人非法收购国家禁止进口物品的，或者直接向走私人非法收购走私进口的其他货物、物品，数额较大的；

（二）在内海、领海、界河、界湖运输、收购、贩卖国家禁止进出口物品的，或者运输、收购、贩卖国家限制进出口货物、物品，数额较大，没有合法证明的。

第 156 条

与走私罪犯通谋，为其提供贷款、资金、帐号、发票、证明，或者为其提供运输、保管、邮寄或者其他方便的，以走私罪的共犯论处。

第 157 条第 1 款

武装掩护走私的，依照本法第一百五十一条第一款的规定从重处罚。

刑法规定	**第 339 条第 3 款** 以原料利用为名，进口不能用作原料的固体废物、液态废物和气态废物的，依照本法第一百五十二条第二款、第三款的规定定罪处罚。
立案标准	根据《刑法》第 152 条和《最高人民法院、最高人民检察院关于办理走私刑事案件适用法律若干问题的解释》的有关规定，涉嫌下列情形之一的，应予立案追诉： （1）走私国家禁止进口的危险性固体废物、液态废物分别或者合计达到 1 吨以上不满 5 吨的； （2）走私国家禁止进口的非危险性固体废物、液态废物分别或者合计达到 5 吨以上不满 25 吨的； （3）走私国家限制进口的可用作原料的固体废物、液态废物分别或者合计达到 20 吨以上不满 100 吨的； （4）未达到上述数量标准，但属于犯罪集团的首要分子，使用特种车辆从事走私活动，或者造成环境严重污染等情形的。 走私置于容器中的气态废物的，参照上述标准执行。
量刑标准	（1）犯本罪的，处 5 年以下有期徒刑，并处或者单处罚金。 （2）情节特别严重的，处 5 年以上有期徒刑，并处罚金。 具有下列情形之一的，应当认定为"情节特别严重"：①走私数量超过立案标准的；②达到立案标准，且属于犯罪集团的首要分子，使用特种车辆从事走私活动，或者造成环境严重污染等情形的；③未达到立案标准，但造成环境严重污染且后果特别严重的。 （3）单位犯本罪的，对单位判处罚金，并对其直接负责的主管人员和其他直接责任人员，依照上述规定处罚。

一、罪与非罪

走私废物罪，是指逃避海关监管，故意将境外固体废物、液态废物和气态废物运输进境，情节严重的行为。犯罪客体是国家对外贸易管理秩序和生态环境。犯罪主体是自然人和单位。本罪的主观方面只能是故意，即明知是固体废物、液态废物或气态废物而仍非法运输，使之进入国（边）境，是否具有牟利的目的并不影响本罪的成立。

走私废物罪的走私对象为国家禁止进口的固体废物、液态废物和气态废物。液态废物呈现出液体状态，是具有一定体积但没有一定形状，并且可以流动的废物。气态废物，则呈现出气体状态，是既没有一定形状，又没有一定体积，并且可以流动的废物。根据《固体废物污染环境防治法》的规定，固体废物，是指在生产、生活和其他活动中产生的丧失原有利用价值或者虽未丧失利用价值但被抛弃或者放弃的固态、半固态和置于容器中的气态的物品、物质以及法律、行政法规规定纳入固体废物管理的物品、物质。经无害化加工处理，并且符合强制性国家产品质量标准，不会危害公众健康和生态安全，或者根据固体废物鉴别标准和鉴别程序认定为不属于固体废物的除外。其中，工业固体废物，是指在工业生产活动中产生的固体废物；生活垃圾，是指在日常生活中或者为日常生活提供服务的活动中产生的固体废物，以及法律、行政法规规定视为生活垃圾的固体废物；建筑垃圾，是指建设单位、施工单位新建、改建、扩建和拆除各类建筑物、构筑物、管网等，以及居民装饰装修房屋过程中产生的弃土、弃料和其他固体废物。

二、此罪与彼罪

1.走私废物罪与非法处置进口的固体废物罪。非法处置进口的固体废物罪,是指违反国家规定,将境外的固体废物进境倾倒、堆放、处置的行为。本罪与该罪在犯罪客体、行为方式等方面存在不同。本罪侵犯的是国家对外贸易管理秩序和生态环境,后者侵犯的只是生态环境。本罪的行为方式是一种走私行为,后者行为方式表现为将境外的固体废物进境倾倒、堆放、处置。

2.走私废物罪与擅自进口固体废物罪。擅自进口固体废物罪,是指未经国务院有关主管部门许可,擅自进口固体废物用作原料,造成重大环境污染事故,致使公私财产遭受重大损失或者严重危害人体健康的行为。本罪与该罪在犯罪客体、行为对象和危害后果等方面存在差别。本罪侵犯的是国家对外贸易管理秩序和生态环境,后者侵犯的只是生态环境。本罪的行为对象是国家禁止进口的废物,后者的行为对象是国家限制进口的废物。所以,以原料利用为名,进口不能用作原料的固体废物、液态废物和气态废物的,应以本罪论处。成立本罪,要求达到情节严重,后者则要求造成重大环境污染事故,致使公私财产遭受重大损失或者严重危害人体健康。

三、一罪与数罪

行为人按照相应的审批手续进口废物后未按照相关要求进行无害化处理的,由于并未违反海关法规,也没有逃避海关监管,故而不成立本罪。但对于未进行无害化处理导致环境污染或者构成其他犯罪的,则应按照污染环境罪或者其他犯罪定罪处罚。行为人实施了走私废物的行为,走私的废物入境后导致环境污染或者符合其他犯罪犯罪构成,均达到定罪标准的,应按照本罪与污染环境罪或者其他犯罪实行数罪并罚。

法律适用

【司法解释及司法解释性文件】《最高人民法院、最高人民检察院关于办理走私刑事案件适用法律若干问题的解释》第 14 条、第 15 条、第 20~24 条

【相关法律法规】1.《海关法》第 8 条、第 82~84 条

2.《出口管制法》第 2 条、第 34 条、第 36 条、第 43 条

3.《对外贸易法》第 16 条、第 34 条、第 61 条

4.《固体废物污染环境防治法》第 2 条、第 15 条、第 23~25 条、第 120~123 条

5.《环境保护法》第 49 条、第 51 条、第 69 条

6.《海洋环境保护法》第 56 条、第 58 条、第 120 条

7.《进出口商品检验法实施条例》第 18 条、第 22 条、第 49 条

20 走私普通货物、物品罪

第 153 条

走私本法第一百五十一条、第一百五十二条、第三百四十七条规定以外的货物、物品的,根据情节轻重,分别依照下列规定处罚:

(一)走私货物、物品偷逃应缴税额较大或者一年内曾因走私被给予二次行政处罚后又走私的,处三年以下有期徒刑或者拘役,并处偷逃应缴税额一倍以上五倍以下罚金。

(二)走私货物、物品偷逃应缴税额巨大或者有其他严重情节的,处三年以上十年以下有期徒刑,并处偷逃应缴税额一倍以上五倍以下罚金。

(三)走私货物、物品偷逃应缴税额特别巨大或者有其他特别严重情节的,处十年以上有期徒刑或者无期徒刑,并处偷逃应缴税额一倍以上五倍以下罚金或者没收财产。

单位犯前款罪的,对单位判处罚金,并对其直接负责的主管人员和其他直接责任人员,处三年以下有期徒刑或者拘役;情节严重的,处三年以上十年以下有期徒刑;情节特别严重的,处十年以上有期徒刑。

对多次走私未经处理的,按照累计走私货物、物品的偷逃应缴税额处罚。

第 154 条

下列走私行为,根据本节规定构成犯罪的,依照本法第一百五十三条的规定定罪处罚：

（一）未经海关许可并且未补缴应缴税额，擅自将批准进口的来料加工、来件装配、补偿贸易的原材料、零件、制成品、设备等保税货物，在境内销售牟利的；

（二）未经海关许可并且未补缴应缴税额，擅自将特定减税、免税进口的货物、物品，在境内销售牟利的。

第 155 条

下列行为，以走私罪论处，依照本节的有关规定处罚：

（一）直接向走私人非法收购国家禁止进口物品的，或者直接向走私人非法收购走私进口的其他货物、物品，数额较大的；

（二）在内海、领海、界河、界湖运输、收购、贩卖国家禁止进出口物品的，或者运输、收购、贩卖国家限制进出口货物、物品，数额较大，没有合法证明的。

第 156 条

与走私罪犯通谋，为其提供贷款、资金、帐号、发票、证明，或者为其提供运输、保管、邮寄或者其他方便的，以走私罪的共犯论处。

第 157 条第 1 款

武装掩护走私的，依照本法第一百五十一条第一款的规定从重处罚。

根据《刑法》第 153 条的有关规定，涉嫌走私毒品、武器、弹药、核材料、假币、文物、贵重金属、珍贵动物及其制品、珍稀植物及其制品、淫秽物品、固体废物、液态废物和气态废物以外的其他货物、物品偷逃应缴税额较大或者 1 年内曾因走私被给予 2 次行政处罚后又走私的，应予立案追诉。

量刑标准

（1）走私货物、物品偷逃应缴税额较大（10万元以上不满50万元）或者1年内曾因走私被给予2次行政处罚后又走私的，处3年以下有期徒刑或者拘役，并处偷逃应缴税额1倍以上5倍以下罚金。

（2）走私货物、物品偷逃应缴税额巨大（50万元以上不满250万元）或者有其他严重情节的，处3年以上10年以下有期徒刑，并处偷逃应缴税额1倍以上5倍以下罚金。

走私普通货物、物品，具有下列情形之一，偷逃应缴税额在30万元以上不满50万元的，应当认定为"其他严重情节"：①犯罪集团的首要分子；②使用特种车辆从事走私活动的；③为实施走私犯罪，向国家机关工作人员行贿的；④教唆、利用未成年人、孕妇等特殊人群走私的；⑤聚众阻挠缉私的。

（3）走私货物、物品偷逃应缴税额特别巨大（250万元以上）或者有其他特别严重情节的，处10年以上有期徒刑或者无期徒刑，并处偷逃应缴税额1倍以上5倍以下罚金或者没收财产。

走私普通货物、物品，具有下列情形之一，偷逃应缴税额在150万元以上不满250万元的，应当认定为"其他特别严重情节"：①犯罪集团的首要分子；②使用特种车辆从事走私活动的；③为实施走私犯罪，向国家机关工作人员行贿的；④教唆、利用未成年人、孕妇等特殊人群走私的；⑤聚众阻挠缉私的。

（4）单位犯本罪，偷逃应缴税额在20万元以上不满100万元的，对单位判处罚金，并对其直接负责的主管人员和其他直接责任人员，处3年以下有期徒刑或者拘役。

（5）单位犯本罪且情节严重（偷逃应缴税额在100万元以上不满500万元）的，对单位判处罚金，并对其直接负责的主管人员和其他直接责任人员，处3年以上10年以下有期徒刑。

量刑标准

（6）单位犯本罪且情节特别严重（偷逃应缴税额在500万元以上）的，对单位判处罚金，并对其直接负责的主管人员和其他直接责任人员，处10年以上有期徒刑。

对多次走私未经处理的，按照累计走私货物、物品的偷逃应缴税额处罚。

重点解读

一、罪与非罪

走私普通货物、物品罪，是指违反海关法规，逃避海关监管，走私武器、弹药等违禁品以外的货物、物品进出国（边）境的行为。犯罪客体是国家对外贸易管理秩序。犯罪主体是自然人和单位。犯罪主观方面为故意。

二、此罪与彼罪

1.走私普通货物、物品罪与骗取出口退税罪。骗取出口退税罪，是指通过假报出口或者其他欺骗手段来骗取国家出口退税款，数额较大的行为。二者从行为方式上均存在逃税的行为，也均会导致国家税收等财产损失。对于二者的区分，主要包括以下方面：（1）二者侵害的客体不同。走私普通货物、物品罪侵害的是国家对外贸易管理秩序，骗取出口退税罪侵害的是国家出口退税的管理制度。（2）二者的客观行为存在差异。走私普通货物、物品罪的客观行为主要包括违反海关法律法规，逃避海关监管，运输、携带、邮寄普通货物、物品进出国（边）境，偷逃应缴关税税额较大或者1年内曾因走私被给予2次行政处罚后又走私的行为。骗取出口退税罪的客观行为主要包括假报出口或者以其他欺骗手段来骗取国家出口退税，数额较大的行为。

2.走私普通货物、物品罪与走私废物罪。走私废物罪，是指逃避海关监管，故意将境外固体废物、液态废物和气态废物运输进境，情节严重的行为。二者在逃避海关监管、侵害国家

重点解读	对外贸易管理制度方面存在相似之处，但在犯罪对象方面存在较大差别。走私普通货物、物品罪的犯罪对象为国家允许进出口且应依法缴纳关税的货物、物品，走私废物罪的犯罪对象为国家禁止进出口的废物。 三、一罪与数罪 　　在走私的货物、物品中藏匿武器、弹药、核材料、假币、国家禁止出口的文物、珍贵动物及其制品、黄金、白银或者其他贵重金属、国家禁止出口的珍稀植物及其制品以及淫秽物品、废物等货物、物品，构成犯罪的，以实际走私的货物、物品定罪处罚；构成数罪的，实行数罪并罚。
法律适用	【司法解释及司法解释性文件】1.《最高人民法院、最高人民检察院关于办理走私刑事案件适用法律若干问题的解释》第12条、第16~24条 　　2.《最高人民法院关于审理走私、非法经营、非法使用兴奋剂刑事案件适用法律若干问题的解释》第1条 　　3.《最高人民法院、最高人民检察院、海关总署打击非设关地成品油走私专题研讨会会议纪要》一~三、七 　　【相关法律法规】1.《海关法》第8条、第82~84条 　　2.《进出口关税条例》第15~17条、第45~49条 　　3.《对外贸易法》第34条、第63条 　　4.《烟草专卖法》第37条

妨害对公司、企业的管理秩序罪

21　虚报注册资本罪
22　虚假出资、抽逃出资罪
23　欺诈发行证券罪
24　违规披露、不披露重要信息罪
25　妨害清算罪
26　隐匿、故意销毁会计凭证、会计账簿、财务会计报告罪
27　虚假破产罪
28　非国家工作人员受贿罪
29　对非国家工作人员行贿罪
30　对外国公职人员、国际公共组织官员行贿罪
31　非法经营同类营业罪
32　为亲友非法牟利罪
33　签订、履行合同失职被骗罪
34　国有公司、企业、事业单位人员失职罪
35　国有公司、企业、事业单位人员滥用职权罪
36　徇私舞弊低价折股、出售公司、企业资产罪
37　背信损害上市公司利益罪

21 虚报注册资本罪

第 158 条

刑法规定

申请公司登记使用虚假证明文件或者采取其他欺诈手段虚报注册资本，欺骗公司登记主管部门，取得公司登记，虚报注册资本数额巨大、后果严重或者有其他严重情节的，处三年以下有期徒刑或者拘役，并处或者单处虚报注册资本金额百分之一以上百分之五以下罚金。

单位犯前款罪的，对单位判处罚金，并对其直接负责的主管人员和其他直接责任人员，处三年以下有期徒刑或者拘役。

立案标准

申请公司登记使用虚假证明文件或者采取其他欺诈手段虚报注册资本，欺骗公司登记主管部门，取得公司登记，涉嫌下列情形之一的，应予立案追诉：

1. 法定注册资本最低限额在 600 万元以下，虚报数额占其应缴出资数额 60% 以上的。

2. 法定注册资本最低限额超过 600 万元，虚报数额占其应缴出资数额 30% 以上的。

3. 造成投资者或者其他债权人直接经济损失累计数额在 50 万元以上的。

4. 虽未达到上述数额标准，但具有下列情形之一的：

（1）2 年内因虚报注册资本受过 2 次以上行政处罚，又虚报注册资本的；

（2）向公司登记主管人员行贿的；

立案标准	（3）为进行违法活动而注册的。 5.其他后果严重或者有其他严重情节的情形。 上述立案标准只适用于依法实行注册资本实缴登记制的公司。
量刑标准	（1）犯本罪的，处3年以下有期徒刑或者拘役，并处或者单处虚报注册资本金额1%以上5%以下罚金。 （2）单位犯本罪的，对单位判处罚金，并对其直接负责的主管人员和其他直接责任人员，处3年以下有期徒刑或者拘役。
重点解读	一、罪与非罪 虚报注册资本罪的成立要求行为人申请公司登记时，故意使用虚假证明文件或者采取其他欺诈手段虚报注册资本，欺骗公司登记主管部门，已经取得公司登记，虚报注册资本数额巨大、后果严重或者有其他严重情节。本罪只适用于依法实行注册资本实缴登记制的公司。犯罪客体是公司、企业管理秩序。犯罪主体是自然人和单位。 虚假证明文件包括虚假的验资报告、资产评估报告等证明材料。其他欺诈手段，是指行为人虚构事实、隐瞒真相虚报注册资本的行为。取得公司登记是构成本罪的必备条件，行为人使用虚假证明文件或者采取其他欺诈手段虚报注册资本，被主管部门发觉而未予登记的，不成立本罪。取得公司登记既包括经市场监督管理部门核准并发给营业执照，也包括取得公司的变更登记等。 二、此罪与彼罪 虚报注册资本罪与挪用资金罪。挪用资金罪，是指公司、企业或者其他单位的工作人员，利用职务上的便利，挪用本单位资金归个人使用或者借贷给他人，数额较大、超过3个月未还的，或者虽然超过3个月，但数额较大、进行营利活动的，

重点解读	或者进行非法活动的行为。行为人未将本单位资金的实际控制权转移，而是以单位临时账户的银行进账单作为个人公司的注册资金进行验资、骗取公司登记的行为，不构成挪用资金罪，构成虚报注册资本罪。
法律适用	【立法解释】《全国人民代表大会常务委员会关于〈中华人民共和国刑法〉第一百五十八条、第一百五十九条的解释》 【相关法律法规】1.《保险法》第 69 条 2.《证券法》第 118~121 条、第 178 条、第 219 条 3.《拍卖法》第 10 条、第 12~13 条 4.《商业银行法》第 2 条、第 13 条 5.《证券投资基金法》第 13 条 6.《证券公司监督管理条例》第 9 条 7.《期货交易管理条例》第 15~16 条 8.《市场主体登记管理条例》第 45 条 9.《公司法》第 1~266 条 【规章及规范性文件】1.《最高人民检察院、公安部关于严格依法办理虚报注册资本和虚假出资抽逃出资刑事案件的通知》 2.《最高人民检察院、公安部关于公安机关管辖的刑事案件立案追诉标准的规定（二）》第 3 条

22 虚假出资、抽逃出资罪

刑法规定

第 159 条

公司发起人、股东违反公司法的规定未交付货币、实物或者未转移财产权，虚假出资，或者在公司成立后又抽逃其出资，数额巨大、后果严重或者有其他严重情节的，处五年以下有期徒刑或者拘役，并处或者单处虚假出资金额或者抽逃出资金额百分之二以上百分之十以下罚金。

单位犯前款罪的，对单位判处罚金，并对其直接负责的主管人员和其他直接责任人员，处五年以下有期徒刑或者拘役。

立案标准

公司发起人、股东违反《公司法》的规定未交付货币、实物或者未转移财产权，虚假出资，或者在公司成立后又抽逃其出资，涉嫌下列情形之一的，应予立案追诉：

1. 法定注册资本最低限额在 600 万元以下，虚假出资、抽逃出资数额占其应缴出资数额 60% 以上的。

2. 法定注册资本最低限额超过 600 万元，虚假出资、抽逃出资数额占其应缴出资数额 30% 以上的。

3. 造成公司、股东、债权人的直接经济损失累计数额在 50 万元以上的。

4. 虽未达到上述数额标准，但具有下列情形之一的：
（1）致使公司资不抵债或者无法正常经营的；
（2）公司发起人、股东合谋虚假出资、抽逃出资的；
（3）2 年内因虚假出资、抽逃出资受过 2 次以上行政处罚，

|立案标准| 又虚假出资、抽逃出资的；

（4）利用虚假出资、抽逃出资所得资金进行违法活动的。

5.其他后果严重或者有其他严重情节的情形。

上述立案标准只适用于依法实行注册资本实缴登记制的公司。|

|量刑标准| （1）犯虚假出资、抽逃出资罪的，处5年以下有期徒刑或者拘役，并处或者单处虚假出资金额或者抽逃出资金额2%以上10%以下罚金。

（2）单位犯本罪的，对单位判处罚金，并对其直接负责的主管人员和其他直接责任人员，处5年以下有期徒刑或者拘役。|

|重点解读|

一、罪与非罪

本罪的成立要求公司发起人、股东故意违反《公司法》的规定，在公司成立前未交付货币、实物或者未转移财产权，虚假出资，或者在公司成立后又抽逃其出资，数额巨大、后果严重或者有其他严重情节。犯罪客体是公司、企业管理秩序。犯罪主体是自然人和单位。本罪以违反《公司法》的规定为前提。作为选择性罪名，包括在公司成立前虚假出资和公司成立后抽逃出资。

（一）虚假出资

虚假出资，是指公司成立前未交付货币、实物或者未转移财产权的行为。未交付货币、实物或者未转移财产权，既包括完全未缴纳公司章程中规定的所认缴的出资额，也包括没有足额缴纳公司章程中规定的所认缴的出资额。未交付货币表现为公司发起人、股东未按照公司章程要求在规定时限内向指定账户存入或未足额存入认缴出资额。未交付实物，是指公司发起人、股东以实物出资的，在完成验资后，未将实物的全部或者部分交付给公司。未转移财产权，是指公司发起人、股东以土地使用权、知识产权、股权、债权等财产权出资，在完成验资后，未与公司办理产权变更登记的。

(二) 抽逃出资

抽逃出资，是指公司发起人、股东在公司成立后，将自己出资的全部或部分出资额撤出的行为。包括：(1) 制作虚假财务会计报表，虚增利润进行分配；(2) 通过虚构债权债务关系将其出资转出；(3) 利用关联交易将出资转出；(4) 其他未经法定程序将出资抽回的行为。例如，在毫无资金的情况下，拆借资金缴纳出资，在公司成立后抽回还贷或者行为人之间恶意串通，在公司成立后各自抽回等。

二、此罪与彼罪

本罪和虚报注册资本罪。虚报注册资本罪，是指申请公司登记使用虚假证明文件或者采取其他欺诈手段虚报注册资本，欺骗公司登记主管部门，取得公司登记，虚报注册资本数额巨大、后果严重或者有其他严重情节的行为。对于二者，可以从犯罪目的、侵害的对象和行为实施的时间进行界分。在犯罪目的方面，虚假出资的目的是通过诈骗手段欺骗公司其他股东从而骗取公司股份，抽逃出资的目的是非法占有公司的财产，虚报注册资本的目的是骗取登记；在侵害对象方面，虚假出资和抽逃出资的欺骗对象主要是公司，而虚报注册资本欺骗的对象为公司登记机关；在行为实施的时间方面，虚假出资一般发生在公司组建过程中，抽逃出资一般发生在公司成立后，而虚报注册资本则发生在公司登记过程中。

三、一罪与数罪

按照《公司法》的相关规定，股东出资后，所出资财物或其等价资产独立于股东本人而成为公司所有的财产。如果股东利用职务之便，抽逃出资的，形式上也符合职务侵占罪的犯罪构成。同时构成本罪与职务侵占罪的，属于一行为触犯数罪名，想象竞合，从一重罪论处。

| 法律适用 | 【相关法律法规】1.《证券法》第 141 条、第 219 条
2.《金融违法行为处罚办法》第 2 条、第 8 条
3.《市场主体登记管理条例》第 45 条
4.《公司法》第 47~55 条、第 95~99 条、第 105 条、第 252~553 条
【规章及规范性文件】《最高人民检察院、公安部关于公安机关管辖的刑事案件立案追诉标准的规定（二）》第 4 条 |

23 欺诈发行证券罪

第 160 条

在招股说明书、认股书、公司、企业债券募集办法等发行文件中隐瞒重要事实或者编造重大虚假内容，发行股票或者公司、企业债券、存托凭证或者国务院依法认定的其他证券，数额巨大、后果严重或者有其他严重情节的，处五年以下有期徒刑或者拘役，并处或者单处罚金；数额特别巨大、后果特别严重或者有其他特别严重情节的，处五年以上有期徒刑，并处罚金。

控股股东、实际控制人组织、指使实施前款行为的，处五年以下有期徒刑或者拘役，并处或者单处非法募集资金金额百分之二十以上一倍以下罚金；数额特别巨大、后果特别严重或者有其他特别严重情节的，处五年以上有期徒刑，并处非法募集资金金额百分之二十以上一倍以下罚金。

单位犯前两款罪的，对单位判处非法募集资金金额百分之二十以上一倍以下罚金，并对其直接负责的主管人员和其他直接责任人员，依照第一款的规定处罚。

立案标准

在招股说明书、认股书、公司、企业债券募集办法等发行文件中隐瞒重要事实或者编造重大虚假内容，发行股票或者公司、企业债券、存托凭证或者国务院依法认定的其他证券，涉嫌下列情形之一的，应予立案追诉：

（1）非法募集资金金额在 1000 万元以上的；

立案标准	（2）虚增或者虚减资产达到当期资产总额 30% 以上的； （3）虚增或者虚减营业收入达到当期营业收入总额 30% 以上的； （4）虚增或者虚减利润达到当期利润总额 30% 以上的； （5）隐瞒或者编造的重大诉讼、仲裁、担保、关联交易或者其他重大事项所涉及的数额或者连续 12 个月的累计数额达到最近一期披露的净资产 50% 以上的； （6）造成投资者直接经济损失数额累计在 100 万元以上的； （7）为欺诈发行证券而伪造、变造国家机关公文、有效证明文件或者相关凭证、单据的； （8）为欺诈发行证券向负有金融监督管理职责的单位或者人员行贿的； （9）募集的资金全部或者主要用于违法犯罪活动的； （10）其他后果严重或者有其他严重情节的情形。
量刑标准	（1）犯本罪的，处 5 年以下有期徒刑或者拘役，并处或者单处罚金；数额特别巨大、后果特别严重或者有其他特别严重情节的，处 5 年以上有期徒刑，并处罚金。 （2）控股股东、实际控制人犯本罪的，处 5 年以下有期徒刑或者拘役，并处或者单处非法募集资金金额 20% 以上 1 倍以下罚金；数额特别巨大、后果特别严重或者有其他特别严重情节的，处 5 年以上有期徒刑，并处非法募集资金金额 20% 以上 1 倍以下罚金。 （3）单位犯本罪的，对单位判处非法募集资金金额 20% 以上 1 倍以下罚金，并对其直接负责的主管人员和其他直接责任人员依照上述规定处罚。

一、罪与非罪

本罪的成立要求自然人或单位在招股说明书、认股书、公司、企业债券募集办法等发行文件中，故意隐瞒重要事实或者编造重大虚假内容，发行股票或者公司、企业债券、存托凭证或者国务院依法认定的其他证券，数额巨大、后果严重或者有其他严重情节。控股股东、实际控制人组织、指使实施上述行为的，按照本罪的规定定罪处罚。犯罪客体是证券市场的管理秩序。犯罪主体是自然人和单位。单位犯本罪的，对单位判处非法募集资金金额20%以上1倍以下罚金，并对其直接负责的主管人员和其他直接责任人员，按照《刑法》第160条第1款的规定处罚。

（一）欺诈发行

欺诈发行，是指行为人在招股说明书、认股书、公司、企业债券募集办法等发行文件中隐瞒重要事实或者编造重大虚假内容的行为。在注册制改革背景下，欺诈的内容仅限于发行文件中的重要事实和重大内容。此处的重要事实和重大内容，均是能够在较大程度上影响证券交易价格和影响投资者重要决策的事实和内容。对于不符合基本的发行条件的情形，不宜认定为欺诈发行。[①]

（二）证券

证券作为本罪规制的对象，具体包括：（1）股票。（2）公司、企业债券。（3）存托凭证。所谓存托凭证，是指存托人受基础证券发行人委托，以基础证券发行人发行上市的证券为基础，在本国（或区域）证券市场发行并流通转让的具有股权性

[①] 参见张忆然：《注册制改革背景下欺诈发行证券罪的教义学再建构》，载《政治与法律》2022年第5期。

质的证券。(4)国务院依法认定的其他证券。所谓国务院依法认定的其他证券,是指《证券法》授权国务院进一步制定行政法规予以具体规范的证券类型。目前,国务院尚未就"依法认定的其他证券"作出认定。[①]私募债券从本质上来看,符合"依照法定程序发行、约定在一定期限还本付息"的公司债券的基本特征,理应成为本罪的规制对象。

二、此罪与彼罪

1. 本罪与违规披露、不披露重要信息罪。违规披露、不披露重要信息罪,是指依法负有信息披露义务的公司、企业向股东和社会公众提供虚假的或者隐瞒重要事实的财务会计报告,或者依法应当披露的其他重要信息不按照规定披露,严重损害股东或者其他人利益,或者有其他严重情节的行为。欺诈发行主要发生在公司、企业招股、募资等阶段,针对的对象也被限定在发行文件中;而违规披露、不披露重要信息主要发生在公司应当进行信息披露阶段,针对的对象主要是公司的财务会计报告等重要信息。

2. 本罪与诈骗罪(金融诈骗罪)。诈骗罪的成立,要求行为人实施诈骗行为,被害人陷入错误认识并处分财产,被害人遭受财产损失且损失后果与行为人诈骗行为之间具有因果关系。在本罪中,处罚的重点在于行为人的欺诈发行行为,发行后的证券属于市场交易物,具有投资性。投资风险具有不确定性,投资者基于投资风险进行买卖所招致的损失,因市场交易的动态变化而事实性阻断了法律所要求的因果关系。故而,虽然本罪也存在虚构事实、隐瞒真相的欺骗行为,也可能造成投资者损失,但仍应以本罪论处,较为妥当。

---

① 参见郭锋等:《中华人民共和国证券法制度精义与条文评注》,中国法制出版社2020年版,第75页。

法律适用	【相关法律法规】1.《证券法》第5条、第9条、第11~17条、第19条、第197条、第211条、第213条、第219条 2.《企业债券管理条例》第2条、第6条、第13条、第14条、第20条、第30条、第33条 3.《股票发行与交易管理暂行条例》第7~11条、第15~17条、第74条、第78条 【规章及规范性文件】《最高人民检察院、公安部关于公安机关管辖的刑事案件立案追诉标准的规定（二）》第5条

24 违规披露、不披露重要信息罪

刑法规定

第161条
　　依法负有信息披露义务的公司、企业向股东和社会公众提供虚假的或者隐瞒重要事实的财务会计报告，或者对依法应当披露的其他重要信息不按照规定披露，严重损害股东或者其他人利益，或者有其他严重情节的，对其直接负责的主管人员和其他直接责任人员，处五年以下有期徒刑或者拘役，并处或者单处罚金；情节特别严重的，处五年以上十年以下有期徒刑，并处罚金。
　　前款规定的公司、企业的控股股东、实际控制人实施或者组织、指使实施前款行为的，或者隐瞒相关事项导致前款规定的情形发生的，依照前款的规定处罚。
　　犯前款罪的控股股东、实际控制人是单位的，对单位判处罚金，并对其直接负责的主管人员和其他直接责任人员，依照第一款的规定处罚。

立案标准

　　依法负有信息披露义务的公司、企业向股东和社会公众提供虚假的或者隐瞒重要事实的财务会计报告，或者对依法应当披露的其他重要信息不按照规定披露，涉嫌下列情形之一的，应予立案追诉：
　　（1）造成股东、债权人或者其他人直接经济损失数额累计在100万元以上的；
　　（2）虚增或者虚减资产达到当期披露的资产总额30%以上的；

立案标准	（3）虚增或者虚减营业收入达到当期披露的营业收入总额30%以上的； （4）虚增或者虚减利润达到当期披露的利润总额30%以上的； （5）未按照规定披露的重大诉讼、仲裁、担保、关联交易或者其他重大事项所涉及的数额或者连续12个月的累计数额达到最近一期披露的净资产50%以上的； （6）致使不符合发行条件的公司、企业骗取发行核准或者注册并且上市交易的； （7）致使公司、企业发行的股票或者公司、企业债券、存托凭证或者国务院依法认定的其他证券被终止上市交易的； （8）在公司财务会计报告中将亏损披露为盈利，或者将盈利披露为亏损的； （9）多次提供虚假的或者隐瞒重要事实的财务会计报告，或者多次对依法应当披露的其他重要信息不按照规定披露的； （10）其他严重损害股东、债权人或者其他人利益，或者有其他严重情节的情形。
量刑标准	（1）犯本罪的，对其直接负责的主管人员和其他直接责任人员，处5年以下有期徒刑或者拘役，并处或者单处罚金。 （2）情节特别严重的，处5年以上10年以下有期徒刑，并处罚金。
重点解读	一、罪与非罪 本罪，是指依法负有信息披露义务的公司、企业向股东和社会公众提供虚假的或者隐瞒重要事实的财务会计报告，或者对依法应当披露的其他重要信息不按照规定披露，严重损害股东或者其他人利益，或者有其他严重情节的行为。犯罪客体是金融市场交易秩序。犯罪主体包括自然人和单位，但在处罚上

有所区分。

单位实施违规披露、不披露重要信息行为的，只处罚直接负责的主管人员和其他直接责任人员，不处罚单位。但公安机关以本罪将单位移送起诉的，检察机关应当对单位直接负责的主管人员及其他直接责任人员提起公诉，对单位依法作出不起诉决定。对单位需要给予行政处罚的，检察机关应当提出检察意见，移送证券监督管理部门依法处理。

公司、企业的控股股东、实际控制人实施或者组织、指使实施违规披露、不披露重要信息行为，或者隐瞒相关事项导致本罪规定的情形发生的，依照本罪的规定处罚。如果实施违规披露、不披露重要信息行为的控股股东、实际控制人是单位的，对单位判处罚金，并对其直接负责的主管人员和其他直接责任人员，按照本罪的规定定罪处罚。

（一）重要信息

违规披露、不披露重要信息所要求的重要信息，应当是与投资者作出投资价值判断和投资决策有关的信息，既包括招股说明书、募集说明书、上市公告书等证券发行文件形式所披露的投资性信息，又包括年度报告、中期报告、季度报告等财务报告所载明的公司、企业财务信息和法人治理信息，还包括临时报告所披露的公司、企业发生的可能对其资产价值和投资交易价格产生较大影响的重大事件。与此同时，根据《公司法》《证券法》《证券投资基金法》《银行业监督管理法》等相关法律的规定，重要信息还包括债券募集方法、基金招股说明书、基金合同、基金托管协议、董事和高管人员变更、基金资产净额和基金份额净值等。

（二）违规披露、不披露重要信息的行为

1.违规披露、不披露重要信息行为类型，主要包括:（1）信息披露虚假，亦即信息披露虚假记载行为，通常表现为在披露报告中记载不存在的事实、做夸大或缩小记载等。（2）信息披露误导，主要表现为公司、企业在信息披露文件中或者通过媒体，做出使投资者对其投资行为发生错误判断并产生重大影响的陈述，或者选择性地发布其认为对公司有利、能够吸引更多投资的信息，但对投资有不利影响或者重大风险的信息则避而不谈。（3）信息披露不充分，又称为"信息披露存在重大遗漏"，通常表现为在信息披露文件中，虽然公布了部分真实信息，但没有将应当记载的事项记载完全，由于信息的不完整而导致信息接收主体产生错误判断，并作出错误投资决策。（4）信息披露不及时，主要是指一些公司、企业的信息披露滞后的情形。

2.违规披露、不披露重要信息的手段多为财务造假，主要包括：（1）利用过桥资金进行多次循环转账，形成虚假的进出账记录；（2）使用伪造的金融票证，形成虚假的财务数据；（3）通过虚报支出或收入，形成虚假的财务数据。对于本罪的认定，应重点审查金融票证的真伪、票据及交易的真实性等，穿透式核查款项的来源及去向、进账款项是否属于过桥资金、造假行为的组织分工等。

（三）违规披露、不披露重要信息的主观罪过

本罪的主观罪过为故意，即表现为行为人通过隐瞒、编造等手段对披露虚假信息的主观追求。尤其是对财务会计报告的虚假提供，也只能通过行为人的主观故意为之。故此，对于制假瞒报不知情、仅因工作过失致使违规披露重要信息的，因不具备主观故意而应不予以追责。

（四）违规披露、不披露重要信息责任主体

本罪追究的是直接负责的主管人员和其他直接责任人员

的刑事责任,因此,不能笼统地以违规披露、不披露的全部内容来认定每一个责任主体的责任,而是要依据主客观相统一的原则来准确认定。在认定过程中,需要注意以下四点:(1)刑事责任的追究,以直接负责的主管人员和其他直接责任人员具体参与披露的内容为限;(2)对于虽未以董事、监事的身份参与审议定期报告,但却指使或参与制作了含有虚假内容的定期报告且具有违规披露主观故意的相关责任主体,亦应追究其违规披露的刑事责任;(3)对于仅参与了财务造假但没有违规披露主观故意的人员,不能追究其违规披露的刑事责任,如果财务造假本身构成其他犯罪,则以其他犯罪追究其刑事责任;(4)就提供虚假财务报告而言,承担刑事责任的主管人员和其他直接责任人员,既包括对公司、企业财务会计报告的真实性、可靠性负有直接责任的董事长、董事、总经理、经理、监事,还包括直接参与虚假财务会计报告制作的工作人员。

(五)违规披露、不披露重要信息出罪情形

《证券法》第82条第4款规定,董事、监事和高级管理人员无法保证证券发行文件和定期报告内容的真实性、准确性、完整性或者有异议的,应当在书面确认意见中发表意见并陈述理由。根据此规定,如果董事、监事和高级管理人员对报告内容的真实性、准确性、完整性存在异议并书面确认的,则在对其以本罪追责时,可以作为出罪事由,不予追究本罪的刑事责任。

二、一罪与数罪

公司通过财务造假获准上市后又多次违规披露虚假财务信息,上市前后的财务造假行为相互独立,分别侵犯国家股票发

重点解读 行管理制度、上市公司信息披露管理制度，触犯欺诈发行证券罪、违规披露重要信息罪。主管人员和其他直接责任人员先后参与上市前后的财务造假行为，应予以数罪并罚。①

法律适用

【相关法律法规】1.《银行业监督管理法》第 2 条、第 46 条

2.《证券法》第 78~87 条

3.《商业银行法》第 2 条、第 56 条、第 75 条、第 77~78 条

4.《证券投资基金法》第 2 条、第 60~64 条、第 93 条

5.《会计法》第 9~24 条、第 40~47 条

6.《金融违法行为处罚办法》第 2 条、第 12 条

7.《公司法》第 207~209 条

【规章及规范性文件】《最高人民检察院、公安部关于公安机关管辖的刑事案件立案追诉标准的规定（二）》第 6 条

---

① 参见"某电气股份公司、温某乙、刘某胜欺诈发行股票、违规披露重要信息案"（案例编号：2023-03-1-089-002），载人民法院案例库，最后访问日期：2024 年 9 月 12 日。

25 妨害清算罪

刑法规定

第162条

公司、企业进行清算时,隐匿财产,对资产负债表或者财产清单作虚伪记载或者在未清偿债务前分配公司、企业财产,严重损害债权人或者其他人利益的,对其直接负责的主管人员和其他直接责任人员,处五年以下有期徒刑或者拘役,并处或者单处二万元以上二十万元以下罚金。

立案标准

公司、企业进行清算时,隐匿财产,对资产负债表或者财产清单作虚伪记载或者在未清偿债务前分配公司、企业财产,涉嫌下列情形之一的,应予立案追诉:

(1)隐匿财产价值在50万元以上的;

(2)对资产负债表或者财产清单作虚伪记载涉及金额在50万元以上的;

(3)在未清偿债务前分配公司、企业财产价值在50万元以上的;

(4)造成债权人或者其他人直接经济损失数额累计在10万元以上的;

(5)虽未达到上述数额标准,但应清偿的职工的工资、社会保险费用和法定补偿金得不到及时清偿,造成恶劣社会影响的;

(6)其他严重损害债权人或者其他人利益的情形。

量刑标准

犯本罪的，对直接负责的主管人员和其他直接责任人员，处5年以下有期徒刑或者拘役，并处或者单处2万元以上20万元以下罚金。

重点解读

一、罪与非罪

妨害清算罪，是指在对公司、企业进行清算时，故意隐匿财产，对资产负债表或者财产清单作虚伪记载或者在未清偿债务前分配公司、企业财产，严重损害债权人或者其他人利益的行为。犯罪客体是公司、企业清算（管理）制度。犯罪主体只能是公司、企业以及其直接负责的主管人员与其他直接责任人员，公司、企业本身不能成为本罪主体。

（一）清算阶段

本罪只能发生在公司、企业清算时。公司是否进入清算阶段，应从清算事由、清算组织、清算内容及清算目的等方面进行具体认定。实践中，在破产宣告之后和清算组成立之前，往往会出现公司、企业法定代表人、股东、承包人等实施隐匿、转移、分配财产或者作假账等行为，甚至在破产宣告之前就有预谋地进行此类行为。对于这种预先妨害清算的行为，并不属于本罪的处罚范围。

（二）妨害清算行为

妨害清算行为主要包括以下四种类型：（1）隐匿财产，是指将公司、企业的财物、资金等财产予以转移、隐藏的行为。（2）对资产负债表作虚伪记载，是指公司、企业通过夸大负债数额、故意捏造负债交易等手段，对资产负债情况作虚假记录。（3）对财产清单作虚假记载，是指公司、企业采用减少公司资产规模等隐瞒或欺骗方法，以达到逃避公司、企业债务的目的。（4）在未清偿前分配公司、企业财产，是指在清算过程中，违反法律规定，故意分配公司、企业财产的。

二、此罪与彼罪

1. 妨害清算罪与私分国有资产罪。私分国有资产罪，是指国家机关、国有公司、企业、事业单位、人民团体，违反国家规定，以单位名义将国有资产集体私分给个人，数额较大的行为。国有企业在企业清算过程中，采用隐匿财产，对资产负债表或者财产清单作虚伪记载或者在未清偿债务前分配公司、企业财产等行为，妨害清算的，属于一行为触犯数罪名，应从一重罪论处。

2. 妨害清算罪与职务侵占罪（侵占罪）。职务侵占罪，是指公司、企业或者其他单位的工作人员，利用职务上的便利，将本单位财物非法占为己有，数额较大的行为。如果是公司与企业的原法定代表人、股东和其他管理人员进行的预先妨害清算的行为，属于隐匿、转移、分配财产归己或者借此自己从中直接受益的行为，应按照该行为符合的构成要件，以职务侵占罪或者侵占罪定罪处罚。

三、一罪与数罪

对于帮助实行妨害清算行为的公司、企业外人员，不能简单地根据刑法共同犯罪的理论，直接将其列为本罪的处罚对象。实践中会存在共同犯罪与法条竞合、牵连犯等不同的情况，应当根据其主观故意、客观行为及刑法其他法条的规定，是按照身份犯的共犯理论来处理还是法条竞合从一重罪来处理，还是单独构成其他犯罪，或者不构成犯罪，也应具体情况具体处理，不能一概而论。①

---

① 参见彭云森：《妨害清算罪主体认定的几个问题》，载《人民法院报》2012年1月11日，第6版。

| 法律适用 | 【相关法律法规】1.《合伙企业法》第 2 条、第 61 条、第 86~89 条、第 92 条、第 102 条、第 105 条
2.《企业破产法》第 22~24 条、第 131 条
3.《个人独资企业法》第 2 条、第 29 条、第 30 条、第 42 条
4.《公司法》第 229~256 条
【规章及规范性文件】《最高人民检察院、公安部关于公安机关管辖的刑事案件立案追诉标准的规定（二）》第 7 条 |

26 隐匿、故意销毁会计凭证、会计账簿、财务会计报告罪

刑法规定

第 162 条之一

隐匿或者故意销毁依法应当保存的会计凭证、会计帐簿、财务会计报告，情节严重的，处五年以下有期徒刑或者拘役，并处或者单处二万元以上二十万元以下罚金。

单位犯前款罪的，对单位判处罚金，并对其直接负责的主管人员和其他直接责任人员，依照前款的规定处罚。

立案标准

隐匿或者故意销毁依法应当保存的会计凭证、会计账簿、财务会计报告，涉嫌下列情形之一的，应予立案追诉：

（1）隐匿、故意销毁的会计凭证、会计账簿、财务会计报告涉及金额在 50 万元以上的；

（2）依法应当向监察机关、司法机关、行政机关、有关主管部门等提供而隐匿、故意销毁或者拒不交出会计凭证、会计账簿、财务会计报告的；

（3）其他情节严重的情形。

量刑标准

（1）犯本罪的，处 5 年以下有期徒刑或者拘役，并处或者单处 2 万元以上 20 万元以下罚金。

（2）单位犯本罪的，对单位判处罚金，并对其直接负责的主管人员和其他直接责任人员依上述规定处罚。

一、罪与非罪

本罪，是指隐匿或者故意销毁依法应当保存的会计凭证、会计账簿、财务会计报告，情节严重的行为。犯罪客体是公司、企业的财务会计管理制度。犯罪主体包括自然人和单位。单位犯本罪的，对单位判处罚金，并对其直接负责的主管人员和其他直接责任人员，依照《刑法》第 162 条之一第 1 款的规定处罚。本罪是行为、对象双向选择性罪名，最终罪名的确定，应根据行为人所实施的具体行为和侵害的具体犯罪对象，确定罪名。任何单位和个人在办理会计事务时对依法应当保存的会计凭证、会计账簿、财务会计报告，进行隐匿、销毁，情节严重，构成犯罪的，应当依法追究其刑事责任。

（一）本罪的行为方式

本罪的行为方式表现为隐匿、销毁。隐匿，是指妨害他人查阅会计凭证、会计账簿、财务会计报告的行为，具有欺骗性，但结果具有可逆性。销毁，是指从事实状态上去毁灭会计凭证、会计账簿、财务会计报告的行为。值得注意的是，对于隐匿、销毁行为的认定，还需考察隐匿、销毁行为是否为了逃避有关监督检查部门依法实施的监督检查。对于未实施对抗监管部门监督检查的隐匿、销毁行为，不宜认定为本罪的行为方式。

（二）本罪的行为对象

本罪的行为对象包括会计凭证、会计账簿、财务会计报告。其中，会计凭证包括原始凭证和记账凭证；会计账簿包括总账、明细账、日记账等；财务会计报告由会计报表、会计报表附注和财务情况说明书组成。会计账簿登记须以经审核的会计凭证为依据，并符合有关法律、行政法规和国家统一的会计制度规定。财务会计报告应根据经审核的会计账簿记录和有关资料编制，并符合《会计法》和国家统一的会计制度关于财务会计报告的编制要求、提供对象和提供期限的规定。①

二、一罪与数罪

行为人为了掩盖自己贪污、职务侵占等罪行而实施隐匿、故意销毁会计凭证、会计账簿、财务会计报告行为的，可以按照目的行为（后行为）吸收手段行为（前行为）的原则，按照贪污罪或者职务侵占罪论处。但如果行为人为了掩盖他人贪污、职务侵占等罪行而实施隐匿、故意销毁会计凭证、会计账簿、财务会计报告行为的，符合本罪与帮助毁灭证据罪犯罪构成的，应从一重罪处罚。

【相关法律法规】1.《审计法》第 2 条、第 34~37 条、第 48 条

2.《会计法》第 23 条、第 41 条

3.《企业财务会计报告条例》第 41 条

4.《海关稽查条例》第 2 条、第 6~8 条、第 15 条、第 29 条

【规章及规范性文件】《最高人民检察院、公安部关于公安机关管辖的刑事案件立案追诉标准的规定（二）》第 8 条

---

① 参见周道鸾等编：《刑法罪名精释》（第四版）（上），人民法院出版社 2013 年版，第 264 页。

27 虚假破产罪

刑法规定	**第 162 条之二** 　　公司、企业通过隐匿财产、承担虚构的债务或者以其他方法转移、处分财产,实施虚假破产,严重损害债权人或者其他人利益的,对其直接负责的主管人员和其他直接责任人员,处五年以下有期徒刑或者拘役,并处或者单处二万元以上二十万元以下罚金。
立案标准	公司、企业通过隐匿财产、承担虚构的债务或者以其他方法转移、处分财产,实施虚假破产,涉嫌下列情形之一的,应予立案追诉: 　　(1)隐匿财产价值在 50 万元以上的; 　　(2)承担虚构的债务涉及金额在 50 万元以上的; 　　(3)以其他方法转移、处分财产价值在 50 万元以上的; 　　(4)造成债权人或者其他人直接经济损失数额累计在 10 万元以上的; 　　(5)虽未达到上述数额标准,但应清偿的职工的工资、社会保险费用和法定补偿金得不到及时清偿,造成恶劣社会影响的; 　　(6)其他严重损害债权人或者其他人利益的情形。
量刑标准	犯本罪的,对其直接负责的主管人员和其他直接责任人员,处 5 年以下有期徒刑或者拘役,并处或者单处 2 万元以上 20 万元以下罚金。

一、罪与非罪

虚假破产罪，是指公司、企业通过隐匿财产、承担虚构的债务或者以其他方法转移、处分财产，实施虚假破产，严重损害债权人或者其他人利益的行为。犯罪客体是国家对公司、企业破产的管理秩序。犯罪主体是单位。虚假破产罪有别于其他单位犯罪的"双罚制"，采用的是只处罚公司、企业中直接负责的主管人员和其他直接责任人员。

（一）犯罪主体

只有符合《企业破产法》适用主体的企业，才能成为本罪的主体。以单位的分支机构或内设机构、部门的名义实施犯罪行为，违法所得亦归分支机构或者内设机构、部门所有的，应认定为单位犯罪。不能因为单位的分支机构或内设机构、部门没有可供执行罚金的财产，就不将其认定为单位犯罪，而按照个人犯罪处理。

（二）虚假破产行为

虚假破产罪的危害行为必须包含两个行为，即隐匿财产、承担虚构的债务等预备行为和破产程序的启动行为。无论是破产无效行为、可撤销行为还是其他处分、转移财产等行为，都属于本罪的行为方式。[①] 如果公司、企业作为债务人，通过实施上述两个行为进行虚假破产的，成立本罪。债务人实施的非法财产处置行为而导致的破产基础的虚假性，不需要证明非法处分行为与公司、企业破产状态的出现之间的因果关系。[②] 如果公

[①] 参见付中华：《虚假破产罪的补辑路径——以"虚假破产行为"认定为中心》，载《中国政法大学学报》2020年第4期。

[②] 参见贺丹：《论虚假破产罪中的"实施虚假破产"》，载《政治与法律》2011年第10期。

司、企业仅实施了隐匿财产、承担虚构的债务等预备行为，不知情的债权人向法院申请破产并被受理的，债权人的行为客观上使得债务人充足了启动破产程序的行为要件，且未违背债务人的主观意图，也应追究债务人的刑事责任。

二、此罪与彼罪

虚假破产罪与妨害清算罪。妨害清算罪，是指公司、企业进行清算时，隐匿财产，对资产负债表或者财产清单作虚伪记载或者在未清偿债务前分配公司、企业财产，严重损害债权人或者其他人利益的行为。二者可以从行为方式和时间阶段加以区分。在行为方式方面，虚假破产罪除隐匿财产外，还包括通过承担虚假债务或者以其他方式转移、处分财产，实施虚假破产。妨害清算罪则是公司、企业进行清算时，除隐匿财产外，还包括对资产负债表或者财产清单作虚伪记载或者在未清偿债务前分配公司、企业财产。在时间阶段方面，虚假破产罪主要规制进入破产程序之前的虚假破产行为，妨害清算罪发生在清算期间，一般认为，清算期间从清算组依法成立时起至剩余财产分配完毕之时止，即清算结束。①

三、一罪与数罪

行为人实施了隐匿财产、承担虚构的债务等预备行为和破产程序的启动行为，并已实行终了，但没有延续到破产程序中，进而又在破产清算阶段实施了隐匿财产、对资产负债表或者财产清单作虚伪记载等妨害清算行为的，因为分别在不同的阶段实施了符合虚假破产罪和妨害清算罪的构成要件，应实行数罪并罚。如果实施的虚假破产行为后又自然延续到破产清算中，进而实施了隐匿财产、对资产负债表或者

---

① 参见胡玉敢等：《虚假破产罪的适用》，载《人民司法》2021年第22期。

重点解读	财产清单作虚伪记载等妨害清算行为，则属于手段行为（前行为）与目的行为（后行为）之间的牵连关系，从一重罪论处。
法律适用	【相关法律法规】《企业破产法》第 2 条、第 31 条、第 33 条、第 34 条、第 128 条、第 131 条 【规章及规范性文件】《最高人民检察院、公安部关于公安机关管辖的刑事案件立案追诉标准的规定（二）》第 9 条

28 非国家工作人员受贿罪

刑法规定	**第 163 条** 公司、企业或者其他单位的工作人员，利用职务上的便利，索取他人财物或者非法收受他人财物，为他人谋取利益，数额较大的，处三年以下有期徒刑或者拘役，并处罚金；数额巨大或者有其他严重情节的，处三年以上十年以下有期徒刑，并处罚金；数额特别巨大或者有其他特别严重情节的，处十年以上有期徒刑或者无期徒刑，并处罚金。 公司、企业或者其他单位的工作人员在经济往来中，利用职务上的便利，违反国家规定，收受各种名义的回扣、手续费，归个人所有的，依照前款的规定处罚。 国有公司、企业或者其他国有单位中从事公务的人员和国有公司、企业或者其他国有单位委派到非国有公司、企业以及其他单位从事公务的人员有前两款行为的，依照本法第三百八十五条、第三百八十六条的规定定罪处罚。
立案标准	公司、企业或者其他单位的工作人员，利用职务上的便利，索取他人财物或者非法收受他人财物，为他人谋取利益，或者在经济往来中，利用职务上的便利，违反国家规定，收受各种名义的回扣、手续费，归个人所有，数额在 3 万元以上的，应予立案追诉。

量刑标准

（1）数额较大的，处 3 年以下有期徒刑或者拘役，并处罚金。

（2）数额巨大或者有其他严重情节的，处 3 年以上 10 年以下有期徒刑，并处罚金。

（3）数额特别巨大或者有其他特别严重情节的，处 10 年以上有期徒刑或者无期徒刑，并处罚金。

重点解读

一、罪与非罪

非国家工作人员受贿罪，是指公司、企业或者其他单位的工作人员，利用职务上的便利，索取他人财物或者非法收受他人财物，为他人谋取利益的行为。犯罪客体是公司、企业职务行为的廉洁性。犯罪主体是特定自然人，即公司、企业或者其他单位的工作人员。本罪作为身份犯，行为主体必须是公司、企业或者其他单位的工作人员，"非公"性是本罪主体的根本属性。行为方式必须是利用职务上的便利索财或非法收受他人财物的行为。犯罪主观方面为故意，即明知自己上述行为会侵犯职务行为廉洁性，仍然希望或者放任结果的发生。目的是为他人谋取利益，至于是否为他人谋取了利益，则在所不问。

（一）其他单位

在司法实践中，其他单位既包括事业单位、社会团体、村民委员会、居民委员会、村民小组等常设性的组织，也包括为组织体育赛事、文艺演出或者其他正当活动而成立的组委会、筹委会、工程承包队等临时性的组织。其他没有列举的临时性组织，如债权人会议清算组等是否属于其他单位，需要在实践中具体把握。对于完全具备单位的实质特征，只是由于没有依法登记或者没有经主管部门依法批准或备案，形式上存在瑕疵的，不影响对其属于其他单位的认定。① 对于教师以各种名义非法收受教材、教具、校服或者其他物品，通过销售方谋取利益，不论是否公立学校，均属于其他单位的范畴。国家出资银行分支机构中负有管理、监督国有资产职责的组织可以批准或者研究决定相关国家工作人员，行为符合本罪构成要件时，以本罪论处。②

（二）从事公务

从事公务，是指代表国家机关、国有公司、企业、事业单位、人民团体履行组织、领导、监督、管理等职责。公务主要表现为与职权相联系的公共事务以及监督、管理国有财产的职务活动。如国家机关工作人员依法履行职责，国有公司的董事、经理、监事、会计、出纳人员等管理、监督国有财产等活动。对于不具备职权内容的劳务活动、技术服务工作，如售货员、售票员等所从事的工作，一般不认为是公务。对于非国有公司人员在从事其所在公司承接国有单位的动拆迁工作的，因该工作非从事公务行为，其身份属于非国家工作人员。故其利用动拆迁工作的职务便利，收受他人贿赂，为他人谋取利益，数额较大的，按照本罪论处。③

（三）贿赂范围

贿赂的范围一般仍应以财物为准，对于部分可以直接物化的财产性利益，如免费旅游、无偿劳务、债务免除等在具

---

① 参见逄锦温：《〈关于办理商业贿赂刑事案件适用法律若干问题的意见〉的理解与适用》，载《人民司法》2008 年第 23 期。

② 参见沈言：《国家出资银行分支机构中国家工作人员的认定》，载《人民司法》2016 年第 26 期。

③ 参见罗开卷：《非国有公司人员利用负责其所在公司承接国有单位动拆迁工作的职务便利收受财物的性质认定》，载《人民法院报》2017 年 8 月 9 日，第 6 版。

体的案件中，也可以认定为贿赂。但对于招工提干、调动工作、户口迁移、职务晋升等非财产性利益，一般不宜认定为贿赂。

（四）贿赂与馈赠

办理商业贿赂犯罪案件，要注意区分贿赂与馈赠的界限。主要应当结合以下因素全面分析、综合判断：（1）发生财物往来的背景，如双方是否存在亲友关系及历史上交往的情形和程度；（2）往来财物的价值；（3）财物往来的缘由、时机和方式，提供财物方对于接受方有无职务上的请托；（4）接受方是否利用职务上的便利为提供方谋取利益。

（五）利用职务上的便利

"利用职务上的便利"是非国家工作人员受贿罪的客观要件之一。"利用职务上的便利"既包括利用所任职务范围内的概括性职权，也包括利用该职务所具有的主管、分管、经手等实质意义的具体职务职权。非国家工作人员受贿罪的本质是权钱交易，即行为人收受财物系基于所任职务能够为他人谋取利益。据此，认定非国家工作人员受贿罪，应当着重审查职务便利与非法收受财物之间具有关联性。[①]

二、此罪与彼罪

非国家工作人员受贿罪与职务侵占罪。职务侵占罪，是指公司、企业或者其他单位的工作人员，利用职务上的便利，将本单位财物非法占为己有，数额较大的行为。本罪的侵犯对象是他人给付的财物，本不属于本单位所有，而职务侵占罪侵占

[①] 参见"林某舟非国家工作人员受贿案"（案例编号：2023-03-1-094-004）、"刘某涵非国家工作人员受贿案"（案例编号：2024-03-1-094-001），载人民法院案例库，最后访问日期：2024年9月12日。

的对象是本单位的财物。在经济往来领域,行为人在合同之外另行协议获取好处费的行为,本质上是职权与利益的交易,应构成非国家工作人员受贿罪。①

三、一罪与数罪

在司法实践中,商业贿赂犯罪常以共同犯罪的形式出现,特别是非国家工作人员与国家工作人员通谋,共同收受他人财物的情形。对此,要根据双方利用职务便利的具体情形分别进行定罪:(1)利用国家工作人员的职务便利为他人谋取利益的,以受贿罪定罪处罚;(2)利用非国家工作人员的职务便利为他人谋取利益的,以非国家工作人员受贿罪定罪处罚;(3)分别利用各自的职务便利为他人谋取便利的,按照主犯的犯罪性质追究刑事责任,不能分清主犯、从犯的,可以受贿罪定罪处罚。

【司法解释及司法解释性文件】1.《最高人民法院、最高人民检察院关于办理商业贿赂刑事案件适用法律若干问题的意见》一~十

2.《最高人民法院、最高人民检察院关于办理贪污贿赂刑事案件适用法律若干问题的解释》第12条、第13条

3.《全国法院审理经济犯罪案件工作座谈会纪要》一、三

【相关法律法规】1.《商业银行法》第52条、第84条

2.《个人独资企业法》第20条、第40条

3.《反不正当竞争法》第8条、第19条

【规章及规范性文件】《最高人民检察院、公安部关于公安机关管辖的刑事案件立案追诉标准的规定(二)》第10条

---

① 参见陈如霞、朱帅:《非国家工作人员受贿罪与职务侵占罪的区别》,载《人民司法》2011年第4期。

29 对非国家工作人员行贿罪

第 164 条第 1、3、4 款

刑法规定
为谋取不正当利益,给予公司、企业或者其他单位的工作人员以财物,数额较大的,处三年以下有期徒刑或者拘役,并处罚金;数额巨大的,处三年以上十年以下有期徒刑,并处罚金。

单位犯前两款罪的,对单位判处罚金,并对其直接负责的主管人员和其他直接责任人员,依照第一款的规定处罚。

行贿人在被追诉前主动交待行贿行为的,可以减轻处罚或者免除处罚。

立案标准
为谋取不正当利益,给予公司、企业或者其他单位的工作人员以财物,个人行贿数额在 3 万元以上的,单位行贿数额在 20 万元以上的,应予立案追诉。

量刑标准
(1)数额较大的,处 3 年以下有期徒刑或者拘役,并处罚金。

(2)数额巨大的,处 3 年以上 10 年以下有期徒刑,并处罚金。

(3)单位犯本罪的,对单位判处罚金,并对其直接负责的主管人员和其他直接责任人员,依上述规定处罚。

重点解读
对非国家工作人员行贿罪,是指为谋取不正当利益,给予公司、企业或者其他单位的工作人员以财物,数额较大的行为。犯罪客体是公司、企业职务行为的廉洁性。犯罪主体包括自然人和单位。

对非国家工作人员行贿罪与非国家工作人员受贿罪,作为一组对合犯,关于其他单位、贿赂范围等的理解,均是互通的。

重点解读	值得注意的是，谋取不正当利益，是指行贿人谋取的利益违反法律、法规、规章、政策规定，或者要求公司、企业或者其他单位的人员违反法律、法规、规章、政策、行业规范的规定，为自己提供帮助或者方便条件。违背公平、公正原则，在经济、组织人事管理等活动中，谋取竞争优势的，应当认定为谋取不正当利益。利益是否正当，应进行具体判断。至于实际上是否真正取得不正当利益，不影响本罪的成立。
法律适用	【司法解释及司法解释性文件】1.《最高人民法院、最高人民检察院关于办理商业贿赂刑事案件适用法律若干问题的意见》一~十 2.《最高人民法院、最高人民检察院关于办理贪污贿赂刑事案件适用法律若干问题的解释》第11条 【相关法律法规】《反不正当竞争法》第7条、第9条、第19条 【规章及规范性文件】《最高人民检察院、公安部关于公安机关管辖的刑事案件立案追诉标准的规定（二）》第11条

30 对外国公职人员、国际公共组织官员行贿罪

刑法规定

第 164 条第 2、3、4 款

为谋取不正当商业利益,给予外国公职人员或者国际公共组织官员以财物的,依照前款的规定处罚。

单位犯前两款罪的,对单位判处罚金,并对其直接负责的主管人员和其他直接责任人员,依照第一款的规定处罚。

行贿人在被追诉前主动交待行贿行为的,可以减轻处罚或者免除处罚。

立案标准

为谋取不正当商业利益,给予外国公职人员或者国际公共组织官员以财物,个人行贿数额在 3 万元以上的,单位行贿数额在 20 万元以上的,应予立案追诉。

量刑标准

(1) 数额较大的,处 3 年以下有期徒刑或者拘役,并处罚金。

(2) 数额巨大的,处 3 年以上 10 年以下有期徒刑,并处罚金。

(3) 单位犯本罪的,对单位判处罚金,并对其直接负责的主管人员和其他直接责任人员,依上述规定处罚。

重点解读

对外国公职人员、国际公共组织官员行贿罪,是指为谋取不正当商业利益,给予外国公职人员或者国际公共组织官员以财物的行为。犯罪客体是国家对公司、企业的管理秩序。犯罪主体包括自然人和单位。本罪属于行为犯,只要自然人或单位为了谋取不正当商业利益,实施了基于外国公职人员或者国际

重点解读	公共组织官员财物的行为，则构成本罪。 　　外国公职人员，是指外国无论是经任命还是经选举而担任立法、行政、行政管理或者司法服务的人员，以及为外国，包括为公共机构或者公营企业行使公共职能的任何人员。此处的"外国"不仅限于国家，也包括从国家到地方的各级政府及其各下属部门，有时也包括任何有组织的外国地区或实体，比如自治领土或独立关税地区。国际公共组织官员，是指国际公务员或者经此种组织授权代表该组织行事的任何人员。国际公共组织的判断，以该组织是否承担了国际公共职能为标准，而不取决于其名称、组织形式或权限。
法律适用	【规章及规范性文件】《最高人民检察院、公安部关于公安机关管辖的刑事案件立案追诉标准的规定（二）》第 12 条

31 非法经营同类营业罪

刑法规定

第 165 条

国有公司、企业的董事、监事、高级管理人员,利用职务便利,自己经营或者为他人经营与其所任职公司、企业同类的营业,获取非法利益,数额巨大的,处三年以下有期徒刑或者拘役,并处或者单处罚金;数额特别巨大的,处三年以上七年以下有期徒刑,并处罚金。

其他公司、企业的董事、监事、高级管理人员违反法律、行政法规规定,实施前款行为,致使公司、企业利益遭受重大损失的,依照前款的规定处罚。

立案标准

国有公司、企业的董事、监事、高级管理人员,利用职务便利,自己经营或者为他人经营与其所任职公司、企业同类的营业,获取非法利益,数额巨大,或者其他公司、企业的董事、监事、高级管理人员违反法律、行政法规规定,实施前述行为,致使公司、企业利益遭受重大损失的,应予立案追诉。

量刑标准

(1)数额巨大的,处 3 年以下有期徒刑或者拘役,并处或者单处罚金。

(2)数额特别巨大的,处 3 年以上 7 年以下有期徒刑,并处罚金。

重点解读

一、罪与非罪

非法经营同类营业罪,包括国有公司、企业中非法经营同类营业类型和其他公司、企业中非法经营同类营业类型。前者

重点解读

是指国有公司、企业的董事、监事、高级管理人员，利用职务便利，自己经营或者为他人经营与其所任职公司、企业同类的营业，获取非法利益，数额巨大的行为。此种类型的成立，首先要把握国有公司或企业的董事、监事、高级管理人员的行为是否属于经营行为，其次是该经营行为是否利用了职务上的便利，最后是获取非法利益的数额是否巨大。此种类型的非法经营同类营业罪与贪污受贿类犯罪"权—钱"关系的不同在于，本罪体现的是"权—经营行为—钱"的关系。后者是指其他公司、企业的董事、监事、高级管理人员违反法律、行政法规规定，利用职务便利，自己经营或者为他人经营与其所任职公司、企业同类的营业，致使公司、企业利益遭受重大损失的行为。此种类型的成立，违反法律、行政法规的规定是前提，在危害行为上具备相应的故意"损企肥私"行为，在结果上也造成了公司、企业利益的重大损失。本质是企业内部人员利用职务便利，搞非法利益输送，损害企业利益。其中，"存在违反法律、行政法规规定的行为"，根据法秩序统一原则，应与《公司法》增设的高管义务保持一致，即公司高管应遵守关联交易、资本维持、商业机会等方面的规定，履行应向董事会、股东会报告等程序性义务。经过公司、企业规定的章程程序所进行的同类经营或关联交易，不宜以本罪论处。

本罪的犯罪客体是公司、企业的经营管理秩序。《刑法修正案（十二）》对犯罪主体进行了调整，既包括国有公司、企业的董事、监事、高级管理人员，也包括其他公司、企业的董事、监事、高级管理人员。高级管理人员，即公司高管，包括公司的经理、副经理、财务负责人，上市公司董事会秘书和公司章程规定的其他人员。

（一）经营行为

非法经营同类营业罪的经营行为，核心要义是行为人实质参与了对企业的重大管理或决策，对于仅出资而未参与企业的重大管理或决定的行为，不属于本罪要求的经营行为。从经营类型上看，既包括为自己经营，也包括为他人经营。自己经营，是指经营所得归本人所有或者主要归本人所有，包括以私人名义另行注册登记公司、企业，从事经营活动，或者以家属、亲友名义注册公司、企业，而实际经营收益归本人所有，或者与他人合伙经营，或者在其他公司、企业中入股。为他人经营，是指行为人被其他公司、企业或其他经济实体雇用，受委托进行经营管理活动，但只领取劳务报酬或者"提成""奖励"等，不拥有所有者权益，不直接参与公司、企业的利润分配的情形。[1]

（二）利用职务便利

利用职务便利，是指公司、企业的董事、监事、高级管理人员利用其身份所享有的职权或者由其职权、地位所形成的一系列便利条件，包括但不限于他们熟识的公司内情、掌握的内部资料。值得注意的是，利用职权、地位所形成的便利条件，一般只发生在存在制约、隶属关系的场合。比如，国有公司、企业的董事、监事、高级管理人员虽然经营了与其任职公司、企业同类的营业，但是其经营行为并未利用其职务便利，而是凭借个人能力或者他人帮助，即使获取了数额巨大的经营利润也不构成本罪。

（三）同类营业

同类营业，是指经营项目属于同一类别的营业，不包括类

---

[1] 参见王兆峰、胡家瑞：《非法经营同类营业罪的司法认定》，载《中国检察官》2010年第16期。

似营业或相关联营业。非法经营同类营业的范围应以公司、企业注册登记经营范围内实际经营的范围为标准。实际上，行为人兼营公司、企业的经营范围与其任职公司、企业的经营范围可能完全相同，也可能部分交叉。只要其中任一部分与其任职公司、企业注册登记经营范围中的实际经营范围属于同一类别，就应认定为同类营业。[①] 虽具有链接关系的营业，但若与本公司的业务不存在竞争或利益冲突，则不属于非法经营"同类的营业"。[②] 国有公司非法经营同类营业中的"同类营业"，不以国有公司登记经营范围为限。国有公司在登记经营范围之外从事经营活动，不违反国家限制经营、特许经营及法律、行政法规禁止经营规定，董事、经理利用职务便利经营同类的营业，获取非法利益，数额巨大的，应当认定构成非法经营同类营业罪。[③]

（四）非法利益

非法利益，是指兼营公司、企业的非法获利，在兼营公司、企业没有获利的情况下，非法利益是指董事、监事、高级管理人员的个人所得。[④]

二、此罪与彼罪

1. 非法经营同类营业罪与贪污罪。贪污罪，是指国家工作人员利用职务上的便利，侵吞、窃取、骗取或者以其他手段非

[①] 参见罗开卷：《论非法经营同类营业罪的认定及其与近似犯罪的界限》，载《政治与法律》2009年第5期。

[②] 参见高之深、高洪江：《具有链接关系的营业不属于"同类的营业"》，载《人民法院报》2017年12月21日，第7版。

[③] 参见"钱某、孙某非法经营同类营业、行贿案"（案例编号：2023-03-1-097-001），载人民法院案例库，最后访问日期：2024年9月12日。

[④] 参见罗开卷：《非法经营同类营业罪疑难问题探讨》，载《中国刑事法杂志》2009年第4期。

法占有公私财物的行为。在实践中，获取购销差价的非法经营同类营业行为与增设中间环节截留国有财产的贪污行为，因为在行为方式上存在较大的相似之处，需通过行为人取得非法利益的方式加以区分。如果行为人直接通过非法手段将国有公司、企业的财产转移到兼营公司、企业中，属于截留国有财产的贪污行为，构成贪污罪。如果行为人没有直接转移财产，而是利用职务便利将任职国有公司、企业的盈利性商业机会交由兼营公司、企业经营，获取数额巨大的非法利益的，则构成本罪。①

2. 非法经营同类营业罪与为亲友非法牟利罪。为亲友非法牟利罪，是指公司、企业、事业单位的工作人员利用职务上的便利，将本单位的盈利业务交由自己的亲友进行经营，或者以明显高于市场的价格从自己的亲友经营管理的单位采购商品、接受服务或者以明显低于市场的价格向自己的亲友经营管理的单位销售商品、提供服务，或者从自己的亲友经营管理的单位采购、接受不合格商品、服务，致使国家、公司、企业利益遭受重大损失的行为。从行为方式上看，本罪的成立要求自己付出"劳务"为他人经营，而为亲友非法牟利罪无此要求。从行为对象上看，本罪的成立要求经营的是同类营业，而为亲友非法牟利罪无此要求。实践中，公司、企业的董事、监事、高级管理人员通常不会自己出马，而是将其亲友推到前台，他本人则在幕后操作，然后利用其职务便利将属于公司、企业的盈利性商业机会交给亲友经营。对于这种情况，如果经营同类营业的亲友属于家庭共同成员，应视同自己经营，以本罪论处。如

---

① 参见罗开卷：《论非法经营同类营业罪的认定及其与近似犯罪的界限》，载《政治与法律》2009 年第 5 期。

果经营同类营业的是其他亲友,公司、企业的董事、监事、高级管理人员既利用了职务便利将属于公司、企业的商业机会交给亲友经营牟利,又参与了其亲友公司、企业的经营,若行为人获取的非法利益没有达到数额巨大的标准,但致使国家、公司、企业利益遭受重大损失的,应以为亲友非法牟利罪论处;若行为人获取了数额巨大的非法利益,但没有致使国家、公司、企业利益遭受重大损失的,则应以本罪论处。如果行为人既获取了数额巨大的非法利益,又致使国家、公司、企业利益遭受重大损失的,由于两罪的法定刑相同,一般应根据行为人主要的主观目的进行定罪。如果以获取非法利益为主要目的,则以本罪论处,将致使国家、公司、企业利益遭受重大损失作为量刑情节;如果以为亲友牟利为主要目的,则以为亲友非法牟利罪论处,将获取的数额巨大的非法利益作为量刑情节。如果经营同类营业的是其他亲友,公司、企业的董事、监事、高级管理人员没有参与经营,只是利用职务便利将属于公司、企业的盈利性商业机会交给亲友经营牟利,致使国家、公司、企业利益遭受重大损失的,应以为亲友非法牟利罪论处。[①]

3. 非法经营同类营业罪与受贿罪。所谓受贿罪,是指国家工作人员利用职务上的便利,索取他人财物,或者非法收受他人财物,为他人谋取利益的行为。在实践中,本罪的实行行为与发生在国有公司、企业内部的受贿行为很相似,关键看行为人非法利益所得是不是通过为他人经营所得。如果行为人谋取利益是通过为他人经营而实现的,行为人在此过程中付出了劳务,则其获取非法利益数额达到巨大的,应以本罪论处;如果

---

① 参见罗开卷:《论非法经营同类营业罪的认定及其与近似犯罪的界限》,载《政治与法律》2009 年第 5 期。

重点解读	行为人事实上并未为他人进行经营活动，没有付出劳务，则其所获得的所谓"报酬""辛苦费"等只不过是为了掩人耳目而使用的各种名目，其行为在性质上仍然是收受贿赂的行为，应按照受贿罪的规定定罪处罚。
法律适用	【司法解释及司法解释性文件】《最高人民法院关于如何认定国有控股、参股股份有限公司中的国有公司、企业人员的解释》 【相关法律法规】《全民所有制工业企业法》第2条、第7条、第45条

32 为亲友非法牟利罪

第 166 条

国有公司、企业、事业单位的工作人员,利用职务便利,有下列情形之一,致使国家利益遭受重大损失的,处三年以下有期徒刑或者拘役,并处或者单处罚金;致使国家利益遭受特别重大损失的,处三年以上七年以下有期徒刑,并处罚金:

（一）将本单位的盈利业务交由自己的亲友进行经营的;

（二）以明显高于市场的价格从自己的亲友经营管理的单位采购商品、接受服务或者以明显低于市场的价格向自己的亲友经营管理的单位销售商品、提供服务的;

（三）从自己的亲友经营管理的单位采购、接受不合格商品、服务的。

其他公司、企业的工作人员违反法律、行政法规规定,实施前款行为,致使公司、企业利益遭受重大损失的,依照前款的规定处罚。

立案标准

国有公司、企业、事业单位或者其他公司、企业的工作人员,利用职务便利,为亲友非法牟利,致使国家利益或公司、企业利益遭受重大损失的,应予立案追诉。

量刑标准

（1）致使国家利益或公司、企业利益遭受重大损失的,处 3 年以下有期徒刑或者拘役,并处或者单处罚金。

（2）致使国家利益或公司、企业利益遭受特别重大损失的,处 3 年以上 7 年以下有期徒刑,并处罚金。

一、罪与非罪

为亲友非法牟利罪，是指国有公司、企业、事业单位或者其他公司、企业的工作人员，利用职务上的便利，将本单位的盈利业务交由自己的亲友进行经营，或者以明显高于市场的价格从自己的亲友经营管理的单位采购商品、接受服务或者以明显低于市场的价格向自己的亲友经营管理的单位销售商品、提供服务，或者从自己的亲友经营管理的单位采购、接受不合格商品、服务，致使国家利益或公司、企业利益遭受重大损失的行为。重大损失既包括重大经济损失，也包括重大非经济损失。经济损失既包括直接经济损失，也包括间接经济损失。犯罪客体是公司、企业、事业单位的经营管理秩序和国家利益。《刑法修正案（十二）》对犯罪主体进行了调整，既包括国有公司、企业、事业单位的工作人员，也包括其他公司、企业的工作人员。值得注意的是，国有公司、企业委派到国有控股、参股公司从事公务的人员，以国有公司、企业人员论。

（一）将本单位的盈利业务交由自己的亲友进行经营

该种行为类型主要是指公司、企业、事业单位的工作人员利用职务便利，将本属于本单位的盈利机会交由其亲友管理的单位的行为。对于盈利业务，既包括本单位必然会盈利的业务，也包括正常情况下应当盈利的业务，也就是说，只需要存在盈利的可能即可。对于"盈利"的判断，应从亲友所在单位的角度进行判断。对于"业务"的理解，应局限于单位的主营业务和其他业务，对于只属于本单位盈利事项，但不属于本单位业务的，不应理解为本罪所要求的业务。值得注意的是，盈利机会的来源不能排除亲友单位自身获取时，不宜将该盈利业务理解为本行为类型，以此区分正常的获取商业机会行为。

亲友，是指亲属、朋友这一"亲""友"的合称。"亲"包括夫妻、父母、子女、兄弟姐妹、祖父母和外祖父母、孙子女和外孙子女、儿媳和公婆、女婿和岳父母以及其他三代以内的旁系血亲，如伯、叔、姑、舅、姨、侄子女、甥子女、堂兄弟姐妹、表兄弟姐妹等。"友"可以界定为由一定缘由引起（如同学、战友、老乡、邻居、师生等），经过较长时间交往而形成相对固定关系的人。①

（二）以明显高于/低于市场价格采购/销售商品、接受/提供服务

市场价格，是指市场上同样（同类）商品在某一时段的平均价格。同样（同类）的商品，是指规格、质量、品牌等商品的各种特征都相同。明显高于市场价格，是指明显高于商品在市场上的价格变动幅度的上限。明显的判断，应根据商业惯例和社会上一般观念判断，同时应当结合给本单位造成的经济损失进行判断。不能仅看高出市场一般价格后的"单价"，要结合交易物的总数，看"单价乘以总数"后的总价。如果行为人给出的价格，被认为是明显高于或者明显低于市场价格，并且给国家、公司、企业利益造成重大损失，即可认定本罪成立。②

提供、接受服务，在实践中，多表现为公司、企业的高管（实际控制人）以服务合同尤其是无法量化的咨询合同等套取公司利益的行为。对于提供、接受服务是否符合明显高于或低于市场价格的判断，应当结合服务合同、服务事项、行业习惯等进行综合判断，必要时聘请行业专家进行辅助判断。

---

① 参见鲜铁可：《新刑法中的危险犯》，中国检察出版社1998年版，第99~103页。
② 参见鲜铁可、谭庆之：《为亲友非法牟利罪中的两个疑难问题》，载《中国检察官》2011年第8期。

（三）从自己的亲友经营管理的单位采购、接受不合格商品、服务

该种行为类型，需要进行主客观相统一的认定，既需要有证据证明行为人对商品、服务属于不合格的情况具有主观明知，也需要结合行业形势、市场行情等对商品、服务进行合格与否的专业判断。

二、此罪与彼罪

为亲友非法牟利罪与贪污罪。贪污罪，是指国家工作人员利用职务上的便利，侵吞、窃取、骗取或者以其他手段非法占有公私财物的行为。在司法实践中，容易与贪污罪发生定性争议的行为方式主要有两种：一种是国有公司、企业、事业单位的工作人员利用职务便利，采用过度抬高或压低商品价格的手法，向自己亲友个人经营管理的单位高价购进或低价销售商品，使亲友从中牟取非法利益的行为。另一种是上述国有单位工作人员利用职务便利，人为地将其亲友或亲友个人经营管理的单位设置为国有单位购销活动的中介，使亲友从中牟取非法利益的行为。

区分的关键在于，一方面，应当考察非法获利者即亲友是否实施了一定的经营行为。对于在国有单位的购销活动中通过实施一定的经营行为牟取非法利润的行为，一般可以依法认定为本罪；反之，对于借从事经营活动之名行侵占公共财物之实的行为，则可以考虑依法认定为贪污罪。另一方面，还应当考察非法获利者（亲友）所取得的是否属于实施经营行为的"利润"。如在国有单位的购销活动中参与实施了介绍货源或商品买家等行为，但其从国有单位所获取的已绝非从事经营行为之"利润"或从事中介活动之"报酬"，其非法所得与行为时的相应市价或报酬水平显著背离，以致达到了社

会一般观念普遍不能认同为"利润"或"报酬"的程度,则属于侵害国有公司财产所有权的贪污行为。①

三、一罪与数罪

国有公司、企业、事业单位的工作人员利用职务便利,为亲友牟利的行为,如果既获取非法利益数额巨大,又给国家造成重大损失的,既符合为亲友非法牟利罪的构成要件,又满足非法经营同类营业罪的构成要件的,属想象竞合犯,从一重罪论处。国有公司、企业、事业单位的工作人员利用职务便利为亲友牟利后,又收受贿赂的,除《刑法》另有规定外,按照为亲友非法牟利罪和受贿罪数罪并罚。

【司法解释及司法解释性文件】1.《最高人民法院关于如何认定国有控股、参股股份有限公司中的国有公司、企业人员的解释》

2.《最高人民法院、最高人民检察院关于办理贪污贿赂刑事案件适用法律若干问题的解释》第17条

---

① 参见黄祥青:《略论贪污罪与近似职务犯罪的界限》,载《政治与法律》2004年第1期。

33 签订、履行合同失职被骗罪

刑法规定

第 167 条

国有公司、企业、事业单位直接负责的主管人员,在签订、履行合同过程中,因严重不负责任被诈骗,致使国家利益遭受重大损失的,处三年以下有期徒刑或者拘役;致使国家利益遭受特别重大损失的,处三年以上七年以下有期徒刑。

立案标准

国有公司、企业、事业单位直接负责的主管人员,在签订、履行合同过程中,因严重不负责任被诈骗,致使国家利益遭受重大损失的,应予立案追诉。

量刑标准

(1)致使国家利益遭受重大损失的,处 3 年以下有期徒刑或者拘役。

(2)致使国家利益遭受特别重大损失的,处 3 年以上 7 年以下有期徒刑。

重点解读

签订、履行合同失职被骗罪,是指国有公司、企业、事业单位直接负责的主管人员,在签订、履行合同过程中,因严重不负责任被诈骗,致使国家利益遭受重大损失的行为。犯罪客体是国有公司、企业、事业单位的经营管理秩序和国家利益。犯罪主体是特殊主体,只能是国有公司、企业、事业单位直接负责的主管人员。直接负责的主管人员,是指行为与国家利益遭受损失的结果存在直接因果关系的人,是对损失后果的发生起决定性作用的人。金融机构、从事对外贸易经营活动的公司、企业的工作人员严重不负责任,造成大量外汇被骗购或者逃汇,致使国家利益遭受重大损失的，以本罪论处。

　　签订、履行合同失职被骗罪的成立，要求同时具备国有公司、企业、事业单位直接负责的主管人员的主体要件，在签订、履行合同过程的时间条件，因严重不负责任而被诈骗的原因条件以及国家利益遭受重大损失的结果要件。国有公司、企业、事业单位直接负责的主管人员在签订、履行合同过程中，因为严重不负责任致使国家利益遭受损失，不成立本罪；必须要求国有公司、企业、事业单位直接负责的主管人员在签订、履行合同过程中，因为严重不负责任而被诈骗，才满足本罪的构成要件要求。

　　"严重不负责任"的认定，可从以下三个方面进行把握：（1）行为人负有特定职责是前提条件。行为人的职务是认定严重不负责任的前提条件，没有职务之名便没有"严重不负责任"之说，要把握"职务"与"责任"的对应关系，结合职务、职责、职权，本着权责统一的原则认定是否存在不负责任及其程度。（2）注意义务的重大违反是"严重不负责任"的本质属性。在签订、履行合同失职被骗罪中，注意义务是指行为人要谨慎注意在签订、履行合同过程中避免被诈骗的特殊注意义务。（3）"严重不负责任"的行为与危害结果的成立具有相当因果关系，该因果关系的认定应以查明的事实为基础，通过分析失职行为及介入因素原因力的大小进行综合判断。①

　　诈骗，是指对方当事人的行为已经涉嫌诈骗犯罪，不以对方当事人已经被人民法院判决构成诈骗犯罪为立案追诉的前提。既包括因严重不负责任而受欺诈进而处分财产，还包括虽未受

---

① 参见"田某虎签订、履行合同失职被骗案"（案例编号：2023-03-1-099-001），载人民法院案例库，最后访问日期：2024年9月12日。

重点解读	诈骗但因为严重不负责任而使国家机关成为三角诈骗中的被害人。[①] 如果对方确有部分履约能力，但由于某些客观原因，虽然努力仍不能履行、不能完全履行合同，从而导致国家利益遭受损失的，因不具备诈骗的条件，不应以本罪论处。
法律适用	【相关法律法规】1.《商业银行法》第 86 条 2.《企业国有资产监督管理暂行条例》第 38 条 3.《金融违法行为处罚办法》第 2 条、第 25 条、第 30 条

---

① 参见张明楷：《刑法学》(第六版)，法律出版社 2021 年版，第 979 页。

34 国有公司、企业、事业单位人员失职罪

刑法规定	**第168条** 　　国有公司、企业的工作人员，由于严重不负责任或者滥用职权，造成国有公司、企业破产或者严重损失，致使国家利益遭受重大损失的，处三年以下有期徒刑或者拘役；致使国家利益遭受特别重大损失的，处三年以上七年以下有期徒刑。 　　国有事业单位的工作人员有前款行为，致使国家利益遭受重大损失的，依照前款的规定处罚。 　　国有公司、企业、事业单位的工作人员，徇私舞弊，犯前两款罪的，依照第一款的规定从重处罚。
立案标准	国有公司、企业、事业单位的工作人员，严重不负责任，造成国有公司、企业、事业单位严重损失或者国有公司、企业破产，致使国家利益遭受重大损失的，应予立案追诉。
量刑标准	（1）致使国家利益遭受重大损失的，处3年以下有期徒刑或者拘役。 　　（2）致使国家利益遭受特别重大损失的，处3年以上7年以下有期徒刑。 　　（3）国有公司、企业、事业单位的工作人员，徇私舞弊犯本罪的，依照上述规定从重处罚。
重点解读	国有公司、企业、事业单位人员失职罪，是指国有公司、企业的工作人员，由于严重不负责任，造成国有公司、企业破产或者严重损失，致使国家利益遭受重大损失的行为。犯罪客

重点解读	体是国有公司、企业、事业单位的经营管理秩序和国家利益。犯罪主体是特殊主体，只能是国有公司、企业、事业单位的工作人员。本罪是过失犯罪。 国家出资企业中的国家工作人员在公司、企业改制或者国有资产处置过程中严重不负责任，致使国家利益遭受重大损失的，依照《刑法》第168条的规定定罪处罚。国家出资企业中的国家工作人员实施本罪行为，又收受贿赂，同时构成受贿罪的，应按照本罪与受贿罪，数罪并罚。
法律适用	【司法解释及司法解释性文件】1.《最高人民法院、最高人民检察院关于办理国家出资企业中职务犯罪案件具体应用法律若干问题的意见》四 2.《最高人民法院、最高人民检察院关于办理贪污贿赂刑事案件适用法律若干问题的解释》第17条 3.《最高人民法院关于如何认定国有控股、参股股份有限公司中的国有公司、企业人员的解释》 4.《最高人民法院、最高人民检察院关于办理妨害预防、控制突发传染病疫情等灾害的刑事案件具体应用法律若干问题的解释》第4条、第17~18条 5.《最高人民法院关于审理扰乱电信市场管理秩序案件具体应用法律若干问题的解释》第6条 【相关法律法规】1.《企业破产法》第125条、第131条 2.《商业银行法》第86条 3.《全民所有制工业企业法》第63条 4.《企业国有资产监督管理暂行条例》第38条 5.《金融机构撤销条例》第30条

35 国有公司、企业、事业单位人员滥用职权罪

刑法规定	**第168条** 　　国有公司、企业的工作人员，由于严重不负责任或者滥用职权，造成国有公司、企业破产或者严重损失，致使国家利益遭受重大损失的，处三年以下有期徒刑或者拘役；致使国家利益遭受特别重大损失的，处三年以上七年以下有期徒刑。 　　国有事业单位的工作人员有前款行为，致使国家利益遭受重大损失的，依照前款的规定处罚。 　　国有公司、企业、事业单位的工作人员，徇私舞弊，犯前两款罪的，依照第一款的规定从重处罚。
立案标准	国有公司、企业、事业单位的工作人员，滥用职权，造成国有公司、企业、事业单位严重损失或者国有公司、企业破产，致使国家利益遭受重大损失的，应予立案追诉。
量刑标准	（1）致使国家利益遭受重大损失的，处3年以下有期徒刑或者拘役。 　　（2）致使国家利益遭受特别重大损失的，处3年以上7年以下有期徒刑。 　　（3）国有公司、企业、事业单位的工作人员，徇私舞弊犯本罪的，依照上述规定从重处罚。
重点解读	国有公司、企业、事业单位人员滥用职权罪，是指国有公司、企业的工作人员，由于滥用职权，造成国有公司、企业破产或者严重损失，致使国家利益遭受重大损失的行为。犯罪客

重点解读	体是国有公司、企业、事业单位的经营管理秩序和国家利益。犯罪主体是特殊主体，只能是国有公司、企业、事业单位的工作人员。本罪是故意犯罪。 国家出资企业中的国家工作人员在公司、企业改制或者国有资产处置过程中滥用职权，致使国家利益遭受重大损失的，依照本罪定罪处罚。国家出资企业中的国家工作人员实施本罪行为，又收受贿赂，同时构成受贿罪的，应按照本罪与受贿罪，数罪并罚。
法律适用	【司法解释及司法解释性文件】1.《最高人民法院、最高人民检察院关于办理国家出资企业中职务犯罪案件具体应用法律若干问题的意见》四 2.《最高人民法院、最高人民检察院关于办理贪污贿赂刑事案件适用法律若干问题的解释》第 17 条 3.《最高人民法院关于如何认定国有控股、参股股份有限公司中的国有公司、企业人员的解释》 4.《最高人民法院、最高人民检察院关于办理妨害预防、控制突发传染病疫情等灾害的刑事案件具体应用法律若干问题的解释》第 4 条、第 17~18 条 5.《最高人民法院关于审理扰乱电信市场管理秩序案件具体应用法律若干问题的解释》第 6 条 【相关法律法规】1.《企业破产法》第 125 条、第 131 条 2.《商业银行法》第 86 条 3.《全民所有制工业企业法》第 63 条 4.《企业国有资产监督管理暂行条例》第 38 条 5.《金融机构撤销条例》第 30 条

36 徇私舞弊低价折股、出售公司、企业资产罪

刑法规定

第 169 条

　　国有公司、企业或者其上级主管部门直接负责的主管人员，徇私舞弊，将国有资产低价折股或者低价出售，致使国家利益遭受重大损失的，处三年以下有期徒刑或者拘役；致使国家利益遭受特别重大损失的，处三年以上七年以下有期徒刑。

　　其他公司、企业直接负责的主管人员，徇私舞弊，将公司、企业资产低价折股或者低价出售，致使公司、企业利益遭受重大损失的，依照前款的规定处罚。

立案标准

　　国有公司、企业或者其上级主管部门或者其他公司、企业直接负责的主管人员，徇私舞弊，将国有资产或公司、企业资产低价折股或者低价出售，致使国家利益或者公司、企业利益遭受重大损失的，应予立案追诉。

量刑标准

　　（1）致使国家（公司、企业）利益遭受重大损失的，处 3 年以下有期徒刑或者拘役。

　　（2）致使国家（公司、企业）利益遭受特别重大损失的，处 3 年以上 7 年以下有期徒刑。

重点解读

一、罪与非罪

　　徇私舞弊低价折股、出售公司、企业资产罪，是指国有公司、企业或者其上级主管部门直接负责的主管人员，徇私舞弊，将国有资产低价折股或者低价出售，致使国家利益遭受重大损失，或者其他公司、企业直接负责的主管人员，徇私舞弊，将

公司、企业资产低价折股或者低价出售，致使公司、企业利益遭受重大损失的行为。犯罪客体是公司、企业的经营管理秩序和国家利益。《刑法修正案（十二）》对犯罪主体进行了调整，既包括国有公司、企业或者其上级主管部门直接负责的主管人员，也包括其他公司、企业直接负责的主管人员。国有出资企业中的国家工作人员在公司、企业改制或者国有资产处置过程中徇私舞弊，将国有资产低价折股或者低价出售给其本人未持有股份的公司、企业或者其他个人，符合本罪犯罪构成的，以本罪论处。

国有公司、企业的国有资产，是指国家对公司、企业各种形式的出资所形成的权益。本罪的主观罪过是故意的心理态度。徇私则是本罪的犯罪动机。行为人客观上虽然将国有或公司、企业资产低价折股或者低价出售给他人，但是并未徇私舞弊的，不构成本罪。

二、此罪与彼罪

徇私舞弊低价折股、出售公司、企业资产罪与为亲友非法牟利罪。为亲友非法牟利罪，是指公司、企业、事业单位的工作人员利用职务上的便利，将本单位的盈利业务交由自己的亲友进行经营，或者以明显高于市场的价格从自己的亲友经营管理的单位采购商品、接受服务或者以明显低于市场的价格向自己的亲友经营管理的单位销售商品、提供服务，或者从自己的亲友经营管理的单位采购、接受不合格商品、服务，致使国家、公司、企业利益遭受重大损失的行为。二者的成立，都有"徇私舞弊"的内容，也都发生在公司、企业中，危害后果也有相似之处。区分的关键在于行为方式不同。本罪的行为方式表现为将公司、企业资产低价折股或者低价出售，而为亲友非法牟利罪的行为方式则是将本单位的盈利业务交由自己的亲友进行

重点解读

经营，或者以明显高于市场的价格从自己的亲友经营管理的单位采购商品、接受服务，或者以明显低于市场的价格向自己的亲友经营管理的单位销售商品、提供服务，或者从自己的亲友经营管理的单位采购、接受不合格商品、服务。

三、一罪与数罪

国有出资企业中的国家工作人员徇私舞弊，将国有资产低价折股或者低价出售，同时收受贿赂，构成徇私舞弊低价折股、出售公司、企业资产罪和受贿罪的，应数罪并罚。

国有出资企业中的国家工作人员在公司、企业改制或者国有资产处置过程中徇私舞弊，将国有资产低价折股或者低价出售给特定关系人持有股份或者本人实际控制的公司、企业，致使国家利益遭受重大损失的，以贪污罪论处。贪污数额以国有资产的损失数额计算。

法律适用

【司法解释及司法解释性文件】1.《最高人民法院、最高人民检察院关于办理国家出资企业中职务犯罪案件具体应用法律若干问题的意见》四

2.《最高人民法院关于如何认定国有控股、参股股份有限公司中的国有公司、企业人员的解释》

【相关法律法规】1.《企业国有资产法》第2条、第43~46条、第68~72条、第75条

2.《企业国有资产产权登记管理办法》第2条、第3条、第6~9条

3.《国有资产评估管理办法》第3条、第4条、第15~19条、第31条、第35条

37 背信损害上市公司利益罪

第 169 条之一

上市公司的董事、监事、高级管理人员违背对公司的忠实义务，利用职务便利，操纵上市公司从事下列行为之一，致使上市公司利益遭受重大损失的，处三年以下有期徒刑或者拘役，并处或者单处罚金；致使上市公司利益遭受特别重大损失的，处三年以上七年以下有期徒刑，并处罚金：

（一）无偿向其他单位或者个人提供资金、商品、服务或者其他资产的；

（二）以明显不公平的条件，提供或者接受资金、商品、服务或者其他资产的；

（三）向明显不具有清偿能力的单位或者个人提供资金、商品、服务或者其他资产的；

（四）为明显不具有清偿能力的单位或者个人提供担保，或者无正当理由为其他单位或者个人提供担保的；

（五）无正当理由放弃债权、承担债务的；

（六）采用其他方式损害上市公司利益的。

上市公司的控股股东或者实际控制人，指使上市公司董事、监事、高级管理人员实施前款行为的，依照前款的规定处罚。

犯前款罪的上市公司的控股股东或者实际控制人是单位的，对单位判处罚金，并对其直接负责的主管人员和其他直接责任人员，依照第一款的规定处罚。

立案标准

上市公司的董事、监事、高级管理人员违背对公司的忠实义务，利用职务便利，操纵上市公司从事损害上市公司利益的行为，以及上市公司的控股股东或者实际控制人，指使上市公司董事、监事、高级管理人员实施损害上市公司利益的行为，涉嫌下列情形之一的，应予立案追诉：

（1）无偿向其他单位或者个人提供资金、商品、服务或者其他资产，致使上市公司直接经济损失数额在150万元以上的；

（2）以明显不公平的条件，提供或者接受资金、商品、服务或者其他资产，致使上市公司直接经济损失数额在150万元以上的；

（3）向明显不具有清偿能力的单位或者个人提供资金、商品、服务或者其他资产，致使上市公司直接经济损失数额在150万元以上的；

（4）为明显不具有清偿能力的单位或者个人提供担保，或者无正当理由为其他单位或者个人提供担保，致使上市公司直接经济损失数额在150万元以上的；

（5）无正当理由放弃债权、承担债务，致使上市公司直接经济损失数额在150万元以上的；

（6）致使公司、企业发行的股票或者公司、企业债券、存托凭证或者国务院依法认定的其他证券被终止上市交易的；

（7）其他致使上市公司利益遭受重大损失的情形。

量刑标准

（1）重大损失的，处3年以下有期徒刑或者拘役，并处或者单处罚金。

（2）特别重大损失的，处3年以上7年以下有期徒刑，并处罚金。

重点解读

一、罪与非罪

背信损害上市公司利益罪，是指上市公司的董事、监事、高级管理人员违背对公司的忠实义务，利用职务便利，操纵上市公司从事损害上市公司利益的活动,致使上市公司利益遭受重大损失的行为。犯罪客体是国家对上市公司的管理秩序和上市公司的利益。犯罪主体包括自然人和单位,自然人包括上市公司的董事、监事、高级管理人员以及指示上述人员实施本罪行为的上市公司的控股股东或者实际控制人。上市公司的控股股东或者实际控制人是单位的,对单位判处罚金,并对其直接负责的主管人员和其他直接责任人员,依照本罪的规定处罚。本罪的成立,要严格把握其本质特征,即主体是对公司具有支配能力的董事、监事和高级管理人员→违背了对公司的忠实义务→从事了损害公司利益的行为。

(一)忠实义务

忠实义务,是指董事、监事、高级管理人员对公司事务应忠诚尽力、忠实于公司,当其自身利益与公司利益相冲突时,应以公司的利益为重,不得将自身利益置于公司利益之上;他们必须为公司的利益善意地处理公司事务、处置其所掌握的公司财产,其行使权力必须是为了公司的利益。

(二)操纵上市公司行为

操纵上市公司从事损害上市公司利益的活动,包括要求无偿向其他单位或者个人提供资金、商品、服务或者其他资产的;以明显不公平的条件,提供或者接受资金、商品、服务或者其他资产的;向明显不具有清偿能力的单位或者个人提供资金、商品、服务或者其他资产的;为明显不具有清偿能力的单位或者个人提供担保,或者无正当理由为其他单位或者个人提供担保的;无正当理由放弃债权、承担债务等行为。

1.无偿向其他单位或者个人提供资金、商品、服务或者其他资产。实践中常见的情形是母公司将其所属的上市公司当作提款机,将上市公司融来的大量资金无偿地提走,用于自己生产经营或者他用。

  2. 以明显不公平的条件，提供或者接受资金、商品、服务或者其他资产。一般表现为不公平关联交易，即上市公司在有控制地位的股东滥用表决权或影响力的情况下违背公平原则，侵害上市公司自身及其他利益相关者利益的行为。其中，明显不公平是指严重背离市场规律，低价出售、高价买进以及高价接受劣质服务等，最终严重损害上市公司和中小股东利益的行为。

  3. 向明显不具有清偿能力的单位或者个人提供资金、商品、服务或者其他资产。企业间的融资、拆借作为正常的经营行为，前提是融资方和拆借方具备相应的清偿能力。明知对方没有清偿能力，仍然提供资金、商品、服务或者其他资产的行为，违背了信义义务，损害了上市公司的利益。"清偿"，是指债务人按照法律的规定或者合同约定，履行合同义务，实现债权人债权的行为。不具有清偿能力是指一旦发生经营风险，上市公司不能以财产、信用或者能力等任何方式清偿债务。包括但不限于公司长期亏损且经营困难无法清偿债务、账面资金严重不足或财产不能变现等。

  4. 为明显不具有清偿能力的单位或者个人提供担保，或者无正当理由为其他单位或者个人提供担保。这是一种违规担保行为，即违背公司章程规定，未经董事会或股东大会批准或授权，以上市公司名义对外提供担保。然而，上市公司直接负责的主管人员违规向不具有清偿能力的控股股东提供担保，未造成实际损失的，不构成本罪。

  5. 无正当理由放弃债权、承担债务。放弃债权指的是公司的债务人无需再向公司履行债务为一定的给付。承担债务，是指上市公司的董事、监事、高级管理人员操纵公司无正当理由

重点解读	充当第三人的角色，承担本不属于本公司履行的其他单位或个人所负的债务。 二、一罪与数罪 　　上市公司的董事、监事、高级管理人员违背对公司的忠实义务，利用职务便利，操纵上市公司从事损害上市公司利益的活动，同时收受他人贿赂的，如果操作上市公司的行为和收受贿赂的行为，分别构成背信损害上市公司利益罪和非国家工作人员受贿罪，则应数罪并罚。
法律适用	【规章及规范性文件】《最高人民检察院、公安部关于公安机关管辖的刑事案件立案追诉标准的规定（二）》第 13 条

破坏金融管理秩序罪

38 伪造货币罪
39 出售、购买、运输假币罪
40 金融工作人员购买假币、以假币换取货币罪
41 持有、使用假币罪
42 变造货币罪
43 擅自设立金融机构罪
44 伪造、变造、转让金融机构经营许可证、批准文件罪
45 高利转贷罪
46 骗取贷款、票据承兑、金融票证罪
47 非法吸收公众存款罪
48 伪造、变造金融票证罪
49 妨害信用卡管理罪
50 窃取、收买、非法提供信用卡信息罪
51 伪造、变造国家有价证券罪
52 伪造、变造股票、公司、企业债券罪
53 擅自发行股票、公司、企业债券罪
54 内幕交易、泄露内幕信息罪
55 利用未公开信息交易罪
56 编造并传播证券、期货交易虚假信息罪
57 诱骗投资者买卖证券、期货合约罪
58 操纵证券、期货市场罪
59 背信运用受托财产罪
60 违法运用资金罪
61 违法发放贷款罪
62 吸收客户资金不入账罪
63 违规出具金融票证罪
64 对违法票据承兑、付款、保证罪
65 逃汇罪
66 骗取外汇罪
67 洗钱罪

38 伪造货币罪

刑法规定	**第 170 条** 伪造货币的,处三年以上十年以下有期徒刑,并处罚金;有下列情形之一的,处十年以上有期徒刑或者无期徒刑,并处罚金或者没收财产: (一)伪造货币集团的首要分子; (二)伪造货币数额特别巨大的; (三)有其他特别严重情节的。
立案标准	伪造货币,涉嫌下列情形之一的,应予立案追诉: (1)总面额在 2000 元以上或者币量在 200 张(枚)以上的; (2)总面额在 1000 元以上或者币量在 100 张(枚)以上,2 年内因伪造货币受过行政处罚,又伪造货币的; (3)制造货币版样或者为他人伪造货币提供版样的; (4)其他伪造货币应予追究刑事责任的情形。
量刑标准	(1)犯本罪的,处 3 年以上 10 年以下有期徒刑,并处罚金。 (2)情节特别严重的,处 10 年以上有期徒刑或者无期徒刑,并处罚金或者没收财产。
重点解读	一、罪与非罪 伪造货币罪,是指没有货币制作、发行权的人,通过伪造货币的图案、形状、色彩和防伪技术等特征,采用机制、手工等方法,非法制造假币,足以使一般人误以为是真货币的行为。犯罪客体为货币的公共信用和流通秩序。犯罪主体只能是自然

人，不包括单位。凡是以使伪造的货币进入流通领域为目的，将假币制造出来的，就具备了伪造货币罪的全部构成要件，成立伪造货币罪既遂。在着手实施伪造假币的过程中，由于意志以外的因素而未能将假币制造出来的，仅成立伪造货币罪未遂。犯罪主观方面是故意，即明知自己伪造货币的行为会侵害货币的公共信用和流通秩序，仍然希望或者放任这一结果的发生。

（一）伪造

伪造货币罪中的"伪造"，是指对真币的图案、形状、色彩等要素进行制作的行为。至于实际伪造出来的假币的外观效果和逼真程度如何，在所不论。不能因为伪造货币尚未制成成品或做工粗糙而否认行为人实施了或者正在实施伪造货币的行为。此外，伪造后不以"真币"使用为目的，为炫耀画技或者供鉴赏、教学、科研使用而不进入流通领域的，不属于伪造货币行为。

（二）货币

伪造货币罪中被伪造的"货币"，是指流通的人民币（含普通纪念币、贵金属纪念币）、港元、澳门元、新台币以及其他国家及地区的法定货币。货币的面额原则上以人民币面额计算，但以下情况需特别对待：（1）假境外货币犯罪的数额，按照案发当日中国外汇交易中心或者中国人民银行授权机构公布的人民币对该货币的中间价折合成人民币计算。中国外汇交易中心或者中国人民银行授权机构未公布汇率中间价的境外货币，按照案发当日境内银行人民币对该货币的中间价折算成人民币，或者该货币在境内银行、国际外汇市场对美元汇率，与人民币对美元汇率中间价进行套算。（2）假普通纪念币犯罪的数额，以面额计算；假贵金属纪念币犯罪的数额，以贵金属纪念币的初始发售价格计算。

(三)其他特别严重情节

其他特别严重情节一般包括:(1)以暴力抗拒检查、拘留、逮捕,情节严重的;(2)以机械印刷的方法伪造货币的;(3)金融、财政人员利用工作之便伪造货币的;(4)因伪造货币受到刑罚处罚后,又实施伪造货币行为的;(5)伪造货币投放市场后,严重扰乱市场秩序的。

二、此罪与彼罪

1. 伪造货币罪与变造货币罪。变造货币罪,是指行为人没有货币制作、发行权,通过挖补、揭层、涂改、移位和重印等多种方法对真币进行加工,使其改变形态、价值,且达到数额较大的行为。伪造货币的特征在于仿造真币,是一种从无到有的过程,表现为仿照真货币的图案、形状、色彩等特征非法制造假币,冒充真币的行为;变造货币的特征在于以真币为基础,改变其形态,表现为对真货币采用剪贴、挖补、揭层、涂改、移位、重印等方法加工处理,改变真币形态、价值的行为。对于制造真伪拼凑货币的行为,应以伪造货币罪定罪处罚。区分二者的关键在于把握两个"同一",即变造货币中,假币的用材与真币同一,假币的性质与真币同一。

2. 伪造货币罪与诈骗罪。诈骗罪,是指以非法占有为目的,诈骗公私财物,数额较大的行为。以使用为目的,伪造停止流通的货币,或者使用伪造的停止流通的货币的,按诈骗罪定罪处罚。不以真实的货币为样本,仅凭行为人主观臆想而制造出来的"货币"(臆造币),由于国家根本没有发行过这种货币,故不存在破坏货币的公共信用和流通秩序的可能。因该行为侧重于虚构事实,骗取他人钱财,故以诈骗罪定罪量刑较为妥当。[1]

---

[1] 参见刘为波:《〈关于审理伪造货币等案件具体应用法律若干问题的解释(二)〉的理解与适用》,载《人民司法·应用》2010年第23期。

三、一罪与数罪

重点解读

假币犯罪案件中犯罪分子实施数个相关行为的，在确定罪名时应把握以下原则：(1)对同一宗假币实施了法律规定为选择性罪名的行为，应根据行为人所实施的数个行为，按相关罪名刑法规定的排列顺序并列确定罪名，数额不累计计算，不实行数罪并罚。(2)对不同宗假币实施法律规定为选择性罪名的行为，并列确定罪名，数额按全部假币面额累计计算，不实行数罪并罚。(3)对同一宗假币实施了刑法没有规定为选择性罪名的数个犯罪行为，从一重罪从重处罚。如伪造货币或者购买假币后又使用的，以伪造货币罪或购买假币罪定罪，从重处罚。(4)对不同宗假币实施了刑法没有规定为选择性罪名的数个犯罪行为的，分别定罪，数罪并罚。

法律适用

【司法解释及司法解释性文件】1.《最高人民法院关于审理伪造货币等案件具体应用法律若干问题的解释》第1~7条

2.《最高人民法院关于审理伪造货币等案件具体应用法律若干问题的解释（二）》第1~6条

3.《全国法院审理金融犯罪案件工作座谈会纪要》二、（二）、2

【相关法律法规】1.《中国人民银行法》第17~19条、第42条

2.《人民币管理条例》第2条、第8条、第10~13条、第18条、第19条、第31条、第33条、第47条

【规章及规范性文件】1.《最高人民检察院、公安部关于公安机关管辖的刑事案件立案追诉标准的规定（二）》第14条

2.《中国人民银行货币鉴别及假币收缴、鉴定管理办法》第3条、第7条

39 出售、购买、运输假币罪

刑法规定	**第 171 条第 1 款** 出售、购买伪造的货币或者明知是伪造的货币而运输，数额较大的，处三年以下有期徒刑或者拘役，并处二万元以上二十万元以下罚金；数额巨大的，处三年以上十年以下有期徒刑，并处五万元以上五十万元以下罚金；数额特别巨大的，处十年以上有期徒刑或者无期徒刑，并处五万元以上五十万元以下罚金或者没收财产。
立案标准	出售、购买伪造的货币或者明知是伪造的货币而运输，涉嫌下列情形之一的，应予立案追诉： （1）总面额在 4000 元以上或者币量在 400 张（枚）以上的； （2）总面额在 2000 元以上或者币量在 200 张（枚）以上，2 年内因出售、购买、运输假币受过行政处罚，又出售、购买、运输假币的； （3）其他出售、购买、运输假币应予追究刑事责任的情形。 在出售假币时被抓获的，除现场查获的假币应认定为出售假币的数额外，现场之外在行为人住所或者其他藏匿地查获的假币，也应认定为出售假币的数额。
量刑标准	（1）犯本罪的，处 3 年以下有期徒刑或者拘役，并处 2 万元以上 20 万元以下罚金。 （2）数额巨大的，处 3 年以上 10 年以下有期徒刑，并处 5 万元以上 50 万元以下罚金。

量刑标准

（3）数额特别巨大的，处 10 年以上有期徒刑或者无期徒刑，并处 5 万元以上 50 万元以下罚金或者没收财产。

重点解读

一、罪与非罪

出售、购买、运输假币罪，是指行为人明知是伪造的货币，仍然出售、购买或者运输且数额较大的行为。犯罪主体只能是自然人，不包括单位。犯罪客体为货币的公共信用和流通秩序。责任形式为故意，即必须明知是假币而出售、购买、运输。行为人将报纸等冒充假币出售给他人的，仅成立诈骗罪，购买者成立本罪的未遂犯。

二、一罪与数罪

行为人购买假币后又使用，构成犯罪的，以购买假币罪定罪，从重处罚。行为人出售、运输假币构成犯罪，同时有使用假币行为的，以出售、运输假币罪和使用假币罪实行数罪并罚。行为人伪造货币并出售、运输该货币的，以伪造货币罪定罪从重处罚。

法律适用

【司法解释及司法解释性文件】1.《最高人民法院关于审理伪造货币等案件具体应用法律若干问题的解释》第 2 条、第 3 条、第 7 条

2.《最高人民法院关于审理伪造货币等案件具体应用法律若干问题的解释（二）》第 1~6 条

3.《全国法院审理金融犯罪案件工作座谈会纪要》二、（二）、2

【相关法律法规】1.《中国人民银行法》第 19 条、第 42 条、第 43 条

2.《人民币管理条例》第 2 条、第 15 条、第 31 条、第 33 条、第 35 条、第 47 条

【规章及规范性文件】《最高人民检察院、公安部关于公安机关管辖的刑事案件立案追诉标准的规定（二）》第 15 条

40 金融工作人员购买假币、以假币换取货币罪

刑法规定	**第 171 条第 2 款** 银行或者其他金融机构的工作人员购买伪造的货币或者利用职务上的便利,以伪造的货币换取货币的,处三年以上十年以下有期徒刑,并处二万元以上二十万元以下罚金;数额巨大或者有其他严重情节的,处十年以上有期徒刑或者无期徒刑,并处二万元以上二十万元以下罚金或者没收财产;情节较轻的,处三年以下有期徒刑或者拘役,并处或者单处一万元以上十万元以下罚金。
立案标准	银行或者其他金融机构的工作人员购买伪造的货币或者利用职务上的便利,以伪造的货币换取货币,总面额在 2000 元以上或者币量在 200 张(枚)以上的,应予立案追诉。
量刑标准	(1)犯本罪的,处 3 年以上 10 年以下有期徒刑,并处 2 万元以上 20 万元以下罚金。 (2)数额巨大或者有其他严重情节的,处 10 年以上有期徒刑或者无期徒刑,并处 2 万元以上 20 万元以下罚金或者没收财产。 (3)情节较轻的,处 3 年以下有期徒刑或者拘役,并处或者单处 1 万元以上 10 万元以下罚金。
重点解读	**一、罪与非罪** 金融工作人员购买假币、以假币换取货币罪,是指银行或者其他金融机构的工作人员,购买假币或者利用职务上的便利,

重点解读

以假币换取货币，总面额或者币量达到法定要求的行为。犯罪客体为货币的公共信用和流通秩序。犯罪主体是银行或者其他金融机构的工作人员，不包括单位。犯罪主观方面为故意，即明知是假币而购买、调换的。本罪的客观行为包括银行或者其他金融机构的工作人员购买假币的行为和银行或者其他金融机构的工作人员利用职务上的便利，以假币换取货币的行为。对于银行或者其他金融机构的工作人员并未利用职务上的便利，仅实施了以假币换取真币的行为，符合盗窃罪犯罪构成的，应按盗窃罪定罪处罚。

二、一罪与数罪

银行或者其他金融机构的工作人员利用职务上的便利，以假币换取货币的行为同时触犯贪污罪、职务侵占罪等的，应按本罪定罪处罚。

法律适用

【司法解释及司法解释性文件】1.《最高人民法院关于审理伪造货币等案件具体应用法律若干问题的解释》第4条、第7条

2.《最高人民法院关于审理伪造货币等案件具体应用法律若干问题的解释（二）》第1~6条

3.《全国法院审理金融犯罪案件工作座谈会纪要》二、（二）、2

【相关法律法规】1.《中国人民银行法》第19条、第43条

2.《人民币管理条例》第2条、第31~36条、第45条、第47条

【规章及规范性文件】《最高人民检察院、公安部关于公安机关管辖的刑事案件立案追诉标准的规定（二）》第16条

41 持有、使用假币罪

刑法规定	**第 172 条** 明知是伪造的货币而持有、使用，数额较大的，处三年以下有期徒刑或者拘役，并处或者单处一万元以上十万元以下罚金；数额巨大的，处三年以上十年以下有期徒刑，并处二万元以上二十万元以下罚金；数额特别巨大的，处十年以上有期徒刑，并处五万元以上五十万元以下罚金或者没收财产。
立案标准	明知是伪造的货币而持有、使用，涉嫌下列情形之一的，应予立案追诉： （1）总面额在 4000 元以上或者币量在 400 张（枚）以上的； （2）总面额在 2000 元以上或者币量在 200 张（枚）以上，2 年内因持有、使用假币受过行政处罚，又持有、使用假币的； （3）其他持有、使用假币应予追究刑事责任的情形。
量刑标准	（1）数额较大的，处 3 年以下有期徒刑或者拘役，并处或者单处 1 万元以上 10 万元以下罚金。 （2）数额巨大的（5 万元以上不满 20 万元），处 3 年以上 10 年以下有期徒刑，并处 2 万元以上 20 万元以下罚金。 （3）数额特别巨大的（20 万元以上），处 10 年以上有期徒刑，并处 5 万元以上 50 万元以下罚金或者没收财产。
重点解读	**一、罪与非罪** 持有、使用假币罪，是指行为人明知是假币而持有、使用，数额较大的行为。犯罪客体为货币的公共信用和流通秩序。犯

罪主体只能是自然人，不包括单位。犯罪主观方面为故意，即明知是假币而持有、使用。

（一）持有

持有，是指行为人将假币置于自己的实际控制、支配之下，并以行为人实际持有该假币为要件。只要行为人对假币的存废、去留等享有事实上的控制权、支配权，即为持有，而不论行为人是否对该假币享有所有权，也不论持有的物理距离的远近。持有假币作为假币犯罪的一种特殊行为状态，必然要求行为人控制、支配假币处于一种持续状态。在司法实践中，只有在行为人拒不说明假币的来源和去向，经司法机关审查也查不清假币的来源和去向，无法认定为其他货币犯罪或其他犯罪的情况下，才能以本罪定罪处罚。[1]

（二）使用

使用，是指行为人将假币作为真币置于流通的行为。本罪作为侵犯货币的公共信用和流通秩序类犯罪，必然要求使用行为是将假币作为真币进行流通的行为。此种流通可以是购买商品、进行储值等合法使用行为，也可以是进行赌博、行贿等非法使用行为。行为人并不是将假币置于流通领域，而是为了炫耀或者证明自己的资金实力进行展示的，不属于使用假币的行为。

（三）持有、使用假币中的"明知"

持有、使用假币罪的成立，要求行为人明知是假币而持有、使用。持有假币，不需要以使用假币的目的为前提。在实践中，表现为为了走私、运输、出售，或者替货币犯罪分子保管、窝藏假币等。只要能够证明行为人主观上"意图使假币进入流通"，

---

[1] 参见郑丽萍：《持有、使用假币罪司法疑难问题研究》，载《法律适用》2005年第5期。

就可以认定为持有、使用假币罪的罪过内容。[1]对于误收假币后，为了避免损失，仍将假币作为真币进行使用，数额较大的，属于使用假币的行为。

二、此罪与彼罪

持有、使用假币罪与诈骗罪。诈骗罪，是指以非法占有为目的，诈骗公私财物，数额较大的行为。行为人将报纸等冒充假币出卖给他人的，成立诈骗罪，购买者不成立购买假币罪。行为人骗取他人真币后，将假币冒充真币退还给他人的。该退还行为可以评价为诈骗行为的一个部分，故而，仅以诈骗罪定罪处罚。[2]

三、一罪与数罪

行为人购买假币后持有、使用，构成犯罪的，以购买假币罪定罪，从重处罚。购买假币后使用的假币数额应当包括已经使用和准备使用的数额。行为人出售、运输假币构成犯罪，同时有使用假币行为的，以出售、运输假币罪和使用假币罪，数罪并罚。

对于盗窃、抢夺假币后持有、使用的，可以分为以下情形：（1）行为人在窃取、抢夺其他财物的同时窃取、抢夺了假币，但并无窃取、抢夺假币的故意，事后持有该假币的，一般仅以盗窃罪定罪处罚。其中，假币的数额不算入盗窃罪或抢夺罪的犯罪数额中。（2）行为人将假币误以为是真币进行盗窃、抢夺，事后发现是假币进而持有、使用的，应以盗窃罪或抢夺罪（未遂）和持有、使用假币罪，从一重处罚。

---

[1] 参见林亚刚：《论持有、使用假币罪的若干问题》，载《中国刑事法杂志》2001年第2期。

[2] 参见张明楷：《使用假币罪与相关犯罪的关系》，载《政治与法律》2012年第6期。

法律适用	【司法解释及司法解释性文件】1.《最高人民法院关于审理伪造货币等案件具体应用法律若干问题的解释》第2条、第5条、第7条 2.《最高人民法院关于审理抢劫、抢夺刑事案件适用法律若干问题的意见》七 【相关法律法规】1.《中国人民银行法》第19条、第43条 2.《人民币管理条例》第2条、第31~35条、第47条 【规章及规范性文件】《最高人民检察院、公安部关于公安机关管辖的刑事案件立案追诉标准的规定（二）》第17条

42 变造货币罪

刑法规定

第 173 条

变造货币，数额较大的，处三年以下有期徒刑或者拘役，并处或者单处一万元以上十万元以下罚金；数额巨大的，处三年以上十年以下有期徒刑，并处二万元以上二十万元以下罚金。

立案标准

变造货币，涉嫌下列情形之一的，应予立案追诉：

（1）总面额在 2000 元以上或者币量在 200 张（枚）以上的；

（2）总面额在 1000 元以上或者币量在 100 张（枚）以上，2 年内因变造货币受过行政处罚，又变造货币的；

（3）其他变造货币应予追究刑事责任的情形。

量刑标准

（1）数额较大的，处 3 年以下有期徒刑或者拘役，并处或者单处 1 万元以上 10 万元下罚金。

（2）数额巨大的，处 3 年以上 10 年以下有期徒刑，并处 2 万元以上 20 万元以下罚金。

重点解读

一、罪与非罪

变造货币罪，是指行为人没有货币制作、发行权，通过挖补、揭层、涂改、移位和重印等多种方法对真币进行加工，使其改变形态、价值，数额较大的行为。犯罪客体为货币的公共信用和流通秩序。犯罪主体只能是自然人，不包括单位。犯罪主观方面为故意，即明知自己不具有货币制作、发行权，仍然变造货币。

变造的货币，是指在真币的基础上，利用挖补、揭层、涂改、移位和重印等多种方法制作、改变真币原有形态的假币。变造假币的行为，并不以使真币得以升值为条件。实践中，变造货币的行为常表现为剪贴、挖补、揭层、涂改、移位和重印等六种行为方式。行为人以货币为基本材料，采用挖补、拼凑等方法，改变货币的外在形态，变造货币的数额以实际变造出的货币的票面数额计算，包括被因挖补、拼凑而改变了外在形态的货币，但已灭失的货币除外。

二、此罪与彼罪

变造货币罪与伪造货币罪。伪造货币罪，是指没有货币制作、发行权的人，通过伪造货币的图案、形状、色彩和防伪技术等特征，采用机制、手工等方法，非法制造假币，足以使一般人误以为是真货币的行为。变造货币的特征在于以真币为基础，改变其形态，表现为对真货币采用剪贴、挖补、揭层、涂改、移位、重印等方法进行加工处理；伪造货币的特征在于仿造真币，是一种从无到有的过程，表现为仿照真货币的图案、形状、色彩等特征非法制造假币，冒充真币的行为。区分二者的关键在于把握两个"同一"，即变造货币中，假币的用材与真币同一，假币的性质与真币同一。如果对真币加工的行为已然使得假币与真币丧失了"同一性"，则属于伪造货币的行为。同时采用伪造和变造手段，制造真伪拼凑货币的行为，以伪造货币罪定罪处罚。

三、一罪与数罪

行为人通过剪揭、拼凑等方法变造假币，并存入自动存取款机后，通过自动取款机或者柜台提取现金的，对真币进行剪揭、拼凑等行为，属于变造假币的行为，后续将其存入自动取款机的行为，属于使用假币的行为，但使用假币罪并不包括使

重点解读

用变造货币的行为,该行为也符合诈骗行为的基本特征,故而可以评价为诈骗行为。综观该系列行为,后续实施的诈骗行为属于变造货币行为的结果行为,变造货币行为与诈骗行为(使用变造的货币)之间前后相继,具有内在的因果性,存在理论上的牵连关系,应在变造货币罪和诈骗罪中从一重罪处断。[1]

法律适用

【司法解释及司法解释性文件】1.《最高人民法院关于审理伪造货币等案件具体应用法律若干问题的解释》第6条、第7条

2.《最高人民法院关于审理伪造货币等案件具体应用法律若干问题的解释(二)》第1条、第3条、第4条

【相关法律法规】1.《中国人民银行法》第19条、第42条

2.《人民币管理条例》第2条、第31条、第33条、第35条、第47条

【规章及规范性文件】《最高人民检察院、公安部关于公安机关管辖的刑事案件立案追诉标准的规定(二)》第18条

---

[1] 参见杨书文:《利用自动存款机变造货币案的司法认定》,载《人民检察》2004年第4期。

43 擅自设立金融机构罪

第 174 条第 1、3 款

刑法规定

未经国家有关主管部门批准,擅自设立商业银行、证券交易所、期货交易所、证券公司、期货经纪公司、保险公司或者其他金融机构的,处三年以下有期徒刑或者拘役,并处或者单处二万元以上二十万元以下罚金;情节严重的,处三年以上十年以下有期徒刑,并处五万元以上五十万元以下罚金。

单位犯前两款罪的,对单位判处罚金,并对其直接负责的主管人员和其他直接责任人员,依照第一款的规定处罚。

立案标准

未经国家有关主管部门批准,擅自设立金融机构,涉嫌下列情形之一的,应予立案追诉:

(1)擅自设立商业银行、证券交易所、期货交易所、证券公司、期货公司、保险公司或者其他金融机构的;

(2)擅自设立金融机构筹备组织的。

量刑标准

(1)犯本罪的,处 3 年以下有期徒刑或者拘役,并处或者单处 2 万元以上 20 万元以下罚金。

(2)情节严重的,处 3 年以上 10 年以下有期徒刑,并处 5 万元以上 50 万元以下罚金。

(3)单位犯本罪的,对单位判处罚金,并对其直接负责的主管人员和其他直接责任人员依上述规定处罚。

一、罪与非罪

擅自设立金融机构罪，是指行为人或单位，未经国家有关主管部门批准，擅自设立商业银行、证券交易所、期货交易所、证券公司、期货经纪公司、保险公司或者其他金融机构的行为。犯罪客体是国家金融管理秩序。犯罪主体包括自然人和单位。以金融机构的分支机构或者内设机构、部门的名义实施犯罪，违法所得亦归分支机构或者内设机构、部门所有的，应认定为单位犯罪。本罪的既遂，以行为人或单位实施完擅自设立金融机构的行为为标准，而不要求该金融机构已独立开展业务。

（一）擅自设立行为

擅自设立行为，是指没有取得经营金融业务主体资格的单位或者个人擅自设立金融机构的行为，既包括未向国家有关主管部门提出申请，未经任何申报、审批手续而设立的行为，也包括虽然已经向有关主管部门提出申请，但在未获批准的情况下而提前自行设立金融机构的行为。对于已经取得经营金融业务主体资格的金融机构，为了拓展业务，未向有关主管机关申报，擅自扩建业务网点、增设分支机构等的，不属于本罪的擅自设立行为。经批准设立的合法金融机构，在许可证失效后仍然开展金融业务的，不宜以本罪论处，但可以非法经营罪定罪处罚。

（二）其他金融机构

对其他金融机构的把握，以该金融机构设立的目的或者所从事的行为是否为金融活动或者金融相关业务为判断标准。故而，为了开展金融活动或者金融相关业务的金融机构筹备组织以及进行自融自保业务而演化为准金融机构的众筹平台，[1]也

---

[1] 参见陶维俊、张玉亭：《互联网众筹的刑法规制问题研究》，载《中国检察官》2016年第6期。

重点解读	属于其他金融机构的范畴。 二、一罪与数罪 行为人或者单位，为了非法吸收资金而设立金融机构或者准金融机构的，如私下经营放贷、融资等货币业务的行为，可以非法经营罪或者非法吸收公众存款罪定罪处罚。
法律适用	【相关法律法规】1.《保险法》第67条、第158条、第160条 2.《银行业监督管理法》第2条、第19条、第44条 3.《证券法》第96条、第118~120条、第145条、第200条、第202条、第212条 4.《商业银行法》第2条、第11条、第81条 5.《证券投资基金法》第2条、第13条、第119条 6.《期货交易管理条例》第6条、第15条、第74条 7.《外资银行管理条例》第2~3条、第7条、第19条、第25条、第63条 8.《外资保险公司管理条例》第2条、第5条、第31条 9.《金融违法行为处罚办法》第2条、第5条 【规章及规范性文件】《最高人民检察院、公安部关于公安机关管辖的刑事案件立案追诉标准的规定（二）》第19条

44 伪造、变造、转让金融机构经营许可证、批准文件罪

刑法规定	**第 174 条第 2、3 款** 伪造、变造、转让商业银行、证券交易所、期货交易所、证券公司、期货经纪公司、保险公司或者其他金融机构的经营许可证或者批准文件的，依照前款的规定处罚。 单位犯前两款罪的，对单位判处罚金，并对其直接负责的主管人员和其他直接责任人员，依照第一款的规定处罚。
立案标准	伪造、变造、转让商业银行、证券交易所、期货交易所、证券公司、期货公司、保险公司或者其他金融机构的经营许可证或者批准文件的，应予立案追诉。
量刑标准	（1）犯本罪的，处 3 年以下有期徒刑或者拘役，并处或者单处 2 万元以上 20 万元以下罚金。 （2）情节严重的，处 3 年以上 10 年以下有期徒刑，并处 5 万元以上 50 万元以下罚金。 （3）单位犯本罪的，对单位判处罚金，并对其直接负责的主管人员和其他直接责任人员依上述规定处罚。
重点解读	一、罪与非罪 伪造、变造、转让金融机构经营许可证、批准文件罪，是指行为人或单位，伪造、变造、转让商业银行、证券交易所、期货交易所、证券公司、期货经纪公司、保险公司或者其他金融机构的经营许可证或者批准文件的行为。犯罪客体是国家金

重点解读

融管理秩序。犯罪主体包括自然人和单位。犯罪主观方面为故意。

伪造，是指没有制作权的人，擅自制造金融机构经营许可证、批准文件的行为。变造，是指没有制作权的人，在真实有效的金融机构经营许可证、批准文件的基础上，采取篡改金融机构名称、业务范围、有效期等内容的形式进行变造的行为。转让，是指将金融机构经营许可证、批准文件有偿、无偿让与他人使用的行为。

二、一罪与数罪

行为人或者单位为了设立金融机构或者准金融机构而伪造、变造金融机构许可证、批准文件的，仅以擅自设立金融机构罪定罪处罚。

法律适用

【相关法律法规】1.《保险法》第 67 条、第 77 条、第 113 条、第 168 条、第 179 条

2.《证券法》第 118 条、第 119 条

3.《商业银行法》第 2 条、第 16 条、第 21 条、第 26 条、第 74 条、第 78 条、第 81 条

4.《期货交易管理条例》第 17 条、第 66 条、第 79 条、第 80 条

【规章及规范性文件】《最高人民检察院、公安部关于公安机关管辖的刑事案件立案追诉标准的规定（二）》第 20 条

45 高利转贷罪

刑法规定

第175条

以转贷牟利为目的，套取金融机构信贷资金高利转贷他人，违法所得数额较大的，处三年以下有期徒刑或者拘役，并处违法所得一倍以上五倍以下罚金；数额巨大的，处三年以上七年以下有期徒刑，并处违法所得一倍以上五倍以下罚金。

单位犯前款罪的，对单位判处罚金，并对其直接负责的主管人员和其他直接责任人员，处三年以下有期徒刑或者拘役。

立案标准

以转贷牟利为目的，套取金融机构信贷资金高利转贷他人，违法所得数额在50万元以上的，应予立案追诉。

量刑标准

（1）违法所得数额较大的，处3年以下有期徒刑或者拘役，并处违法所得1倍以上5倍以下罚金。

（2）数额巨大的，处3年以上7年以下有期徒刑，并处违法所得1倍以上5倍以下罚金。

（3）单位犯本罪的，对单位判处罚金，并对其直接负责的主管人员和其他直接责任人员，处3年以下有期徒刑或者拘役。

重点解读

一、罪与非罪

高利转贷罪，是指行为人以转贷牟利为目的，将套取的金融机构信贷资金高利转贷他人，违法所得数额较大的行为。犯罪客体是国家金融管理秩序。犯罪主体包括自然人和单位。行为人套取金融机构信贷资金后,为谋取高额利息,将信贷资金转存至另一金融机构,不属于高利转贷罪中的"转贷",其获取高息的行为违反《商业银行法》相关规定,但不构成犯罪。①

以转贷牟利为目的,要求行为人在"套取"金融机构信贷资金时就已具备,如果在套取信贷资金时,并不具有转贷牟利的目的,也没有使用欺骗手段,则不构成犯罪。不能因为行为人后续改变贷款用途而进行犯罪处理。对于"牟利",既可以是获取高额的金钱回报,也可以是金钱以外的其他实物或非物质利益。信贷资金的正常运作,需要满足合法渠道取得和按照规定用途使用两个条件,所以,只要违反其中一个条件的,即为"套取"。一般表现为以虚假的贷款理由和贷款条件向金融机构提出贷款申请,但并不要求该贷款行为一定具有欺骗性。对于高利转贷中的"高利"。只要高于银行的利息就应当属于高利,但需要与违法所得联系起来进行理解和认定,即违法所得越多,对高利的要求应越低;违法所得越少,则对高利的要求应越高。②

二、此罪与彼罪

高利转贷罪与骗取贷款罪。骗取贷款罪,是指行为人以欺骗手段取得银行或者其他金融机构的贷款,给银行或者其他金融机构造成重大损失的行为。套取贷款后高利转贷他人,本质上也属于一种骗取贷款的行为,在行为构成上相似。不同点在

---

① 参见"马某、张某高利转贷案"(案例编号:2023-16-1-111-001),载人民法院案例库,最后访问日期:2024 年 9 月 12 日。
② 参见高洪江:《正确理解和认定高利转贷罪的犯罪构成》,载《人民司法·案例》2008 年第 24 期。

重点解读	于，二者对于入罪的结果要件存在区别。骗取贷款罪要求造成重大损失，而高利转贷罪只需要存在违法所得。当套取贷款后，同时满足违法所得数额较大和造成重大损失两个条件时，可以想象竞合关系处理，从一重罪论处。
法律适用	【规章及规范性文件】《最高人民检察院、公安部关于公安机关管辖的刑事案件立案追诉标准的规定（二）》第 21 条

46 骗取贷款、票据承兑、金融票证罪

刑法规定

第175条之一

以欺骗手段取得银行或者其他金融机构贷款、票据承兑、信用证、保函等,给银行或者其他金融机构造成重大损失的,处三年以下有期徒刑或者拘役,并处或者单处罚金;给银行或者其他金融机构造成特别重大损失或者有其他特别严重情节的,处三年以上七年以下有期徒刑,并处罚金。

单位犯前款罪的,对单位判处罚金,并对其直接负责的主管人员和其他直接责任人员,依照前款的规定处罚。

立案标准

以欺骗手段取得银行或者其他金融机构贷款、票据承兑、信用证、保函等,给银行或者其他金融机构造成直接经济损失数额在50万元以上的,应予立案追诉。

量刑标准

(1)造成重大损失的,处3年以下有期徒刑或者拘役,并处或者单处罚金。

(2)造成特别重大损失或者有其他特别严重情节的,处3年以上7年以下有期徒刑,并处罚金。

(3)单位犯本罪的,对单位判处罚金,并对其直接负责的主管人员和其他直接责任人员依照上述规定处罚。

重点解读

一、罪与非罪

骗取贷款、票据承兑、金融票证罪,是指行为人或单位,以欺骗手段取得银行或者其他金融机构贷款、票据承兑、信用证、保函等,给银行或者其他金融机构造成重大损失的行为。

犯罪客体是国家的金融管理秩序。犯罪主体包括自然人和单位。

欺诈手段常以虚构事实、隐瞒真相的方式存在，在司法实践中，常表现为虚构材料、虚构主体资格。虚构材料包括伪造交易合同、虚构交易行为和伪造增值税专用发票等。值得注意的是，上述虚构行为都应以取得银行或者其他金融机构的信任为前提。也就是说，银行或者其他金融机构已经基于行为人虚构的材料、主体资格，发放了贷款、承兑了汇票或者出具了信用证及保函等财产处分行为。

本罪属于结果犯，要求给银行或者其他金融机构造成重大损失。行为人在贷款中提供的担保可靠或者抵押物真实足额，未给银行造成重大损失，即使提供了虚假资料，亦可作为商业贷款纠纷处理。[①] 行为人对于虚构事实、隐瞒真相是一种故意的心理态度，但对于给银行或者其他金融机构造成经济损失，只需要持有过失的心理态度即可。

实践中，直客式消费分期付款业务与信用卡透支业务在是否具有透支功能、额度用完后能否自动恢复、是否需要明确用途等方面具有明显区别。直客式消费分期付款业务在审批程序、用途限制、能否循环使用等方面与贷款业务一致，应属于贷款业务。行为人使用虚假的身份证明，通过办理直客式消费分期付款业务骗取金融机构资金，给银行或者其他金融机构造成重大损失，如无证据证明其有非法占有目的的，应以骗取贷款罪对其定罪处罚。[②]

[①] 参见"李某等骗取贷款案"（案例编号：2024-04-1-112-0026），载人民法院案例库，最后访问日期：2024年9月12日。

[②] 参见"龚某某骗取贷款案"（案例编号：2024-04-1-112-001），载人民法院案例库，最后访问日期：2024年9月12日。

重点解读

二、此罪与彼罪

骗取贷款、票据承兑、金融票证罪与金融诈骗犯罪。本罪与金融诈骗犯罪虽然都要求使用虚构事实、隐瞒真相的诈骗手段，且都发生在金融交易领域，但本罪的成立并不要求以非法占有为目的。此外，行为人在实施本罪的犯罪行为时，常常伴随有虚开增值税专用发票等手段行为（前行为），基于手段行为与骗取贷款等行为之间（目的行为）的牵连关系，仅按照目的行为（后行为）进行定罪处罚。

骗取贷款罪与贷款诈骗罪。贷款诈骗罪，是指以非法占有为目的，使用诈骗方法，骗取银行或者其他金融机构的贷款，数额较大的行为。骗取贷款罪不要求行为人以非法占有为目的。对采取骗取行为的贷款案件，按照非法占有目的的界定标准，对贷款前和贷款后的行为进行分析，判断是此罪还是彼罪。信贷双方明知续贷资金系用于填补前期贷款亏空，为化解金融机构不良贷款而作虚假贷款，所贷款项始终在金融机构实际控制之下，借款人不具备非法占有的条件，不能认定借款人主观上具有非法占有目的。[①]

法律适用

【相关法律法规】1.《票据法》第 19 条、第 21 条、第 38~44 条

2.《商业银行法》第 82 条、第 83 条

3.《票据管理实施办法》第 8 条、第 9 条

【规章及规范性文件】《最高人民检察院、公安部关于公安机关管辖的刑事案件立案追诉标准的规定（二）》第 22 条

[①] 参见"边某山骗取贷款案"（案例编号：2023-04-1-112-001），载人民法院案例库，最后访问日期：2024 年 9 月 12 日。

47 非法吸收公众存款罪

刑法规定

第 176 条

非法吸收公众存款或者变相吸收公众存款,扰乱金融秩序的,处三年以下有期徒刑或者拘役,并处或者单处罚金;数额巨大或者有其他严重情节的,处三年以上十年以下有期徒刑,并处罚金;数额特别巨大或者有其他特别严重情节的,处十年以上有期徒刑,并处罚金。

单位犯前款罪的,对单位判处罚金,并对其直接负责的主管人员和其他直接责任人员,依照前款的规定处罚。

有前两款行为,在提起公诉前积极退赃退赔,减少损害结果发生的,可以从轻或者减轻处罚。

立案标准

非法吸收公众存款或者变相吸收公众存款,扰乱金融秩序,涉嫌下列情形之一的,应予立案追诉:

(1)非法吸收或者变相吸收公众存款数额在 100 万元以上的;

(2)非法吸收或者变相吸收公众存款对象 150 人以上的;

(3)非法吸收或者变相吸收公众存款,给集资参与人造成直接经济损失数额在 50 万元以上的。

非法吸收或者变相吸收公众存款数额在 50 万元以上或者给集资参与人造成直接经济损失数额在 25 万元以上,同时涉嫌下列情形之一的,应予立案追诉:

(1)因非法集资受过刑事追究的;

立案标准	（2）2年内因非法集资受过行政处罚的； （3）造成恶劣社会影响或者其他严重后果的。
量刑标准	（1）犯本罪的，处3年以下有期徒刑或者拘役，并处或者单处罚金。 （2）数额巨大或者有其他严重情节的，处3年以上10年以下有期徒刑，并处罚金。 具有下列情形之一的，应当认定为"数额巨大或者有其他严重情节"：①非法吸收或者变相吸收公众存款数额在500万元以上的；②非法吸收或者变相吸收公众存款对象500人以上的；③非法吸收或者变相吸收公众存款，给存款人造成直接经济损失数额在250万元以上的。 非法吸收或者变相吸收公众存款数额在250万元以上或者给存款人造成直接经济损失数额在150万元以上，同时造成恶劣社会影响或者其他严重后果的，应当认定为"其他严重情节"。 （3）数额特别巨大或者有其他特别严重情节的，处10年以上有期徒刑，并处罚金。 具有下列情形之一的，应当认定为"数额特别巨大或者有其他特别严重情节"：①非法吸收或者变相吸收公众存款数额在5000万元以上的；②非法吸收或者变相吸收公众存款对象5000人以上的；③非法吸收或者变相吸收公众存款，给存款人造成直接经济损失数额在2500万元以上的。 非法吸收或者变相吸收公众存款数额在2500万元以上或者给存款人造成直接经济损失数额在1500万元以上，同时造成恶劣社会影响或者其他严重后果的，应当认定为"其他特别严重情节"。 （4）单位犯本罪的，对单位判处罚金，并对其直接负责的

量刑标准	主管人员和其他直接责任人员，依照上述规定处罚。 （5）提起公诉前积极退赃退赔，减少损害结果发生的，可以从轻或者减轻处罚。
量刑参考	（1）构成非法吸收公众存款罪的，根据下列情形在相应的幅度内确定量刑起点： ①犯罪情节一般的，在1年以下有期徒刑、拘役幅度内确定量刑起点。 ②达到数额巨大起点或者有其他严重情节的，在3年至4年有期徒刑幅度内确定量刑起点。 ③达到数额特别巨大起点或者有其他特别严重情节的，在10年至12年有期徒刑幅度内确定量刑起点。 （2）在量刑起点的基础上，根据非法吸收存款数额等其他影响犯罪构成的犯罪事实增加刑罚量，确定基准刑。 （3）对于在提起公诉前积极退赃退赔，减少损害结果发生的，可以减少基准刑的40%以下；犯罪较轻的，可以减少基准刑的40%以上或者依法免除处罚。 （4）构成非法吸收公众存款罪的，根据非法吸收公众存款数额、存款人人数、给存款人造成的直接经济损失数额等犯罪情节，综合考虑被告人缴纳罚金的能力，决定罚金数额。 （5）构成非法吸收公众存款罪的，综合考虑非法吸收存款数额、存款人人数、给存款人造成的直接经济损失数额、清退资金数额等犯罪事实、量刑情节，以及被告人主观恶性、人身危险性、认罪悔罪表现等因素，决定缓刑的适用。
重点解读	一、罪与非罪 非法吸收公众存款罪，是指违反国家有关规定，非法吸收公众存款或者变相吸收公众存款，扰乱金融秩序的行为。非法吸收公众存款罪侵犯的客体是国家金融管理秩序，客观

上表现为非法吸收公众存款或者变相吸收公众存款,扰乱金融秩序的行为。犯罪主体包括自然人和单位。对于成立该罪的判断,需要围绕非法集资行为和"数额"等情节进行扰乱金融秩序的综合考察。单位或个人假借开展网络借贷信息中介业务之名,未经依法批准,归集不特定公众的资金设立资金池,控制、支配资金池中的资金,并承诺还本付息的,构成非法吸收公众存款罪。

根据《最高人民法院关于审理非法集资刑事案件具体应用法律若干问题的解释》第1条的规定,非法集资行为即非法吸收公众存款或变相吸收公众存款,需要满足四个特征,即非法性、公开性、利诱性和社会性(以下简称"四性")。只有在同时具备"四性"特征时,才有可能构成非法吸收公众存款罪。当不满足其中条件之一或者数额不够刑事追责的要求时,只能根据《证券法》《证券投资基金法》等前置行政法进行相应的行政处罚。其中,非法性的判断已由《刑法修正案(十一)》此前的"依法批准"改为"依法许可"。对于公开性的理解,不能单纯从媒介具有公开属性进行判断,还需要结合媒介针对的群体是否具有社会公众性进行实质判断。[1] 社会性的判断中,如果行为人以向亲友或者单位内部为名,实质上希望或者放任亲友或单位内部成员向社会介绍的,并不影响社会性的判断。利诱性的判断中,只需要承诺回报即可,至于回报的形式、回报的实现与否,在所不论。

(一)非法性

对于"非法性",根据《最高人民法院、最高人民检察院、公安部关于办理非法集资刑事案件若干问题的意见》的规定,

---

[1] 参见马克昌主编:《百罪通论》(上卷),北京大学出版社2014年版,第255页。

认定非法集资的非法性，应当以国家金融管理法律法规作为依据。对于国家金融管理法律法规仅作原则性规定的，可以根据法律规定的精神并参考中国人民银行、国家金融监督管理总局、中国证券监督管理委员会等行政主管部门依照国家金融管理法律法规制定的部门规章或者国家有关金融管理的规定、办法、实施细则等规范性文件的规定予以认定。

如此，"非法性"通过该司法解释性质文件，认定标准得以下沉。但在法律适用过程中，仍然需要进行有关金融管理的规定、办法、实施细则等规范性文件与相关国家金融管理法律法规原则之间的比对、衡量，不能就此放开定罪适用标准的适用依据。具体而言，可以从"形式与实质"双层认定路径进行判断，即形式上从融资模式入手，区分直接融资和间接融资，查找前置法。既包括传统以《商业银行法》为中心的间接融资法律体系，还涉及以《证券法》为中心的直接融资法律体系；实质上以量的区别说为标准，考量"资金安全"，区分行政违法与刑事违法，慎重入罪。[1]

（二）"四性"特征

关于"四性"特征之间的逻辑关系，也是司法认定中的重点和难点。正如上所言，"四性"特征之一均是非法集资的行政违法行为。只有同时具备，方是非法集资行为。根据《最高人民法院、最高人民检察院、公安部关于办理非法集资刑事案件适用法律若干问题的意见》的规定，行政部门对于非法集资的性质认定，不是非法集资刑事案件进入刑事诉讼程序的必经程序。由此可以看出，未经行政机关许可等程序的行为肯定具有

---

[1] 参见邢飞龙：《非法吸收公众存款罪之"非法"认定的新路径——以法定犯和新型融资案件为中心展开》，载《法律适用·司法案例》2020年第20期。

非法性，但经过行政机关的许可并不必然代表其具备了"合法性"，仍然可能只是借用合法经营的形式以便吸收资金。故而，仍然需要在认定过程中，围绕金融管理秩序，基于证券市场进行穿透式核查，从而更好地定罪量刑。

（三）先刑后行

同一行为既构成行政违法行为，又构成刑事犯罪时，程序上适用刑事优先处理原则。对"同一行为"的认定，在实体判断层面应坚持罪刑法定原则，即构成行政违法的行为，能够作为犯罪构成要件全部被某一具体犯罪构成所涵摄。[①]

二、此罪与彼罪

1.非法吸收公众存款罪与集资诈骗罪。集资诈骗罪，是指以非法占有为目的，使用诈骗方法非法集资，骗取集资款数额较大的行为。非法吸收公众存款罪与集资诈骗罪共享"非法集资行为"这一构成要件要素，最大的区别点在于，是否有"非法占有目的"。当具备"非法占有目的"时，则成立集资诈骗罪或其他犯罪。对"非法占有目的"的认定，应当围绕融资项目真实性、资金去向明确性、是否存在个人占有及挥霍等事实、证据进行综合判断。[②] 行为人在非法吸收公众存款过程中，产生非法占有的目的，应当只对非法占有目的支配下的非法集资犯罪行为以集资诈骗罪论处。对于之前实施的非法吸收公众存款罪等其他犯罪，应按相关犯罪处理，并数罪并罚。[③]

[①] 参见"丁某忠等非法吸收公众存款案"（案例编号：2023-04-1-113-001），载在人民法院案例库，最后访问日期：2024年9月12日。

[②] 参见张媛、于晓航：《集资诈骗罪与非法吸收公众存款罪的区分》，载《人民司法·案例》2020年第29期。

[③] 参见陈增宝：《经济犯罪疑难问题司法认定与要案判解》，法律出版社2019年版，第206页。

重点解读 2.非法吸收公众存款罪与擅自设立金融机构罪。擅自设立金融机构罪是指未经国家有关主管部门批准，擅自设立商业银行、证券交易所、期货交易所、证券公司、期货经纪公司、保险公司或者其他金融机构的行为。非法吸收公众存款罪与擅自设立金融机构罪之间可能会存在手段行为与目的行为的牵连关系，或者存在两个行为同时进行的情形。司法机关在进行认定时要综合运用刑法总则中关于牵连犯、罪数等的理论。在成立金融机构以吸收公众存款的行为中，如果两个行为存在手段行为与目的行为的牵连关系，则成立牵连犯，从一重罪处罚。如果在此基础上，行为人还实施了非法吸收公众存款以外的其他金融犯罪行为，则应进行数罪并罚。

法律适用

【司法解释及司法解释性文件】1.《最高人民法院关于审理非法集资刑事案件具体应用法律若干问题的解释》第1~6条、第9条、第14条

2.《最高人民法院、最高人民检察院、公安部关于办理非法集资刑事案件若干问题的意见》一~十二

3.《最高人民检察院关于办理涉互联网金融犯罪案件有关问题座谈会纪要》二、（一）9~11

4.《最高人民法院、最高人民检察院、公安部关于办理非法集资刑事案件适用法律若干问题的意见》一~五

5.《最高人民法院、最高人民检察院关于常见犯罪的量刑指导意见（试行）》四、（三）

【相关法律法规】1.《商业银行法》第2条、第11条、第47条、第74条、第81条、第83条

2.《证券法》第9条、第88条、第118条、第120条、第198条、第202条、第219~221条

3.《证券投资基金法》第20条、第38条、第119条、第

法律适用	123 条、第 127 条、第 133~137 条 4.《防范和处置非法集资条例》第 2 条、第 3 条、第 21~24 条、第 30~37 条、第 39 条 5.《金融机构撤销条例》第 34 条 6.《金融违法行为处罚办法》第 15 条、第 27 条、第 28 条 7.《储蓄管理条例》第 3 条、第 4 条、第 15 条、第 34 条 【规章及规范性文件】《最高人民检察院、公安部关于公安机关管辖的刑事案件立案追诉标准的规定（二）》第 23 条

48 伪造、变造金融票证罪

刑法规定

第 177 条

有下列情形之一,伪造、变造金融票证的,处五年以下有期徒刑或者拘役,并处或者单处二万元以上二十万元以下罚金;情节严重的,处五年以上十年以下有期徒刑,并处五万元以上五十万元以下罚金;情节特别严重的,处十年以上有期徒刑或者无期徒刑,并处五万元以上五十万元以下罚金或者没收财产:

(一)伪造、变造汇票、本票、支票的;

(二)伪造、变造委托收款凭证、汇款凭证、银行存单等其他银行结算凭证的;

(三)伪造、变造信用证或者附随的单据、文件的;

(四)伪造信用卡的。

单位犯前款罪的,对单位判处罚金,并对其直接负责的主管人员和其他直接责任人员,依照前款的规定处罚。

立案标准

伪造、变造金融票证,涉嫌下列情形之一的,应予立案追诉:

(1)伪造、变造汇票、本票、支票,或者伪造、变造委托收款凭证、汇款凭证、银行存单等其他银行结算凭证,或者伪造、变造信用证或者附随的单据、文件,总面额在 1 万元以上或者数量在 10 张以上的;

(2)伪造信用卡 1 张以上,或者伪造空白信用卡 10 张以上的。

量刑标准

（1）犯本罪的，处 5 年以下有期徒刑或者拘役，并处或单处 2 万元以上 20 万元以下罚金。

（2）情节严重的，处 5 年以上 10 年以下有期徒刑，并处 5 万元以上 50 万元以下罚金。

有下列情形之一的，应当认定为"情节严重"：①伪造信用卡 5 张以上不满 25 张的；②伪造的信用卡内存款余额、透支额度单独或者合计数额在 20 万元以上不满 100 万元的；③伪造空白信用卡 50 张以上不满 250 张的；④其他情节严重的情形。

（3）情节特别严重的，处 10 年以上有期徒刑或者无期徒刑，并处 5 万元以上 50 万元以下罚金或者没收财产。

有下列情形之一的，应当认定为"情节特别严重"：①伪造信用卡 25 张以上的；②伪造的信用卡内存款余额、透支额度单独或者合计数额在 100 万元以上的；③伪造空白信用卡 250 张以上的；④其他情节特别严重的情形。前述"信用卡内存款余额、透支额度"，以信用卡被伪造后发卡行记录的最高存款余额、可透支额度计算。

（4）单位犯本罪的，对单位判处罚金，并对其直接负责的主管人员和其他直接责任人员，依上述规定处罚。

重点解读

一、罪与非罪

伪造、变造金融票证罪，是指行为人或单位，伪造、变造汇票、本票、支票、委托收款凭证、汇款凭证、银行存单等其他银行结算凭证、信用证或者附随的单据、文件和信用证的行为。犯罪客体是国家的金融管理秩序。犯罪主体包括自然人和单位。本罪属于行为犯，只要行为人完成了对汇票、本票、支票、委托收款凭证、汇款凭证、银行存单等其他银行结算凭证、信用证或者附随的单据、文件和信用证等金融票证的伪造、变造行为，即可认定为本罪的既遂。至于伪造、变造的金融票证客观上是否达到了以假乱真的程度,在所不问。

(一)伪造与变造

作为选择性罪名,要注意区分伪造与变造。伪造金融票证行为的实质在于设立票据权利,而变造金融票证行为的实质在于改变已经设立的票据权利的内容。伪造金融票证只能是内容伪造而不能是形式伪造,非法仿制金融票证的行为不构成伪造金融票证罪。变造金融票证以行使金融票证权利为目的,且不以金融票证在形式上为有效票证为前提。①

(二)金融票证

本罪侵犯的对象是金融票证,伪造、变造的金融票证必须是真实存在的。行为人伪造、变造不真实的金融票证,并不能侵害银行或者其他金融机构的信用基础,自然也不可能扰乱金融管理秩序。如果通过伪造、变造不真实的金融票证,用以骗取他人财物的,符合诈骗罪构成要件时,应以诈骗罪的有关规定论处。

二、此罪与彼罪

伪造、变造金融票证罪与票据诈骗罪。票据诈骗罪,是指以非法占有为目的,利用金融票据实施诈骗活动,数额较大的行为。伪造、变造金融票证罪要求存在真实有效可供金融交易的金融票证,对于为了利用金融票证"虚假的证明价值"而单纯购买、持有伪造、变造的金融票证的行为,不宜入罪。但对于购买、持有伪造、变造的金融票证后,明知他人会有利用该金融票证到银行取款等使用行为,并持放任或希望态度的,应

---

① 参见刘宪权:《伪造、变造金融票证罪疑难问题刑法分析》,载《法学》2008年第2期。

当以票据诈骗罪等定罪处罚。①

三、一罪与数罪

在司法实践中，伪造、变造金融票证的行为往往会成为实施金融凭证诈骗罪、合同诈骗罪等犯罪行为的手段行为。行为人虽然实施了两个独立且不同犯罪构成的行为，但是基于骗取财物的同一个犯罪目的，伪造、变造金融票证行为作为手段行为（前行为），与金融票证诈骗等目的行为（后行为）之间存在牵连关系。对于此种情形，应按照牵连犯的原则，从一重罪论处。

共同伪造、变造金融票证的，应当注重对事前通谋的认定。对于两人以上事前通谋，共同伪造、变造金融票证的，按照伪造、变造金融票证的共同犯罪论处。对于两人以上事先分工、协作配合，一方伪造、变造金融票证供另一方使用并共同谋取非法利益的。由于各方的行为都属于伪造、变造金融票证的重要组成部分，且具有共同的犯罪故意，也应按照伪造、变造金融票证的共同犯罪论处。对于事前无通谋，一方仅完成伪造、变造金融票证行为，并出售给另一方使用的，双方之间并不存在伪造、变造金融票证的共同犯罪故意，不能以共同犯罪论处，应分别按照伪造、变造金融票证罪和金融凭证诈骗罪或者票据诈骗罪等论处。

【立法解释】《全国人民代表大会常务委员会关于〈中华人民共和国刑法〉有关信用卡规定的解释》

【司法解释及司法解释性文件】《最高人民法院、最高人民检察院关于办理妨害信用卡管理刑事案件具体应用法律若干问

---

① 参见孙静翊：《对伪造、变造金融票证罪宜作限定解释》，载《检察日报》2017年1月16日，第3版。

法律适用

题的解释》第 1 条、第 13 条

【相关法律法规】《票据法》第 14 条、第 102 条

【规章及规范性文件】1.《最高人民检察院、公安部关于公安机关管辖的刑事案件立案追诉标准的规定（二）》第 24 条

2.《银行卡业务管理办法》第 2 条、第 61 条

49 妨害信用卡管理罪

刑法规定

第 177 条之一第 1 款

有下列情形之一，妨害信用卡管理的，处三年以下有期徒刑或者拘役，并处或者单处一万元以上十万元以下罚金；数量巨大或者有其他严重情节的，处三年以上十年以下有期徒刑，并处二万元以上二十万元以下罚金：

（一）明知是伪造的信用卡而持有、运输的，或者明知是伪造的空白信用卡而持有、运输，数量较大的；

（二）非法持有他人信用卡，数量较大的；

（三）使用虚假的身份证明骗领信用卡的；

（四）出售、购买、为他人提供伪造的信用卡或者以虚假的身份证明骗领的信用卡的。

立案标准

妨害信用卡管理，涉嫌下列情形之一的，应予立案追诉：

（1）明知是伪造的信用卡而持有、运输的；

（2）明知是伪造的空白信用卡而持有、运输，数量累计在10张以上的；

（3）非法持有他人信用卡，数量累计在5张以上的；

（4）使用虚假的身份证明骗领信用卡的；

（5）出售、购买、为他人提供伪造的信用卡或者以虚假的身份证明骗领的信用卡的。

违背他人意愿，使用其居民身份证、军官证、士兵证、港澳居民来往内地通行证、台湾居民来往大陆通行证、护

立案标准

照等身份证明申领信用卡的,或者使用伪造、变造的身份证明申领信用卡的,应当认定为"使用虚假的身份证明骗领信用卡"。

量刑标准

(1)犯本罪的,处 3 年以下有期徒刑或者拘役,并处或者单处 1 万元以上 10 万元以下罚金。

(2)数量巨大或者有其他严重情节的,处 3 年以上 10 年以下有期徒刑,并处 2 万元以上 20 万元以下罚金。

有下列情形之一的,应当认定为"数量巨大":①明知是伪造的信用卡而持有、运输 10 张以上的;②明知是伪造的空白信用卡而持有、运输 100 张以上的;③非法持有他人信用卡 50 张以上的;④使用虚假的身份证明骗领信用卡 10 张以上的;⑤出售、购买、为他人提供伪造的信用卡或者以虚假的身份证明骗领的信用卡 10 张以上的。

重点解读

一、罪与非罪

妨害信用卡管理罪,是指行为人明知是伪造的信用卡而持有、运输,或者明知是伪造的空白信用卡而持有、运输,数量较大,或者非法持有他人信用卡,数量较大,或者使用虚假的身份证明骗领信用卡,或者出售、购买、为他人提供伪造的信用卡或者以虚假的身份证明骗领的信用卡的行为。犯罪客体是信用卡管理秩序。犯罪主体仅限自然人。犯罪主观方面是故意,即要求行为人对上述构成要件要素的内容均有认识。本罪中的信用卡,是指由商业银行或者其他金融机构发行的具有消费支付、信用贷款、转账结算、存取现金等全部功能或者部分功能的电子支付卡。

(一)伪造的(空白)信用卡

所谓伪造的信用卡,是指未经国家有关主管部门批准的单位或个人以各种方法制造并输入了用户相关信息的信用卡,俗称假卡。在实践中，主要包括仿制卡和变造卡。其中，仿制卡是模仿信用卡的质地、模式、图样以及磁条密码等制造的信用卡。变造卡是在真卡的基础上进行伪造，主要是在过期卡、作废卡、盗窃卡、丢失卡等各种信息完整的真实信用卡上进行修改。如重新压印卡号、有效期和姓名等。明知伪造的信用卡而持有、运输的，属于行为犯，并无数量的要求。只要对伪造的信用卡进行实际控制，或者携带伪造的信用卡离开某地进入运输状态即可。所谓伪造的空白信用卡，是指未经国家主管部门批准的单位或个人以各种方法制造的未输入用户相关信息的信用卡，即卡中没有授信财产的信用卡。此种情形下，要求数量较大。[1]

（二）非法持有他人信用卡

非法持有他人信用卡中的"持有"，并不要求行为人对特定的信用卡有实际的物理力上的占有和控制。行为人只需要对特定的信用卡存在支配与被支配、控制与被控制的事实状态即可。值得注意的是，本罪中对持有行为、运输行为的规定，一般情况下都是作为信用卡诈骗行为的从行为。故而，按照主行为吸收从行为的原则，只按照主行为定罪处罚。但在主行为与从行为之间并无事前通谋时，也就不存在共同犯罪成立的基础，才可以按照持有和运输的行为进行本罪的定罪处罚。

（三）使用虚假的身份证明骗领信用卡

骗领信用卡的行为仅限于使用虚假的身份证明，此处的虚假身份证明，包括盗用他人真实有效的居民身份证、军官证、

---

[1] 参见刘宪权：《妨害信用卡管理罪疑难问题刑法探析》，载《政法论坛》2008年第2期。

士兵证、港澳居民来往内地通行证、台湾居民来往大陆通行证、护照等。但对于使用虚假的征信报告、工资证明和房产证明等手段骗领信用卡的，不属于本项所要求的骗领行为，并不构罪。此外，对于骗领行为，并不要求发卡人员产生了错误认识。只需要行为人使用了虚假的身份证明，发卡银行基于该身份证明，发放了信用卡，即可成立。

（四）出售、购买、为他人提供伪造的信用卡或者以虚假的身份证明骗领的信用卡

出售、购买、为他人提供伪造的信用卡或者以虚假的身份证明骗领的信用卡，必须要求行为人对出售、购买和为他人提供的信用卡属于伪造的或者以虚假身份证明骗领的这一事实，存在主观明知。对于出售、购买和为他人提供以虚假的身份证明骗领的信用卡以外的信用卡，又不能说明合法来源且数量较大的，可以非法持有他人信用卡，按照妨害信用卡管理罪论处。对于能够说明合法来源的，不以犯罪论处。[①] 现实生活中，常见的代为"养卡"行为就属于此。对于出售、购买行为，只需要完成财物和信用卡的交换即可成立，而对于为他人提供的，只需要将伪造的信用卡或以虚假的身份证明骗领的信用卡无偿地交给他人，即可成立。

二、此罪与彼罪

妨害信用卡管理罪与窃取、收买、非法提供信用卡信息罪。窃取、收买、非法提供信用卡信息罪，是指窃取、收买、非法提供他人信用卡信息资料的行为。在购买、为他人提供伪造信用卡的行为认定时，要注意行为人购买、提供的是实体信用卡

[①] 参见沈新康、胡春健：《妨害信用卡管理罪的司法认定》，载《华东政法大学学报》2008年第3期。

还是信用卡信息资料。对于购买、提供的是实体信用卡的，按照妨害信用卡管理罪论处。对于购买、非法提供包括持卡人的居民身份证、军官证、士兵证、港澳居民来往内地通行证、护照、姓名、出生年月、开卡时预留手机号码、开户行、卡号等信息的，则属于收买、非法提供信用卡信息行为。[①]

三、一罪与数罪

伪造居民身份证的行为与以骗领信用卡方式实施的妨害信用卡管理的行为之间存在手段行为与目的行为的牵连关系，但由于本罪明确规定此种情况以妨害信用卡管理罪定罪处罚，因而虽然属于牵连犯，但不能适用从一重处断的原则。

行为人收买银行卡及有关信息资料，为他人实施信息网络犯罪提供支付结算帮助，这种收买并持有银行卡的行为妨害了国家的银行卡管理制度，但出售者本人系主动处分自己的银行卡及有关信息资料，相关账户不可能存入资金，购买者亦无非法占有资金的目的，不会给银行以及银行卡有关关系人的公私财物所有权造成损害。行为人收买并持有银行卡及有关信息资料与一般的非法持有他人信用卡的行为无异，构成妨害信用卡管理罪。行为人为他人实施信息网络犯罪提供支付结算帮助而收买银行卡，同时还触犯帮助信息网络犯罪活动罪，属牵连犯，应择一重罪处罚。[②]

【立法解释】《全国人民代表大会常务委员会关于〈中华人民共和国刑法〉有关信用卡规定的解释》

---

① 参见陈晓辉、董海珠、崔召远：《非法持有他人信用卡的定性》，载《人民司法》2020 年第 35 期。
② 参见"王甲等人妨害信用卡管理案"（案例编号：2023-03-1-115-002），载人民法院案例库，最后访问日期：2024 年 9 月 12 日。

破坏金融管理秩序罪 | 225

【司法解释及司法解释性文件】1.《最高人民法院、最高人民检察院关于办理妨害信用卡管理刑事案件具体应用法律若干问题的解释》第 2 条、第 4 条

2.《最高人民法院、最高人民检察院、公安部关于办理电信网络诈骗等刑事案件适用法律若干问题的意见（二）》四

【规章及规范性文件】1.《最高人民检察院、公安部关于公安机关管辖的刑事案件立案追诉标准的规定（二）》第 25 条

2.《最高人民法院、最高人民检察院、公安部办理跨境赌博犯罪案件若干问题的意见》四、（五）

50 窃取、收买、非法提供信用卡信息罪

刑法规定

第177条之一第2、3款

窃取、收买或者非法提供他人信用卡信息资料的，依照前款规定处罚。

银行或者其他金融机构的工作人员利用职务上的便利，犯第二款罪的，从重处罚。

立案标准

窃取、收买或者非法提供他人信用卡信息资料，足以伪造可进行交易的信用卡，或者足以使他人以信用卡持卡人名义进行交易，涉及信用卡1张以上的，应予立案追诉。

量刑标准

（1）犯本罪的，处3年以下有期徒刑或者拘役，并处或者单处1万元以上10万元以下罚金。

（2）数量巨大或者有其他严重情节的，处3年以上10年以下有期徒刑，并处2万元以上20万元以下罚金。

（3）银行或者其他金融机构的工作人员利用职务上的便利，犯本罪的，从重处罚。

重点解读

一、罪与非罪

窃取、收买、非法提供信用卡信息罪，是指行为人窃取、收买、非法提供信用卡信息资料，足以伪造可进行交易的信用卡，或者足以使他人以信用卡持卡人名义进行交易的行为。犯罪客体是信用卡管理秩序。犯罪主体仅限自然人。银行或者其他金融机构的工作人员利用职务上的便利，犯本罪的，从重处罚。犯罪主观方面是故意。

本罪属于行为犯,以危害行为实施到一定程度(使犯罪客体面临现实侵害危险的程度)为既遂标准。侵犯的对象为信用卡信息资料,信用卡信息资料是一组有关发卡行代码、持卡人账号、密码、校验码等内容的加密电子数据,通常由发卡行在发卡时使用专用设备写入信用卡的磁条或芯片中,作为 POS 机、ATM 机等终端机具识别合法用户的依据。[①] 而对于信用卡申领过程中所提供的收入状况、家庭信息、资信状况等不必然危害信用卡资金安全的信息,不是本罪的犯罪对象。

二、此罪与彼罪

窃取、收买、非法提供信用卡信息罪与帮助信息网络犯罪活动罪。帮助信息网络犯罪活动罪,是指明知他人利用信息网络实施犯罪,为其犯罪提供互联网接入、服务器托管、网络存储、通讯传输等技术支持,或者提供广告推广、支付结算等帮助,情节严重的行为。窃取、收买、非法提供信用卡信息罪,侧重于对包括持卡人账号、密码、校验码等信用卡信息资料的窃取、收买和非法提供。帮助信息网络犯罪活动罪,则是为了获取好处而提供自己银行卡的行为,实践中称为"卡农"。在此,需要注意的是,收买"卡农"银行卡的"卡商",因其收买的行为对象并非窃取、收买、非法提供信用卡信息罪所要求的信用卡信息资料,故而不宜以窃取、收买、非法提供信用卡信息罪论处。现实多发的是"卡农"出卖借记卡"四件套"(借记卡及密码、U 盾、办卡人身份证号、办卡人手机号)给"卡

---

① 参见刘涛:《〈关于办理妨害信用卡管理刑事案件具体应用法律若干问题的解释〉的理解与适用》,载《人民司法》2010 年第 1 期。

重点解读	商"。① "卡商"收购"四件套"后，在明知他人利用信息网络实施犯罪，仍为其犯罪提供支付结算等帮助。如果其与电信网络诈骗犯罪分子存在事前通谋，可以按照相应的电信网络诈骗罪论处。但当其与电信网络诈骗犯罪分子不构成共犯时，应以帮助信息网络犯罪活动罪论处。
法律适用	【立法解释】《全国人民代表大会常务委员会关于〈中华人民共和国刑法〉有关信用卡规定的解释》 【司法解释及司法解释性文件】《最高人民法院、最高人民检察院关于办理妨害信用卡管理刑事案件具体应用法律若干问题的解释》第 3 条 【规章及规范性文件】《最高人民检察院、公安部关于公安机关管辖的刑事案件立案追诉标准的规定（二）》第 26 条

---

① 参见黄国盛、林莉莉:《收买借记卡"四件套"行为性质之辨》，载《人民检察》2022 年第 10 期。

51 伪造、变造国家有价证券罪

刑法规定

第 178 条第 1、3 款

伪造、变造国库券或者国家发行的其他有价证券,数额较大的,处三年以下有期徒刑或者拘役,并处或者单处二万元以上二十万元以下罚金;数额巨大的,处三年以上十年以下有期徒刑,并处五万元以上五十万元以下罚金;数额特别巨大的,处十年以上有期徒刑或者无期徒刑,并处五万元以上五十万元以下罚金或者没收财产。

单位犯前两款罪的,对单位判处罚金,并对其直接负责的主管人员和其他直接责任人员,依照前两款的规定处罚。

立案标准

伪造、变造国库券或者国家发行的其他有价证券,总面额在 2000 元以上的,应予立案追诉。

量刑标准

(1) 数额较大的,处 3 年以下有期徒刑或者拘役,并处或者单处 2 万元以上 20 万元以下罚金。

(2) 数额巨大的,处 3 年以上 10 年以下有期徒刑,并处 5 万元以上 50 万元以下罚金。

(3) 数额特别巨大的,处 10 年以上有期徒刑或者无期徒刑,并处 5 万元以上 50 万元以下罚金或者没收财产。

(4) 单位犯本罪的,对单位判处罚金,并对其直接负责的主管人员和其他直接责任人员,依上述规定处罚。

一、罪与非罪

伪造、变造国家有价证券罪，是指自然人或单位，伪造、变造国库券或者国家发行的其他有价证券，数额较大的行为。犯罪客体是国家对国库券或国家发行的其他有价证券的管理秩序。犯罪主体包括自然人和单位。犯罪主观方面是故意，即明知自己不具有国家有价证券的制作权，仍然实施伪造、变造行为。

伪造国家有价证券，是指行为人仿照国家有价证券的图案、颜色、格式等特征，通过印刷、绘制等制作方法，非法制造国家有价证券的行为，是一种"从无到有"的制作行为。变造国家有价证券，是指行为人以真实有效的国家有价证券为原材料，通过剪贴、覆盖、涂改等制作方法，对国家有价证券的面额、发行期限等主要内容进行非法加工的行为，是一种"从此到彼"的改造行为。国家发行的其他有价证券包括国家建设债券、保值公券、财政债券等。

二、此罪与彼罪

伪造、变造国家有价证券罪与诈骗罪。诈骗罪，是指以非法占有为目的，诈骗公私财物，数额较大的行为。行为人伪造、变造国库券或者国家发行的其他有价证券，不构成数额较大，并以此进行诈骗活动，符合诈骗罪犯罪构成的，以诈骗罪定罪处罚。当行为人伪造、变造国库券或者国家发行的其他有价证券，数额较大，并以此进行诈骗活动，同时满足诈骗罪犯罪构成的，因手段行为（前行为）与目的行为（后行为）之间存在牵连关系，从一重罪论处。但当行为人伪造、变造国库券或者国家发行的其他有价证券，又使用了他人伪造、变造的国家有价证券进行诈骗，如果二者都达到定罪要求，则应按照伪造、变造国家有价证券罪与诈骗罪数罪并罚。

| 法律适用 | **【规章及规范性文件】**《最高人民检察院、公安部关于公安机关管辖的刑事案件立案追诉标准的规定（二）》第27条 |

52 伪造、变造股票、公司、企业债券罪

刑法规定	**第178条第2、3款** 　　伪造、变造股票或者公司、企业债券，数额较大的，处三年以下有期徒刑或者拘役，并处或者单处一万元以上十万元以下罚金；数额巨大的，处三年以上十年以下有期徒刑，并处二万元以上二十万元以下罚金。 　　单位犯前两款罪的，对单位判处罚金，并对其直接负责的主管人员和其他直接责任人员，依照前两款的规定处罚。
立案标准	伪造、变造股票或者公司、企业债券，总面额在3万元以上的，应予立案追诉。
量刑标准	（1）犯本罪的，处3年以下有期徒刑或者拘役，并处或者单处1万元以上10万元以下罚金。 　　（2）数额巨大的，处3年以上10年以下有期徒刑，并处2万元以上20万元以下罚金。 　　（3）单位犯本罪的，对单位判处罚金，并对其直接负责的主管人员和其他直接责任人员，依上述规定处罚。
重点解读	一、罪与非罪 　　伪造、变造股票、公司、企业债券罪，是指行为人或单位，伪造、变造股票、公司、企业债券，数额较大的行为。犯罪客体是国家对有价证券的管理制度。犯罪主体包括自然人和单位。犯罪主观方面是故意，即明知自己不具有股票、公司、企业债

券的制作权，仍然实施伪造、变造行为。

伪造股票、公司、企业债券，是指行为人仿照股票或者公司、企业债券的图案、颜色、格式等特征，通过印刷、绘制等制作方法，非法制造股票或者公司、企业债券的行为，是一种"从无到有"的制作行为。变造股票、公司、企业债券，是指行为人以真实有效的股票或者公司、企业债券为原材料，通过剪贴、覆盖、涂改等制作方法，对股票发行公司名称及住所、公司登记成立的日期、股票总额或每份金额、股票面额、发行日期、股票编号、股东姓名或名称、董事长签名和公司签章等股票权利内容进行改造，或者对公司企业的名称及住所、债券的票面额及票面利率、还本期限和方式、利息的支付方式、债券发行日期和编号、发行公司企业的印证及公司企业法人代表人的签章和审批机关批准发行的文号、日期等公司、企业债券权利内容进行改造，是一种"从此到彼"的改造行为。

二、一罪与数罪

行为人伪造、变造股票、公司、企业债券用于骗取他人财物的，属于手段行为与目的行为之间的牵连关系，按照牵连犯的处理原则，从一重罪论处。如果行为人伪造、变造股票、公司、企业债券的同时，使用他人伪造、变造股票、公司、企业债券进行诈骗活动，均达到定罪标准的，则按照伪造、变造股票、公司、企业债券罪和诈骗罪，数罪并罚。

【相关法律法规】1.《企业债券管理条例》第 5 条、第 6 条

2.《股票发行与交易管理暂行条例》第 81 条

【规章及规范性文件】《最高人民检察院、公安部关于公安机关管辖的刑事案件立案追诉标准的规定（二）》第 28 条

53 擅自发行股票、公司、企业债券罪

刑法规定

第179条

未经国家有关主管部门批准,擅自发行股票或者公司、企业债券,数额巨大、后果严重或者有其他严重情节的,处五年以下有期徒刑或者拘役,并处或者单处非法募集资金金额百分之一以上百分之五以下罚金。

单位犯前款罪的,对单位判处罚金,并对其直接负责的主管人员和其他直接责任人员,处五年以下有期徒刑或者拘役。

立案标准

未经国家有关主管部门批准或者注册,擅自发行股票或者公司、企业债券,涉嫌下列情形之一的,应予立案追诉:

(1)非法募集资金金额在100万元以上的;

(2)造成投资者直接经济损失数额累计在50万元以上的;

(3)募集的资金全部或者主要用于违法犯罪活动的;

(4)其他后果严重或者有其他严重情节的情形。

"擅自发行股票或者公司、企业债券",是指向社会不特定对象发行、以转让股权等方式变相发行股票或者公司、企业债券,或者向特定对象发行、变相发行股票或者公司、企业债券累计超过200人的行为。

量刑标准

(1)犯本罪的,处5年以下有期徒刑或者拘役,并处或单处非法募集资金金额1%以上5%以下罚金。

(2)单位犯本罪的,对单位判处罚金,并对其直接负责的主管人员和其他直接责任人员,处5年以下有期徒刑或者拘役。

一、罪与非罪

擅自发行股票、公司、企业债券罪，是指行为人或单位，未经国家有关主管部门批准或者注册，擅自发行股票或者公司、企业债券，数额巨大、后果严重或者有其他严重情节的行为。犯罪客体是国家对有价证券的管理制度。犯罪主体包括自然人和单位。犯罪主观方面是故意，即明知自己未经国家有关主管部门批准或者注册，仍然擅自发行股票、公司、企业债券。

（一）未经国家有关主管部门批准

擅自发行股票、公司、企业债券以未经国家有关主管部门批准为前提。未经国家有关主管部门批准中的"主管部门"是指国务院证券监督管理机构或者国务院授权的部门。中央企业发行企业债券，由中国人民银行会同国家发改委审批；地方企业发行企业债券，由中国人民银行省、自治区、直辖市、计划单列市分行会同同级发改部门审批。

未经国家有关主管部门批准的类型包括行为人未申请、申请未获批、申请获批后被撤销、申请获批但超过批准限额发行、申请获批但所发行债券种类与批准种类不符、申请获批但超法定有效期发行等。

（二）擅自发行

擅自发行，是指未经国务院证券监督管理机构或者国务院授权的部门核准而公开发行股票、公司、企业债券，或者上市公司国务院证券监督管理机构核准而非公开发行新股的。值得注意的是，此处的批准仅要求行为人发行的股票、公司、企业债券等符合法律的形式要件即可。[1]

---

[1] 参见姚万勤、严忠华：《厘清擅自发行股票债券犯罪应把握五个重点》，载《检察日报》2017年6月12日，第3版。

重点解读

二、此罪与彼罪

擅自发行股票、公司、企业债券罪与伪造、变造股票、公司、企业债券罪。伪造、变造股票、公司、企业债券罪，是指伪造、变造股票或者公司、企业债券，数额较大的行为。二者都属于有价证券犯罪，客体均是国家关于股票或者公司、企业债券的管理秩序。二者的主要区别在于：本罪擅自发行、印制股票或者公司、企业债券的行为，就股票或者公司、企业债券本身而言，其无论是外形还是记载内容，都是真实的，只是未获得国家证券监督管理部门批准；而伪造、变造股票或者公司、企业债券行为所制作出来的股票、债券从外形到记载内容，都是虚假的。

法律适用

【相关法律法规】1.《证券法》第9条、第12条、第24条、第118~120条、第168条、第180条、第185条、第202条

2.《商业银行法》第2条、第45条、第74条

3.《金融违法行为处罚办法》第27条

4.《企业债券管理条例》第2条、第5条、第14条、第16条、第18条、第26~28条、第33条

5.《股票发行与交易管理暂行条例》第5条、第7条、第12条、第70条、第78条、第81条

【规章及规范性文件】《最高人民检察院、公安部关于公安机关管辖的刑事案件立案追诉标准的规定（二）》第29条

54 内幕交易、泄露内幕信息罪

刑法规定

第 180 条第 1、2、3 款

证券、期货交易内幕信息的知情人员或者非法获取证券、期货交易内幕信息的人员，在涉及证券的发行，证券、期货交易或者其他对证券、期货交易价格有重大影响的信息尚未公开前，买入或者卖出该证券，或者从事与该内幕信息有关的期货交易，或者泄露该信息，或者明示、暗示他人从事上述交易活动，情节严重的，处五年以下有期徒刑或者拘役，并处或者单处违法所得一倍以上五倍以下罚金；情节特别严重的，处五年以上十年以下有期徒刑，并处违法所得一倍以上五倍以下罚金。

单位犯前款罪的，对单位判处罚金，并对其直接负责的主管人员和其他直接责任人员，处五年以下有期徒刑或者拘役。

内幕信息、知情人员的范围，依照法律、行政法规的规定确定。

立案标准

证券、期货交易内幕信息的知情人员、单位或者非法获取证券、期货交易内幕信息的人员、单位，在涉及证券的发行，证券、期货交易或者其他对证券、期货交易价格有重大影响的信息尚未公开前，买入或者卖出该证券，或者从事与该内幕信息有关的期货交易，或者泄露该信息，或者明示、暗示他人从事上述交易活动，涉嫌下列情形之一的，应予立案追诉：

（1）获利或者避免损失数额在 50 万元以上的；

（2）证券交易成交额在 200 万元以上的；

立案标准

（3）期货交易占用保证金数额在 100 万元以上的；

（4）2 年内 3 次以上实施内幕交易、泄露内幕信息行为的；

（5）明示、暗示 3 人以上从事与内幕信息相关的证券、期货交易活动的；

（6）具有其他严重情节的。

内幕交易获利或者避免损失数额在 25 万元以上，或者证券交易成交额在 100 万元以上，或者期货交易占用保证金数额在 50 万元以上，同时涉嫌下列情形之一的，应予立案追诉：

（1）《证券法》规定的证券交易内幕信息的知情人实施或者与他人共同实施内幕交易行为的；

（2）以出售或者变相出售内幕信息等方式，明示、暗示他人从事与该内幕信息相关的交易活动的；

（3）因证券、期货犯罪行为受过刑事追究的；

（4）2 年内因证券、期货违法行为受过行政处罚的；

（5）造成其他严重后果的。

量刑标准

（1）犯本罪的，处 5 年以下有期徒刑或者拘役，并处或者单处违法所得 1 倍以上 5 倍以下罚金。

（2）情节特别严重的，处 5 年以上 10 年以下有期徒刑，并处违法所得 1 倍以上 5 倍以下罚金。

（3）单位犯本罪的，对单位判处罚金，并对其直接负责的主管人员和其他直接责任人员，处 5 年以下有期徒刑或者拘役。

重点解读

一、罪与非罪

内幕交易、泄露内幕信息罪，是指证券、期货交易内幕信息的知情人员或者非法获取证券、期货交易内幕信息的人员，在涉及证券的发行，证券、期货交易或者其他对证券、期货交易价格有重大影响的信息尚未公开前，买入或者卖出该证券，或者从事与该内幕信息有关的期货交易，或者泄露该信息，或者明示、暗示他人从事上述交易活动，情节严重的行为。犯罪客体是国家对证券、期货交易市场的管理秩序和其他证券、期货交易投资者的合法权益。该罪的成立，犯罪主体必须是证券、期货交易内幕信息的知情人员或者非法获取证券、期货交易内幕信息的人员和单位。对于这些人员和单位的范围，需要援引《证券法》第51条和《期货交易管理条例》第81条第12项的规定。

与证券交易内幕信息知情人员关系密切的人员，无论是主动获取还是被动获取内幕信息，均属于非法获取证券交易内幕信息的人员。从他人处非法获取证券交易内幕信息后，在涉及证券的发行或其他对证券交易价格有重大影响的信息尚未公开前，买入该证券，相关交易行为明显异常，且无正当理由或者正当信息来源，其行为构成内幕交易罪。① 其中，主动获取常表现为与内幕信息知情人联络、接触，对"与内幕信息知情人联络、接触"的理解，只需使得行为人具有获取内幕信息的现实可能性即可；对"相关交易行为明显异常"的理解，应当从时间吻合程度、交易背离程度、利益关联程度等方面综合判断。在内幕信息敏感期内集中资金买入股票，并于股票复牌后陆续卖出的行为，可以认定交易行为明显异常。②

二、此罪与彼罪

内幕交易、泄露内幕信息罪与侵犯商业秘密罪、故意泄露国家秘密罪。侵犯商业秘密罪，是指违反有关规定，以不正当手段获取或者披露、使用或者允许他人使用权利人的商业秘密，情节严重的行为。故意泄露国家秘密罪，是指国家机关工作人

---

① 参见"顾某内幕交易案"（案例编号：2023-04-1-120-005），载人民法院案例库，最后访问日期：2024年9月12日。
② 参见"北京某发展集团有限公司、李某某内幕交易案"（案例编号：2024-03-1-120-002），载人民法院案例库，最后访问日期：2024年9月12日。

重点解读

员违反《保守国家秘密法》的规定，故意或者过失泄露国家秘密，情节严重的行为。内幕交易、泄露内幕信息罪与侵犯商业秘密罪、故意泄露国家秘密罪之间在行为方式、对象上有相似之处，如犯罪对象都具有秘密性等特征，客观行为中都包括泄露或者提前公布不应公开的信息等。区别的关键在于，围绕不同的犯罪客体，重点把握内幕信息、商业秘密和国家秘密这一核心构成要件要素的判断上。以此展开对各罪犯罪构成各要素与案件事实之间的分析，进而定罪量刑。

三、一罪与数罪

行为人在实施内幕交易、泄露内幕信息的过程中，既可能存在犯罪对象之间的交叉重合，也可能存在行为之间的牵连关系。对于前者，如行为人的行为侵害的对象既属于内幕信息，也属于商业秘密，且情节严重时，则属于想象竞合犯，从一重罪论处。对于后者，如行为人通过操纵证券交易价格进行内幕交易，且情节严重的，则属于手段行为与目的行为之间的牵连关系，根据从一重罪论处的原则处理。

法律适用

【司法解释及司法解释性文件】《最高人民法院、最高人民检察院关于办理内幕交易、泄露内幕信息刑事案件具体应用法律若干问题的解释》第1~11条

【相关法律法规】1.《证券法》第2条、第5条、第41条、第50~54条

2.《证券投资基金法》第20条、第107条、第144条

3.《期货交易管理条例》第3条、第69条、第81条

4.《证券公司监督管理条例》第43条

5.《股票发行与交易管理暂行条例》第39~40条、第60条、第63条、第72条、第81条

【规章及规范性文件】《最高人民检察院、公安部关于公安机关管辖的刑事案件立案追诉标准的规定（二）》第30条

55 利用未公开信息交易罪

刑法规定

第 180 条第 4 款

证券交易所、期货交易所、证券公司、期货经纪公司、基金管理公司、商业银行、保险公司等金融机构的从业人员以及有关监管部门或者行业协会的工作人员,利用因职务便利获取的内幕信息以外的其他未公开的信息,违反规定,从事与该信息相关的证券、期货交易活动,或者明示、暗示他人从事相关交易活动,情节严重的,依照第一款的规定处罚。

立案标准

证券交易所、期货交易所、证券公司、期货经纪公司、基金管理公司、商业银行、保险公司等金融机构的从业人员以及有关监管部门或者行业协会的工作人员,利用因职务便利获取的内幕信息以外的其他未公开的信息,违反规定,从事与该信息相关的证券、期货交易活动,或者明示、暗示他人从事相关交易活动,涉嫌下列情形之一的,应予立案追诉:

(1) 获利或者避免损失数额在 100 万元以上的;
(2) 2 年内 3 次以上利用未公开信息交易的;
(3) 明示、暗示 3 人以上从事相关交易活动的;
(4) 具有其他严重情节的。

利用未公开信息交易,获利或者避免损失数额在 50 万元以上,或者证券交易成交额在 500 万元以上,或者期货交易占用保证金数额在 100 万元以上,同时涉嫌下列情形之一的,应予立案追诉:

立案标准	（1）以出售或者变相出售未公开信息等方式，明示、暗示他人从事相关交易活动的； （2）因证券、期货犯罪行为受过刑事追究的； （3）2年内因证券、期货违法行为受过行政处罚的； （4）造成其他严重后果的。
量刑标准	（1）情节严重的，处5年以下有期徒刑或者拘役，并处或者单处违法所得1倍以上5倍以下罚金。 （2）情节特别严重的，处5年以上10年以下有期徒刑，并处违法所得1倍以上5倍以下罚金。
重点解读	一、罪与非罪 　　利用未公开信息交易罪，是指证券交易所、期货交易所、证券公司、期货经纪公司、基金管理公司、商业银行、保险公司等金融机构的从业人员以及有关监管部门或者行业协会的工作人员，利用因职务便利获取的内幕信息以外的其他未公开的信息，违反规定，从事与该信息相关的证券、期货交易活动，或者明示、暗示他人从事相关交易活动，情节严重的行为。犯罪客体是国家对证券、期货交易市场的管理秩序和其他证券、期货交易投资者的合法权益。该罪的成立，行为主体是特殊主体，即证券交易所、期货交易所、证券公司、期货经纪公司、基金管理公司、商业银行、保险公司等金融机构的从业人员以及有关监管部门或者行业协会的工作人员。 　　（一）利用未公开信息交易的行为 　　本罪的行为方式表现为利用因职务便利获取的内幕信息以外的其他未公开的信息，违反规定，从事与该信息相关的证券、期货交易活动，或者明示、暗示他人从事相关交易活动。其中，"违反规定"的范围、"明示、暗示他人从事相关交易活动"的认定等，《最高人民法院、最高人民检察院关于办理利用未公

开信息交易刑事案件适用法律若干问题的解释》进行了较为具体的规定。

"交易巧合"是利用未公开交易犯罪中较为常见的无罪辩解之一，可结合趋同交易隐秘性、指令交易与趋同交易时间先后顺序以及证人证言真实可靠性等进行综合判断。①

（二）未公开的信息

内幕信息以外的其他未公开的信息，虽然要求该信息并非内幕信息，但从体系解释的角度，该未公开的信息从信息的重要性和价值上看，应当与内幕信息的本质特征相当。在现实中，往往表现为证券、期货等金融机构投资决策、资本运营、市场和行业预判等信息，包括适用客户资金购买的证券持仓数量及变化、资金数量及变化、交易动向、交易价格、盈利预期以及买卖时间点等信息。一般认为，"未公开的信息"具有"未公开性"与"价格敏感性"两个主要特征。

（三）司法实践中的常见类型

1. 针对"老鼠仓"等行为类型，相关监管部门采用的"趋同交易率"的指标，对于本罪行为的认定具有重要的参考意义。2013 年证券监管部门根据行为人及关联人利用私人账户与公司管理的资产购买证券、期货具有相同方向的交易行为，通过设定智能化的红线，运用大数据系统发现异常交易行为，对历史交易数据跟踪和回溯重演，可以实现对大额"老鼠仓"的数据比对、可疑账户锁定、证据收集和固定。对于趋同交易比率计算，证券监管部门一般会采取前 5 后 2 的计算方法，这是办理"老鼠仓"交易案件的重要标准，即看基金等金融机构从业人员

---

① 参见"胡某夫利用未公开信息交易案"（案例编号：2023-03-1-121-001），载人民法院案例库，最后访问日期：2024 年 9 月 12 日。

在为公司进行证券期货交易时，交易相近的一个时间段内即前5个工作日（T-5）和后两个工作日（T+2），是否在该时间段内作出与机构交易趋同的行为。凡是趋同的，一般应认定为利用未公开信息从事了相关的交易活动。其中，前5后2的计算方法，也并非决定，需要结合犯罪主体，按照有利于被告人的原则，采用先入先出法计算。即按照最先抛出的股票对应最先买入的股票进行收益的计算。然而，"趋同交易率"也只是构罪判断的标准之一，是否构罪，还需要结合其他证据进行综合判断。①

2.具有获取未公开信息职务便利条件的金融机构从业人员及其近亲属从事相关证券交易行为明显异常，且与未公开信息相关交易高度趋同，即使其拒不供述未公开信息传递过程等犯罪事实，但其他证据之间相互印证，能够形成证明利用未公开信息犯罪的完整证明体系，足以排除其他可能的，可以依法认定犯罪事实。

二、共同犯罪

利用未公开信息交易罪在司法实践中，争议较多也是认定的难点在于共犯关系的认定上。通过上述的构罪要素分析可以发现，成立本罪，存在两种行为方式：（1）行为人利用因职务便利获取的内幕信息以外的其他未公开的信息，违反规定，从事与该信息相关的证券、期货交易活动。（2）行为人利用因职务便利获取的内幕信息以外的其他未公开的信息，违反规定，明示、暗示他人从事相关交易活动。对于第一种行为方式，因为属于构成要件的直接实施者（直接正犯），符合本罪的构成要件要素。对于第二种行为方式，唆使者（本罪的身份犯）的明示、

---

① 参见王晓磊：《利用未公开信息交易罪中未公开信息的认定》，载《中国检察官》2019年第6期。

暗示行为属于"教唆"（未必成立教唆犯），而被明示、暗示的实施者则是构成要件的直接实施者。

然而，实施者并不具有成立本罪所要求的特定身份，故而按照共同犯罪的传统理论，对于实施者与教唆者的共犯认定，则会因实施者主观方面的不同而表现出不同的共犯关系。在此之前，需要对"合理信赖"所导致的违法性认识进行必要的说明。《最高人民检察院关于办理涉互联网金融犯罪案件有关问题座谈会纪要》指出，实践中还存在犯罪嫌疑人提出因信赖行政主管部门出具的相关意见而陷入错误认识的辩解。如果上述辩解确有证据证明，不应作为犯罪处理，但应当对行政主管部门出具的相关意见及其出具过程进行查证。虽然是针对非法吸收公众存款罪违法性认识及其可能性所作的解释说明，但作为同样是妨害金融管理秩序的利用未公开信息交易罪而言，也具有参考意义。

1. 实施者基于"合理信赖"不具有违法性认识的可能性。此种情形下，实施者虽然客观上实施了"违反规定"的行为，但在主观上并不存在故意，故而并不构成本罪。所以，仅唆使者成立本罪（间接正犯），二者之间不成立共犯。

2. 实施者具有违法性认识时，即实施者知晓自己的行为是有身份的唆使者明示或者暗示的为"规定"所禁止的行为时，实施者主观上具有本罪的故意，客观上实施了构成要件行为，但因不具有本罪所要求的身份，仅成立本罪的帮助犯，唆使者成立本罪的主犯。[①]

[①] 参见邵栋豪：《利用未公开信息交易如何认定共犯关系》，载《检察日报》2020年12月2日，第3版；刘宪权、林雨佳：《利用未公开信息交易共同犯罪的认定》，载《政治与法律》2019年第4期。

【司法解释及司法解释性文件】《最高人民法院、最高人民检察院关于办理利用未公开信息交易刑事案件适用法律若干问题的解释》第 1~11 条

【相关法律法规】1.《证券法》第 2 条、第 5 条、第 41 条、第 50~54 条、第 80~82 条、第 112 条、第 113 条、第 178 条、第 191 条

2.《证券投资基金法》第 20 条、第 107 条、第 144 条

3.《期货交易管理条例》第 2 条、第 3 条、第 69 条、第 80 条、第 81 条

4.《证券公司监督管理条例》第 43 条

5.《股票发行与交易管理暂行条例》第 39 条、第 40 条、第 60 条、第 63 条、第 72 条、第 81 条

【规章及规范性文件】《最高人民检察院、公安部关于公安机关管辖的刑事案件立案追诉标准的规定（二）》第 31 条

56 编造并传播证券、期货交易虚假信息罪

刑法规定

第181条第1、3款

编造并且传播影响证券、期货交易的虚假信息,扰乱证券、期货交易市场,造成严重后果的,处五年以下有期徒刑或者拘役,并处或者单处一万元以上十万元以下罚金。

单位犯前两款罪的,对单位判处罚金,并对其直接负责的主管人员和其他直接责任人员,处五年以下有期徒刑或者拘役。

立案标准

编造并且传播影响证券、期货交易的虚假信息,扰乱证券、期货交易市场,涉嫌下列情形之一的,应予立案追诉:

(1)获利或者避免损失数额在5万元以上的;

(2)造成投资者直接经济损失数额在50万元以上的;

(3)虽未达到上述数额标准,但多次编造并且传播影响证券、期货交易的虚假信息的;

(4)致使交易价格或者交易量异常波动的;

(5)造成其他严重后果的。

量刑标准

(1)犯本罪的,处5年以下有期徒刑或者拘役,并处或者单处1万元以上10万元以下罚金。

(2)单位犯本罪的,对单位判处罚金,并对其直接负责的主管人员和其他直接责任人员,处5年以下有期徒刑或者拘役。

重点解读

一、罪与非罪

编造并传播证券、期货交易虚假信息罪,是指行为人故意编造并且传播并不存在或者没有发生的,影响证券、期货交易

的虚假信息，造成严重后果的行为。犯罪客体是国家对证券、期货交易市场的管理秩序。犯罪主体包括自然人和单位。构成本罪，只要求故意的主观罪过，而不需要以牟利为目的，主观动机也并不影响本罪的判断。编造、传播证券、期货交易虚假信息的行为，只有造成严重后果，扰乱证券、期货交易市场正常秩序的，才构成本罪。

编造证券、期货交易虚假信息行为的重点在于行为人捏造影响证券、期货交易的虚假信息。不仅包括凭空捏造根本不存在的影响证券、期货交易的虚假信息，还包括对客观存在的交易信息的不当篡改、扭曲等。对于证券、期货市场主体，不履行信息披露义务的不作为，不属于本罪的编造行为。但对不披露、漏披露部分进行的不当篡改、扭曲等加工行为，则属于编造证券、期货交易虚假信息行为。传播证券、期货交易虚假信息，是指通过书面、网络、媒体等媒介向社会不特定人或者多数人进行宣传的行为。虚假信息，是就客观事实而言。

二、此罪与彼罪

编造并传播证券、期货交易虚假信息罪与操纵证券、期货市场罪。操纵证券、期货市场罪，是指自然人或者单位操纵证券、期货市场，影响证券、期货交易价格或者证券、期货交易量，情节严重的行为。其中，利用虚假或者不确定的重大信息，诱导投资者进行证券、期货交易，情节严重的，构成操纵证券、期货市场罪。行为人编造并传播证券、期货重大交易信息，进而诱导投资者进行证券、期货交易，情节严重的，按照操纵证券、期货市场罪论处。但如果行为人仅实施了编造并传播证券、期货的重大交易信息，却未参与诱导投资者进行证券、期货交易的，即使出现扰乱证券、期货交易市场正常秩序的危害后果，

重点解读	也仅能按照编造并传播证券、交易虚假信息罪定罪处罚。如果与操纵证券、期货交易罪的行为人存在事前通谋，则属于操纵证券、期货市场罪的共同犯罪，按照操纵证券、期货交易市场罪定罪处罚。
法律适用	【司法解释及司法解释性文件】《最高人民法院、最高人民检察院关于办理内幕交易、泄露内幕信息刑事案件具体应用法律若干问题的解释》第1~11条 【相关法律法规】1.《证券法》第5条、第50~57条、第78条、第83~87条、第161条、第163条、第193条、第197条、第219条 2.《期货交易管理条例》第3条、第27条、第39条、第67条、第79条 3.《股票发行与交易管理暂行条例》第3条、第61条、第74条、第78条 【规章及规范性文件】《最高人民检察院、公安部关于公安机关管辖的刑事案件立案追诉标准的规定（二）》第32条

57 诱骗投资者买卖证券、期货合约罪

刑法规定

第 181 条第 2、3 款

证券交易所、期货交易所、证券公司、期货经纪公司的从业人员,证券业协会、期货业协会或者证券期货监督管理部门的工作人员,故意提供虚假信息或者伪造、变造、销毁交易记录,诱骗投资者买卖证券、期货合约,造成严重后果的,处五年以下有期徒刑或者拘役,并处或者单处一万元以上十万元以下罚金;情节特别恶劣的,处五年以上十年以下有期徒刑,并处二万元以上二十万元以下罚金。

单位犯前两款罪的,对单位判处罚金,并对其直接负责的主管人员和其他直接责任人员,处五年以下有期徒刑或者拘役。

立案标准

证券交易所、期货交易所、证券公司、期货经纪公司的从业人员,证券业协会、期货业协会或者证券期货监督管理部门的工作人员,故意提供虚假信息或者伪造、变造、销毁交易记录,诱骗投资者买卖证券、期货合约,涉嫌下列情形之一的,应予立案追诉:

(1)获利或者避免损失数额在 5 万元以上的;

(2)造成投资者直接经济损失数额在 50 万元以上的;

(3)虽未达到上述数额标准,但多次诱骗投资者买卖证券、期货合约的;

(4)致使交易价格或者交易量异常波动的;

(5)造成其他严重后果的。

量刑标准

（1）造成严重后果的，处 5 年以下有期徒刑或者拘役，并处或者单处 1 万元以上 10 万元以下罚金。

（2）情节特别恶劣的，处 5 年以上 10 年以下有期徒刑，并处 2 万元以上 20 万元以下罚金。

（3）单位犯本罪的，对单位判处罚金，并对其直接负责的主管人员和其他直接责任人员，处 5 年以下有期徒刑或者拘役。

重点解读

一、罪与非罪

诱骗投资者买卖证券、期货合约罪，是指证券交易所、期货交易所、证券公司、期货经纪公司的从业人员，证券业协会、期货业协会或者证券期货监督管理部门的工作人员，故意提供虚假信息或者伪造、变造、销毁交易记录，诱骗投资者买卖证券、期货合约，造成严重后果的。犯罪客体是国家对证券、期货交易市场的管理秩序。犯罪主体包括自然人和单位。自然人是特殊主体，即必须是证券交易所、期货交易所、证券公司、期货经纪公司的从业人员，证券业协会、期货业协会或者证券期货监督管理部门的工作人员。

（一）诱骗

诱骗投资者买卖证券、期货合约中的诱骗，是指行为人通过提供虚假信息或者伪造、变造、销毁交易记录的手段，使投资者产生错误认识，进而买卖证券、期货合约。故而，本罪的成立，还要求以投资者买卖证券、期货为犯罪目的。诱骗对象，既可以是特定的投资者，也可以是社会大众等不特定的投资者。诱骗方式，既可以是主动提供虚假信息或者伪造、变造、销毁交易记录，也可以是在投资者进行投资咨询时，被动提供。至于行为人获取虚假信息的渠道，提供虚假信息的方式，行为人是否真正牟利，在所不问。

（二）行为方式

提供的虚假信息，主要是指捏造、歪曲可能影响证券公司经营状况、期货交易市场供求关系的不实信息，但不包括基于客观事实所进行的市场预测行为。伪造交易记录，是指模仿真实的交易记录数据、样式，采用复印、拓印或者录入虚假交易数据等制作方法捏造根本不存在的交易记录。变造交易记录，是指在真实交易记录的基础上，通过涂改、拼凑或者删改交易数据等方式，对价格、数量、客户名称等交易内容进行修改的行为。销毁交易记录，则是将真实存在的交易记录进行物理意义上的删除和撕毁等。

二、此罪与彼罪

1. 诱骗投资者买卖证券、期货合约罪与诈骗罪。诈骗罪，是指以非法占有为目的，诈骗公私财物，数额较大的行为。行为人通过提供虚假信息或者伪造、变造、销毁交易记录的手段，为的是达到投资者买卖证券、期货合约目的的，如果行为人提供虚假信息并不是诱骗投资者进行证券、期货交易，而是将虚假信息作为交易对象赚取"信息费"的，如果所赚取的金额符合诈骗罪的构罪要求，则构成诈骗罪。

2. 诱骗投资者买卖证券、期货合约罪与编造并传播证券、期货交易虚假信息罪。编造并传播证券、期货交易虚假信息罪，是指编造并传播影响证券、期货交易的虚假信息，扰乱证券、期货交易市场，造成严重后果的行为。编造并传播证券、期货交易虚假信息罪中的虚假信息必须是行为人主观编造的，而本罪对虚假信息的来源并无特殊要求。

3. 诱骗投资者买卖证券、期货合约罪与泄露内幕信息罪。泄露内幕信息罪，是指证券、期货交易内幕信息的知情人员或者非法获取证券、期货交易内幕信息的人员，在涉及证券的发

重点解读	行,证券、期货交易或者其他对证券、期货交易价格有重大影响的信息尚未公开前,买入或者卖出该证券,或者从事与该内幕信息有关的期货交易,或者泄露该信息,或者明示、暗示他人从事上述交易活动,情节严重的行为。二者在行为对象方面有所不同,前者行为对象主要是虚假信息或者交易记录,而后者则限于尚未公开的影响证券交易价格的重大内幕信息。 三、一罪与数罪 　　当本罪所要求的特殊主体,即证券交易所、期货交易所、证券公司、期货经纪公司的从业人员,证券业协会、期货业协会或者证券期货监督管理部门的工作人员,编造并传播了虚假信息,进而诱骗投资者进行证券、期货投资时,仅按本罪定罪处罚。
法律适用	【司法解释及司法解释性文件】《最高人民法院、最高人民检察院关于办理内幕交易、泄露内幕信息刑事案件具体应用法律若干问题的解释》第1~11条 　　【相关法律法规】1.《证券法》第5条、第50~57条、第78条、第83~87条、第161条、第163条、第193条、第197条、第219条 　　2.《期货交易管理条例》第3条、第27条、第39条、第67条、第79条 　　3.《股票发行与交易管理暂行条例》第3条、第61条、第74条、第78条 　　【规章及规范性文件】《最高人民检察院、公安部关于公安机关管辖的刑事案件立案追诉标准的规定(二)》第33条

58 操纵证券、期货市场罪

第 182 条

有下列情形之一,操纵证券、期货市场,影响证券、期货交易价格或者证券、期货交易量,情节严重的,处五年以下有期徒刑或者拘役,并处或者单处罚金;情节特别严重的,处五年以上十年以下有期徒刑,并处罚金:

(一)单独或者合谋,集中资金优势、持股或者持仓优势或者利用信息优势联合或者连续买卖的;

(二)与他人串通,以事先约定的时间、价格和方式相互进行证券、期货交易的;

(三)在自己实际控制的帐户之间进行证券交易,或者以自己为交易对象,自买自卖期货合约的;

(四)不以成交为目的,频繁或者大量申报买入、卖出证券、期货合约并撤销申报的;

(五)利用虚假或者不确定的重大信息,诱导投资者进行证券、期货交易的;

(六)对证券、证券发行人、期货交易标的公开作出评价、预测或者投资建议,同时进行反向证券交易或者相关期货交易的;

(七)以其他方法操纵证券、期货市场的。

单位犯前款罪的,对单位判处罚金,并对其直接负责的主管人员和其他直接责任人员,依照前款的规定处罚。

刑法规定

（1）操纵证券、期货市场，影响证券、期货交易价格或者证券、期货交易量，涉嫌下列情形之一的，应予立案追诉：

① 持有或者实际控制证券的流通股份数量达到该证券的实际流通股份总量10%以上，实施《刑法》第182条第1款第1项操纵证券市场行为，连续10个交易日的累计成交量达到同期该证券总成交量20%以上的；

② 实施《刑法》第182条第1款第2项、第3项操纵证券市场行为，连续10个交易日的累计成交量达到同期该证券总成交量20%以上的；

③ 利用虚假或者不确定的重大信息，诱导投资者进行证券交易，行为人进行相关证券交易的成交额在1000万元以上的；

④ 对证券、证券发行人公开作出评价、预测或者投资建议，同时进行反向证券交易，证券交易成交额在1000万元以上的；

⑤ 通过策划、实施资产收购或者重组、投资新业务、股权转让、上市公司收购等虚假重大事项，误导投资者作出投资决策，并进行相关交易或者谋取相关利益，证券交易成交额在1000万元以上的；

⑥ 通过控制发行人、上市公司信息的生成或者控制信息披露的内容、时点、节奏，误导投资者作出投资决策，并进行相关交易或者谋取相关利益，证券交易成交额在1000万元以上的；

⑦ 实施《刑法》第182条第1款第1项操纵期货市场行为，实际控制的账户合并持仓连续10个交易日的最高值超过期货交易所限仓标准的2倍，累计成交量达到同期该期货合约总成交量20%以上，且期货交易占用保证金数额在500万元以上的；

⑧ 通过囤积现货，影响特定期货品种市场行情，并进行相

关期货交易，实际控制的账户合并持仓连续 10 个交易日的最高值超过期货交易所限仓标准的 2 倍，累计成交量达到同期该期货合约总成交量 20% 以上，且期货交易占用保证金数额在 500 万元以上的；

⑨ 实施《刑法》第 182 条第 1 款第 2 项、第 3 项操纵期货市场行为，实际控制的账户连续 10 个交易日的累计成交量达到同期该期货合约总成交量 20% 以上，且期货交易占用保证金数额在 500 万元以上的；

⑩ 利用虚假或者不确定的重大信息，诱导投资者进行期货交易，行为人进行相关期货交易，实际控制的账户连续 10 个交易日的累计成交量达到同期该期货合约总成交量 20% 以上，且期货交易占用保证金数额在 500 万元以上的；

⑪ 对期货交易标的公开作出评价、预测或者投资建议，同时进行相关期货交易，实际控制的账户连续 10 个交易日的累计成交量达到同期该期货合约总成交量的 20% 以上，且期货交易占用保证金数额在 500 万元以上的；

⑫ 不以成交为目的，频繁或者大量申报买入、卖出证券、期货合约并撤销申报，当日累计撤回申报量达到同期该证券、期货合约总申报量 50% 以上，且证券撤回申报额在 1000 万元以上、撤回申报的期货合约占用保证金数额在 500 万元以上的；

⑬ 实施操纵证券、期货市场行为，获利或者避免损失数额在 100 万元以上的。

（2）操纵证券、期货市场，影响证券、期货交易价格或者证券、期货交易量，获利或者避免损失数额在 50 万元以上，同时涉嫌下列情形之一的，应予立案追诉：

① 发行人、上市公司及其董事、监事、高级管理人员、控股股东或者实际控制人实施操纵证券、期货市场行为的；

立案标准	②收购人、重大资产重组的交易对方及其董事、监事、高级管理人员、控股股东或者实际控制人实施操纵证券、期货市场行为的； ③行为人明知操纵证券、期货市场行为被有关部门调查，仍继续实施的； ④因操纵证券、期货市场行为受过刑事追究的； ⑤2年内因操纵证券、期货市场行为受过行政处罚的； ⑥在市场出现重大异常波动等特定时段操纵证券、期货市场的； ⑦造成其他严重后果的。 对于在全国中小企业股份转让系统中实施操纵证券市场行为，社会危害性大，严重破坏公平公正的市场秩序的，比照规定执行，但上述（1）中的第1、2项除外。
量刑标准	（1）情节严重的，处5年以下有期徒刑或者拘役，并处或者单处罚金。 （2）情节特别严重的，处5年以上10年以下有期徒刑，并处罚金。 （3）单位犯本罪的，对单位判处罚金，并对其直接负责的主管人员和其他直接责任人员，依照前述规定处罚。
重点解读	一、罪与非罪 操纵证券、期货市场罪，是指自然人或单位，采用连续交易操纵、对倒、对敲、恍骗交易、蛊惑交易和抢帽子交易等手段，影响证券、期货交易价格或者交易量，情节严重，扰乱证券、期货交易秩序的行为。犯罪客体是国家对证券、期货交易市场的管理秩序。犯罪主体是自然人和单位。 （一）操纵证券、期货市场行为 根据《刑法》第182条及相关司法解释的规定，本罪的行

为方式主要包括以下九种。①

1. 连续交易操纵

连续交易操纵，俗称"坐庄操纵"，即单独或合谋，集资金优势、持股或者持仓优势或者利用信息优势联合或者连续买卖。此种操纵方法，与普通商品市场中囤积居奇形成垄断地位而人为控制商品价格的手法类似。以股票市场为例，它通常伴随隐瞒关联账户（逃避于持股限额监管）逐步吸筹形成持股优势，通过持股优势放量交易，人为地拉抬或打压价格并企图从中获利。

2. 对倒

对倒，又称为相互交易操纵，即与他人串通，以事先约定的时间、价格和方式相互进行证券、期货交易。此种操纵方法类似于一般商品市场中一些不法商贩雇"托"佯装交易，制造商品紧俏、畅销等虚假繁荣的手段类似，目的是欺骗不明真相的投资者跟风交易。

3. 对敲

对敲，又称洗售操纵，即在自己实际控制的账户之间进行证券交易，或者以自己为交易对象，自买自卖期货合约，即不转移所有权的交易，性质类似于对倒。

4. 恍骗交易

恍骗交易，即不以成交为目的，频繁或者大额申报买入、卖出证券、期货合约并撤销申报。此种操纵案件的认定，需要结合主观、客观方面进行综合判断，从客观方面重点看行为人是否进行与申报相反的交易。如果申报后撤销，没有进行反向交易或者其他相关交易的，不宜认定构成恍骗交易。

---

① 参见王尚明：《操纵证券、期货市场罪有关法律适用问题》，载《人民司法》2022年第8期。

5. 蛊惑交易

蛊惑交易，即利用虚假或者不确定的重大信息，诱导投资者进行证券、期货交易。此类操纵通常是发布虚假或者不确定的重大利好信息，诱导投资者买入，推高价格的过程中进行抛售获利，或者为了抢购筹码故意发布重大虚假的利空信息。蛊惑交易操纵中利用的信息必须是能够对证券、期货市场价格造成明显影响的信息。[1]

6. 抢帽子交易

抢帽子交易，即对证券、证券发行人、期货交易标的公开作出评价、预测或者投资建议，同时进行反向交易或者相关期货交易。此交易类型的犯罪主体，除了证券公司、证券投资咨询机构、专业中介机构或者从业人员等特殊主体，也包括通过手机短信、微信群、建立非法网站等方式进行荐股的"黑嘴"群体。证券公司、证券咨询机构、专业中介机构及其工作人员违背从业禁止规定，买卖或者持有证券，并在对相关证券作出公开评价、预测或者投资建议后，通过预期的市场波动反向操作，谋取利益，情节严重的，以操纵证券市场罪定罪处罚。

7. 重大事件操纵

重大事件操纵，即通过策划、实施资产收购或者重组、投资新业务、股权转让、上市公司收购等虚假重大事项，误导投资者作出投资决策，影响证券、期货交易价格或者证券、期货交易量，并进行相关交易或者谋取相关利益的行为，系一种"编故事、画大饼"的操纵行为。

---

[1] 参见刘宪权：《操纵证券、期货市场罪司法解释的法理解读》，载《法商研究》2020年第1期。

8. 控制信息操纵

控制信息操纵，即通过控制发行人、上市公司信息的生成者控制信息披露的内容、时点、节奏，误导投资者作出投资决策，影响证券交易价格或者证券交易量，并进行相关交易或者谋取相关利益的行为。此交易类型的犯罪主体，除了上市公司及其董事、监事、高级管理人员、控股股东、实际控制人或其他关联人员等特殊主体，也包括股票市场中的"牛散"等一般主体。

9. 跨市场操纵

跨市场操纵，即通过囤积现货，影响特定期货市场行情，并进行相关期货交易的行为。

针对其他操纵证券、期货市场的交易行为类型，可以从以下要素进行把握：（1）操纵行为的有效前提：是否具备证券市场优势或者影响力。（2）操纵行为的主要形式：证券、期货市场优势或者影响力的滥用。（3）操纵行为的核心：人为控制或者影响证券、期货市场行情。（4）操纵行为补充限制条件：逆人为市场行情的反向交易。[①]值得注意的是，针对不同的交易类型，法律和司法解释规定了不同的入罪标准，这主要是相对于采用竞价交易的主板市场而言的。而对于采用协议交易、做市交易的新三板而言，在审查行为人是否具有操纵的主观故意和操纵行为的客观表现时，入罪标准宜适用违法所得标准。

（二）操纵行为的起始点

操纵行为获利的本质是通过扭曲市场价格机制获取利益。应当将证券交易价量受到操纵行为影响的期间作为违法所得计

---

① 参见熊永明、徐艳君：《操纵证券、期货市场罪"兜底条款"的适用研究》，载《法律适用》2016 年第 10 期。

算的时间依据。操纵行为的终点原则上是操纵影响消除日，在交易型操纵中，如行为人被控制或账户被限制交易的，则应当以操纵行为终止日作为操纵行为的终点。①

（三）违法所得

违法所得应当先确认操纵期间内的交易价差、余券价值等获利，而后从中剔除正常交易成本。受其他市场因素影响产生的获利原则上不予扣除，配资利息、账户租借费等违法成本并非正常交易行为产生的必要费用，亦不应扣除。以违法所得数额作为操纵证券市场犯罪情节严重程度的判断标准，是为了对行为人科处与其罪责相适应的刑罚，故应以操纵期间的不法获利作为犯罪情节的认定依据；对行为人追缴违法所得，是为了不让违法者从犯罪行为中获得收益，故应按照亏损产生的具体原因进行区分认定，因行为人自身原因导致股票未能及时抛售的，按照操纵期间的获利金额进行追缴；因侦查行为等客观因素导致股票未能及时抛售的，按照实际获利金额进行追缴。②

二、此罪与彼罪

1.操纵证券、期货市场罪与编造并传播证券、期货交易虚假信息罪。编造并传播证券、期货交易虚假信息罪，是指故意编造并且传播并不存在或者没有发生的，影响证券、期货交易的虚假信息，造成严重后果的行为。造成严重后果是该罪的构成要件，至于行为人是否实施交易行为、是否获取交易利润在所不问。本罪中，蛊惑交易操纵犯罪必须具有交易相关证券、期货合约的客观行为，同时操纵这应当以谋取交易利益

---

① 参见"李某某等操纵证券市场案"（案例编号：2024-04-1-124-001），载人民法院案例库，最后访问日期：2024年9月12日。
② 参见"李某某等操纵证券市场案"（案例编号：2024-04-1-124-001），载人民法院案例库，最后访问日期：2024年9月12日。

重点解读	作为主观目的。① 　　2.操纵证券、期货市场罪与内幕交易、泄露内幕信息罪。内幕交易、泄露内幕信息罪，是指证券、期货交易内幕信息的知情人员或者非法获取证券、期货交易内幕信息的人员，在涉及证券的发行，证券、期货交易或者其他对证券、期货交易价格有重大影响的信息尚未公开前，买入或者卖出该证券，或者从事与该内幕信息有关的期货交易，或者泄露该信息，或者明示、暗示他人从事上述交易活动，情节严重的行为。二者在犯罪主体和信息类型等方面存在差异。在犯罪主体方面，操纵证券、期货市场罪的成立，并不要求是证券、期货交易内幕信息的知情人员或者非法获取证券、期货交易内幕信息的人员等特殊主体。在信息类型方面，二者的交集主要存在于涉重大事项操纵证券、期货市场行为类型中，区分的关键在于，操纵证券、期货市场罪中的重大事项是虚假的、不真实存在的，而内幕交易、泄露内幕信息罪中所要求的内幕信息均是真实的。
法律适用	【司法解释及司法解释性文件】《最高人民法院、最高人民检察院关于办理操纵证券、期货市场刑事案件适用法律若干问题的解释》第1~10条 　　【相关法律法规】1.《证券法》第5条、第55条、第192条、第219条 　　2.《证券投资基金法》第20条、第107条、第144条 　　3.《期货交易管理条例》第3条、第39条、第70条、第79条 　　4.《股票发行与交易管理暂行条例》第41条、第74条、第78条 　　【规章及规范性文件】《最高人民检察院、公安部关于公安机关管辖的刑事案件立案追诉标准的规定（二）》第34条

---

① 参见谢杰：《市场操纵犯罪司法解释的反思与解构》，载《法学》2020年第1期。

59 背信运用受托财产罪

刑法规定

第 185 条之一第 1 款

商业银行、证券交易所、期货交易所、证券公司、期货经纪公司、保险公司或者其他金融机构，违背受托义务，擅自运用客户资金或者其他委托、信托的财产，情节严重的，对单位判处罚金，并对其直接负责的主管人员和其他直接责任人员，处三年以下有期徒刑或者拘役，并处三万元以上三十万元以下罚金；情节特别严重的，处三年以上十年以下有期徒刑，并处五万元以上五十万元以下罚金。

立案标准

商业银行、证券交易所、期货交易所、证券公司、期货经纪公司、保险公司或者其他金融机构，违背受托义务，擅自运用客户资金或者其他委托、信托的财产，涉嫌下列情形之一的，应予立案追诉：

（1）擅自运用客户资金或者其他委托、信托的财产数额在 30 万元以上的；

（2）虽未达到上述数额标准，但多次擅自运用客户资金或者其他委托、信托的财产，或者擅自运用多个客户资金或者其他委托、信托的财产的；

（3）其他情节严重的情形。

量刑标准

（1）情节严重的，对单位判处罚金，并对其直接负责的主管人员和其他直接责任人员，处 3 年以下有期徒刑或者拘役，并处 3 万元以上 30 万元以下罚金。

量刑标准	（2）情节特别严重的，对单位判处罚金，并对其直接负责的主管人员和其他直接责任人员，处3年以上10年以下有期徒刑，并处5万元以上50万元以下罚金。
重点解读	背信运用受托财产罪，是指商业银行、证券交易所、期货交易所、证券公司、期货经纪公司、保险公司或者其他金融机构，违背受托义务，擅自运用客户资金或者其他委托、信托的财产，财产数额在30万元以上或者虽未达到上述数额标准，但多次擅自运用客户资金或者其他委托、信托的财产，或者擅自运用多个客户资金或者其他委托、信托的财产的行为。犯罪客体是国家对金融市场的管理秩序。犯罪主体是特殊主体，仅限商业银行、证券交易所、期货交易所、证券公司、期货经纪公司、保险公司或者其他金融机构。犯罪主观方面是故意。
法律适用	【相关法律法规】1.《保险法》第2条、第5条、第106条、第165条、第181条 2.《证券法》第57条、第106条、第108条、第128条、第131条、第133条、第134条、第150条、第219条 3.《商业银行法》第3条、第34条、第43条 4.《证券投资基金法》第2~5条、第9条、第20条、第72条、第73条、第93条、第121~124条 5.《信托法》第2条、第5条、第14条、第22条、第25~29条 6.《证券公司监督管理条例》第45~48条、第53条、第57~62条、第79条、第80条、第86条、第87条 7.《期货交易管理条例》第3条、第24条、第28~30条、第67条、第79条、第80条 【规章及规范性文件】《最高人民检察院、公安部关于公安机关管辖的刑事案件立案追诉标准的规定（二）》第35条

60 违法运用资金罪

刑法规定	**第 185 条之一第 2 款** 社会保障基金管理机构、住房公积金管理机构等公众资金管理机构，以及保险公司、保险资产管理公司、证券投资基金管理公司，违反国家规定运用资金的，对其直接负责的主管人员和其他直接责任人员，依照前款的规定处罚。
立案标准	社会保障基金管理机构、住房公积金管理机构等公众资金管理机构，以及保险公司、保险资产管理公司、证券投资基金管理公司，违反国家规定运用资金，涉嫌下列情形之一的，应予立案追诉： （1）违反国家规定运用资金数额在 30 万元以上的； （2）虽未达到上述数额标准，但多次违反国家规定运用资金的； （3）其他情节严重的情形。
量刑标准	（1）犯本罪的，对其直接负责的主管人员和其他直接责任人员，处 3 年以下有期徒刑或者拘役，并处 3 万元以上 30 万元以下罚金。 （2）情节特别严重的，处 3 年以上 10 年以下有期徒刑，并处 5 万元以上 50 万元以下罚金。
重点解读	违法运用资金罪，是指社会保障基金管理机构、住房公积金管理机构等公众资金管理机构，以及保险公司、保险资产管理公司、证券投资基金管理公司，违反国家规定运用资金数额

重点解读	在 30 万元以上或者虽未达到上述数额标准，但多次违反国家规定运用资金的行为。犯罪客体是国家对金融市场的管理秩序。犯罪主体是特殊主体，仅限社会保障基金管理机构、住房公积金管理机构等公众资金管理机构，以及保险公司、保险资产管理公司、证券投资基金管理公司。犯罪主观方面是故意。
法律适用	【司法解释及司法解释性文件】《最高人民法院关于准确理解和适用刑法中"国家规定"的有关问题的通知》 【相关法律法规】1.《保险法》第 106 条、第 165 条、第 181 条 　　2.《证券投资基金法》第 72 条、第 73 条、第 129 条 　　3.《住房公积金管理条例》第 2 条、第 4 条、第 28 条、第 29 条、第 39~41 条、第 43 条 　　4.《全国社会保障基金投资管理暂行办法》第 2~4 条、第 8 条、第 11 条、第 16 条、第 17 条、第 20 条、第 24~32 条、第 37 条、第 41~43 条 【规章及规范性文件】《最高人民检察院、公安部关于公安机关管辖的刑事案件立案追诉标准的规定（二）》第 36 条

61 违法发放贷款罪

刑法规定

第 186 条

银行或者其他金融机构的工作人员违反国家规定发放贷款,数额巨大或者造成重大损失的,处五年以下有期徒刑或者拘役,并处一万元以上十万元以下罚金;数额特别巨大或者造成特别重大损失的,处五年以上有期徒刑,并处二万元以上二十万元以下罚金。

银行或者其他金融机构的工作人员违反国家规定,向关系人发放贷款的,依照前款的规定从重处罚。

单位犯前两款罪的,对单位判处罚金,并对其直接负责的主管人员和其他直接责任人员,依照前两款的规定处罚。

关系人的范围,依照《商业银行法》和有关金融法规确定。

立案标准

银行或者其他金融机构及其工作人员违反国家规定发放贷款,涉嫌下列情形之一的,应予立案追诉:

(1) 违法发放贷款,数额在 200 万元以上的;

(2) 违法发放贷款,造成直接经济损失数额在 50 万元以上的。

量刑标准

(1) 数额巨大或者造成重大损失的,处 5 年以下有期徒刑或者拘役,并处 1 万元以上 10 万元以下罚金。

(2) 数额特别巨大或者造成特别重大损失的,处 5 年以上有期徒刑,并处 2 万元以上 20 万元以下罚金。

量刑标准

（3）向关系人发放贷款的，依照前述规定从重处罚。

（4）单位犯本罪的，对单位判处罚金，并对其直接负责的主管人员和其他直接责任人员，依照前述规定处罚。

重点解读

一、罪与非罪

违法发放贷款罪，是指银行或者其他金融机构的工作人员违反国家规定发放贷款，数额巨大或者造成重大损失的行为。向关系人发放贷款的，从重处罚。犯罪客体是国家对贷款制度的管理秩序。犯罪主体包括自然人和单位。违法发放贷款罪，属于结果犯。行为人对于违法发放贷款的行为具有主观故意，对于数额巨大或者造成重大损失的危害后果，只需要具备过失的心态即可。在办理违法发放贷款刑事案件时，对于违法发放的贷款系经过银行或者其他金融机构一系列内部程序审批后予以发放的，应当审查行为人的具体岗位职责、不履职行为方式、违法行为对贷款审批的作用程度、损害后果等，区分一般违法放贷行为与违法发放贷款犯罪的界限，准确认定犯罪。[①]

（一）违法发放贷款的行为

违法发放贷款包括无权发放贷款、越权发放贷款或者超额发放贷款等，只要是未能按照法律、行政法规等的规定和要求，给不符合贷款条件的申请人发放贷款，均属违法发放贷款的行为。对于没有违反法律和行政法规规定，或者数额不构成巨大或者未造成重大损失的，均不能以犯罪论处，但可以移交相关单位或主管部门予以行政处罚。此处，除了违反法律和行政法规外，对于根据《商业银行法》制定的《流动资金贷款管理办法》《个人贷款管理办法》等部门规章也可以作为认定案件性质的根

[①] 参见"张某违法发放贷款案"（案例编号：2024-03-1-127-001），载人民法院案例库，最后访问日期：2024年9月12日。

据。值得注意的是，根据我国法律规定，票据贴现属于贷款的一种类型。违规票据贴现行为是否构成本罪，应当根据案件事实和刑法规定综合评判。

违法发放贷款行为根据发放对象的不同，分为违法向关系人以外的人发放贷款和违法向关系人发放贷款两种类型，构成后者的，加重处罚。关系人，是指商业银行的董事、监事、管理人员、信贷业务人员及其近亲属以及上述所列人员投资或者担任高级管理职务的公司、企业和其他经济组织。

（二）直接经济损失

直接经济损失，是指财产损毁、减少的实际价值。在实际认定时，要允许银行或其他金融机构或违法放贷人运用各种合法手段收回贷款，将无法收回的贷款认定为直接经济损失。[①]

二、此罪与彼罪

1.违法发放贷款罪与贷款诈骗罪。贷款诈骗罪，是指以非法占有为目的，使用诈骗方法，骗取银行或者其他金融机构的贷款，数额较大的行为。当银行或者其他金融机构及其工作人员与申请人事先通谋，明知行为人以非法占有为目的，虚构事实、隐瞒真相进行贷款诈骗，仍然发放贷款，数额较大或者造成重大损失的，应按照贷款诈骗罪（共犯）与违法发放贷款罪的想象竞合，从一重处断。

2.违法发放贷款罪与挪用资金罪。挪用资金罪，是指公司、企业或其他单位的工作人员，利用职务上的便利，挪用本单位资金归个人使用或者借贷给他人，数额较大，超过3个月未还

---

① 参见侯亚军、苏建召：《违法发放贷款罪的损失确定》，载《检察日报》2012年7月13日，第3版。

重点解读	的，或者虽未超过3个月，但数额较大，进行营利活动或者非法活动的行为。对于银行或者其他金融机构及其工作人员利用职务之便，挪用资金后，以个人名义或名为单位实为个人借贷给他人的，或者利用职务之便，冒名贷款，所贷款项归个人使用的，应按照挪用资金罪定罪处罚。[①]
法律适用	【相关法律法规】1.《商业银行法》第40条、第41条、第74条、第78条 2.《中国人民银行法》第30条、第32条、第46条、第48条 3.《金融机构撤销条例》第30条 4.《金融违法行为处罚办法》第16条、第18条 5.《流动资金贷款管理办法》第1~49条 6.《个人贷款管理办法》第1~49条 【规章及规范性文件】《最高人民检察院、公安部关于公安机关管辖的刑事案件立案追诉标准的规定（二）》第37条

[①] 参见金新华：《违法发放贷款罪的界定与处罚》，载《人民司法》1998年第10期。

62 吸收客户资金不入账罪

刑法规定

第 187 条

银行或者其他金融机构的工作人员吸收客户资金不入帐，数额巨大或者造成重大损失的，处五年以下有期徒刑或者拘役，并处二万元以上二十万元以下罚金；数额特别巨大或者造成特别重大损失的，处五年以上有期徒刑，并处五万元以上五十万元以下罚金。

单位犯前款罪的，对单位判处罚金，并对其直接负责的主管人员和其他直接责任人员，依照前款的规定处罚。

立案标准

银行或者其他金融机构及其工作人员吸收客户资金不入账，涉嫌下列情形之一的，应予立案追诉：

（1）吸收客户资金不入账，数额在 200 万元以上的；

（2）吸收客户资金不入账，造成直接经济损失数额在 50 万元以上的。

量刑标准

（1）数额巨大或者造成重大损失的，处 5 年以下有期徒刑或者拘役，并处 2 万元以上 20 万元以下罚金。

（2）数额特别巨大或者造成特别重大损失的，处 5 年以上有期徒刑，并处 5 万元以上 50 万元以下罚金。

（3）单位犯本罪的，对单位判处罚金，并对其直接负责的主管人员和其他直接责任人员，依照前述的规定处罚。

一、罪与非罪

吸收客户资金不入账罪,是指银行或者其他金融机构的工作人员吸收客户资金不入账,数额巨大或者造成重大损失的行为。本罪的成立,并不要求以非法占有为目的。犯罪客体是金融机构客户资金清算制度。犯罪主体包括自然人和单位。

吸收客户资金不入账,是指不记入金融机构的法定账目,以逃避国家金融监管,至于是否记入法定账目以外设立的账目,不影响本罪的成立。"飞单"是近年来理财产品交易中出现的新问题,是指金融机构从业人员,虚构事实、隐瞒真相,将非本机构自主发行或者承销的第三方机构理财产品冒充本机构发行或承销的理财产品,销售给客户的行为。其本质是在法定账目外为第三方机构非法融通资金的账外经营行为。如果行为人以银行的名义,利用职务之便与客户签约,则因"飞单"行为吸收客户资金而不在法定账目予以会计核算,侵害了金融机构客户资金清算制度,符合本罪构成要件,应按本罪论处。如果行为人并未以银行的名义,也没有利用职务之便,而是基于客户对自己的信任进行居间操作的,则不宜以犯罪论处。[①]

二、一罪与数罪

银行或者其他金融机构的工作人员吸收客户资金不入账,并挪作他用的,当同时满足吸收客户资金不入账罪和挪用公款(资金)罪时,宜从一重罪处断。

[①] 参见王越:《理财产品"飞单"的刑法学分析》,载《法学》2017年第1期;谢焱:《吸收客户资金不入账行为的刑法适用与完善》,载《北京师范大学学报(社会科学版)》2017年第6期。

【相关法律法规】1.《商业银行法》第44条、第73条、第78条

2.《金融违法行为处罚办法》第11条

【规章及规范性文件】《最高人民检察院、公安部关于公安机关管辖的刑事案件立案追诉标准的规定（二）》第38条

63 违规出具金融票证罪

刑法规定

第 188 条

银行或者其他金融机构的工作人员违反规定，为他人出具信用证或者其他保函、票据、存单、资信证明，情节严重的，处五年以下有期徒刑或者拘役；情节特别严重的，处五年以上有期徒刑。

单位犯前款罪的，对单位判处罚金，并对其直接负责的主管人员和其他直接责任人员，依照前款的规定处罚。

立案标准

银行或者其他金融机构及其工作人员违反规定，为他人出具信用证或者其他保函、票据、存单、资信证明，涉嫌下列情形之一的，应予立案追诉：

（1）违反规定为他人出具信用证或者其他保函、票据、存单、资信证明，数额在 200 万元以上的；

（2）违反规定为他人出具信用证或者其他保函、票据、存单、资信证明，造成直接经济损失数额在 50 万元以上的；

（3）多次违规出具信用证或者其他保函、票据、存单、资信证明的；

（4）接受贿赂违规出具信用证或者其他保函、票据、存单、资信证明的；

（5）其他情节严重的情形。

量刑标准	（1）情节严重的，处 5 年以下有期徒刑或者拘役。 （2）情节特别严重的，处 5 年以上有期徒刑。 （3）单位犯本罪的，对单位判处罚金，并对其直接负责的主管人员和其他直接责任人员，依上述规定处罚。
重点解读	违规出具金融票证罪，是指银行或者其他金融机构的工作人员违反规定，为他人出具信用证或者其他保函、票据、存单、资信证明，情节严重的行为。对于以后或者其他金融机构的工作人员为申请方提供担保，是否具有非法占有等目的，在所不问。犯罪客体是国家金融监管秩序。犯罪主体包括自然人和单位。犯罪主观方面为故意。 为他人开具信用证的"他人"，是指银行或者其他金融机构以外的个人或者单位。银行内部机构的工作人员以本部门与他人合办的公司为受益人，违反规定开具信用证，属于为他人非法出具信用证。
法律适用	【相关法律法规】1.《商业银行法》第 3 条、第 52 条 2.《金融违法行为处罚办法》第 14 条 【规章及规范性文件】《最高人民检察院、公安部关于公安机关管辖的刑事案件立案追诉标准的规定（二）》第 39 条

64 对违法票据承兑、付款、保证罪

刑法规定

第 189 条

银行或者其他金融机构的工作人员在票据业务中,对违反票据法规定的票据予以承兑、付款或者保证,造成重大损失的,处五年以下有期徒刑或者拘役;造成特别重大损失的,处五年以上有期徒刑。

单位犯前款罪的,对单位判处罚金,并对其直接负责的主管人员和其他直接责任人员,依照前款的规定处罚。

立案标准

银行或者其他金融机构及其工作人员在票据业务中,对违反《票据法》规定的票据予以承兑、付款或者保证,造成直接经济损失数额在 50 万元以上的,应予立案追诉。

量刑标准

(1)造成重大损失的,处 5 年以下有期徒刑或者拘役。

(2)造成特别重大损失的,处 5 年以上有期徒刑。

(3)单位犯本罪的,对单位判处罚金,并对其直接负责的主管人员和其他直接责任人员,依上述规定处罚。

重点解读

对违法票据承兑、付款、保证罪,是指银行或者其他金融机构的工作人员在票据业务中,对违反《票据法》规定的票据予以承兑、付款或者保证,造成重大损失的行为。犯罪客体是国家对金融票证的管理秩序。犯罪主体包括自然人和单位。犯罪主观方面是故意。

法律适用

【相关法律法规】1.《票据法》第 2 条、第 19 条、第 22 条、第 38~52 条、第 57 条、第 60 条、第 73 条、第 75 条、第 77 条、第 83~85 条、第 89 条、第 93 条、第 104 条

2.《金融违法行为处罚办法》第 14 条

3.《票据管理实施办法》第 32 条

【规章及规范性文件】《最高人民检察院、公安部关于公安机关管辖的刑事案件立案追诉标准的规定（二）》第 40 条

65 逃汇罪

刑法规定	**第 190 条** 公司、企业或者其他单位，违反国家规定，擅自将外汇存放境外，或者将境内的外汇非法转移到境外，数额较大的，对单位判处逃汇数额百分之五以上百分之三十以下罚金，并对其直接负责的主管人员和其他直接责任人员，处五年以下有期徒刑或者拘役；数额巨大或者有其他严重情节的，对单位判处逃汇数额百分之五以上百分之三十以下罚金，并对其直接负责的主管人员和其他直接责任人员，处五年以上有期徒刑。
立案标准	公司、企业或者其他单位，违反国家规定，擅自将外汇存放境外，或者将境内的外汇非法转移到境外，单笔在 200 万美元以上或者累计数额在 500 万美元以上的，应予立案追诉。
量刑标准	（1）数额较大的，对单位判处逃汇数额 5% 以上 30% 以下罚金，并对其直接负责的主管人员和其他直接责任人员，处 5 年以下有期徒刑或者拘役。 （2）数额巨大或者有其他严重情节的，对单位判处逃汇数额 5% 以上 30% 以下罚金，并对其直接负责的主管人员和其他直接责任人员，处 5 年以上有期徒刑。
重点解读	逃汇罪，是指公司、企业或者其他单位，违反国家规定，擅自将外汇存放境外，或者将境内的外汇非法转移到境外，数额较大的行为。犯罪客体是国家对外汇的监管制度。犯罪主体

重点解读	仅限单位，即公司、企业或者其他单位。根据外汇管理法规的规定，外汇是指以外币表示的可以用作国际清偿的外国货币、外币支付凭证、外币有价证券、特别提款权、欧洲货币单位及其他外汇资产。犯罪主观方面是故意，即公司、企业或者其他单位明知违反国家规定，仍然擅自将外汇存放境外，或者将境内的外汇非法转移到境外的。
法律适用	【相关法律法规】1.《外汇管理条例》第 3~6 条、第 9 条、第 13 条、第 21 条、第 39 条、第 52 条 2.《全国人民代表大会常务委员会关于惩治骗购外汇、逃汇和非法买卖外汇犯罪的决定》一~八 【规章及规范性文件】《最高人民检察院、公安部关于公安机关管辖的刑事案件立案追诉标准的规定（二）》第 41 条

66 骗取外汇罪

第1条

有下列情形之一，骗购外汇，数额较大的，处五年以下有期徒刑或者拘役，并处骗购外汇数额百分之五以上百分之三十以下罚金；数额巨大或者有其他严重情节的，处五年以上十年以下有期徒刑，并处骗购外汇数额百分之五以上百分之三十以下罚金；数额特别巨大或者有其他特别严重情节的，处十年以上有期徒刑或者无期徒刑，并处骗购外汇数额百分之五以上百分之三十以下罚金或者没收财产：

（一）使用伪造、变造的海关签发的报关单、进口证明、外汇管理部门核准件等凭证和单据的；

（二）重复使用海关签发的报关单、进口证明、外汇管理部门核准件等凭证和单据的；

（三）以其他方式骗购外汇的。

伪造、变造海关签发的报关单、进口证明、外汇管理部门核准件等凭证和单据，并用于骗购外汇的，依照前款的规定从重处罚。

明知用于骗购外汇而提供人民币资金的，以共犯论处。

单位犯前三款罪的，对单位依照第一款的规定判处罚金，并对其直接负责的主管人员和其他直接责任人员，处五年以下有期徒刑或者拘役；数额巨大或者有其他严重情节的，处五年以上十年以下有期徒刑；数额特别巨大或者有其他特别严重情节的，处十年以上有期徒刑或者无期徒刑。

《关于惩治骗购外汇、逃汇和非法买卖外汇犯罪的决定》

立案标准	骗购外汇，数额在 50 万美元以上的，应予立案追诉。
量刑标准	（1）犯本罪的，处 5 年以下有期徒刑或者拘役，并处骗购外汇数额 5% 以上 30% 以下罚金。 （2）数额巨大或者有其他严重情节的，处 5 年以上 10 年以下有期徒刑，并处骗购外汇数额 5% 以上 30% 以下罚金。 （3）数额特别巨大或者有其他特别严重情节的，处 10 年以上有期徒刑或者无期徒刑，并处骗购外汇数额 5% 以上 30% 以下罚金或者没收财产。 （4）单位犯罪的，依照《关于惩治骗购外汇、逃汇和非法买卖外汇犯罪的决定》第 1 条第 4 款的有关规定处罚。
重点解读	一、罪与非罪 骗取外汇罪，是指行为人使用伪造、变造的海关签发的报关单、进口证明、外汇管理部门核准件等凭证和单据，重复使用海关签发的报关单、进口证明、外汇管理部门核准件等凭证和单据，或者以其他方式骗取外汇，数额较大的行为。犯罪客体是国家对外汇的监管制度。犯罪主体包括自然人和单位。犯罪主观方面是故意。 二、一罪与数罪 明知用于骗购外汇而提供人民币资金的，以共犯论处。海关、外汇管理部门以及金融机构、从事对外贸易经营活动的公司、企业或者其他单位的工作人员与骗取外汇或者逃汇的行为人通谋，为其提供购买外汇的有关凭证或者其他便利的，或者明知是伪造、变造的凭证和单据而售汇、付汇的，以共犯论，从重处罚。[1]

---

[1] 参见张明楷：《刑法学》（第六版），法律出版社 2021 年版，第 1019 页。

| 法律适用 | 【司法解释及司法解释性文件】《最高人民法院关于审理骗购外汇、非法买卖外汇刑事案件具体应用法律若干问题的解释》第1条、第2条、第5~8条
【相关法律法规】《外汇管理条例》第3~6条、第9条、第13条、第21条、第39条、第52条
【规章及规范性文件】《最高人民检察院、公安部关于公安机关管辖的刑事案件立案追诉标准的规定（二）》第42条 |

67 洗钱罪

刑法规定

第 191 条

为掩饰、隐瞒毒品犯罪、黑社会性质的组织犯罪、恐怖活动犯罪、走私犯罪、贪污贿赂犯罪、破坏金融管理秩序犯罪、金融诈骗犯罪的所得及其产生的收益的来源和性质，有下列行为之一的，没收实施以上犯罪的所得及其产生的收益，处五年以下有期徒刑或者拘役，并处或者单处罚金；情节严重的，处五年以上十年以下有期徒刑，并处罚金：

（一）提供资金帐户的；

（二）将财产转换为现金、金融票据、有价证券的；

（三）通过转帐或者其他支付结算方式转移资金的；

（四）跨境转移资产的；

（五）以其他方法掩饰、隐瞒犯罪所得及其收益的来源和性质的。

单位犯前款罪的，对单位判处罚金，并对其直接负责的主管人员和其他直接责任人员，依照前款的规定处罚。

立案标准

为掩饰、隐瞒毒品犯罪、黑社会性质的组织犯罪、恐怖活动犯罪、走私犯罪、贪污贿赂犯罪、破坏金融管理秩序犯罪、金融诈骗犯罪的所得及其产生的收益的来源和性质，涉嫌下列情形之一的，应予立案追诉：

（1）提供资金账户的；

（2）将财产转换为现金、金融票据、有价证券的；

立案标准	（3）通过转账或者其他支付结算方式转移资金的； （4）跨境转移资产的； （5）以其他方法掩饰、隐瞒犯罪所得及其收益的来源和性质的。
量刑标准	（1）犯本罪的，没收实施上游犯罪的所得及其产生的收益，处5年以下有期徒刑或者拘役，并处或者单处罚金。 （2）情节严重的，处5年以上10年以下有期徒刑，并处罚金。 （3）单位犯本罪的，对单位判处罚金，并对其直接负责的主管人员和其他直接责任人员，依照上述规定处罚。
重点解读	一、罪与非罪 洗钱罪，是指自然人或单位为掩饰、隐瞒毒品犯罪、黑社会性质的组织犯罪、恐怖活动犯罪、走私犯罪、贪污贿赂犯罪、破坏金融管理秩序犯罪、金融诈骗犯罪的所得及其产生的收益的来源和性质，而采取为其提供资金账户，将财产转换为现金、金融票据、有价证券，转账或者其他支付结算方式转移资金，跨境转移资产等方法掩饰、隐瞒犯罪所得及其收益的来源和性质的行为。犯罪客体是国家对金融的管理秩序。犯罪主体是自然人和单位。犯罪主观方面是故意。 （一）主观故意 洗钱行为包括自洗钱行为和他洗钱行为，自洗钱不存在所谓自己"帮助"自己的问题，行为人主观上对自己清洗的"黑钱"之性质和来源必然是"明知"的，故而并不存在"明知"的证明问题。认定他洗钱犯罪时仍需要证明协助者主观方面为故意，即知道或者应当知道。认定"知道或者应当知道"，应当根据行为人所接触、接收的信息，经手他人犯罪所得及其收益的情况，犯罪所得及其收益的种类、数额，犯罪所得及其收益的转移、转换方式，交易行为、资金账户等异常情况，结合行为人职业

经历、与上游犯罪人员之间的关系以及其供述和辩解，同案人指证和证人证言等情况综合审查判断。有证据证明行为人确实不知道的除外。将本罪规定的某一上游犯罪的犯罪所得及其收益，认作该罪规定的上游犯罪范围内的其他犯罪所得及其收益的，不影响"知道或者应当知道"的认定。

（二）上游犯罪

洗钱罪作为行为犯，只需要针对上游犯罪实施洗钱行为即可成立。对于上游犯罪的理解，只要有证据证明确实发生了《刑法》明文规定的上游犯罪，行为人明知或应知系上游犯罪的所得及其产生的收益的来源和性质（当然包括对自己实施上游犯罪的"明知"），仍然为上游犯罪提供资金账户等方式进行掩饰、隐瞒的，而不需要行为人的上游犯罪已被定罪。

（三）洗钱罪的犯罪对象

洗钱罪的犯罪对象的认定需要结合上游犯罪的具体罪名、侵犯法益以及事后对涉案财物的处置，在司法实践中予以区分。不限于资金，可以包括任何形式的财产，如资金、外汇、贵金属、各种动产与不动产等。以走私犯罪为例，伪报价格型走私普通货物、物品，犯罪所得应以走私偷逃税额为限。违禁品走私、绕关型走私，犯罪所得应以走私货物认定。[1]

（四）自洗钱

《刑法修正案（十一）》将自洗钱行为独立入罪，其法益应理解为金融管理秩序与上游犯罪的保护法益。在自洗钱的认定中，其一，以是否"掩饰、隐瞒上游犯罪所得及其产生的收益"来判断是否属于洗钱行为。其二，上游犯罪行为人使用他人账

---

[1] 参见扈小刚、姜聪：《论洗钱罪的犯罪对象与罪数认定——以走私犯罪案件中洗钱罪为视角》，载《中国检察官》2021年第22期。

户获取违法所得的，可以通过账户的实际控制人及二者间的财物关联性区分自洗钱与他洗钱。其三，为避免洗钱罪重复评价上游犯罪构成要件，利用他人提供账户接收上游犯罪所得的，在以财物交付、取得为既遂要件的犯罪中一般不再评价洗钱行为。其四，自洗钱行为与刑法特别规定存在竞合的，应择一重罪定罪处罚。其五，上游犯罪行为人与他人在事前进行洗钱合谋的，应以他人是否实质影响洗钱行为的计划制定区分上游犯罪与自洗钱的共犯。[1]

二、此罪与彼罪

洗钱罪与赃物犯罪。赃物犯罪包括掩饰、隐瞒犯罪所得、犯罪所得收益罪和窝藏、转移、隐瞒毒品、毒赃罪等，赃物犯罪的犯罪行为与洗钱行为存在本质区别。传统的窝赃行为主要是对赃物进行物理性移动或者转换物理样态，侧重的是"形态"的变化，而洗钱行为，专指利用金融工具及金融系统转移赃款或者改变赃物的性质，更侧重于"属性"的改变，是为了将赃钱"洗白"后流入金融领域进而转变为"合法"的财物。

三、一罪与数罪

如果本罪规定的上游犯罪的本犯的事后行为符合洗钱罪构成要件的，由于侵犯了新的犯罪客体，则在上游犯罪与洗钱罪之间构成数罪，应数罪并罚。在共犯处理上，坚持共犯基本理论，区分洗钱犯罪中正犯与共犯、主犯与从犯的不同地位。尤其是在自洗钱犯罪中，要照顾到自洗钱处罚和他洗钱处罚的量刑均衡问题，根据自洗钱行为人与他洗钱行为人在共同犯罪中

---

[1] 参见"古某某贩卖、运输毒品、洗钱案"（案例编号：2023-04-1-356-012），载人民法院案例库，最后访问日期：2024年9月12日。

重点解读

所起的不同作用予以量刑。以"是否通谋"（事前通谋、事中共谋）作为区分上游犯罪与共犯与洗钱罪的关键。如果行为人明知是非法集资犯罪所得，仍提供资金账户，通过借贷转账的方式掩饰、隐瞒钱款的来源和性质，并且与上游犯罪行为人不存在"事前通谋"和"事中共谋"的，构成洗钱罪。对于"事前通谋"，应当着重判断被告人是否在非法吸收公众存款罪中就公司成立、开展经营进行商议等。对于"事中共谋"，应当着重判断被告人是否实际参与吸揽业务、领取佣金，是否为公司的工作人员、领取工资等。① 对于"他洗钱"行为，如果行为人事前与上游犯罪行为人通谋并提供帮助的，应以上游犯罪共犯论处。如果行为人与上游犯罪行为人没有事前通谋，仅是事后在"明知"的情况下帮助"掩饰、隐瞒"的，则构成洗钱罪。假如行为人与上游犯罪行为人在实施上游犯罪后共谋并实施"掩饰、隐瞒"行为的，则应构成洗钱罪共犯。②

法律适用

【司法解释及司法解释性文件】1.《最高人民法院、最高人民检察院关于办理洗钱刑事案件适用法律若干问题的解释》第1~12条

2.《最高人民法院关于审理骗购外汇、非法买卖外汇刑事案件具体应用法律若干问题的解释》第1条、第6条、第8条

3.《最高人民法院、最高人民检察院关于办理窝藏、包庇刑事案件适用法律若干问题的解释》第7条

---

① 参见"苏某洗钱案"（案例编号：2024-04-1-133-007），载人民法院案例库，最后访问日期：2024年9月12日。
② 参见罗海妹、张建兵：《"自洗钱"行为入刑的理解和司法认定》，载《中国检察官》2021年第24期。

| 法律适用 | 【相关法律法规】1.《反洗钱法》第 1~64 条
2.《个人存款账户实名制规定》第 2~7 条、第 9 条
3.《金融违法行为处罚办法》第 19 条、第 25 条
4.《现金管理暂行条例》第 2 条、第 3 条、第 5 条、第 6 条、第 8 条、第 20 条
【规章及规范性文件】《最高人民检察院、公安部关于公安机关管辖的刑事案件立案追诉标准的规定（二）》第 43 条 |

金融诈骗罪

- 68　集资诈骗罪
- 69　贷款诈骗罪
- 70　票据诈骗罪
- 71　金融凭证诈骗罪
- 72　信用证诈骗罪
- 73　信用卡诈骗罪
- 74　有价证券诈骗罪
- 75　保险诈骗罪

68　集资诈骗罪

刑法规定

第 192 条

以非法占有为目的,使用诈骗方法非法集资,数额较大的,处三年以上七年以下有期徒刑,并处罚金;数额巨大或者有其他严重情节的,处七年以上有期徒刑或者无期徒刑,并处罚金或者没收财产。

单位犯前款罪的,对单位判处罚金,并对其直接负责的主管人员和其他直接责任人员,依照前款的规定处罚。

立案标准

以非法占有为目的,使用诈骗方法非法集资,数额在 10 万元以上的,应予立案追诉。

量刑标准

(1)数额较大的,处 3 年以上 7 年以下有期徒刑,并处罚金。

(2)数额巨大或者有其他严重情节的,处 7 年以上有期徒刑或者无期徒刑,并处罚金或者没收财产。

数额在 100 万元以上的,应当认定为"数额巨大"。集资诈骗数额在 50 万元以上,且造成恶劣社会影响或者其他严重后果的,应当认定为"其他严重情节"。

(3)单位犯本罪的,对单位判处罚金,并对其直接负责的主管人员和其他直接责任人员,依照前述规定处罚。

量刑参考

(1)构成集资诈骗罪的,根据下列情形在相应的幅度内确定量刑起点:

①达到数额较大起点的,在 3 年至 4 年有期徒刑幅度内确

定量刑起点。

②达到数额巨大起点或者有其他严重情节的，在 7 年至 9 年有期徒刑幅度内确定量刑起点。依法应当判处无期徒刑的除外。

（2）在量刑起点的基础上，根据集资诈骗数额等其他影响犯罪构成的犯罪事实增加刑罚量，确定基准刑。

（3）构成集资诈骗罪的，根据犯罪数额、危害后果等犯罪情节，综合考虑被告人缴纳罚金的能力，决定罚金数额。

（4）构成集资诈骗罪的，综合考虑犯罪数额、诈骗对象、危害后果、退赃退赔等犯罪事实、量刑情节，以及被告人主观恶性、人身危险性、认罪悔罪表现等因素，决定缓刑的适用。

一、罪与非罪

集资诈骗罪，是指以非法占有为目的，使用诈骗方法非法集资，数额较大的行为。犯罪客体是国家的金融管理制度和公私财产所有权。犯罪主体包括自然人和单位。作为特殊诈骗罪，与诈骗罪属于一般与特殊的关系。

（一）集资诈骗行为

集资诈骗罪的成立，必然需要满足诈骗罪的基本构造，即行为人实施诈骗行为→使对方陷入错误认识→对方基于错误认识处分财产→行为人或第三人取得财产→被害人遭受财产损失。[①] 按照这一构造，要求集资诈骗行为人在非法占有目的的支配下，实施诈骗行为，比如虚构"宗祖文化""养老产业"等集资项目，以虚假的证明文件、高额的资金回报等为诱饵。使对方陷入集资方具有合法的资质，所投资金能够保本付息产生高收益等错误认识，进而参与投资。只要行为人采用了虚构事实或者隐瞒真相的方法进行集资，均属于本罪中所要求的使用诈

---

① 参见张明楷：《刑法学》（下），法律出版社 2021 年版，第 1024 页。

骗方法非法集资。①

（二）非法占有目的

司法实践中，对于集资诈骗罪的认定往往集中在对非法占有目的的认定难点上。对于这一主观目的的认定，应当遵循主客观相一致的原则，避免单纯根据损失结果客观归罪。除了需要遵循《关于审理非法集资刑事案件具体应用法律若干问题的解释》中对"以非法占有为目的"认定的几种典型特征外，还需要审查非法募集资金的去向，并结合个案特征进行综合判断，努力做到法律效果、社会效果和政治效果的统一。

例如，在"现金流"式的集资诈骗案件中，由于缺乏相应的资金流水可供审计，对于主观目的的探寻可以从以下方面进行综合判断：偿还能力、融资成本、盈利能力、资金去向以及融资项目真实性、出现兑付问题后集资情况等。②

又如，在"大额借款"式的集资诈骗案件中，大额借款人假借或伪造数名单位及个人名义，通过虚构资金用途、发布虚假借款标的形式进行欺诈借款，募集的资金并未用于生产经营活动，而是分别主要用于放贷、偿还银行贷款、个人债务、购买股权、个人购房等，后在无法归还借款时，仍继续通过虚构事实、隐瞒真相形式，骗取集资参与人投资款用于归还前期借款本息，导致数额巨大的投资款不能返还，综合集资行为的真实性、募集资金的目的、资金去向、还款能力等，上述大额借

---

① 参见马克昌主编：《百罪通论》（下），北京大学出版社2014年版，第282~283页。
② 参见王聚涛：《"现金流"模式下如何认定集资诈骗非法占有目的》，载《检察日报》2021年6月22日，第3版；张媛、于晓航：《集资诈骗罪与非法吸收公众存款罪的区分》，载《人民司法·案例》2020年第29期。

款人使用诈骗方法非法集资的行为应认定具有非法占有目的。①

需要注意的是，在办理非法集资共同犯罪案件时，应依法分类处理涉案人员，做到罚当其罪、罪责刑相适应，以更好地贯彻宽严相济刑事政策。对于行为人受雇负责或参与公司部分业务，获得报酬或提成，对公司运营模式和真实营利状况缺少整体认识的，可认定行为人不具有非法占有目的，以非法吸收公众存款罪追究其刑事责任。②

（三）事前通谋

事前通谋（共谋）的认定，应注意审查公司实际控制人、高管等对于非法集资发起人发布虚假借款标的进行欺诈借款是否明知。以大额借款式的集资诈骗为例，公司实际控制人、高管明知某平台不具备盈利能力，大额借款人亦长期、反复借新还旧，客观上不可能归还逐渐累积的借款利息，非法募集的资金链必然会断裂，仍然大肆伙同上述大额借款人在平台上虚构借款人信息、发布虚假标的进行欺诈借款；且在金融监管机构发出整改意见后，使用虚假公司借款代替虚假个人借款进行虚假整改；在后期出现大额借款人怠于借新还旧时，又主动帮助发布虚假标的进行借新还旧，不断扩大借款范围，主观上均有基于骗取投资人钱款的故意，客观上实施了以诈骗方法非法集资的行为，应认定为与大额借款人共谋实施集资诈骗犯罪。③

---

① 参见"新疆某财富金融信息服务有限公司非法吸收公众存款案"（案例编号：2023-04-1-134-004），载人民法院案例库，最后访问日期：2024年9月12日。
② 参见"翁某源等集资诈骗案"（案例编号：2024-02-1-134-002），载人民法院案例库，最后访问日期：2024年9月12日。
③ 参见"新疆某财富金融信息服务有限公司非法吸收公众存款案"（案例编号：2023-04-1-134-004），载人民法院案例库，最后访问日期：2024年9月12日。

（四）主观故意

在非法集资共同犯罪中，不同行为人，由于所处层级、职责分工、获利方式、对全部犯罪的知情程度等不同，其主观故意可能存在差异。行为人成立的公司自身没有实体产业，而是虚构扩大经营规模、研发新产品等需要大量资金的事实，以高额返现、赠送积分等手段向社会不特定群体非法集资，所非法吸收的公众资金系公司主要收入来源，并由行为人实际占有、控制，主要用于高额返利、集资平台运转开支，运营模式明显不具有营利性、可持续性，造成巨额集资款不能返还的，应认定行为人具有非法占有目的，其行为构成集资诈骗罪。[①]

（五）司法实践中新发类型的理解

对于网络借贷信息中介机构或其控制人，利用网络借贷平台发布虚假信息，非法建立资金池募集资金，所得资金大部分未用于生产经营活动，而主要用于借新还旧和个人挥霍，无法归还所募集资金数额巨大，应当认定为具有非法占有目的，以集资诈骗罪追究刑事责任；对于未经相关部门批准，私自设立网络融资平台，以慈善为幌子、以高息为诱饵吸引不特定公众投资加入成为会员，使投资会员分散的资金集中到网络融资平台的会员内部进行流转，实现了资金的相对集中，符合司法解释所规定的"以投资入股的方式非法吸收资金的"和"以委托理财的方式非法吸收资金的"情形。行为人设立网络融资平台符合非法集资的特征。

与此同时，在互联网改变金融生态的背景下，面对新型网络非法集资犯罪的情况，要透过表象看待打着高收益旗号的金融创新投资项目。准确把握金融的本质，合理运用穿透式监管

[①] 参见"翁某源等集资诈骗案"（案例编号：2024-02-1-134-002），载人民法院案例库，最后访问日期：2024年9月12日。

的金融监管工具,透过复杂多样的表现形式,准确区分是真的金融创新还是伪创新,是合法金融活动还是以金融创新为名实施的金融违法犯罪活动。①

二、此罪与彼罪

1.集资诈骗罪与非法吸收公众存款罪。非法吸收公众存款罪,是指违反国家有关规定,非法吸收公众存款或者变相吸收公众存款,扰乱金融秩序的行为。非法吸收公众存款罪与集资诈骗罪作为非法集资犯罪打击的主力军,从构成要件要素的微观来看,二者在非法集资行为这一客观要素上存在重合之处,即非法集资犯罪所要求的非法性、社会性、公开性和利诱性的"四性"特征。客观上符合非法吸收公众存款罪的行为,主观上具有非法占有目的的,应当认定为集资诈骗罪。但从《关于审理非法集资刑事案件具体应用法律若干问题的解释》第7条的规定来看,对于集资诈骗罪的认定,一方面要进行"以非法占有为目的"的主观目的的认定,另一方面肯定了"使用诈骗方法"的诈骗罪客观属性。故而,除了这一典型的犯罪类型外,依然存在客观上不符合非法吸收公众存款罪的要件特征,但在"以非法占有为目的"的主观目的下,以诈骗方法实施非法集资行为的其他类犯罪,也应以集资诈骗罪论处。简言之,非法吸收公众存款罪并非成立集资诈骗罪的必备基础要件。集资诈骗罪的成立,客观上需要以"诈骗方法"向社会公众募集"资金"。主观上需要以"非法占有为目的"。②

---

① 参见王新:《指导性案例对网络非法集资犯罪的界定》,载《政法论丛》2021年第1期。

② 参见马春辉:《非法吸收公众存款罪与集资诈骗罪之界分》,载《中国检察官》2019年第24期。

2. 集资诈骗罪与欺诈发行证券罪。欺诈发行证券罪，是指在招股说明书、认股书、公司、企业债券募集办法等发行文件中隐瞒重要事实或者编造重大虚假内容，发行股票或者公司、企业债券、存托凭证或者国务院依法认定的其他证券，数额巨大、后果严重或者有其他严重情节的行为。该罪与集资诈骗罪在某些情形下均表现为行为人将他人财产的所有权转移为债权、股权等的行为。只不过，在集资诈骗罪中，债权、股权等所依赖的底层资产等是不存在或者说是虚构的。即使存在，也是将少部分资金用于该部分资产的投资中以欺骗、迷惑投资者，大部分资金用于个人消费或挥霍等。而在欺诈发行证券罪中，债权、股权等投资项目是真实存在的，且有将这些资金用于股权投资等真实项目，并具有履行债务或给予收益回报的目的。以欺诈发行证券罪的方式实施非法集资行为的，属于手段行为与目的行为之间的牵连关系，从一重处罚。

三、一罪与数罪

非法集资类犯罪往往属于单位犯罪、共同犯罪，在进行犯罪认定时，要把握"分化打击、区别对待"的刑事政策导向。一方面，需要针对共同犯罪中每个人的职能分工，综合判断行为人是否具有非法占有集资款的主观目的和客观行为。对于不具有非法占有目的或者不存在非法占有集资款可能性的行为人，应当结合其客观行为与责任内容以非法吸收公众存款罪进行处理。另一方面，在非法集资犯罪过程中，对于一开始不具有非法占有目的，但在非法吸收公众存款行为过程中，产生了非法占有目的，并在此基础上以诈骗方法实施非法集资行为的，应当区别对待。对于非法集资后出现的资金链断裂、经营失败等情况，行为人依然非法集资的，在这一时间点之前的行为，应评价为非法吸收公众存款罪。先前行为成为是否存在非法占有

重点解读	目的的判断条件,当后续行为足以评价为"诈骗行为"时,就满足了"骗"与"被骗"的诈骗罪犯罪构造,应以集资诈骗罪论处。因存在复数的犯罪客体侵害,满足不同的犯罪构成,故而应以非法吸收公众存款罪和集资诈骗罪,数罪并罚。
法律适用	【司法解释及司法解释性文件】1.《最高人民法院关于审理非法集资刑事案件具体应用法律若干问题的解释》第3条、第7条、第8条、第9条第2款、第14条 2.《最高人民法院、最高人民检察院、公安部关于办理非法集资刑事案件若干问题的意见》一~十二 3.《最高人民检察院关于办理涉互联网金融犯罪案件有关问题座谈会纪要》第14~17条 4.《最高人民法院、最高人民检察院、公安部关于办理非法集资刑事案件适用法律若干问题的意见》一~五 5.《最高人民法院、最高人民检察院关于常见犯罪的量刑指导意见(试行)》四、(四) 【相关法律法规】1.《证券法》第9条、第88条、第118条、第120条、第198条、第202条、第219~221条 2.《证券投资基金法》第20条、第38条、第119条、第123条、第127条、第133~137条 3.《防范和处置非法集资条例》第2~3条、第21~24条、第30~37条、第39条 4.《金融机构撤销条例》第34条 5.《金融违法行为处罚办法》第28条 【规章及规范性文件】《最高人民检察院、公安部关于公安机关管辖的刑事案件立案追诉标准的规定(二)》第44条

69 贷款诈骗罪

第 193 条

有下列情形之一，以非法占有为目的，诈骗银行或者其他金融机构的贷款，数额较大的，处五年以下有期徒刑或者拘役，并处二万元以上二十万元以下罚金；数额巨大或者有其他严重情节的，处五年以上十年以下有期徒刑，并处五万元以上五十万元以下罚金；数额特别巨大或者有其他特别严重情节的，处十年以上有期徒刑或者无期徒刑，并处五万元以上五十万元以下罚金或者没收财产：

（一）编造引进资金、项目等虚假理由的；

（二）使用虚假的经济合同的；

（三）使用虚假的证明文件的；

（四）使用虚假的产权证明作担保或者超出抵押物价值重复担保的；

（五）以其他方法诈骗贷款的。

立案标准

以非法占有为目的，诈骗银行或者其他金融机构的贷款，数额在 5 万元以上的，应予立案追诉。

量刑标准

（1）数额较大的，处 5 年以下有期徒刑或者拘役，并处 2 万元以上 20 万元以下罚金。

（2）数额巨大或者有其他严重情节的，处 5 年以上 10 年以下有期徒刑，并处 5 万元以上 50 万元以下罚金。

量刑标准

（3）数额特别巨大或者有其他特别严重情节的，处 10 年以上有期徒刑或者无期徒刑，并处 5 万元以上 50 万元以下罚金或者没收财产。

重点解读

一、罪与非罪

贷款诈骗罪的成立，要求行为人以非法占有为目的，通过编造引进资金、项目等虚假理由，使用虚假的经济合同、证明文件和产权证明等诈骗方法，使银行或者其他金融机构的工作人员产生错误认识，进而为其办理贷款。犯罪主体只能是自然人，不包括单位。

行为人虽然没有实施《刑法》第 193 条所列的四种行为，但以非法占有为目的，隐瞒事后挥霍财产、转移担保物或者携款潜逃的事前故意的，属于本罪所列的其他诈骗方法。需要注意的是，行为人虚构事实或者隐瞒真相的行为只是成立该罪的前提条件。实践中，行为人为了更快获得贷款审批，针对贷款用途进行一定程度的隐瞒。在贷款下来后，挪作他用，比如贷款下来后转借他人赚取利息差（不存在重大经济损失的风险）等。此种情形，当然排除"以非法占有为目的"的主观目的，不构成贷款诈骗罪，[1]但有可能构成高利转贷罪或骗取贷款罪。故而，构成贷款诈骗罪，关键需要结合客观行为所反映出的"以非法占有为目的"进行综合认定。而综合认定的标准，可以从以下角度展开，申请贷款时生产经营的运转情况、个人名下收入和资金情况以及贷款资金的使用情况等。值得注意的是，行为人通过真实有效的材料合法取得贷款后，产生非法占有的目的，拒不还本付息，且未采用诈骗手段免除银行或者其他金融机构

---

[1] 参见江丰：《虚构事实未必都构成贷款诈骗罪》，载《检察日报》2012 年 3 月 18 日，第 3 版。

对其的债权义务的，只属于民事案件，不以贷款诈骗罪论处。

二、此罪与彼罪

1. 贷款诈骗罪与骗取贷款罪。骗取贷款罪，是指行为人以欺骗手段取得银行或者其他金融机构的贷款，给银行或者其他金融机构造成重大损失的行为。在此罪中，行为人往往并不具备贷款所要求的条件，其通过虚构某些条件等方法，向银行或者金融机构提交贷款申请，其目的是解决生产经营等现实需求，并不具有非法占有的目的。故此，二者虽然都以欺骗手段获取银行或者金融机构的贷款，除了在犯罪后果上的区分外，还需要结合是否具有非法占有目的进行界分。当以非法占有为目的骗取贷款的，构成贷款诈骗罪或者合同诈骗罪。不以非法占有为目的骗取贷款的，构成骗取贷款罪。①

2. 贷款诈骗罪与合同诈骗罪。合同诈骗罪，是指在签订、履行合同过程中，以非法占有为目的，通过虚构合同，提供虚假担保，没有履行能力诱签合同或者收受标的后逃匿等手段，骗取对方当事人财物，数额较大的行为。在司法实践中，由于单位并不能构成贷款诈骗罪，有些判决以合同诈骗罪对贷款诈骗行为进行追责，有违罪刑法定原则。

三、一罪与数罪②

司法实践中，对于贷款诈骗罪担保条款的理解，需要结合不同的担保方式在贷款诈骗行为中的作用机理上进行判定。一方面，在人保的情况下，以保证人对骗取贷款行为是否知

---

① 参见肖晚祥、肖伟琦：《非法占有目的是区分骗取贷款罪和贷款诈骗罪的关键》，载《人民司法·案例》2011年第16期。

② 参见杨志琼：《贷款诈骗罪担保条款解释适用研究》，载《法学论坛》2018年第1期；张明楷：《刑法学》（下），法律出版社2021年版，第1029~1031页。

情以及保证人的财产是否受损为标准。（1）当保证人对借款人的行为不知情时，借款人对保证人构成合同诈骗罪（诈骗罪），对银行或者其他金融机构成立贷款诈骗罪。此时，对保证人的诈骗行为属于手段行为，目的在于骗取贷款，且这一手段行为与目的行为之间存在通常意义上的牵连关系，从一重处罚。[①]（2）当保证人对借款人的行为知情时，保证人与借款人之间对于骗贷行为具有共同的故意，成立贷款诈骗罪的共同犯罪。

另一方面，在物保的情况下，利用抵押担保和质押担保的特性认定贷款诈骗罪。（1）当担保物本身存疑时。包括借款人对担保物弄虚作假，以虚假的担保物担保。此时，如果担保物归他人所有，借款人无权处分，则构成对他人的合同诈骗罪（诈骗罪）与贷款诈骗罪的想象竞合犯，从一重处罚；借款人超出担保物价值重复担保（侵犯了顺序在后的债权人利益），只构成贷款诈骗罪一罪。（2）当担保物的来源存疑时。借款人通常会利用无处分权的他人财产作为担保条件以骗取贷款，由于此种情况下银行可以通过善意取得制度获得担保物权，故而阻却贷款诈骗罪的成立，借款人仅构成对担保物所有者的财产犯罪。（3）当担保物的去向存疑时。借款人在获得担保物后，以其在获得贷款时是否具有非法占有的目的分别处理：①以非法占有为目的的，属于以"隐瞒或虚构心理事实"的方式实施的贷款诈骗罪。②如果不具有非法占有目的，在抵押担保的情况下，因为抵押物的所有权和占有权归属借款人，故而处分抵押物的行为不构成任何犯罪。③如果不具有非法占有目的，在质押担

[①] 参见武晓雯：《"双重诈骗"案件的定性与处罚——以欺骗不动产担保后骗取银行贷款为例》，载《法学家》2017年第4期。

重点解读	保的情况下,质押物的所有权虽然归属借款人,但占有权已转移给银行或者经营机构。借款人此时擅自转移占有的行为,侵犯了他人的合法占有权,应构成相应的财产犯罪。
法律适用	【司法解释及司法解释性文件】《全国法院审理金融犯罪案件工作座谈会纪要》二、(三) 【相关法律法规】《商业银行法》第82条、第83条 【规章及规范性文件】《最高人民检察院、公安部关于公安机关管辖的刑事案件立案追诉标准的规定(二)》第45条

70 票据诈骗罪

刑法规定

第 194 条第 1 款

有下列情形之一，进行金融票据诈骗活动，数额较大的，处五年以下有期徒刑或者拘役，并处二万元以上二十万元以下罚金；数额巨大或者有其他严重情节的，处五年以上十年以下有期徒刑，并处五万元以上五十万元以下罚金；数额特别巨大或者有其他特别严重情节的，处十年以上有期徒刑或者无期徒刑，并处五万元以上五十万元以下罚金或者没收财产：

（一）明知是伪造、变造的汇票、本票、支票而使用的；

（二）明知是作废的汇票、本票、支票而使用的；

（三）冒用他人的汇票、本票、支票的；

（四）签发空头支票或者与其预留印鉴不符的支票，骗取财物的；

（五）汇票、本票的出票人签发无资金保证的汇票、本票或者在出票时作虚假记载，骗取财物的。

第 200 条

单位犯本节第一百九十四条、第一百九十五条规定之罪的，对单位判处罚金，并对其直接负责的主管人员和其他直接责任人员，处五年以下有期徒刑或者拘役，可以并处罚金；数额巨大或者有其他严重情节的，处五年以上十年以下有期徒刑，并处罚金；数额特别巨大或者有其他特别严重情节的，处十年以上有期徒刑或者无期徒刑，并处罚金。

立案标准	进行金融票据诈骗活动，数额在 5 万元以上的，应予立案追诉。
量刑标准	（1）数额较大的，处 5 年以下有期徒刑或者拘役，并处 2 万元以上 20 万元以下罚金。 （2）数额巨大或者有其他严重情节的，处 5 年以上 10 年以下有期徒刑，并处 5 万元以上 50 万元以下罚金。 （3）数额特别巨大或者有其他特别严重情节的，处 10 年以上有期徒刑或者无期徒刑，并处 5 万元以上 50 万元以下罚金或者没收财产。 （4）单位犯本罪的，对单位判处罚金，并对其直接负责的主管人员和其他直接责任人员，处 5 年以下有期徒刑或者拘役，可以并处罚金；数额巨大或者有其他严重情节的，处 5 年以上 10 年以下有期徒刑，并处罚金；数额特别巨大或者有其他特别严重情节的，处 10 年以上有期徒刑或者无期徒刑，并处罚金。
重点解读	一、罪与非罪 票据诈骗罪，是指行为人以非法占有为目的，明知是伪造、变造或者作废的金融票据而使用；或者冒用他人金融票证；或者签发空头支票、与预留印鉴不符的支票、无资金保证的汇票、本票等，使他人陷入错误认识，并处分财物且数额较大的行为。本罪侵犯的客体是国家对金融票据的管理秩序和公私财物的所有权。犯罪主体包括自然人和单位。 （一）使用金融票据的行为 金融票据主要包括汇票、本票和支票，对于"使用"伪造、变造和作废票据中的"使用"行为，需要满足：（1）"使用"必须有向他人交付虚假金融票据的行为；（2）"使用"必须使对方

遭受了对价意义的财产损失;(3)财产损失与"使用"行为之间有直接的因果关系。①

(二)空头支票

要注意空头支票和空白支票的区分,结合个案事实中支票账户有无对应资金等进行有区别的个罪认定。空头支票,是指支票持有人请求付款时,出票人在付款人处实有的存款不足以支付票据金额的支票。空白支票,是指在支票出票时,对若干必要记载事项未进行记载,即完成任务签章并予以交付,而授权他人在其后进行补记,经补记后才使其有效成立的支票。空白支票是《票据法》所允许和流通领域认可的支票类型,具有一定的习惯基础。空白支票经行为人授权被害人补记,可视为签发行为已经完成。如支票账户中无对应资金,则行为人提供该支票的行为与签发空头支票无异,骗取他人财物数额较大的,应以本罪论处。②

(三)印鉴

对"印鉴"应作扩大解释,同等看待电子凭证与手写签名等签章的效力,即对于签发与预留签名不同、与预留密码不同的支票,骗取财物的,也应认定为本罪。③

二、此罪与彼罪

1.票据诈骗罪与合同诈骗罪。合同诈骗罪,是指在签订、履行合同过程中,以非法占有为目的,通过虚构合同,提供虚假担保,没有履行能力诱签合同或者收受标的后逃匿等手

---

① 参见马克昌:《百罪通论》(下),北京大学出版社2014年版,第316页。
② 参见缪月娟:《留置空白支票承诺延期付款诈骗财物如何定性》,载《人民法院报》2012年12月6日,第7版;陈姣莹、尹逸斐:《出具空白支票骗取财物构成票据诈骗罪》,载《人民司法·案例》2016年第32期。
③ 参见张明楷:《刑法学》(下),法律出版社2021年版,第1034页。

段，骗取对方当事人财物，数额较大的行为。行为人在合同交易过程中，将伪造、变造或者作废的票据作为权利凭证，如作为合同担保或者贷款担保的。此种情况下，票据仅作为行为人资金等的一种凭证，并不符合本罪成立所要求的"使用"票据行为，故而并不构成票据诈骗罪。进而，需要结合合同诈骗罪的定罪逻辑进行合同诈骗罪与一般民事合同欺诈行为之间的区分。（1）如果使用虚假的票据，是自己的一般民事债权消灭，没有造成相对人财产损失的，并不构罪。（2）行为人与相对人存在合同关系，使用、签发虚假支票的行为只是为了拖延支付货款，是合同履约过程中的一种民事欺诈行为。[1]此外，如果在一般诈骗行为过程中，为了显示自己的资金实力等，通过虚假的金融票据炫耀、彰显自己身份的。如果其他客观行为符合诈骗罪的构成特征，也仅在诈骗罪范围内追究刑事责任。

2. 票据诈骗罪与贷款诈骗罪。贷款诈骗罪，是指以非法占有为目的，使用诈骗方法，骗取银行或者其他金融机构的贷款，数额较大的行为。当行为人以伪造、变造的票据作为担保进行贷款诈骗时，票据诈骗罪与贷款诈骗罪存在法条适用上的竞合关系，原则上应从一重罪论处。但从二者的量刑幅度上来看，两个罪名在量刑幅度上一致。故而，从行为人出于贷款诈骗的目的出发，其骗取贷款的目的行为符合贷款诈骗罪的犯罪构成，应以贷款诈骗罪定罪更为合适。但需要指出的是，单位并不能成为贷款诈骗罪的犯罪主体。所以，在单位实施上述手段行为

---

[1] 参见张明楷：《刑法学》（下），法律出版社2021年版，第1034页；兰蔚生：《签发空头支票支付债务的行为定性》，载《中国检察官》2016年第1期。

和目的行为时,应按票据诈骗罪定罪处罚。[①]

三、一罪与数罪

在司法实践中,存在较多的行为人自己伪造、变造票据后予以使用的情形。在此种情形下,行为人的伪造、变造行为只是为票据诈骗的顺利实施创造条件、提供可能。故而,二者之间是手段行为与目的行为之间的牵连关系,按照从一重的原则定罪处罚。比如在盗窃票据的行为构成中,会存在前行为与后行为之间的牵连关系。对此,需要结合对客体造成直接侵害的行为符合什么罪的犯罪构成。因此,盗窃票据需要根据不同的情形进行处理:(1)使用盗窃得来的记名票据偿还债务的,属于"冒用"票据的行为类型,成立票据诈骗罪。(2)盗窃定额支票以及不记名、不挂失支票的,均成立盗窃罪。[②]

【相关法律法规】1.《票据法》第 2 条、第 7~9 条、第 12 条、第 14 条、第 17 条、第 19 条、第 20~22 条、第 73~75 条、第 81 条、第 84 条、第 87~88 条、第 102 条、第 103 条

2.《票据管理实施办法》第 6~9 条、第 17 条、第 30~32 条

【规章及规范性文件】《最高人民检察院、公安部关于公安机关管辖的刑事案件立案追诉标准的规定(二)》第 46 条

---

① 参见王明、杨克、康瑛:《票据诈骗罪若干问题研究》,载《法律适用》2004 年第 4 期。

② 参见杨白辉:《窃得汇票用于偿还债务构成何罪》,载《检察日报》2014 年 7 月 18 日,第 3 版;张明楷:《刑法学》(下),法律出版社 2021 年版,第 1035 页。

71　金融凭证诈骗罪

刑法规定

第 194 条第 2 款

使用伪造、变造的委托收款凭证、汇款凭证、银行存单等其他银行结算凭证的，依照前款的规定处罚。

第 200 条

单位犯本节第一百九十四条、第一百九十五条规定之罪的，对单位判处罚金，并对其直接负责的主管人员和其他直接责任人员，处五年以下有期徒刑或者拘役，可以并处罚金；数额巨大或者有其他严重情节的，处五年以上十年以下有期徒刑，并处罚金；数额特别巨大或者有其他特别严重情节的，处十年以上有期徒刑或者无期徒刑，并处罚金。

立案标准

使用伪造、变造的委托收款凭证、汇款凭证、银行存单等其他银行结算凭证进行诈骗活动，数额在 5 万元以上的，应予立案追诉。

量刑标准

（1）数额较大的，处 5 年以下有期徒刑或者拘役，并处 2 万元以上 20 万元以下罚金。

（2）数额巨大或者有其他严重情节的，处 5 年以上 10 年以下有期徒刑，并处 5 万元以上 50 万元以下罚金。

（3）数额特别巨大或者有其他特别严重情节的，处 10 年以上有期徒刑或者无期徒刑，并处 5 万元以上 50 万元以下罚金或者没收财产。

（4）单位犯本罪的，对单位判处罚金，并对其直接负责的

<table>
<tr><td>量刑标准</td><td>主管人员和其他直接责任人员，处5年以下有期徒刑或者拘役，可以并处罚金；数额巨大或者有其他严重情节的，处5年以上10年以下有期徒刑，并处罚金；数额特别巨大或者有其他特别严重情节的，处10年以上有期徒刑或者无期徒刑，并处罚金。</td></tr>
<tr><td rowspan="2">重点解读</td><td>一、罪与非罪</td></tr>
<tr><td>金融凭证诈骗罪，是指行为人以非法占有为目的，明知伪造、变造的委托收款凭证、汇款凭证、银行存单等其他银行结算凭证而使用，使他人陷入错误认识，并处分财物且数额较大的行为。犯罪客体是国家对金融票据的管理秩序和公私财物的所有权。犯罪主体包括自然人和单位。犯罪主观方面为故意，且具有非法占有目的。

金融凭证诈骗行为主要包括使用各种伪造、变造的委托收款凭证、汇款凭证、银行存单等其他银行结算凭证的行为。此处的金融凭证不仅包括银行及银行类金融机构依法办理银行业务所使用的结算凭证，还包括拨款凭证、银行进账单等。在金融活动中具有货币给付和资金清算作用，并表明银行与客户之间已受理或已办结相关支付结算业务的凭据，均应认定为银行结算凭证。办理票据、信用卡和汇兑、托收承付、委托收款等转账结算业务所使用的凭证，均属银行结算凭证。此外，银行办理现金缴存或支取业务使用的有关凭证也属银行结算凭证。而单位定期存款开户证实书、对账单、银行询证函等，只具有证明或事后检查作用，不具有货币给付和资金清算作用，不属于结算凭证。[①]

而且，伪造、变造的金融凭证必须是以某种客观存在的票</td></tr>
</table>

[①] 参见"张某某等人金融凭证诈骗案"（案例编号：2023-05-1-137-001），载人民法院案例库，最后访问日期：2024年9月12日。

证为仿照对象。①对于虚假金融凭证的理解,不仅包含形式要件缺失的虚假金融票证,还包含有权制作人或无权制作人违法制作的形式要件真实但内容不实的金融票证。"使用"仅指直接兑现金融凭证记载的财产权利,使用作废的金融凭证或者冒用他人真实有效的金融凭证诈骗并不构成金融凭证诈骗罪。使用变造的银行活期存折骗取新的活期存折后,非法占有他人财物数额较大的行为,应以本罪定罪处罚。②

二、此罪与彼罪

1. 金融凭证诈骗罪与诈骗罪。诈骗罪,是指以非法占有为目的,诈骗公私财物,数额较大的行为。金融凭证诈骗罪与诈骗罪之间,一般通过犯罪的手段、侵犯的对象以及指向的金额等方面进行此罪与彼罪的区分。以非法占有为目的,借助银行工作人员身份上门吸储,伙同他人骗取存款单位开出的本票,并将伪造的银行单位存款开户证实书、银行进账单交存款单位,使存款单位误以为已存入银行,从而骗取公私财物,符合金融凭证诈骗罪的犯罪构成。③一般而言,金融凭证诈骗罪的成立,需要该金融凭证进入金融市场流通。如果该金融凭证也未在金融领域流通,行为人仅将伪造、变造的金融凭证作为骗取他人信任的工具,并不符合金融凭证诈骗罪的犯罪构成,仅成立诈

---

① 参见高铭暄、梁剑:《金融凭证诈骗罪若干疑难问题研究》,载《法学》2003年第12期;顾肖荣、肖中华、张建:《论金融凭证诈骗罪适用中的几个问题》,载《人民检察》2001年第6期。

② 参见吴仁碧:《金融凭证诈骗罪疑难问题探析》,载《北方法学》2014年第3期;黄胜齐:《使用变造的银行存折进行诈骗应定金融凭证诈骗罪——江苏高院判决吴某盗窃、金融凭证诈骗犯罪案》,载《人民法院报》2006年10月25日,第6版。

③ 参见邓林等:《该行为构成金融凭证诈骗罪——江苏高院判决胡某某金融凭证诈骗案》,载《人民法院报》2006年12月11日,第6版。

骗罪。当然，如果在此过程中，其手段行为触犯了金融凭证诈骗罪，按照牵连犯从一重处罚的原则，也应以诈骗罪论处。①

2. 金融凭证诈骗罪与盗窃罪等。采用盗窃、抢劫或抢夺等手段获得真实有效金融凭证，并冒用取财的，应综合判断前行为与后行为之间的关系，是否具有生活意义上的通常性。若前行为与后行为的牵连关系具有通常性，则应按后行为或者说目的行为符合的犯罪构成定罪处罚。故而，通过摄像、电脑查询等方式秘密窃取银行储户等储蓄信息资料，进而伪造借记卡骗取银行钱款且数额较大的行为，构成金融凭证诈骗罪。

三、一罪与数罪

在司法实践中，还需要注意连续诈骗行为同时涉及数种诈骗罪名的情形。此种情形不同于金融凭证诈骗罪与其他诈骗犯罪的想象竞合关系，而是指行为人先后实施了数个独立的诈骗行为（非如想象竞合中的单一行为），其行为方法分别符合金融凭证诈骗罪与其他诈骗犯罪的方法要件的情况。这里的"连续诈骗行为"，既可以针对同一被害方，也可以先后针对多个被害方；行为人对其中各个被害方，既可以使用单一的诈骗方法，也可以混合使用多种诈骗方法。对于这种连续诈骗行为同时涉及数种诈骗罪名的，应按照数罪并罚的原则定罪处罚。②

【规章及规范性文件】《最高人民检察院、公安部关于公安机关管辖的刑事案件立案追诉标准的规定（二）》第47条

---

① 参见高铭暄、梁剑：《金融凭证诈骗罪若干疑难问题研究》，载《法学》2003年第12期。
② 参见顾肖荣、肖中华、张建：《论金融凭证诈骗罪适用中的几个问题》，载《人民检察》2001年第6期。

72 信用证诈骗罪

第 195 条

有下列情形之一,进行信用证诈骗活动的,处五年以下有期徒刑或者拘役,并处二万元以上二十万元以下罚金;数额巨大或者有其他严重情节的,处五年以上十年以下有期徒刑,并处五万元以上五十万元以下罚金;数额特别巨大或者有其他特别严重情节的,处十年以上有期徒刑或者无期徒刑,并处五万元以上五十万元以下罚金或者没收财产:

(一)使用伪造、变造的信用证或者附随的单据、文件的;

(二)使用作废的信用证的;

(三)骗取信用证的;

(四)以其他方法进行信用证诈骗活动的。

第 200 条

单位犯本节第一百九十四条、第一百九十五条规定之罪的,对单位判处罚金,并对其直接负责的主管人员和其他直接责任人员,处五年以下有期徒刑或者拘役,可以并处罚金;数额巨大或者有其他严重情节的,处五年以上十年以下有期徒刑,并处罚金;数额特别巨大或者有其他特别严重情节的,处十年以上有期徒刑或者无期徒刑,并处罚金。

进行信用证诈骗活动,涉嫌下列情形之一的,应予立案追诉:

(1)使用伪造、变造的信用证或者附随的单据、文件的;

(2)使用作废的信用证的;

立案标准	（3）骗取信用证的； （4）以其他方法进行信用证诈骗活动的。
量刑标准	（1）犯本罪的，处5年以下有期徒刑或者拘役，并处2万元以上20万元以下罚金。 （2）数额巨大或者有其他严重情节的，处5年以上10年以下有期徒刑，并处5万元以上50万元以下罚金。 （3）数额特别巨大或者有其他特别严重情节的，处10年以上有期徒刑或者无期徒刑，并处5万元以上50万元以下罚金或者没收财产。 （4）单位犯本罪的，对单位判处罚金，并对其直接负责的主管人员和其他直接责任人员，处5年以下有期徒刑或者拘役，可以并处罚金；数额巨大或者有其他严重情节的，处5年以上10年以下有期徒刑，并处罚金；数额特别巨大或者有其他特别严重情节的，处10年以上有期徒刑或者无期徒刑，并处罚金。
重点解读	一、罪与非罪 信用证诈骗罪，是指行为人以非法占有为目的，使用伪造、变造的信用证或者附随的单据、文件；使用作废的信用证或者骗取信用证等手段进行诈骗活动，使对方陷入错误认识，进而处分财产的行为。犯罪客体是国家的信用证管理制度和他人财物的所有权。犯罪主体包括自然人和单位。犯罪主观方面为故意，且具有非法占有目的。只要行为人实施了本罪所列的三种信用证诈骗行为以及具有同等社会危害性的其他信用证诈骗行为，即构成犯罪，不要求诈骗行为造成实际的危害后果。故而，

本罪属于行为犯。①

（一）骗取信用证

所谓骗取信用证，是指行为人虚构事实或者隐瞒事实真相，欺骗银行或开证申请人，使其开出信用证后，进行使用的行为，该行为类型的构成需要具备"骗取信用证＋使用"的行为构造。②

（二）以其他方法进行信用证诈骗

以其他方法进行的信用证诈骗，主要是指利用"软条款"信用证进行的诈骗行为。所谓"软条款"信用证，又称为"陷阱"信用证或者"隐蔽条款"信用证，是指在开立信用证时，开证申请人或者开证行故意制造一些隐蔽性条款，这些条款实际赋予开证申请人或开证行单方面的主动权，从而使该信用证可能随时会因开证申请人或者开证行单方面的行为而解除信用证，从而达到骗取财物的目的。③

（三）主观故意

本罪的成立要求具有信用证诈骗的主观故意，且有非法占有的目的，这也是区别于一般的业务疏忽行为或者滥用职权行为的关键。对于主观故意的认定，可以参考以下情形：（1）有足够的证据证明卖方故意不装运，不交付单证项下的部分或全部货物；（2）在买方或者其他有关方提出异议后卖方不立即采取实质上的补救措施；（3）开证申请人在对方货已装运后，恶意地寻找单证

---

① 参见马克昌：《经济犯罪新论》，武汉大学出版社1998年版，第375页；鲜铁可：《金融犯罪定罪量刑案例分析》，中国民主法制出版社2003年版，第85页。

② 参见吴飞飞：《信用证诈骗罪的客观方面要件再认识》，载《政治与法律》2010年第6期；肖中华、程兰兰：《信用证诈骗罪新探》，载《政治与法律》2005年第4期。

③ 参见利子平、胡祥福主编：《金融犯罪新论》，群众出版社2005年版，第301页。

的"不符点",拒付货款;(4)开证人和受益人为同一人,在开证得逞后故意"抛弃"保证金,不发货或不付款赎单等。①

二、此罪与彼罪

信用证诈骗罪作为诈骗类型的犯罪,信用证诈骗行为可能成为贷款诈骗实施过程中的信用证担保行为,也可能因为信用证诈骗过程中签订的合同而与合同诈骗罪等形成想象竞合的关系。对此,需要结合想象竞合的一般原理进行处理。值得注意的是,对于信用证诈骗罪与骗取金融票证罪,有必要进行认定逻辑上的梳理,即在非法占有目的支配下实施的骗取信用证进行诈骗活动行为的,应认定为信用证诈骗罪。在滥用目的支配下实施的骗取信用证行为,造成金融机构严重损失的,应认定为骗取金融票证罪。此种情形下,应当根据骗取信用证过程中有无真实的基础交易、被骗资金的实际用途、走向等客观方面的情况,结合行为人的主观方面,正确认定骗取信用证行为。比如将骗取信用证所得资金用于正常的企业经营,在没有明显反证的情况下,可以推定行为人在主观上只有"滥用"(非法占用)的目的,而非非法占有的目的。只要资金用于正常的企业经营活动,即使是投入高风险领域,都不能因为资金无法返还的客观后果,而当然推定其有非法占有的目的而适用信用证诈骗罪,只能在骗取金融票证罪范围内定罪量刑。②

三、一罪与数罪

本罪规定了三种典型的信用证诈骗行为,当行为人实施了

---

① 参见陈柳裕等:《关于信用证欺诈的几个问题的探析》,载《学习与思考》1996年第12期。

② 参见刘宪权、王玉珏:《骗取信用证行为的认定困境与反思》,载《法学杂志》2011年第1期。

重点解读

其中之一时，即构成本罪。作为选择性构成要件，即使行为人实施了两种或者两种以上的法定行为类型，仍然只构成一罪，不能以数罪进行并罚。①

对于盗窃信用证行为的认定，应区别于盗窃信用卡并使用行为的定性。根据个案的事实情形，在主客观相一致的原则下进行综合认定。（1）对于以盗窃故意窃取信用证，进而产生诈骗故意并使用窃取信用证进行诈骗的，成立盗窃罪的未遂与信用证诈骗罪既遂，进行数罪并罚；（2）为了实施信用证诈骗而窃取信用证的，盗窃信用证属于手段行为，应以信用证诈骗这一目的行为符合的犯罪构成定罪处罚，即以信用证诈骗罪论处。

法律适用

【规章及规范性文件】《最高人民检察院、公安部关于公安机关管辖的刑事案件立案追诉标准的规定（二）》第48条

---

① 参见田宏杰：《信用证诈骗罪司法适用研究》，载《人民检察》2002年第12期。

73 信用卡诈骗罪

刑法规定

第 196 条

有下列情形之一，进行信用卡诈骗活动，数额较大的，处五年以下有期徒刑或者拘役，并处二万元以上二十万元以下罚金；数额巨大或者有其他严重情节的，处五年以上十年以下有期徒刑，并处五万元以上五十万元以下罚金；数额特别巨大或者有其他特别严重情节的，处十年以上有期徒刑或者无期徒刑，并处五万元以上五十万元以下罚金或者没收财产：

（一）使用伪造的信用卡，或者使用以虚假的身份证明骗领的信用卡的；

（二）使用作废的信用卡的；

（三）冒用他人信用卡的；

（四）恶意透支的。

前款所称恶意透支，是指持卡人以非法占有为目的，超过规定限额或者规定期限透支，并且经发卡银行催收后仍不归还的行为。

盗窃信用卡并使用的，依照本法第二百六十四条的规定定罪处罚。

立案标准

进行信用卡诈骗活动，涉嫌下列情形之一的，应予立案追诉：

（1）使用伪造的信用卡、以虚假的身份证明骗领的信用卡、作废的信用卡或者冒用他人信用卡，进行诈骗活动，数额在5000元以上的；

(2)恶意透支,数额在 5 万元以上的。

"恶意透支",是指持卡人以非法占有为目的,超过规定限额或者规定期限透支,经发卡银行 2 次有效催收后超过 3 个月仍不归还的。

恶意透支的数额,是指公安机关刑事立案时尚未归还的实际透支的本金数额,不包括利息、复利、滞纳金、手续费等发卡银行收取的费用。归还或者支付的数额,应当认定为归还实际透支的本金。

恶意透支,数额在 5 万元以上不满 50 万元的,在提起公诉前全部归还或者具有其他情节轻微情形的,可以不起诉。但是,因信用卡诈骗受过 2 次以上处罚的除外。

(1)数额较大的,处 5 年以下有期徒刑或者拘役,并处 2 万元以上 20 万元以下罚金。

(2)数额巨大或者有其他严重情节的,处 5 年以上 10 年以下有期徒刑,并处 5 万元以上 50 万元以下罚金。

使用伪造的信用卡、以虚假的身份证明骗领的信用卡、作废的信用卡或者冒用他人信用卡,进行信用卡诈骗活动,数额在 5 万元以上不满 50 万元的,应当认定为"数额巨大"。恶意透支,数额在 50 万元以上不满 500 万元的,应当认定为"数额巨大"。

(3)数额特别巨大或者有其他特别严重情节的,处 10 年以上有期徒刑或者无期徒刑,并处 5 万元以上 50 万元以下罚金或者没收财产。

使用伪造的信用卡、以虚假的身份证明骗领的信用卡、作废的信用卡或者冒用他人信用卡,进行信用卡诈骗活动,数额在 50 万元以上的,应当认定为"数额特别巨大"。恶意透支,数额在 500 万元以上的,应当认定为"数额特别巨大"。

量刑参考

（1）构成信用卡诈骗罪的，根据下列情形在相应的幅度内确定量刑起点：

①达到数额较大起点的，在2年以下有期徒刑、拘役幅度内确定量刑起点。

②达到数额巨大起点或者有其他严重情节的，在5年至6年有期徒刑幅度内确定量刑起点。

③达到数额特别巨大起点或者有其他特别严重情节的，在10年至12年有期徒刑幅度内确定量刑起点。依法应当判处无期徒刑的除外。

（2）在量刑起点的基础上，根据信用卡诈骗数额等其他影响犯罪构成的犯罪事实增加刑罚量，确定基准刑。

（3）构成信用卡诈骗罪的，根据诈骗手段、犯罪数额、危害后果等犯罪情节，综合考虑被告人缴纳罚金的能力，决定罚金数额。

（4）构成信用卡诈骗罪的，综合考虑诈骗手段、犯罪数额、危害后果、退赃退赔等犯罪事实、量刑情节，以及被告人主观恶性、人身危险性、认罪悔罪表现等因素，决定缓刑的适用。

重点解读

一、罪与非罪

信用卡诈骗罪，是指以非法占有为目的，使用伪造的信用卡（伪卡型）或者使用以虚假的身份证明骗领的信用卡（假卡型）；使用作废的信用卡（废卡型）；冒用他人信用卡（冒用卡型）或者恶意透支（恶意透支型）等信用卡诈骗行为，使对方陷入错误认识，并处分财物且数额较大的行为。犯罪客体是国家对信用卡的管理制度和公私财产的所有权。犯罪主体为自然人，不包括单位。犯罪主观方面为故意，且具有非法占有目的。本罪的着手认定，以客体侵害和侵害危险为必要，即以开始使用伪卡实施诈骗行为为时间节点。根据《关于〈中华人民共和国刑法〉有关信用卡规定的解释》的规定，本罪中的信用卡是指由商业银行或者其他金融机构发行的具有消费支付、信用贷款、转账结算、存取现金等全部功能或部分功能的电子支付卡。

（一）非法占有目的

《最高人民法院、最高人民检察院关于办理妨害信用卡管理刑事案件具体应用法律若干问题的解释》给予该要素在恶意透支型信用卡诈骗罪以独立要件的地位，并规定了常见的六种推定"以非法占有为目的"的情形。该要件也成为区分恶意透支与民事纠纷、民事欺诈最重要的标准。为了防止该标准在实践中被虚化，应当根据案件中的以下事实进行综合认定：使用信用卡时是否具有相对稳定的还款能力，如是否具有稳定、合法的工作或者收入来源等；透支情况与收入水平是否基本相符；涉案信用卡是否存在大量套现情况；透支款项用途是否合法，是否用于违法犯罪活动；是否存在持续且有效的还款行为；透支后是否与发卡银行保持联系、积极沟通，是否存在故意逃避催收的情况；等等。对于持卡人原有合法、稳定收入来源，长期正常使用信用卡，信用记录良好，但在正常透支消费后，因突发重大疾病或者其他客观原因，导致一时无力还款，事后与发卡银行积极沟通说明情况、尽力筹措还款资金的，不应认定为"以非法占有为目的。"[1]

（二）骗领信用卡行为

使用以虚假的身份证明骗领的信用卡中，应当以金融机构是否基于虚假证明材料产生错误认识为标准，来界定是否属于

---

[1] 参见耿磊：《〈关于修改《关于办理妨害信用卡管理刑事案件具体应用法律若干问题的解释》的决定〉的理解与适用》，载《人民司法》2019年第1期。

骗领的信用卡。①

(三) 冒用他人信用卡

冒用他人信用卡中的"冒用"指的是非持卡人以持卡人的名义使用信用卡骗取财物或者服务。但对于这一冒用行为的判断，不能从使用者与实际持卡人是否一致进行机械的判断，应该从使用者是否获得"真正"的授权进行判断。如果使用者通过欺骗的方式获得实际持卡人的授权进而提取钱款的行为应认定为一般诈骗罪，如果使用者未得到实际持卡人的授权，持卡取款而使银行误以为其具有取款权限的，成立信用卡诈骗罪。②行为人从拾得的手机中查阅到被害人的银行卡信息资料，擅自将被害人的微信等支付端与被害人银行卡绑定，或者通过重置支付宝账户密码的方式控制他人的支付宝账户。然后利用微信等支付端的支付功能进行消费、转账的，符合冒用他人信用卡的情形，构成信用卡诈骗罪。③

(四) 恶意透支

恶意透支的认定，除了"以非法占有为目的"是必备的构成要件外，有效催收的判定也是该类型认定的核心要素。根据司法解释的规定，对有效催收的认定，应当从催收的时间、效果、间隔和合法性等方面加以认定。其中，确认持卡人知悉并非仅指持卡人实际知晓催收内容，也包括司法机关根据一般生活经验，将催收短信送达持卡人的手机，即使不能证明持卡人已实际阅读，

---

① 参见刘宪权：《涉信用卡犯罪对象的评析及认定》，载《法律科学》2014 年第 1 期。

② 参见涂远鹏、廖亮：《信用卡诈骗罪中冒用行为的判断》，载《人民司法·案例》2016 年第 35 期。

③ 参见周孚林：《将他人微信与银行卡绑定后转走资金构成信用卡诈骗罪》，载《人民司法·案例》2018 年第 20 期。

也可以认定为有效催收。对于有证据证明持卡人故意逃避催收的，不需要发卡银行按照与持卡人约定的方式进行催收，如向故意逃避催收的持卡人预留的手机号发送催收短信的，也可以认定为有效催收。实践中，对于持卡人与实际透支人不一致时，对于催收的认定，可以根据是否违背持卡人真实意愿分别进行处理：（1）违背持卡人真实意愿时。以拾得、骗取、窃取、收买甚至是抢夺、抢劫等方式获得他人信用卡后恶意透支的，可以以盗窃罪、信用卡诈骗罪（冒用型）定罪处罚，而无需满足有效催收的要件。（2）未违背持卡人真实意愿时。持卡人明知甚至与实际透支人共谋，共同使用自己的信用卡透支的，对持卡人进行有效催收。①

（五）盗窃信用卡并使用

盗窃信用卡并使用的，按照盗窃罪论处。此处的"信用卡"仅包含真实有效的信用卡，而不包含伪造、作废的信用卡以及以虚假的身份证明骗领的信用卡。实践中，存在盗划信用卡的情形，即特约商户的从业人员利用工作之便，在顾客使用信用卡消费结算时，私下重复刷卡。往往表现为伪造持卡人的签名签写消费单的方式，使银行将信用卡持卡人卡内资金划扣入特约商户的账户。从行为逻辑来看，持卡人将信用卡交给收银员的行为，应评价为该收银员暂时保管该信用卡。该收银员在未征得持卡人同意或者授权的情况下，对代为保管的信用卡加以使用，从而使银行产生错误认识后处分持卡人的卡内资金，造成持卡人的财产损失，符合信用卡诈骗罪（冒用型）的犯罪构成。②

---

① 参见耿磊：《〈关于修改《关于办理妨害信用卡管理刑事案件具体应用法律若干问题的解释》的决定〉的理解与适用》，载《人民司法》2019年第1期。

② 参见古加锦：《"冒用他人信用卡"型信用卡诈骗罪若干疑难问题研究》，载《政治与法律》2013年第5期。

此外，行为人同时实施恶意透支型信用卡诈骗罪和普通信用卡诈骗罪的，应按照连续犯的一般处断原则，从一重、区别情况予以处罚。①

二、此罪与彼罪

1.信用卡诈骗罪与贷款诈骗罪。贷款诈骗罪，是指以非法占有为目的，使用诈骗方法，骗取银行或者其他金融机构的贷款，数额较大的行为。在司法实践中，个别发卡银行以信用卡透支的形式发放贷款，从而将银行的审慎义务转移给司法机关和持卡人。此种情形中的信用卡主要功能是作为贷款载体而非用于透支消费，不符合信用卡的本质特征。对于持卡人透支不换的行为主要属于不及时归还贷款，不适用信用卡诈骗罪（恶意透支型）。当然，如果符合骗取贷款罪和贷款诈骗罪的犯罪构成，则应按其他犯罪处理。同样的逻辑，对于依附于信用卡的贷款产品，也属于银行贷款的另一种类型。因信用卡持卡人无法归还该部分贷款而产生的纠纷，不构成信用卡诈骗罪，应通过民事诉讼途径解决或以骗取贷款罪、贷款诈骗罪追究刑事责任。②

2.信用卡诈骗罪与盗窃罪。信用卡诈骗罪作为诈骗罪的特殊类型，符合诈骗罪的行为特征，即存在骗与被骗的因果关系，这一点也是该罪区别于盗窃罪的核心。以冒用型信用卡诈骗罪为例，在该类型下，取款方在处分财产时，往往需要进行一定的身份信息核验。因此，付款一方是否进行了身份审核，是否基于对用卡人身份的错误认识处分了财产，成为冒用型信用卡

---

① 参见廖梅：《试论信用卡犯罪法律解释中的两个问题》，载《法学评论》2014年第2期。

② 参见钟欣、王硕：《拖欠信用卡衍生贷款不构成信用卡诈骗罪》，载《人民司法·案例》2018年第35期。

诈骗罪与盗窃罪区分的关键。如果冒用他人信用卡使交易对方对其身份产生了错误认识，并基于此错误进行支付，则属信用卡诈骗；如在使用他人信用卡过程中，付款方虽对身份审核发生错误，但并非基于身份认证错误而支付财产，而是基于未发现的行为等其他原因而支付财产，则可能构成盗窃。[①] 涉及网络信用支付的侵犯财产权案件的刑事定性应当采取区分原则，对于不同情形下的侵财行为分别从刑法上加以评价。如果是利用网络信用支付方式购买商品、获得贷款，构成合同诈骗罪；如果是通过即时通信工具使用被害人的银行卡内资金，构成信用卡诈骗罪；如果是盗窃了即时通信工具内的钱款，构成盗窃罪。[②]

三、一罪与数罪

不同信用卡信息间无事实关联的行为，不构成牵连犯；应先判断构成牵连犯、连续犯的情形，从一重定性，剔除因牵连、连续犯关系不重复评价的部分，再根据剩余行为罪名的异同，实行数罪并罚。比如非法获取他人信用卡信息在内的财产信息后，又利用非法获取的财产信息实施信用卡诈骗的，获取的财产信息与信用卡信息之间无事实关联的，应以侵犯公民个人信息罪和信用卡诈骗罪，实行数罪并罚。[③] 如果是为了盗刷被害人银行卡实现变现的目的，先前利用计算机病毒程序窃取他人银行卡、身份证等信息资料的行为可以评价为

[①] 参见朱宏伟：《冒用型信用卡诈骗罪与盗窃罪的区分》，载《人民司法·案例》2016年第35期。

[②] 参见"何某某盗窃、合同诈骗、信用卡诈骗案"（案例编号：2023-04-1-221-002），载人民法院案例库，最后访问日期：2024年9月12日。

[③] 参见张佩如：《新型信用卡诈骗犯罪的停止形态及罪数分析》，载《中国检察官》2018年第8期；余强、陈姝：《侵犯公民财产信息并实施信用卡诈骗应数罪并罚》，载《人民司法·案例》2018年第32期。

重点解读	该目的行为之前的手段行为，符合以无磁交易方式冒用他人信用卡的行为，应以信用卡诈骗罪论处。[①] 如果行为人的前置行为已然构成信用卡诈骗罪，而后针对诈骗所得钱款实施掩饰、隐瞒、转移、转换等动态的"漂白"行为。这些后置行为既表现出有别于前行为的行为特征，也并非前行为的自然延伸（获取、持有或者窝藏等行为），具有新的犯罪构成事实。既不与信用卡诈骗罪同属一个犯罪构成事实，也破坏了国家金融管理秩序，超出了信用卡诈骗罪保护客体的范围。从禁止重复评价原则和罪数理论的角度，应以信用卡诈骗罪与洗钱罪进行数罪并罚。[②]
法律适用	【立法解释】《全国人民代表大会常务委员会关于〈中华人民共和国刑法〉有关信用卡规定的解释》 【司法解释及司法解释性文件】1.《最高人民法院、最高人民检察院关于办理妨害信用卡管理刑事案件具体应用法律若干问题的解释》第5~11条 2.《最高人民检察院关于拾得他人信用卡并在自动柜员机（ATM机）上使用的行为如何定性问题的批复》 3.《最高人民法院、最高人民检察院关于常见犯罪的量刑指导意见（试行）》四、（五） 【规章及规范性文件】《最高人民检察院、公安部关于公安机关管辖的刑事案件立案追诉标准的规定（二）》第49条

---

① 参见万永福、王倩：《利用病毒程序窃取银行卡信息并使用的构成信用卡诈骗罪》，载《人民法院报》2016年6月9日，第6版。

② 参见王新：《盗刷信用卡并转移犯罪所得的司法认定》，载《人民检察》2022年第6期。

74 有价证券诈骗罪

刑法规定

第 197 条

使用伪造、变造的国库券或者国家发行的其他有价证券,进行诈骗活动,数额较大的,处五年以下有期徒刑或者拘役,并处二万元以上二十万元以下罚金;数额巨大或者有其他严重情节的,处五年以上十年以下有期徒刑,并处五万元以上五十万元以下罚金;数额特别巨大或者有其他特别严重情节的,处十年以上有期徒刑或者无期徒刑,并处五万元以上五十万元以下罚金或者没收财产。

立案标准

使用伪造、变造的国库券或者国家发行的其他有价证券进行诈骗活动,数额在 5 万元以上的,应予立案追诉。

量刑标准

(1) 数额较大的,处 5 年以下有期徒刑或者拘役,并处 2 万元以上 20 万元以下罚金。

(2) 数额巨大或者有其他严重情节的,处 5 年以上 10 年以下有期徒刑,并处 5 万元以上 50 万元以下罚金。

(3) 数额特别巨大或者有其他特别严重情节的,处 10 年以上有期徒刑或者无期徒刑,并处 5 万元以上 50 万元下罚金或者没收财产。

重点解读

一、罪与非罪

有价证券诈骗罪,是指以非法占有为目的,使用伪造、变造的国库券或者国家发行的其他有价证券,进行诈骗活动,使得对方陷入错误认识，进而处分财物且数额较大的行为。犯罪客体是国家对有价证券的管理秩序和公私财物的所有权。犯罪主体为自然人，不包括单位。犯罪主观方面是故意，且要求具有非法占有目的。

（一）使用

使用有价证券中的"使用"，一般表现为行为人以伪造、变造的有价证券向银行等金融机构进行兑付或者购买商品、服务等，直接取得有价证券的财产性权益。重点在于使用行为使得国家发行的有价证券进入流通领域，故而出售、购买有价证券的行为均不符合本罪的行为特征。

（二）有价证券

有价证券是证明持券人有权取得一定收入的证券，[1]本罪的有价证券仅限伪造、变造的有价证券，而不包括作废的有价证券、地方政府债券和金融债券。[2]如在国债回购交易中，行为人以代购国债的名义，实施了有价证券诈骗罪的客观行为。但此处的国债仅是虚构的有价证券，故而不能以有价证券诈骗罪论处。如果符合诈骗罪或合同诈骗罪的构成特征的，应以该罪论处。

（三）单位犯罪

对于单位实施的有价证券诈骗行为，应当依照《刑法》第197条的规定，对单位中直接负责的主管人员和其他直接责任人员，以自然人有价证券诈骗罪定罪处罚。对其犯罪所体现出的单位意志，在量刑时可予以考虑。具体而言，其定罪的数额

---

[1] 参见顾肖荣：《伪造有价证券罪新探》，载《法学》1987年第2期。
[2] 参见张明楷：《有价证券诈骗罪的疑难问题探析》，载《政法论坛》2005年第6期；陈伟：《加工复原原废弃彩票并重新出售构成何罪》，载《人民检察》2008年第3期。

以及法定刑幅度，参酌类似单位犯罪的标准执行，一般要高于单纯自然人犯罪的定罪数额标准。①

二、此罪与彼罪

有价证券诈骗罪与诈骗罪。诈骗罪，是指以非法占有为目的，诈骗公私财物，数额较大的行为。行为人窃取证券持有人的证券账户号码、身份证信息和交易情况等个人资料后，将客户在账户上的证券卖掉，并在交割后取走现金的，如果利用了职务之便盗取的个人信息，本质上侵吞的是所在单位的财产，应将该部分的行为以贪污罪或者职务侵占罪论处。其他部分的行为如果符合诈骗罪行为特征的，则应以诈骗罪论处。

三、一罪与数罪

实践中，行为人伪造、变造有价证券后，提供给他人使用：（1）在与他人通谋进行有价证券诈骗的情况下，伪造、变造有价证券的行为属于有价证券诈骗的手段行为，应在伪造、变造有价证券罪与有价证券诈骗罪之间，从一重罪处断。（2）在与他人并不存在通谋的情况下，他人明知属于伪造、变造的有价证券而实施诈骗，行为人成立伪造、变造有价证券罪，他人成立有价证券诈骗罪。

行为人以伪造、变造的有价证券作为权利质押，进而从银行骗取贷款的，此时，伪造、变造有价证券进行权利质押的行为与骗取贷款行为之间属于手段行为与目的行为的关系，亦即通常意义上的牵连关系。在此情况下，以骗取贷款罪或者贷款诈骗罪定罪处罚。

【规章及规范性文件】《最高人民检察院、公安部关于公安机关管辖的刑事案件立案追诉标准的规定（二）》第50条

---

① 参见王晨:《有价证券诈骗罪定性问题研究》，载《人民司法》2002年第11期。

75 保险诈骗罪

刑法规定

第 198 条

有下列情形之一,进行保险诈骗活动,数额较大的,处五年以下有期徒刑或者拘役,并处一万元以上十万元以下罚金;数额巨大或者有其他严重情节的,处五年以上十年以下有期徒刑,并处二万元以上二十万元以下罚金;数额特别巨大或者有其他特别严重情节的,处十年以上有期徒刑,并处二万元以上二十万元以下罚金或者没收财产:

(一)投保人故意虚构保险标的,骗取保险金的;

(二)投保人、被保险人或者受益人对发生的保险事故编造虚假的原因或者夸大损失的程度,骗取保险金的;

(三)投保人、被保险人或者受益人编造未曾发生的保险事故,骗取保险金的;

(四)投保人、被保险人故意造成财产损失的保险事故,骗取保险金的;

(五)投保人、受益人故意造成被保险人死亡、伤残或者疾病,骗取保险金的。

有前款第四项、第五项所列行为,同时构成其他犯罪的,依照数罪并罚的规定处罚。

单位犯第一款罪的,对单位判处罚金,并对其直接负责的主管人员和其他直接责任人员,处五年以下有期徒刑或者拘役;数额巨大或者有其他严重情节的,处五年以上十年以下有期徒

刑法规定

刑；数额特别巨大或者有其他特别严重情节的，处十年以上有期徒刑。

保险事故的鉴定人、证明人、财产评估人故意提供虚假的证明文件，为他人诈骗提供条件的，以保险诈骗的共犯论处。

立案标准

进行保险诈骗活动，数额在 5 万元以上的，应予立案追诉。

量刑标准

（1）数额较大的，处 5 年以下有期徒刑或者拘役，并处 1 万元以上 10 万元以下罚金。

（2）数额巨大或者有其他严重情节的，处 5 年以上 10 年以下有期徒刑，并处 2 万元以上 20 万元以下罚金。

（3）数额特别巨大或者有其他特别严重情节的，处 10 年以上有期徒刑，并处 2 万元以上 20 万元以下罚金或者没收财产。

（4）单位犯本罪的，对单位判处罚金，并对其直接负责的主管人员和其他直接责任人员，处 5 年以下有期徒刑或者拘役；数额巨大或者有其他严重情节的，处 5 年以上 10 年以下有期徒刑；数额特别巨大或者有其他特别严重情节的，处 10 年以上有期徒刑。

重点解读

一、罪与非罪

保险诈骗罪，是指投保人、被保险人或者受益人以非法占有为目的，实施虚构保险标的、编造保险事故、编造保险事故虚假的原因或夸大损失程度、故意造成财产损失或者被保险人死亡、伤残或者疾病的保险事故等骗保行为，使得保险公司等陷入错误认识，并支付保险金且数额较大的行为。犯罪客体是国家的金融保险制度和公私财产（保险金）的所有权。此处的保险金仅指商业保险合同中的保险金，不包括基本医疗保险等社会保险。犯罪主观方面是故意，且要求以非法占有为目的。

（一）犯罪主体

犯罪主体包括自然人和单位。本罪属于身份犯，适格的特殊主体仅限投保人、被保险人和受益人，但本罪的共犯属于一般主体，不需要具备特殊身份。一方面，本罪对不同的行为方式匹配了不一样的行为主体。虚构保险标的的行为主体为投保人；编造未曾发生的保险事故和对保险事故编造虚假原因或者夸大损失程度的行为人为投保人、被保险人或者受益人；故意造成财产损失的保险事故的行为人为投保人、被保险人；造成被保险人死亡、伤残或者疾病的行为人为投保人、受益人。另一方面，对该犯罪主体的理解和认定，应以《保险法》为限，不能超越《保险法》的规定范围，不宜作扩大解释。如对受益人的理解，不能以关系密切人"实质受益"为由，将不承担投保费用，不具有保险理赔权的人解释入受益人的概念中。[1]

（二）着手

保险诈骗行为着手的认定，即只有当行为人向保险公司索赔时才能认为国家的金融保险制度和保险金的所有权受侵害的危险达到了紧迫的程度。因此，到保险公司索赔的行为或者提出支付保险金请求的行为，才是实行行为；开始实施索赔行为或者开始向保险公司提出支付保险金请求的行为，才是本罪的着手。[2]

---

[1] 参见张文中、何爽、张文静：《与投保人、被保险人关系密切的人能否成为保险诈骗罪主体》，载《中国检察》2021年第24期。

[2] 参见张明楷：《诈骗罪与金融诈骗罪研究》，清华大学出版社2006年版，第775页；黎宏：《刑法学》，法律出版社2012年版，第585页。

（三）保险

根据《保险法》第135条的规定，保险险种应当经过批准或备案。近年来，新型险种不断涌现，存在备案含混和模糊不清的情况。如果排除所有具有金融瑕疵的新型险种，那么很多创新型保险产品都会被一票否决。因此，只要主险种已经批准或备案，其效力可溯及已被社会广泛认可的分支险种。[①]

（四）犯罪金额

保险诈骗罪的行为人为了实现理赔所支付给商家的货款，与保险公司支付的理赔金，属于两条不同性质的给付途径，且理赔金是从保险公司专户支付，侵犯的是保险公司的财产权，故购买商品的成本属于为了实施犯罪所投入的成本，不能从犯罪金额中扣除。[②]

（五）保险诈骗行为模式

保险诈骗罪的五种行为模式。保险诈骗罪的成立，仅限这五种行为模式，以其他方式骗取保险金的，不构成保险诈骗罪。

1. 虚构保险标的型保险诈骗罪。虚构保险标的包括编造虚假的保险标的、不如实告知保险公司保险标的的危险程度、告知的保险标的的价值明显高于实际价值等。

2. 编造虚假原因或夸大损失程度型保险诈骗罪。编造虚假原因一般表现为对事故发生的时间、地点进行虚假陈述，夸大程度则表现为要求给付的保险金明显超出实际损失。实践中，往往表现为事故发生后进行事后投保骗取保险金的行

[①] 参见"温某甲等保险诈骗案"（案例编号：2023-04-1-141-001），载人民法院案例库，最后访问日期：2024年9月12日。

[②] 参见"温某甲等保险诈骗案"（案例编号：2023-04-1-141-001），载人民法院案例库，最后访问日期：2024年9月12日。

为。在此需要注意的是，对于因事故原因鉴定、损失计算等技术原因导致的虚假陈述，要结合行为人的主观故意等进行综合判断。

3.编造保险事故型保险诈骗罪。该种类型属于无中生有型保险诈骗，即编造根本不存在或者已经出险的事实等进行保险诈骗。在此需要注意的是，对于真实存在的保险事故，行为人误认为不具备理赔资格而编造部分事实的，因不具有客体损害的现实危险，不宜作犯罪处理。

4.故意损财型保险诈骗罪。该种类型一般是指投保人在签订保险合同后，采用故意毁坏财物的方式骗取保险金。

5.故意伤害型保险诈骗罪。此种情形下，存在自伤、自残骗取保险金的情形。因为被保险人同时可能是投保人、受益人，所以从犯罪构成来看，完全符合保险诈骗罪的犯罪构成，应以本罪论处。[①]

二、此罪与彼罪

保险诈骗罪与诈骗罪。诈骗罪，是指以非法占有为目的，诈骗公私财物，数额较大的行为。行为人不是适格的保险诈骗罪的犯罪主体，指使不知情的适格主体通过隐瞒真相等方式投保，进而骗取保险金的，成立诈骗罪。因不具备适格的犯罪主体，不适用保险诈骗罪。根据《保险法》第31条的规定，人身保险合同的投保人只对本人、配偶、父母、子女等具有保险利益。投保人对被保险人无保险利益的，保险合同无效。故而，也排除合同诈骗罪的适用。但客观上符合诈骗罪虚构事实、隐瞒真相的客观要件，主观上具有非法占有保险金的目的，符合

[①] 参见王立志：《被保险人自残后骗取保险金行为定性之困境及因应——兼论保险诈骗罪罪状设计》，载《政治与法律》2012年第3期。

诈骗罪构成的，按一般诈骗罪论处。如果因为其意志以外的原因未能取得保险金，属犯罪未遂。①

行为人虽然不是适格的保险诈骗罪的犯罪主体，但唆使适格主体故意实施保险诈骗罪或者为保险诈骗罪的实施者提供便利条件的，应以保险诈骗罪的共犯论处。同时触犯保险诈骗罪和诈骗罪的，属于同一犯罪行为触犯数个罪名，属于法条竞合，按照特别法优于一般法的原则，以保险诈骗罪论处。②

三、一罪与数罪

单位实施了《刑法》第198条第3项、第4项所列骗保行为后，进而向保险公司申请理赔的，应当将单位和单位直接负责的主管人员和其他直接责任人员分别按照各自的构罪条件进行处罚。如单位采取防火等方法制造保险事故骗取保险金的，就保险诈骗罪而言，成立单位犯罪，同时处罚单位直接负责的主管人员和其他直接责任人员。就放火罪而言，处罚组织、策划、实施防火行为的自然人。③

《刑法》第198条第4款作为注意规定，决定了对于内外勾结骗取保险金的案件，应当按照内部人与外部人的不同作用，区分不同情况分别定保险诈骗罪、贪污罪或职务侵占罪。如果是外部人起意并且为主实施犯罪，内部人只是提供一定的帮助，分得的赃款也不多甚至根本没分得赃款，则案件的性质主要体现为保

---

① 参见阮能文：《无特定身份者骗保如何定性》，载《检察日报》2017年1月20日，第3版；张明楷：《论身份犯的间接正犯——以保险诈骗罪为中心》，载《法学评论》2012年第6期。

② 参见李浣、田晓佳：《保险代理员帮助他人骗保如何定性》，载《检察日报》2016年7月3日，第3版；王建宁、孙翼：《代为他人投保后骗保的行为定性》，载《中国检察官》2013年第12期。

③ 参见张明楷：《刑法学》（下），法律出版社2021年版，第1053页。

重点解读	险诈骗，职务犯罪只是次要方面，故全案均应当按照保险诈骗罪处理；如果是内部人起意并且为主实施犯罪，外部人只是为内部人实施犯罪提供帮助，则案件的性质主要体现为职务犯罪，保险诈骗只是次要方面，全案应当定性为职务犯罪，根据内部人是否具有国家工作人员身份分别定贪污罪或者职务侵占罪；如果内部人和外部人共同预谋，作用相当，均为主实施犯罪行为，在这种情况下，应当认定内部人的作用更具有决定性，但同时也应当将罪刑相当原则作为重要考量因素，在一般情况下，全案应当定贪污罪或者职务侵占罪，但如果以职务侵占罪处理明显过轻，导致明显罪刑不相适应，则应当按保险诈骗罪处理。①
法律适用	【相关法律法规】《保险法》第 2 条、第 12 条、第 16 条、第 27 条、第 43 条、第 174 条、第 175 条、第 179 条 【规章及规范性文件】《最高人民检察院、公安部关于公安机关管辖的刑事案件立案追诉标准的规定（二）》第 51 条

---

① 参见肖晚祥：《保险诈骗罪的若干问题研究》，载《政治与法律》2010 年第 1 期；肖晚祥：《保险诈骗罪的共犯认定》，载《人民法院报》2010 年 2 月 3 日，第 6 版。

危害税收征管罪

76 逃税罪
77 抗税罪
78 逃避追缴欠税罪
79 骗取出口退税罪
80 虚开增值税专用发票、用于骗取出口退税、抵扣税款发票罪
81 虚开发票罪
82 伪造、出售伪造的增值税专用发票罪
83 非法出售增值税专用发票罪
84 非法购买增值税专用发票、购买伪造的增值税专用发票罪
85 非法制造、出售非法制造的用于骗取出口退税、抵扣税款发票罪
86 非法制造、出售非法制造的发票罪
87 非法出售用于骗取出口退税、抵扣税款发票罪
88 非法出售发票罪
89 持有伪造的发票罪

76 逃税罪

第 201 条

纳税人采取欺骗、隐瞒手段进行虚假纳税申报或者不申报,逃避缴纳税款数额较大并且占应纳税额百分之十以上的,处三年以下有期徒刑或者拘役,并处罚金;数额巨大并且占应纳税额百分之三十以上的,处三年以上七年以下有期徒刑,并处罚金。

扣缴义务人采取前款所列手段,不缴或者少缴已扣、已收税款,数额较大的,依照前款的规定处罚。

对多次实施前两款行为,未经处理的,按照累计数额计算。

有第一款行为,经税务机关依法下达追缴通知后,补缴应纳税款,缴纳滞纳金,已受行政处罚的,不予追究刑事责任;但是,五年内因逃避缴纳税款受过刑事处罚或者被税务机关给予二次以上行政处罚的除外。

逃避缴纳税款,涉嫌下列情形之一的,应予立案追诉:

(1)纳税人采取欺骗、隐瞒手段进行虚假纳税申报或者不申报,逃避缴纳税款,数额在 10 万元以上并且占各税种应纳税总额 10% 以上,经税务机关依法下达追缴通知后,不补缴应纳税款、不缴纳滞纳金或者不接受行政处罚的;

(2)纳税人 5 年内因逃避缴纳税款受过刑事处罚或者被税务机关给予 2 次以上行政处罚,又逃避缴纳税款,数额在 10 万元以上并且占各税种应纳税总额 10% 以上的;

(3)扣缴义务人采取欺骗、隐瞒手段,不缴或者少缴已扣、

立案标准

已收税款，数额在 10 万元以上的。

纳税人在公安机关立案后再补缴应纳税款、缴纳滞纳金或者接受行政处罚的，不影响刑事责任的追究。

量刑标准

（1）逃避缴纳税款数额较大并且占应纳税额 10% 以上的，处 3 年以下有期徒刑或者拘役，并处罚金。

（2）数额巨大并且占应纳税额 30% 以上的，处 3 年以上 7 年以下有期徒刑，并处罚金。

（3）单位犯本罪的，对单位判处罚金，并对其直接负责的主管人员和其他直接责任人员，依上述规定处罚。

对多次犯有前述行为，未经处理的，按照累计数额计算。

重点解读

一、罪与非罪

逃税罪，是指纳税人采取欺骗、隐瞒手段进行虚假纳税申报或者不申报，逃避缴纳税款 10 万元以上并且占应纳税额 10% 以上，或者扣缴义务人采取欺骗、隐瞒手段，不缴或者少缴已扣、已收税款 10 万元以上，扰乱税收征管秩序的行为。犯罪客体是国家对税收的征管秩序。犯罪主体是特殊主体，即纳税人和扣缴义务人。犯罪主观方面是故意。

（一）扣缴义务人

扣缴义务人，是指法律、行政法规规定的负有代扣代缴、代收代缴税款义务的单位和个人。扣缴义务人采取欺骗、隐瞒手段，不缴或者少缴已扣、已收税款，只需 10 万元以上即可构罪。扣缴义务人承诺代纳税人支付税款的，在其向纳税人支付税后所得时，应当认定扣缴义务人"已扣、已收税款"。

（二）逃税行为

1.纳税人采用欺骗、隐瞒手段进行虚假纳税申报，是指行为人伪造、变造、转移、隐匿、擅自销毁账簿、记账凭证或者其他涉税资料；或者以签订"阴阳合同"等形式隐匿或者以他人名义分解收入、财产；或者虚列支出、虚抵进项税额或者虚报专项附加扣除；或者提供虚假材料，骗取税收优惠；或者编造虚假计税依据以及为不缴、少缴税款而采取的其他欺骗、隐瞒手段。

2. 不申报的行为，是指依法在登记机关办理设立登记的纳税人，发生应税行为而不申报纳税；或者依法不需要在登记机关办理设立登记或者未依法办理设立登记的纳税人，发生应税行为，经税务机关依法通知其申报而不申报纳税以及其他明知应当依法申报纳税而不申报纳税的情形。

（三）不予追究刑事责任情形

纳税人有逃避缴纳税款行为，在公安机关立案前，经税务机关依法下达追缴通知后，在规定的期限或者批准延缓、分期缴纳的期限内足额补缴应纳税款，缴纳滞纳金，并全部履行税务机关作出的行政处罚决定的，不予追究刑事责任。但是，5年内因逃避缴纳税款受过刑事处罚或者被税务机关给予二次以上行政处罚的除外。纳税人有逃避缴纳税款行为，税务机关没有依法下达追缴通知的，依法不予追究刑事责任。

（四）税额及其百分比

1. "逃避缴纳税款数额"，是指在确定的纳税期间，不缴或者少缴税务机关负责征收的各税种税款的总额。

2. "应纳税额"，是指应税行为发生年度内依照税收法律、行政法规规定应当缴纳的税额，不包括海关代征的增值税、关税等及纳税人依法预缴的税额。

3. "逃避缴纳税款数额占应纳税额的百分比"，是指行为人在一个纳税年度中的各税种逃税总额与该纳税年度应纳税总额的比例；不按纳税年度确定纳税期的，按照最后一次逃税行为发生之日前一年中各税种逃税总额与该年应纳税总额的比例确

重点解读

定。纳税义务存续期间不足一个纳税年度的,按照各税种逃税总额与实际发生纳税义务期间应纳税总额的比例确定。逃税行为跨越若干个纳税年度,只要其中一个纳税年度的逃税数额及百分比达到本罪规定的标准,即构成逃税罪。各纳税年度的逃税数额应当累计计算,逃税额占应纳税额百分比应当按照各逃税年度百分比的最高值确定。

对多次实施逃税行为,未经处理的,按照累计数额计算。未经处理,包括未经行政处理和刑事处理。

二、一罪与数罪

教唆、帮助纳税人或者扣缴义务人实施逃税行为的,以逃税罪的共犯论处。税务机关的工作人员与纳税人或者扣缴义务人相勾结,共同实施逃税行为的,成立逃税罪的共犯;行为同时触犯徇私舞弊不征、少征税款罪的,从一重罪论处。[1]

法律适用

【司法解释及司法解释性文件】《最高人民法院、最高人民检察院关于办理危害税收征管刑事案件适用法律若干问题的解释》第1~4条

【相关法律法规】1.《税收征收管理法》第4条、第15条、第19条、第33条、第63条、第64条、第66条、第77条、第80条

2.《税收征收管理法实施细则》第29条、第33~35条、第91条、第96条

3.《发票管理办法》第3条、第21条、第29条、第41条、第43条

【规章及规范性文件】《最高人民检察院、公安部关于公安机关管辖的刑事案件立案追诉标准的规定(二)》第52条

---

[1] 参见张明楷:《刑法学》(第六版),北京大学出版社2021年版,第1054页。

77 抗税罪

刑法规定	**第 202 条** 以暴力、威胁方法拒不缴纳税款的，处三年以下有期徒刑或者拘役，并处拒缴税款一倍以上五倍以下罚金；情节严重的，处三年以上七年以下有期徒刑，并处拒缴税款一倍以上五倍以下罚金。
立案标准	以暴力、威胁方法拒不缴纳税款，涉嫌下列情形之一的，应予立案追诉： （1）造成税务工作人员轻微伤以上的； （2）以给税务工作人员及其亲友的生命、健康、财产等造成损害为威胁，抗拒缴纳税款的； （3）聚众抗拒缴纳税款的； （4）以其他暴力、威胁方法拒不缴纳税款的。
量刑标准	（1）犯本罪的，处 3 年以下有期徒刑或者拘役，并处拒缴税款 1 倍以上 5 倍以下的罚金。 （2）情节严重的，处 3 年以上 7 年以下有期徒刑，并处拒缴税款 1 倍以上 5 倍以下的罚金。
重点解读	一、罪与非罪 抗税罪，是指纳税人以暴力、威胁方法拒不缴纳税款的行为。犯罪客体是国家对税收的征管秩序。犯罪主体是特殊主体，只能是自然人，即纳税人。犯罪主观方面为故意。 抗税罪虽然属于行为犯，但也应对暴力、威胁方法进行必

要的限制。如果纳税人出于对事实、法律的误解，在与税务人员争辩过程中，发生口角，实施了推搡、阻拦、拉扯等行为的，是一般的抗税行为。抗税罪与税收争议中的抗税行为可以结合具体的案件事实，从以下方面进行界定：第一，由于纳税人的过错引发税收争议，进而发生暴力、威胁行为的，应以抗税罪论处。第二，因税务机关或税务工作人员实施错误的征税、强制等征管行为，引起纳税人暴力抗拒，不宜以抗税罪论处。①

以暴力、威胁方法拒不缴纳税款，具有下列情形之一的，属于情节严重：(1)聚众抗税的首要分子；(2)故意伤害致人轻伤的；(3)其他情节严重的情形。

二、此罪与彼罪

抗税罪与妨害公务罪。妨害公务罪，是指以暴力、威胁方法阻碍国家机关工作人员依法执行职务的行为。凡是纳税人，在税收征管环节发生的以暴力、威胁等手段拒不缴纳税款的，均以抗税罪论处。因此，第一，非纳税人，以暴力、威胁方法阻碍税务人员征收税收，符合妨害公务罪构成要件的，以妨害公务罪论处。第二，纳税人在税务登记、税务稽查、税务行政复议等税务管理环节发生的暴力、威胁事件，以妨害公务罪论处。

三、一罪与数罪

纳税人采取欺骗、隐瞒手段进行虚假纳税申报或者不申报，逃避缴纳税款数额较大并且占应纳税额 10% 以上的行为后，又以暴力、威胁方法拒不缴纳税款的，当均达到逃税罪与抗税罪的

---

① 参见彭奥、何小王：《浅议〈刑法〉危害税收征管罪中的抗税罪》，载《税务研究》2001 年第 5 期。

重点解读	定罪标准时，应以逃税罪和抗税罪数罪并罚。 　　纳税人在实施抗税行为时致人重伤、死亡的，应以故意伤害罪、故意杀人罪追究刑事责任。
法律适用	【司法解释及司法解释性文件】《最高人民法院、最高人民检察院关于办理危害税收征管刑事案件适用法律若干问题的解释》第 5 条 　　【相关法律法规】《税收征收管理法》第 4 条、第 67 条、第 77 条 　　【规章及规范性文件】《最高人民检察院、公安部关于公安机关管辖的刑事案件立案追诉标准的规定（二）》第 53 条

78 逃避追缴欠税罪

刑法规定

第 203 条

纳税人欠缴应纳税款,采取转移或者隐匿财产的手段,致使税务机关无法追缴欠缴的税款,数额在一万元以上不满十万元的,处三年以下有期徒刑或者拘役,并处或者单处欠缴税款一倍以上五倍以下罚金;数额在十万元以上的,处三年以上七年以下有期徒刑,并处欠缴税款一倍以上五倍以下罚金。

立案标准

纳税人欠缴应纳税款,采取转移或者隐匿财产的手段,致使税务机关无法追缴欠缴的税款,数额在1万元以上的,应予立案追诉。

量刑标准

(1)数额在1万元以上不满10万元的,处3年以下有期徒刑或者拘役,并处或者单处欠缴税款1倍以上5倍以下的罚金。

(2)数额在10万元以上的,处3年以上7年以下有期徒刑,并处欠缴税款1倍以上5倍以下的罚金。

(3)单位犯本罪的,对单位判处罚金,并对其直接负责的主管人员和其他直接责任人员,依上述规定处罚。

犯逃避追缴税款罪的,被判处罚金、没收财产的,在执行前,应当先由税务机关追缴税款。

重点解读

一、罪与非罪

逃避追缴欠税罪,是指负有清缴欠税义务的纳税人,未在规定的时间内将应缴税款足额入库,并采取转移或者隐匿财产的手段,逃避税务机关依法追缴欠税,致使税务机关无法追缴欠缴的税款的行为。犯罪客体是国家对税收的征管秩序。犯罪主体是特殊主体,即纳税人(单位和个人),不包括扣缴义务人。犯罪主观方面为故意。

"采取转移或者隐匿财产的手段"包括以下情形:(1)放弃到期债权的;(2)无偿转让财产的;(3)以明显不合理的价格进行交易的;(4)隐匿财产的;(5)不履行税收义务并脱离税务机关监管的;(6)以其他手段转移或者隐匿财产的。

逃避追缴欠税罪与一般的逃避追缴欠税行为,除了在情节上要求不同外,还应注意,对于行为人采用转移、隐匿财产的手段,如采取在金融部门多头开户,分流、转移资金,或者货款回笼后不入"税款过渡专户"等手段,使税务机关无法追缴欠缴的税款数额达到本罪定罪标准的,无论其是单位还是个人,均应按照本罪论处。对于没有达到定罪标准的一般逃避追缴欠税的违法行为,应由税务机关依法追缴行为人欠缴的税款并给予相应的行政处罚。[①]

二、此罪与彼罪

逃避追缴欠税罪与逃税罪。逃税罪,是指纳税人采取欺骗、隐瞒手段进行虚假纳税申报或者不申报,逃避缴纳税款10万元以上并且占应纳税额10%以上,或者扣缴义务人采取欺骗、隐瞒手段,不缴或者少缴已扣、已收税款10万元以上,扰乱税收征管秩序的行为。二者的犯罪主体、犯罪手段有所不同。本罪的犯罪主体仅限于纳税人,逃税罪的犯罪主体除了纳税人,还包括扣缴义务人。本罪的犯罪手段强调已知其欠缴纳税款的情况下,采用转移或隐匿财产的手段,致使税务机关无法追缴欠缴的税款。逃税罪的犯罪手段在于采取欺

---

① 参见冯建平、任志清:《论逃避追缴欠税罪》,载《法律适用》1998年第5期。

骗、隐瞒手段进行虚假纳税申报或者不申报，逃避缴纳税款数额较大并且占应纳税额 10% 以上，或者缴纳税款后，以假报出口或者其他欺骗手段，骗取国家出口退税款，或者采取欺骗、隐瞒手段不缴或少缴已扣、已收税款。

三、一罪与数罪

如果负有清缴欠税义务的纳税人，未在规定的时间内将应缴税款足额入库，并采取转移或者隐匿财产的手段，逃避税务机关依法追缴欠税。在税务机关追缴税务过程中，以暴力、威胁方法拒不缴纳税款。上述行为均达到逃避追缴欠税罪和抗税罪定罪标准的，应数罪并罚。如果税务人员与纳税人相互勾结或者教唆、协助纳税人实施逃避欠缴税款行为，达到本罪定罪标准的，对税务人员应按本罪的共犯论处。如果税务人员既实施上述行为，又收受纳税人贿赂，且均达到本罪和受贿罪定罪标准的，则应以本罪的共犯和受贿罪定罪处罚。

【司法解释及司法解释性文件】《最高人民法院、最高人民检察院关于办理危害税收征管刑事案件适用法律若干问题的解释》第 6 条

【相关法律法规】《税收征收管理法》第 4 条、第 65 条、第 77 条、第 80 条

【规章及规范性文件】《最高人民检察院、公安部关于公安机关管辖的刑事案件立案追诉标准的规定（二）》第 54 条

79 骗取出口退税罪

第 204 条

以假报出口或者其他欺骗手段，骗取国家出口退税款，数额较大的，处五年以下有期徒刑或者拘役，并处骗取税款一倍以上五倍以下罚金；数额巨大或者有其他严重情节的，处五年以上十年以下有期徒刑，并处骗取税款一倍以上五倍以下罚金；数额特别巨大或者有其他特别严重情节的，处十年以上有期徒刑或者无期徒刑，并处骗取税款一倍以上五倍以下罚金或者没收财产。

纳税人缴纳税款后，采取前款规定的欺骗方法，骗取所缴纳的税款的，依照本法第二百零一条的规定定罪处罚；骗取税款超过所缴纳的税款部分，依照前款的规定处罚。

立案标准

以假报出口或者其他欺骗手段，骗取国家出口退税款，数额在 10 万元以上的，应予立案追诉。

量刑标准

（1）数额较大的，处 5 年以下有期徒刑或者拘役，并处骗取税款 1 倍以上 5 倍以下罚金。

（2）数额巨大或者有其他严重情节的，处 5 年以上 10 年以下有期徒刑，并处骗取税款 1 倍以上 5 倍以下罚金。

（3）数额特别巨大或者有其他特别严重情节的，处 10 年以上有期徒刑或者无期徒刑，并处骗取税款 1 倍以上 5 倍以下罚金或者没收财产。

量刑标准

（4）单位犯本罪的，对单位判处罚金，并对其直接负责的主管人员和其他直接责任人员依上述规定处罚。

重点解读

一、罪与非罪

骗取出口退税罪，是指违反国家有关出口退税的税收法规，以假报出口或者其他欺骗手段，骗取国家出口退税款，数额较大的行为。犯罪客体是国家对出口税收的征管秩序。犯罪主体是特殊主体，即纳税人（单位和个人）。本罪只有在纳税人没有缴纳税款的情况下才能成立。犯罪主观方面为故意。

骗取出口退税罪要求的骗取出口退税行为，区别于其他税收违法行为的关键在于除了具备骗取出口退税行为的行政违法性外，还具有一定的欺骗性。欺骗性主要是指纳税人采取虚构事实、隐瞒真相的手段骗取出口退税资格。

"假报出口或者其他欺骗手段"包括以下情形：（1）使用虚开、非法购买或者以其他非法手段取得的增值税专用发票或者其他可以用于出口退税的发票申报出口退税的；（2）将未负税或者免税的出口业务申报为已税的出口业务的；（3）冒用他人出口业务申报出口退税的；（4）虽有出口，但虚构应退税出口业务的品名、数量、单价等要素，以虚增出口退税额申报出口退税的；（5）伪造、签订虚假的销售合同，或者以伪造、变造等非法手段取得出口报关单、运输单据等出口业务相关单据、凭证，虚构出口事实申报出口退税的；（6）在货物出口后，又转入境内或者将境外同种货物转入境内循环进出口并申报出口退税的；（7）虚报出口产品的功能、用途等，将不享受退税政策的产品申报为退税产品的；（8）以其他欺骗手段骗取出口退税款的。

实践中，骗取出口退税多是采取假报出口的方式进行，即行为人根本没有出口产品，但为了骗取国家出口退税款而采取伪造申请出口退税所需的相关单据、凭证等手段，假报出口的行为。一般来说，假报出口的流程如下：开具虚假增值税专用发票或普通发票，证明其确实购买或生产了供出口的货物→开具虚假的完税证明，即专用缴款书或税收（出口货物专用）缴款书，证明其已缴纳了增值税或消费税款→签订虚假外贸合同，证明其货物已外销→签订虚假的内贸合同→开出虚假报关单，证明其货物"确已出口"→炒买外汇→进行外汇核销，开出虚假结汇单→申请退税。①

二、此罪与彼罪

骗取出口退税罪与虚开增值税专用发票、用于骗取出口退税、抵扣税款发票罪。虚开增值税专用发票、用于骗取出口退税、抵扣税款发票罪，是指虚开增值税专用发票或者虚开用于骗取出口退税、抵扣税款的其他发票的行为。其中，虚开增值税专用发票或者虚开用于骗取出口退税、抵扣税款的其他发票，是指有为他人虚开、为自己虚开、让他人为自己虚开、介绍他人虚开行为之一的。二者在犯罪对象、行为方式上存在较大不同，比较容易分辨。容易混淆的点在于，行为人虚开增值税专用发票、用于骗取出口退税、抵扣税款的发票，准备实施假报出口的骗取出口退税行为，在虚开发票阶段被抓获的，成立虚开增值税专用发票、用于骗取出口退税、抵扣税款发票罪与骗取出口退税罪（预备），按虚开增值税专用发票、用于骗取出口退税、抵扣税款发票罪论处。

三、一罪与数罪

纳税人缴纳税款后，采取假报出口或者其他欺骗手段，骗

---

① 参见孙静宜、黄载：《虚开增值税专用发票以骗取国家出口退税款行为的定性》，载《中国检察官》2012 年第 12 期。

重点解读

取所缴纳的税款，符合逃税罪犯罪构成的，按逃税罪定罪处罚。骗取的税款超过所缴纳的税款部分，按照骗取出口退税罪论处，与逃税罪实行数罪并罚。

骗取出口退税罪的实施，往往伴随着虚开增值税专用发票、用于骗取出口退税、抵扣税款发票罪，伪造增值税专用发票罪，伪造、变造、买卖国家机关公文、证件、印章罪等，这些并发行为，多与骗取出口退税之间是手段行为（前行为）与目的行为（后行为）之间的牵连关系，在法律没有明文规定为数罪并罚的情况下，应从一重罪论处。值得注意的是，并不是所有与骗取出口退税存在关联的犯罪行为，一律成立牵连犯。对于成立此处的牵连犯并择一重罪处罚的判断，应当根据具体案情准确判断行为人的两个犯罪行为是否具备牵连犯的本质特征。骗取出口退税与走私行为存在时空关联，但二者之间不存在常态化、高度伴随的牵连关系，不成立牵连犯，应当数罪并罚，实现刑法对犯罪行为的全面评价，进而贯彻罪责刑相适应的刑法基本原则。①

法律适用

【司法解释及司法解释性文件】1.《最高人民法院、最高人民检察院关于办理危害税收征管刑事案件适用法律若干问题的解释》第7~9条

2.《最高人民法院关于审理骗购外汇、非法买卖外汇刑事案件具体应用法律若干问题的解释》第1条、第6~8条

【相关法律法规】《税收征收管理法》第4条、第66条、第77条、第80条

【规章及规范性文件】《最高人民检察院、公安部关于公安机关管辖的刑事案件立案追诉标准的规定（二）》第55条

---

① 参见"刘某甲等12人走私贵重金属、骗取出口退税案"（案例编号：2023-05-1-081-001），载人民法院案例库，最后访问日期：2024年9月12日。

80 虚开增值税专用发票、用于骗取出口退税、抵扣税款发票罪

刑法规定

第 205 条

虚开增值税专用发票或者虚开用于骗取出口退税、抵扣税款的其他发票的，处三年以下有期徒刑或者拘役，并处二万元以上二十万元以下罚金；虚开的税款数额较大或者有其他严重情节的，处三年以上十年以下有期徒刑，并处五万元以上五十万元以下罚金；虚开的税款数额巨大或者有其他特别严重情节的，处十年以上有期徒刑或者无期徒刑，并处五万元以上五十万元以下罚金或者没收财产。

单位犯本条规定之罪的，对单位判处罚金，并对其直接负责的主管人员和其他直接责任人员，处三年以下有期徒刑或者拘役；虚开的税款数额较大或者有其他严重情节的，处三年以上十年以下有期徒刑；虚开的税款数额巨大或者有其他特别严重情节的，处十年以上有期徒刑或者无期徒刑。

虚开增值税专用发票或者虚开用于骗取出口退税、抵扣税款的其他发票，是指有为他人虚开、为自己虚开、让他人为自己虚开、介绍他人虚开行为之一的。

立案标准

虚开增值税专用发票或者虚开用于骗取出口退税、抵扣税款的其他发票，虚开的税款数额在 10 万元以上或者造成国家税款损失数额在 5 万元以上的，应予立案追诉。

量刑标准

（1）犯本罪的，处3年以下有期徒刑或者拘役，并处2万元以上20万元以下罚金。

（2）虚开的税款数额较大或者有其他严重情节的，处3年以上10年以下有期徒刑，并处5万元以上50万元以下罚金。

（3）虚开的税款数额巨大或者有其他特别严重情节的，处10年以上有期徒刑或者无期徒刑，并处5万元以上50万元以下罚金或者没收财产。

（4）单位犯本罪的，对单位判处罚金，并对其直接负责的主管人员和其他直接责任人员，处3年以下有期徒刑或者拘役；虚开的税款数额较大或者有其他严重情节的，处3年以上10年以下有期徒刑；虚开的税款数额巨大或者有其他特别严重情节的，处10年以上有期徒刑或者无期徒刑。

重点解读

一、罪与非罪

虚开增值税专用发票、用于骗取出口退税、抵扣税款发票罪，是指自然人或单位，以骗取税款为目的，实施了虚开增值税专用发票或者虚开用于骗取出口退税、抵扣税款的其他发票的行为。犯罪客体是国家对税收的征收管理秩序和税收利益。犯罪主体包括自然人和单位。犯罪主观方面为故意。以伪造的增值税专用发票进行虚开，达到《刑法》第205条规定标准的，应当以本罪论处。

（一）主观目的

虚开增值税专用发票、用于骗取出口退税、抵扣税款发票罪的成立，要求具备骗取税款的主观目的，但并不限定为骗取增值税等具体税项，只要求以从国家获得不法税款利益为目的即可。只有以骗取国家税款作为本罪非法的构成要件要素，才能正确界定本罪的罪与非罪，[①] 这也是司法实践中一贯的做法。

---

① 参见陈兴良：《虚开增值税专用发票罪：罪名沿革与规范构造》，载《清华法学》2021年第1期。

（二）危害后果

对虚开增值税专用发票、用于骗取出口退税、抵扣税款发票行为的刑事追责，除了主观目的的要求外，还应基于骗取国家税款的现实危害，单纯的虚开行为并无骗取国家款项的现实危险。因此，为了虚增业绩、融资、贷款等不以骗抵贷款为目的，没有因抵扣造成税款被骗损失的，不以本罪论处，构成其他犯罪的，依法以其他犯罪追究刑事责任。

（三）虚开增值税专用发票或者虚开用于骗取出口退税、抵扣税款的其他发票

"虚开增值税专用发票或者虚开用于骗取出口退税、抵扣税款的其他发票"包括以下情形：（1）没有实际业务，开具增值税专用发票、用于骗取出口退税、抵扣税款的其他发票的；（2）有实际应抵扣业务，但开具超过实际应抵扣业务对应税款的增值税专用发票、用于骗取出口退税、抵扣税款的其他发票的；（3）对依法不能抵扣税款的业务，通过虚构交易主体开具增值税专用发票、用于骗取出口退税、抵扣税款的其他发票的；（4）非法篡改增值税专用发票或者用于骗取出口退税、抵扣税款的其他发票相关电子信息的；（5）违反规定以其他手段虚开的。

增值税，是指以商品（包括应税劳务）在流转过程中产生的增值额为计税依据并征收的流转税，征收对象是交易环节中商品（包括应税劳务）的新增价值。

出口退税、抵扣税款的其他发票，是指除增值税专用发票以外的，具有出口退税、抵扣税款功能的首付款凭证或者完税凭证。

（四）犯罪数额

个人既是单位所犯虚开增值税专用发票罪的直接责任人员，依法应承担单位犯罪责任；同时又实施虚开增值税专用发

票犯罪的，应当分别认定为虚开增值税专用发票罪的单位犯罪和自然人犯罪，分别量刑，再根据数罪并罚的规定进行并罚，不能将单位犯罪和自然人犯罪的金额直接累加认定虚开犯罪数额。①

（五）关于实践多发类型的理解

1. "对开""环开"增值税专用发票行为。对开、环开增值税专用发票，是指两个企业之间互相虚开增值税专用发票，或者三个及三个以上的企业之间循环虚开增值税专用发票的行为。对于"对开""环开"行为，可以结合是否具有骗取税款的目的、是否造成国家税收利益的损失等进行判断。对于并不具有骗取税款目的，但造成国家税收利益损失的一般虚开行为，可以按照《会计法》等法律的规定，给予相应的行政处罚，不宜以本罪论处。

2. "以货配票"型或"有货开票"型虚开增值税专用发票行为。"以货配票"型，是指行为人（以公司等单位为主）为抵扣发票款项，根据"自营""组织经营"等业务模式的交易情况，从其他公司开具票据，以货配票的行为。如果主观上具有骗取税款的目的，客观上造成了国家税款的损失，符合本罪犯罪构成的，应以本罪定罪处罚。行为人在买货环节没有缴税，以从第三方取得的发票（大多是购买）抵扣税款，本质上是将交易成本转嫁给国家，与无货交易中套取税款没有本质区别，客观上仍导致国家税款损失。在整个虚开增值税专用发票犯罪链条中，对偷逃税款及其数额的认定应当同时考察上游开票方虚开数额以及不缴、少缴数额和下游最终受票方申报抵扣数额方能

---

① 参见"徐某虚开增值税专用发票案"（案例编号：2023-05-1-146-002），载人民法院案例库，最后访问日期：2024年9月12日。

作出准确认定。开票费点数是认定的切入点，也是判断受票公司是否具有骗取税款目的的重要依据。①

3. 以"变票"方式虚开增值税专用发票行为。以"变票"方式虚开增值税专用发票，是指行为人为了抵扣消费税款，违反税收征收法规，与其他公司合谋，开具与实际交易不符的增值税专用发票，经变票公司、过票公司后，再以实际交易品类的增值税发票流入行为人公司的行为。变票交易的目的是逃避缴纳消费税，并不是为了抵扣税款骗取增值税。如果行为人并未将消费税额虚增到变票后的增值税专用发票税额中，只是未申报应缴纳的消费税，不宜以本罪论处，②符合虚开发票罪或逃税罪构成要件的，按照相应罪名处理。

二、一罪与数罪

地方税务机关实施"高开低征"或者"开大征小"等违规开具增值税专用发票的行为，不属于本罪规定的虚开增值税专用发票的犯罪行为，造成国家税款重大损失的，对有关主管部门的国家机关工作人员，应当根据《刑法》有关渎职罪的规定追究刑事责任。税务人员与虚开单位或个人，事前通谋，实施上述行为，并造成国家税款损失的，应在虚开增值税专用发票罪的共犯和渎职罪之间，从一重罪处断。

【立法解释】《全国人民代表大会常务委员会关于〈中华人民共和国刑法〉有关出口退税、抵扣税款的其他发票规定的解释》第 21 条

---

① 参见郑岩、宋光恩、吴剑：《"以票配货"型虚开增值税专用发票行为是否构罪》，载《中国检察官》2022 年第 18 期；查滢：《虚开增值税专用发票罪中偷逃税款的认定》，载《中国检察官》2019 年第 9 期。

② 参见赵景川：《以"变票"方式虚开增值税专用发票行为的司法认定》，载《中国检察官》2021 年第 10 期。

法律适用	【司法解释及司法解释性文件】《最高人民法院、最高人民检察院关于办理危害税收征管刑事案件适用法律若干问题的解释》第 10~11 条 【相关法律法规】1.《税收征收管理法》第 21 条 2.《增值税暂行条例》第 21 条 3.《发票管理办法》第 3 条、第 19~20 条、第 24 条、第 35 条、第 38 条、第 41 条 【规章及规范性文件】《最高人民检察院、公安部关于公安机关管辖的刑事案件立案追诉标准的规定（二）》第 56 条

81 虚开发票罪

刑法规定	**第 205 条之一** 虚开本法第二百零五条规定以外的其他发票,情节严重的,处二年以下有期徒刑、拘役或者管制,并处罚金;情节特别严重的,处二年以上七年以下有期徒刑,并处罚金。 单位犯前款罪的,对单位判处罚金,并对其直接负责的主管人员和其他直接责任人员,依照前款的规定处罚。
立案标准	虚开《刑法》第 205 条规定以外的其他发票,涉嫌下列情形之一的,应予立案追诉: (1)虚开发票票面金额 50 万元以上的; (2)虚开发票 100 份以上且票面金额 30 万元以上的; (3)5 年内因虚开发票受过刑事处罚或者 2 次以上行政处罚,又虚开发票,数额达到第(1)(2)项规定的标准 60% 以上的。
量刑标准	(1)情节严重的,处 2 年以下有期徒刑、拘役或者管制,并处罚金。 (2)情节特别严重的,处 2 年以上 7 年以下有期徒刑,并处罚金。 (3)单位犯本罪的,对单位判处罚金,并对其直接负责的主管人员和其他直接责任人员,依照上述规定处罚。
重点解读	一、罪与非罪 虚开发票罪,是指虚开了《刑法》第 205 条规定以外的其他发票,情节严重的行为。犯罪客体是国家对税收的征收管理

秩序和税收利益。犯罪主体包括自然人和单位。犯罪主观方面为故意。本罪不属于目的犯，虚开的目的在所不问。

(一) 虚开发票行为

虚开发票行为包括以下情形：(1) 没有实际业务而为他人、为自己、让他人为自己、介绍他人开具发票的；(2) 有实际业务，但他人、为自己、让他人为自己、介绍他人开具与实际业务的货物品名、服务名称、货物数量、金额等不符的发票的；(3) 非法篡改发票相关电子信息的；(4) 违反规定以其他手段虚开的。

(二) 实践中常见的虚开类型

实践中各类虚开发票行为，又可以进一步区分为假票真开、真票假开和假票假开三种类型。[①]

1. 假票真开，是指私印、销售仿照的假发票，即发票本身是假的，发票开具内容是已发生业务的真实记录，纳税人以开具假发票来逃避税收监控，偷逃国家税收。

2. 真票假开，主要是指挂靠行政、事业单位的企业，利用经济利益的关联，通过其所挂靠的行政事业单位，获取从财政部门取得的合法的行政事业费收据收取款项，进而逃避纳税义务，其发票本身并无造假，但发票开具的内容却不真实，通过票据"变通"达到其非法目的。

3. 假票假开，是指并无任何业务，行为人使用假发票，捏造业务开支，开列虚假品名、金额、数量、日期等，以蒙混过关，便于报销不当开支，从票面到内容彻头彻尾造假。

[①] 转引自黄晓文：《虚开发票罪司法适用若干问题探析》，载《中国检察官》2013年第1期。

重点解读

二、一罪与数罪

虚开发票罪与虚开增值税专用发票、用于骗取出口退税、抵扣税款发票罪。虚开增值税专用发票、用于骗取出口退税、抵扣税款发票罪，是指虚开增值税专用发票或者虚开用于骗取出口退税、抵扣税款的其他发票的行为。本罪与该罪属于一般法条和特殊法条的关系，在此意义上，虚开增值税专用发票、用于骗取出口退税、抵扣税款发票，不具备该罪定罪标准，但符合本罪情节严重要求的，应按本罪论处。只有在不满足本罪情节严重要求的情况下，才应按照一般的虚开发票违法行为，给予相应的行政处罚。

法律适用

【司法解释及司法解释性文件】《最高人民法院、最高人民检察院关于办理危害税收征管刑事案件适用法律若干问题的解释》第 12~13 条

【相关法律法规】1.《税收征收管理法》第 21 条

2.《发票管理办法》第 3 条、第 19 条、第 20 条、第 24 条、第 35 条、第 38 条、第 41 条

【规章及规范性文件】《最高人民检察院、公安部关于公安机关管辖的刑事案件立案追诉标准的规定（二）》第 57 条

82 伪造、出售伪造的增值税专用发票罪

刑法规定

第206条

伪造或者出售伪造的增值税专用发票的，处三年以下有期徒刑、拘役或者管制，并处二万元以上二十万元以下罚金；数量较大或者有其他严重情节的，处三年以上十年以下有期徒刑，并处五万元以上五十万元以下罚金；数量巨大或者有其他特别严重情节的，处十年以上有期徒刑或者无期徒刑，并处五万元以上五十万元以下罚金或者没收财产。

单位犯本条规定之罪的，对单位判处罚金，并对其直接负责的主管人员和其他直接责任人员，处三年以下有期徒刑、拘役或者管制；数量较大或者有其他严重情节的，处三年以上十年以下有期徒刑；数量巨大或者有其他特别严重情节的，处十年以上有期徒刑或者无期徒刑。

立案标准

伪造或者出售伪造的增值税专用发票，涉嫌下列情形之一的，应予立案追诉：

（1）票面税额10万元以上的；

（2）伪造或者出售伪造的增值税专用发票10份以上且票面税额6万元以上的；

（3）违法所得1万元以上的。

量刑标准

（1）犯本罪的，处3年以下有期徒刑、拘役或者管制，并处2万元以上20万元以下罚金。

（2）数量较大或者有其他严重情节的，处3年以上10年以

下有期徒刑，并处 5 万元以上 50 万元以下罚金。

（3）数量巨大或者有其他特别严重情节的，处 10 年以上有期徒刑或者无期徒刑，并处 5 万元以上 50 万元以下罚金或者没收财产。

（4）单位犯本罪的，对单位判处罚金，并对其直接负责的主管人员和其他直接责任人员，处 3 年以下有期徒刑、拘役或者管制；数量较大或者有其他严重情节的，处 3 年以上 10 年以下有期徒刑；数量巨大或者有其他特别严重情节的，处 10 年以上有期徒刑或者无期徒刑。

一、罪与非罪

伪造、出售伪造的增值税专用发票罪，是指伪造或者出售伪造的增值税专用发票的行为。犯罪客体是国家对税收的征收管理秩序和税收利益。犯罪主体包括自然人和单位。犯罪主观方面为故意。虽然刑法条文中对于伪造、出售伪造的增值税专用发票的行为并没有规定定罪量刑的情节，看似行为犯，但在具体实践中，仍需要结合伪造、出售伪造的累计票面额、发票份数以及非法获利数额，进行本罪与一般违法行为的界分。

伪造、出售伪造的增值税专用发票中的"伪造"，是指对增值税专用发票的图案、形状、色彩等样式、要素进行非法印制、复制的行为。这里的伪造，应限于没有制作权的人制作足以使一般人误以为真的增值税发票的假增值税发票行为。根据相关司法解释的规定，变造增值税专用发票的，按照伪造增值税专用发票论处。

二、一罪与数罪

伪造并出售同一增值税专用发票的，以伪造、出售伪造的增值税专用发票论处，数量不重复计算。

重点解读	对于行为人购买伪造的增值税专用发票又出售的行为，如果购买与出售伪造增值税专用发票行为成立牵连犯，依法应以出售伪造的增值税专用发票罪定罪处罚；如果购买伪造的增值税专用发票尚未出售或者出售行为尚未达到追究刑事责任的标准，可以购买伪造的增值税专用发票罪定罪处罚。
法律适用	【司法解释及司法解释性文件】《最高人民法院、最高人民检察院关于办理危害税收征管刑事案件适用法律若干问题的解释》第 14 条 　　【相关法律法规】1.《税收征收管理法》第 22 条、第 71 条、第 77 条 　　2.《税收征收管理法实施细则》第 45 条、第 91 条 　　3.《发票管理办法》第 7~10 条、第 12 条、第 38 条 　　【规章及规范性文件】《最高人民检察院、公安部关于公安机关管辖的刑事案件立案追诉标准的规定（二）》第 58 条

83 非法出售增值税专用发票罪

刑法规定

第207条

非法出售增值税专用发票的,处三年以下有期徒刑、拘役或者管制,并处二万元以上二十万元以下罚金;数量较大的,处三年以上十年以下有期徒刑,并处五万元以上五十万元以下罚金;数量巨大的,处十年以上有期徒刑或者无期徒刑,并处五万元以上五十万元以下罚金或者没收财产。

立案标准

非法出售增值税专用发票,涉嫌下列情形之一的,应予立案追诉:

(1)票面税额10万元以上的;

(2)非法出售增值税专用发票10份以上且票面税额6万元以上的;

(3)违法所得1万元以上的。

量刑标准

(1)犯本罪的,处3年以下有期徒刑、拘役或者管制,并处2万元以上20万元以下罚金。

(2)数量较大的,处3年以上10年以下有期徒刑,并处5万元以上50万元以下罚金。

(3)数量巨大的,处10年以上有期徒刑或者无期徒刑,并处5万元以上50万元以下罚金或者没收财产。

(4)单位犯本罪的,对单位判处罚金,并对其直接负责的主管人员和其他直接责任人员,依上述规定处罚。

一、罪与非罪

非法出售增值税专用发票罪，是指非法出售增值税专用发票的行为。犯罪客体是国家对税收的征收管理秩序和税收利益。犯罪主体包括自然人和单位。犯罪主观方面为故意。

非法出售增值税专用发票罪的行为对象，只能是真实有效的增值税专用发票。对于非法出售增值税专用发票的行为，应结合非法出售发票的份数、票面税额等，进行综合认定，合理区分本罪与一般违法行为。

二、此罪与彼罪

非法出售增值税专用发票罪与虚开增值税专用发票罪。虚开增值税专用发票罪，是指自然人或单位，以骗取税款为目的，实施了虚开增值税专用发票，扰乱税收征收管理秩序和国家税收利益的行为。为抵扣之前为他人虚开增值税专用发票而产生的销项发票，让他人为自己虚开增值税专用进项发票的，因不具有骗取税款的目的，且不具有缴纳增值税的事实基础，不缴纳部分也不会给国家税收造成损失，故而不构成虚开增值税专用发票罪。如果在此过程中，受票方支付开票方一定费用，则受票方可构成非法购买增值税专用发票罪，开票方可构成非法出售增值税专用发票罪。[①]

三、一罪与数罪

对行为人同时非法出售真假增值税专用发票的行为，以行为人是否主观明知进行必要的区分。第一，行为人误以为自己出售的发票都是真发票或者都是假发票的，直接按照行为人的认识或者以非法出售增值税专用发票罪或以出售伪造的增值税

---

① 参见唐久英：《给予、收取开票费可构成非法购买、出售增值税专用发票罪》，载《人民司法》2019年第26期。

重点解读

专用发票罪定罪处罚即可。第二，行为人明知自己非法出售的增值税专用发票，既有真实有效的增值税专用发票，也有假的增值税专用发票的，行为人同时非法出售真假两种增值税专用发票的行为，如果真假增值税发票的各自份数、票面税额均达到了非法出售增值税专用发票罪和出售伪造的增值税专用发票罪的，应以二罪实行数罪并罚。如果其中一类增值税专用发票的份数或票面税额达不到相应犯罪的定罪标准，则以达到定罪标准的犯罪定罪处罚。另一个非法出售的行为，可以作为从重处罚的情节来对待。

法律适用

【司法解释及司法解释性文件】《最高人民法院、最高人民检察院关于办理危害税收征管刑事案件适用法律若干问题的解释》第 14~15 条

【相关法律法规】1.《税收征收管理法实施细则》第 91 条
2.《发票管理办法》第 15~17 条、第 24 条、第 38 条

【规章及规范性文件】《最高人民检察院、公安部关于公安机关管辖的刑事案件立案追诉标准的规定（二）》第 59 条

84 非法购买增值税专用发票、购买伪造的增值税专用发票罪

刑法规定	**第208条第1款** 非法购买增值税专用发票或者购买伪造的增值税专用发票的，处五年以下有期徒刑或者拘役，并处或者单处二万元以上二十万元以下罚金。
立案标准	非法购买增值税专用发票或者购买伪造的增值税专用发票，涉嫌下列情形之一的，应予立案追诉： （1）非法购买增值税专用发票或者购买伪造的增值税专用发票20份以上且票面税额10万元以上的； （2）票面税额20万元以上的。
量刑标准	（1）犯本罪的，处5年以下有期徒刑或者拘役，并处或者单处2万元以上20万元以下罚金。 （2）单位犯本罪的，对单位判处罚金，并对直接负责的主管人员和其他直接责任人员，依上述规定处罚。
重点解读	**一、罪与非罪** 非法购买增值税专用发票、购买伪造的增值税专用发票罪，是指非法购买增值税专用发票或者购买伪造的增值税专用发票的行为。犯罪客体是国家对税收的征收管理秩序和税收利益。犯罪主体包括自然人和单位。犯罪主观方面为故意。 非法购买增值税专用发票、购买伪造的增值税专用发票实行的认定，可以买票方与卖票方就具体事宜进行磋商时进行认定。

重点解读	**二、一罪与数罪** 非法购买真、伪两种增值税专用发票的，数额累计计算，不实行数罪并罚。购买伪造的增值税专用发票又出售的，以出售伪造的增值税专用发票罪定罪处罚；非法购买增值税专用发票用于骗取抵扣税款或者骗取出口退税款，同时构成非法购买增值税专用发票罪与虚开增值税专用发票罪、骗取出口退税罪的，依照处罚较重的规定定罪处罚。
法律适用	【司法解释及司法解释性文件】《最高人民法院、最高人民检察院关于办理危害税收征管刑事案件适用法律若干问题的解释》第 16 条 【相关法律法规】《发票管理法》第 15~18 条 【规章及规范性文件】《最高人民检察院、公安部关于公安机关管辖的刑事案件立案追诉标准的规定（二）》第 60 条

85 非法制造、出售非法制造的用于骗取出口退税、抵扣税款发票罪

刑法规定

第 209 条第 1 款

伪造、擅自制造或者出售伪造、擅自制造的可以用于骗取出口退税、抵扣税款的其他发票的,处三年以下有期徒刑、拘役或者管制,并处二万元以上二十万元以下罚金;数量巨大的,处三年以上七年以下有期徒刑,并处五万元以上五十万元以下罚金;数量特别巨大的,处七年以上有期徒刑,并处五万元以上五十万元以下罚金或者没收财产。

立案标准

伪造、擅自制造或者出售伪造、擅自制造的用于骗取出口退税、抵扣税款的其他发票,涉嫌下列情形之一的,应予立案追诉:

(1)票面可以退税、抵扣税额 10 万元以上的;

(2)伪造、擅自制造或者出售伪造、擅自制造的发票 10 份以上且票面可以退税、抵扣税额 6 万元以上的;

(3)违法所得 1 万元以上的。

量刑标准

(1)犯本罪的,处 3 年以下有期徒刑、拘役或者管制,并处 2 万元以上 20 万元以下罚金。

(2)数量巨大的,处 3 年以上 7 年以下有期徒刑,并处 5 万元以上 50 万元以下罚金。

(3)数量特别巨大的,处 7 年以上有期徒刑,并处 5 万元以上 50 万元以下罚金或者没收财产。

量刑标准	（4）单位犯本罪的，对单位判处罚金，并对其直接负责的主管人员和其他直接责任人员，依上述规定处罚。
重点解读	非法制造、出售非法制造的用于骗取出口退税、抵扣税款发票罪，是指伪造、擅自制造或者出售伪造、擅自制造的可以用于骗取出口退税、抵扣税款的其他发票的行为。犯罪客体是国家对税收的征收管理秩序和税收利益。犯罪主体包括自然人和单位。犯罪主观方面为故意。 非法制造、出售非法制造的用于骗取出口退税、抵扣税款发票罪的行为对象，只能是用于出口退税、抵扣税款的其他发票，是指用于申请出口退税、抵扣税款的非增值税发票，如运输发票、废旧物品收购发票、农业产品收购发票等。对于非法制造、出售非法制造的用于骗取出口退税、抵扣税款发票的行为，应结合票面可以退税、抵扣税额，伪造、擅自制造或者出售伪造、擅自制造的发票份数和可以退税、抵扣税额，以及违法所得等进行综合认定，合理区分本罪与一般违法行为。
法律适用	【司法解释及司法解释性文件】《最高人民法院、最高人民检察院关于办理危害税收征管刑事案件适用法律若干问题的解释》第17条 【相关法律法规】1.《税收征收管理法》第22条、第71条、第77条 2.《税收征收管理法实施细则》第45条、第91条 3.《发票管理办法》第7~10条、第12条、第38条 【规章及规范性文件】《最高人民检察院、公安部关于公安机关管辖的刑事案件立案追诉标准的规定（二）》第61条

86 非法制造、出售非法制造的发票罪

刑法规定	**第 209 条第 2 款** 伪造、擅自制造或者出售伪造、擅自制造的前款规定以外的其他发票的，处二年以下有期徒刑、拘役或者管制，并处或者单处一万元以上五万元以下罚金；情节严重的，处二年以上七年以下有期徒刑，并处五万元以上五十万元以下罚金。
立案标准	伪造、擅自制造或者出售伪造、擅自制造的不具有骗取出口退税、抵扣税款功能的其他发票，涉嫌下列情形之一的，应予立案追诉： （1）伪造、擅自制造或者出售伪造、擅自制造发票 100 份以上且票面金额 30 万元以上的； （2）票面金额 50 万元以上的； （3）违法所得 1 万元以上的。
量刑标准	（1）犯本罪的，处 2 年以下有期徒刑、拘役或者管制，并处或者单处 1 万元以上 5 万元以下罚金。 （2）情节严重的，处 2 年以上 7 年以下有期徒刑，并处 5 万元以上 50 万元以下罚金。 （3）单位犯本罪的，对单位判处罚金，并对其直接负责的主管人员和其他直接责任人员，依上述规定处罚。
重点解读	非法制造、出售非法制造的发票罪，是指伪造、擅自制造或者出售伪造、擅自制造的不具有骗取出口退税、抵扣税款功能的其他发票的行为。犯罪客体是国家对税收的征收管理秩序

重点解读	和税收利益。犯罪主体包括自然人和单位。犯罪主观方面为故意。伪造、擅自制造或者出售伪造、擅自制造的不具有骗取出口退税、抵扣税款功能的其他发票的行为，包括变造、出售变造的普通发票的行为。 非法制造、出售非法制造的发票罪的认定，应结合伪造、擅自制造或者出售伪造、擅自制造的不具有骗取出口退税、抵扣税款功能的其他发票份数、票面金额、违法所得等进行综合认定，合理区分本罪与一般违法行为。
法律适用	【相关法律法规】1.《税收征收管理法》第22条、第71条、第77条 2.《税收征收管理法实施细则》第45条、第91条 3.《发票管理办法》第7~10条、第12条、第38条 【规章及规范性文件】《最高人民检察院、公安部关于公安机关管辖的刑事案件立案追诉标准的规定（二）》第62条

87 非法出售用于骗取出口退税、抵扣税款发票罪

第 209 条第 1、3 款

伪造、擅自制造或者出售伪造、擅自制造的可以用于骗取出口退税、抵扣税款的其他发票的,处三年以下有期徒刑、拘役或者管制,并处二万元以上二十万元以下罚金;数量巨大的,处三年以上七年以下有期徒刑,并处五万元以上五十万元以下罚金;数量特别巨大的,处七年以上有期徒刑,并处五万元以上五十万元以下罚金或者没收财产。

非法出售可以用于骗取出口退税、抵扣税款的其他发票的,依照第一款的规定处罚。

立案标准

非法出售可以用于骗取出口退税、抵扣税款的其他发票,涉嫌下列情形之一的,应予立案追诉:

(1)票面可以退税、抵扣税额 10 万元以上的;

(2)非法出售用于骗取出口退税、抵扣税款的其他发票 10 份以上且票面可以退税、抵扣税额 6 万元以上的;

(3)违法所得 1 万元以上的。

量刑标准

(1)犯本罪的,处 3 年以下有期徒刑、拘役或者管制,并处 2 万元以上 20 万元以下罚金。

(2)数量巨大的,处 3 年以上 7 年以下有期徒刑,并处 5 万元以上 50 万元以下罚金。

(3)数量特别巨大的,处 7 年以上有期徒刑,并处 5 万元

量刑标准	以上50万元以下罚金或者没收财产。 （4）单位犯本罪的，对单位判处罚金，并对其直接负责的主管人员和其他直接责任人员，依上述规定处罚。
重点解读	非法出售用于骗取出口退税、抵扣税款发票罪，是指非法出售可以用于骗取出口退税、抵扣税款的其他发票的行为。犯罪客体是国家对税收的征收管理秩序和税收利益。犯罪主体包括自然人和单位。犯罪主观方面为故意。 非法出售用于骗取出口退税、抵扣税款发票罪的认定，应结合票面可以退税、抵扣税额或者非法出售用于骗取出口退税、抵扣税款的其他发票份数和票面可以退税、抵扣税额或者违法所得，进行综合认定，合理界定本罪和一般违法行为。
法律适用	【司法解释及司法解释性文件】《最高人民法院、最高人民检察院关于办理危害税收征管刑事案件适用法律若干问题的解释》第17条 【相关法律法规】1.《税收征收管理法实施细则》第91条 2.《发票管理办法》第15~17条、第24条、第38条 【规章及规范性文件】《最高人民检察院、公安部关于公安机关管辖的刑事案件立案追诉标准的规定（二）》第63条

88 非法出售发票罪

刑法规定

第 209 条第 2、3、4 款

伪造、擅自制造或者出售伪造、擅自制造的前款规定以外的其他发票的，处二年以下有期徒刑、拘役或者管制，并处或者单处一万元以上五万元以下罚金；情节严重的，处二年以上七年以下有期徒刑，并处五万元以上五十万元以下罚金。

非法出售可以用于骗取出口退税、抵扣税款的其他发票的，依照第一款的规定处罚。

非法出售第三款规定以外的其他发票的，依照第二款的规定处罚。

立案标准

非法出售增值税专用发票、用于骗取出口退税、抵扣税款的其他发票以外的发票，涉嫌下列情形之一的，应予立案追诉：

（1）非法出售增值税专用发票、用于骗取出口退税、抵扣税款的其他发票以外的发票 100 份以上且票面金额 30 万元以上的；

（2）票面金额 50 万元以上的；

（3）违法所得 1 万元以上的。

量刑标准

（1）犯本罪的，处 2 年以下有期徒刑、拘役或者管制，并处或者单处 1 万元以上 5 万元以下罚金。

（2）情节严重的，处 2 年以上 7 年以下有期徒刑，并处 5 万元以上 50 万元以下罚金。

（3）单位犯本罪的，对单位判处罚金，并对其直接负责的主管人员和其他直接责任人员，依上述规定处罚。

重点解读	非法出售发票罪，是指非法出售除增值税专用发票、可以用于骗取出口退税、抵扣税款以外的其他发票的行为。犯罪客体是国家对税收的征收管理秩序和税收利益。犯罪主体包括自然人和单位。犯罪主观方面是故意。本罪的行为对象只能是真实有效的发票。 　　非法出售发票罪的认定，应结合非法出售增值税专用发票、用于骗取出口退税、抵扣税款的其他发票以外的发票份数和票面金额或者违法所得，进行综合认定，合理界定本罪和一般违法行为。
法律适用	【司法解释及司法解释性文件】《最高人民法院、最高人民检察院关于办理危害税收征管刑事案件适用法律若干问题的解释》第 17 条 　　【相关法律法规】1.《税收征收管理法实施细则》第 91 条 　　2.《发票管理办法》第 15~17 条、第 24 条、第 38 条 　　【规章及规范性文件】《最高人民检察院、公安部关于公安机关管辖的刑事案件立案追诉标准的规定（二）》第 64 条

89 持有伪造的发票罪

刑法规定

第 210 条之一

明知是伪造的发票而持有,数量较大的,处二年以下有期徒刑、拘役或者管制,并处罚金;数量巨大的,处二年以上七年以下有期徒刑,并处罚金。

单位犯前款罪的,对单位判处罚金,并对其直接负责的主管人员和其他直接责任人员,依照前款的规定处罚。

立案标准

明知是伪造的发票而持有,涉嫌下列情形之一的,应予立案追诉:

(1)持有伪造的增值税专用发票或者可以用于骗取出口退税、抵扣税款的其他发票票面税额 50 万元以上的;或者 50 份以上且票面税额 25 万元以上的;

(2)持有伪造的前项规定以外的其他发票票面金额 100 万元以上的,或者 100 份以上且票面金额 50 万元以上的。

量刑标准

(1)数量较大的,处 2 年以下有期徒刑、拘役或者管制,并处罚金。

(2)数量巨大的,处 2 年以上 7 年以下有期徒刑,并处罚金。

(3)单位犯本罪的,对单位判处罚金,并对其直接负责的主管人员和其他直接责任人员,依照上述规定处罚。

重点解读

一、罪与非罪

持有伪造的发票罪,是指明知是伪造的发票而持有,数量较大的行为。犯罪客体是国家对税收的征收管理秩序和税收利益。犯罪主体包括自然人和单位。犯罪主观方面为故意。持有伪造的发票罪中"伪造的发票",是指包括增值税专用发票等在内的所有发票类型,但不包括虚开的发票。

二、一罪与数罪

伪造发票后,持有该发票的,仅就伪造的发票进行相应的定罪认定。司法实务中,对于出售伪造的发票、虚开的发票的行为人,除非有证据证实其持有的发票并非用于出售或者虚开,符合出售伪造的发票罪或虚开发票罪构成要件的,以相应罪名论处。在认定虚开发票罪或者其他发票类犯罪证据不充分或者不够定罪标准时,符合本罪定罪标准的,可以本罪论处。

【司法解释及司法解释性文件】《最高人民法院、最高人民检察院关于办理危害税收征管刑事案件适用法律若干问题的解释》第 18 条

【相关法律法规】1.《税收征收管理法实施细则》第 45 条、第 91 条

2.《发票管理办法》第 7~10 条、第 12 条、第 38 条

【规章及规范性文件】《最高人民检察院、公安部关于公安机关管辖的刑事案件立案追诉标准的规定(二)》第 65 条

侵犯知识产权罪

- 90 假冒注册商标罪
- 91 销售假冒注册商标的商品罪
- 92 非法制造、销售非法制造的注册商标标识罪
- 93 假冒专利罪
- 94 侵犯著作权罪
- 95 销售侵权复制品罪
- 96 侵犯商业秘密罪
- 97 为境外窃取、刺探、收买、非法提供商业秘密罪

90 假冒注册商标罪

刑法规定

第 213 条

未经注册商标所有人许可，在同一种商品、服务上使用与其注册商标相同的商标，情节严重的，处三年以下有期徒刑，并处或者单处罚金；情节特别严重的，处三年以上十年以下有期徒刑，并处罚金。

第 220 条

单位犯本节第二百一十三条至第二百一十九条之一规定之罪的，对单位判处罚金，并对其直接负责的主管人员和其他直接责任人员，依照本节各该条的规定处罚。

立案标准

根据《刑法》第 213 条和相关司法解释的规定，未经注册商标所有人许可，在同一种商品、服务上使用与其注册商标相同的商标，具有下列情形之一的，应予立案追诉：

（1）非法经营数额在 5 万元以上或者违法所得数额在 3 万元以上的；

（2）假冒两种以上注册商标，非法经营数额在 3 万元以上或者违法所得数额在 2 万元以上的；

（3）其他情节严重的情形。

量刑标准

（1）犯本罪的，处 3 年以下有期徒刑，并处或者单处罚金。

（2）情节特别严重的，处 3 年以上 10 年以下有期徒刑，并处罚金。

具有下列情形之一的，属于"情节特别严重"：①非法经营数额在 25 万元以上或者违法所得数额在 15 万元以上的；②假冒两种以上注册商标，非法经营数额在 15 万元以上或者违法所得数额在 10 万元以上的；③其他情节特别严重的情形。

（3）单位犯本罪的，对单位判处罚金，并对其直接负责的主管人员和其他直接责任人员，依上述规定处罚。

（4）具有下列情形之一的，可以酌情从重处罚，一般不适用缓刑：①主要以侵犯知识产权为业的；②因侵犯知识产权被行政处罚后再次侵犯知识产权构成犯罪的；③在重大自然灾害、事故灾难、公共卫生事件期间，假冒抢险救灾、防疫物资等商品的注册商标的；④拒不交出违法所得的。

（5）具有下列情形之一的，可以酌情从轻处罚：①认罪认罚的；②取得权利人谅解的；③具有悔罪表现的。

一、罪与非罪

假冒注册商标罪，是指未经注册商标所有人许可，在同一种商品、服务上使用与其注册商标相同的商标，情节严重的行为。其中，同一种商品的认定，应从商品的功能、用途、主要原料、消费对象、销售渠道、相关公众的意见等方面分析认定。[①]犯罪客体是国家的商标管理制度和他人的注册商标专用权。犯罪主体包括自然人和单位。犯罪主观方面为故意，即明知自己未经注册商标所有人许可，仍然假冒注册商标。判断是否构成本罪，应当综合被告人的主观意图、使用方式和相关公众的认知来判断是否在商业活动中造成消费者的混淆和误认。[②]

[①] 参见"谢某甲等假冒注册商标案"（案例编号：2023-09-1-156-001），载人民法院案例库，最后访问日期：2024 年 9 月 12 日。

[②] 参见"马某华等假冒注册商标案"（案例编号：2023-09-1-156-005），载人民法院案例库，最后访问日期：2024 年 9 月 12 日。

（一）假冒注册商标罪中的"使用"

"使用"是指将注册商标或者假冒的注册商标用于商品、商品包装或者容器以及产品说明书、商品交易文书，或者将注册商标或者假冒的注册商标用于广告宣传、展览以及其他商业活动等行为。"使用"不限于将商标用于商品、商品包装或者容器等有形载体中，只要是在商业活动中用于识别商品来源的行为均构成商标性使用。[①]商标使用的判断需要加入识别来源的功能性考量，以防止将商标假冒侵权的案件进行假冒注册商标罪处理。[②]如果有证据能够证明相同也不会导致混淆，则可排除本罪的成立。对于连续3年不使用的商标不宜再提供刑事保护，但联合商标因其特殊属性，对主商标的使用就是对联合商标的使用。假冒联合商标，达到情节严重的，也构成假冒注册商标罪。[③]

（二）"与其注册商标相同的商标"的认定

"相同的商标"包括两类：一类是与被假冒的注册商标完全相同，对完全相同的理解，是事实上在一般认识中的"相同"，而这一般认识，是以相关公众在事实上的一般认识为准。对相关公众的理解，可以参考《驰名商标认定和保护规定》，即理解为与使用商标所标示的某类商品或者服务有关的消费者，生产前述商品或者提供服务的其他经营者以及经销渠道中所涉及的销售者和相关人员等。另一类是与被假冒的注册商标在视觉上

[①] 参见"马某华等假冒注册商标案"（案例编号：2023-09-1-156-005），载人民法院案例库，最后访问日期：2024年9月12日。

[②] 参见郑志：《民刑交叉视角下的假冒注册商标罪客观要件研究》，载《知识产权》2020年第5期。

[③] 参见祝建军：《证明商标应是假冒注册商标罪调整范畴》，载《人民法院报》2014年9月18日第7版；周玮、陈文全：《未经许可使用联合商标可构成假冒注册商标罪》，载《人民司法》2015年第8期。

基本无差别、足以对公众产生误导的商标。对于此种情形，既要注意"在视觉上基本无差别"和"足以对公众产生误导"这两个条件需要同时满足，也需要针对文字商标、图形商标、组合商标的不同情况准确把握"基本无差别"的标准，并合理界定"公众"的范围。①根据相关司法解释的规定，具有下列情形之一的，可以认定为"与其注册商标相同的商标"：（1）改变注册商标的字体、字母大小写或者文字横竖排列，与注册商标之间基本无差别的；（2）改变注册商标的文字、字母、数字等之间的间距，与注册商标之间基本无差别的；（3）改变注册商标颜色，不影响体现注册商标显著特征的；（4）在注册商标上仅增加商品通用名称、型号等缺乏显著特征要素，不影响体现注册商标显著特征的；（5）与立体注册商标的三维标志及平面要素基本无差别的；（6）其他与注册商标基本无差别、足以对公众产生误导的商标。

（三）假冒注册商标罪中"犯罪数额"的认定

假冒注册商标罪中的非法经营数额，应包括制造、储存、运输、销售侵权产品的价值，尚未发货部分的货值金额也应计入非法经营数额。②对非法经营数额、违法所得数额的认定，应当综合被告人供述、证人证言、被害人陈述、网络销售电子数据、被告人银行账户往来记录、送货单、快递公司电脑系统记录、被告人等所作记账等证据认定。被告人辩解称网络销售记录存在刷信誉的不真实交易，但无证据证实的，对其辩解不予

---

① 参见肖中华、涂龙科：《对假冒注册商标罪规定中"相同"的理解》，载《人民检察》2005年第9期；袁博：《论假冒注册商标罪中相同商标的刑法含义》，载《人民司法》2015年第9期。

② 参见"欧某辉、张某妹假冒注册商标案"（案例编号：2024-03-1-156-001），载人民法院案例库，最后访问日期：2024年9月12日。

采纳。对于假冒注册商标的商品犯罪案件中尚未销售类型以及数量的认定，不仅包括已经生产完毕存储待售的成品，还应包括尚未组装完毕，但是商品的必要组件已经生产完毕并且可以包装、组装为成品的半成品。①

(四)主观明知的认定

在认定犯罪的主观明知时，不仅应考虑被告人供述，还应综合考虑交易场所、交易时间、交易价格等客观行为，坚持主客观相一致。司法实践中，对于销售主观明知的认定，应注意审查被告人在上下游犯罪中的客观行为。对售假源头者，可以通过是否伪造授权文件等进行认定；对批发环节的经营者，可以通过进出货价格是否明显低于市场价格，以及交易场所与交易方式是否合乎常理等因素进行甄别；对终端销售人员，可以通过客户反馈是否异常等情况进行判断；对确受伪造、变造文件蒙蔽或主观明知证据不足的人员，应坚持主客观相一致原则，依法不予追诉。注册商标的在先使用可以成为主观明知的抗辩事由，但需要重点审查以下几点：一是在先使用人是否在商标注册人申请注册前先于商标注册人使用该商标。二是在先使用商标是否已产生一定影响。三是在先商标使用人主观上是否善意。

二、此罪与彼罪

1.假冒注册商标罪与生产、销售伪劣产品罪。生产、销售伪劣产品罪，是指生产者、销售者在产品中掺杂、掺假，以假充真，以次充好或者以不合格产品冒充合格产品，销售金额较大的行为。假冒注册商标罪中的商品必然同时也是"伪劣产品"

---

① 参见包文炯、庄绪龙：《假冒注册商标的半成品可认定为尚未销售的类型》，载《人民司法》2012年第24期。

中的"伪"产品，故而在司法适用过程中，两个罪存在适用上的交叉关系。但从立法原意上来看，假冒注册商标侧重于强调行为人对商品来源进行误导，一般而言，所生产的产品质量符合合格产品的质量要求。生产、销售伪劣产品侧重于强调产品质量不符合国家标准、行业标准。只有当假冒注册商标罪中生产的商品不符合一般合格产品的质量要求时，才与生产、销售伪劣产品罪中的"以假充真""以次充好"相交叉。此时，行为人主观上出于同一犯罪目的，客观上实施了数个行为，且触犯数个罪名，数行为之间存在着手段行为与目的行为、原因行为与结果行为之间的牵连关系。按照本罪相关司法解释的规定，应采从一重的原则进行处理。[1]

2. 假冒注册商标罪与侵犯著作权罪。侵犯著作权罪，是指以营利为目的，侵犯他人著作权或者与著作权有关的权利，违法所得数额较大或者有其他严重情节的行为。假冒注册商标罪中的注册商标同时有可能既是商标权的保护对象，也是著作权的保护对象。比如在将平面商标用作商品的形状进行立体化使用的过程中，属于商标使用行为。但由于并不满足在"相同商品"上使用相同商标的要求，不符合假冒注册商标罪的犯罪构成，不构成本罪。但如果行为人的行为符合侵犯著作权的犯罪构成，理应按照侵犯著作权罪定罪处罚。[2]

三、一罪与数罪

假冒注册商标的行为人销售自己假冒注册商标的商品的，

---

[1] 参见齐文远、万军：《WTO 规则下假冒注册商标罪的思考——基于 28 案的实证考察》，载《中国刑事法杂志》2009 年第 12 期。

[2] 参见凌宗亮：《平面商标立体化使用行为是否构成假冒注册商标罪》，载《人民法院报》2012 年 11 月 15 日，第 7 版。

重点解读

仅构成假冒注册商标罪。此处需要注意的是：（1）如果行为人在此商品上假冒他人注册商标，同时又销售他人假冒注册商标的彼商品，则应数罪并罚。①（2）行为人形式上未参与假冒注册商标，但实质上深度介入了商品本身设计、标识镶嵌、原材料购买和成品包装等制造加工过程必须完成的步骤的，制造完成后又销售该假冒商品的，应以假冒注册商标罪的共同犯罪论处。②（3）对于部分行为人在假冒注册商标行为持续过程中产生主观明知，形成分工负责的共同意思联络，并继续维持或者实施帮助销售行为的，应认定为本罪的共同犯罪。

法律适用

【司法解释及司法解释性文件】1.《最高人民法院、最高人民检察院关于办理侵犯知识产权刑事案件具体应用法律若干问题的解释》第1条、第8条、第11~13条、第15~17条

2.《最高人民法院、最高人民检察院关于办理侵犯知识产权刑事案件具体应用法律若干问题的解释（二）》第3~7条

3.《最高人民法院、最高人民检察院关于办理侵犯知识产权刑事案件具体应用法律若干问题的解释（三）》第1条、第7~10条

4.《最高人民法院、最高人民检察院、公安部关于办理侵犯知识产权刑事案件适用法律若干问题的意见》五、六、十、十六

5.《最高人民法院、最高人民检察院关于办理非法生产、销售烟草专卖品等刑事案件具体应用法律若干问题的解释》第1条第2款、第6条

---

① 参见张明楷：《刑法学》（下），法律出版社2021年版，第1069页。
② 参见刘伟、刘博文：《既假冒注册商标又销售商品构成假冒注册商标罪》，载《人民司法·案例》2022年第2期。

法律适用	6.《最高人民法院、最高人民检察院关于办理生产、销售伪劣商品刑事案件具体应用法律若干问题的解释》第 10 条 【相关法律法规】1.《商标法》第 3~5 条、第 52~54 条、第 57~61 条、第 67 条 2.《反不正当竞争法》第 6 条、第 18 条 3.《烟草专卖法》第 19 条、第 33~35 条 4.《商标法实施条例》第 2 条、第 63 条、第 75~79 条

91 销售假冒注册商标的商品罪

刑法规定

第 214 条

销售明知是假冒注册商标的商品，违法所得数额较大或者有其他严重情节的，处三年以下有期徒刑，并处或者单处罚金；违法所得数额巨大或者有其他特别严重情节的，处三年以上十年以下有期徒刑，并处罚金。

第 220 条

单位犯本节第二百一十三条至第二百一十九条之一规定之罪的，对单位判处罚金，并对其直接负责的主管人员和其他直接责任人员，依照本节各该条的规定处罚。

立案标准

销售明知是假冒注册商标的商品，涉嫌下列情形之一的，应予立案追诉：

（1）销售金额在 5 万元以上的。

（2）尚未销售，货值金额在 15 万元以上的。

（3）已销售金额不满 5 万元，但与尚未销售的货值金额合计在 15 万元以上的。

量刑标准

（1）违法所得数额较大或者有其他严重情节的，处 3 年以下有期徒刑，并处或者单处罚金。

（2）违法所得数额巨大或者有其他特别严重情节的，处 3 年以上 10 年以下有期徒刑，并处罚金。

（3）单位犯本罪的，对单位判处罚金，并对其直接负责的主管人员和其他直接责任人员，依上述规定处罚。

量刑标准

（4）具有下列情形之一的，可以酌情从重处罚，一般不适用缓刑：①主要以侵犯知识产权为业的；②因侵犯知识产权被行政处罚后再次侵犯知识产权构成犯罪的；③在重大自然灾害、事故灾难、公共卫生事件期间，假冒抢险救灾、防疫物资等商品的注册商标的；④拒不交出违法所得的。

（5）具有下列情形之一的，可以酌情从轻处罚：①认罪认罚的；②取得权利人谅解的；③具有悔罪表现的。

重点解读

销售假冒注册商标的商品罪，是指销售明知是假冒注册商标的商品，并且违法所得数额较大或者有其他严重情节的行为。本罪侵犯的客体是国家的商标管理制度和他人的注册商标专用权。犯罪主体包括自然人和单位。犯罪主观方面是故意，即明知是假冒注册商标的商品而销售。

具有下列情形之一的，应当认定为"明知"：（1）知道自己销售的商品上的注册商标被涂改、调换或者覆盖的；（2）因销售假冒注册商标的商品受到过行政处罚或者承担过民事责任又销售同一种假冒注册商标的商品的；（3）伪造、涂改商标注册人授权文件或者知道该文件被伪造、涂改的；（4）其他知道或者应当知道是假冒注册商标的商品的情形。

"销售"应是广义的，包括批发、零售、代售、贩卖等各个销售环节。"假冒注册商标"，是指假冒他人已经注册了的商标，如果将还未有人注册过的商标冒充已经注册的商标在商品上使用，不构成本罪，而是违反注册商标管理的行为。"其他严重情节"，主要是指违法所得金额较大之外的情形，其他如销售金额数额较大、销售侵权商品持续时间长、数量大，给权利人造成的损失大，给消费者造成了人身、财产等方面较大的损失等。具体认定时，可以根据侵权行为持续的时间长短、销售能力和销售规模的大小、犯罪的组织化程度等因

重点解读

素综合进行判断。

销售假冒注册商标的商品,因为该商品同时也属于伪劣产品,所以会与销售伪劣产品罪产生竞合,在适用时,按照想象竞合从一重罪处断即可。

法律适用

【司法解释及司法解释性文件】1.《最高人民法院、最高人民检察院关于办理侵犯知识产权刑事案件具体应用法律若干问题的解释》第 2 条、第 9 条、第 12 条、第 13 条、第 15~17 条

2.《最高人民法院、最高人民检察院关于办理侵犯知识产权刑事案件具体应用法律若干问题的解释(三)》第 7~10 条

3.《最高人民法院、最高人民检察院、公安部关于办理侵犯知识产权刑事案件适用法律若干问题的意见》八、十四~十六

4.《最高人民法院、最高人民检察院关于办理非法生产、销售烟草专卖品等刑事案件具体应用法律若干问题的解释》第 1 条、第 4~7 条、第 9 条

5.《最高人民法院、最高人民检察院、公安部、国家烟草专卖局关于办理假冒伪劣烟草制品等刑事案件适用法律问题座谈会纪要》二

6.《最高人民法院、最高人民检察院关于办理生产、销售伪劣商品刑事案件具体应用法律若干问题的解释》第 10 条

【相关法律法规】1.《商标法》第 57 条、第 61 条、第 63 条

2.《烟草专卖法》第 19 条、第 33~35 条

3.《商标法实施条例》第 2 条、第 63 条、第 75~79 条

92 非法制造、销售非法制造的注册商标标识罪

刑法规定	第215条 伪造、擅自制造他人注册商标标识或者销售伪造、擅自制造的注册商标标识，情节严重的，处三年以下有期徒刑，并处或者单处罚金；情节特别严重的，处三年以上十年以下有期徒刑，并处罚金。 第220条 单位犯本节第二百一十三条至第二百一十九条之一规定之罪的，对单位判处罚金，并对其直接负责的主管人员和其他直接责任人员，依照本节各该条的规定处罚。
立案标准	伪造、擅自制造他人注册商标标识或者销售伪造、擅自制造的注册商标标识，涉嫌下列情形之一的，应予立案追诉： （1）伪造、擅自制造或者销售伪造、擅自制造的注册商标标识数量在2万件以上，或者非法经营数额在5万元以上，或者违法所得数额在3万元以上的。 （2）伪造、擅自制造或者销售伪造、擅自制造两种以上注册商标标识数量在1万件以上，或者非法经营数额在3万元以上，或者违法所得数额在2万元以上的。 （3）其他情节严重的情形。
量刑标准	（1）犯本罪的，处3年以下有期徒刑，并处或者单处罚金。 （2）情节特别严重的，处3年以上10年以下有期徒刑，并处罚金。

具有下列情形之一的,属于"情节特别严重":①伪造、擅自制造或者销售伪造、擅自制造的注册商标标识数量在 10 万件以上,或者非法经营数额在 25 万元以上,或者违法所得数额在 15 万元以上的;②伪造、擅自制造或者销售伪造、擅自制造两种以上注册商标标识数量在 5 万件以上,或者非法经营数额在 15 万元以上,或者违法所得数额在 10 万元以上的;③其他情节特别严重的情形。

(3)单位犯本罪的,对单位判处罚金,并对其直接负责的主管人员和其他直接责任人员,依上述规定处罚。

(4)具有下列情形之一的,可以酌情从重处罚,一般不适用缓刑:①主要以侵犯知识产权为业的;②因侵犯知识产权被行政处罚后再次侵犯知识产权构成犯罪的;③在重大自然灾害、事故灾难、公共卫生事件期间,假冒抢险救灾、防疫物资等商品的注册商标的;④拒不交出违法所得的。

(5)具有下列情形之一的,可以酌情从轻处罚:①认罪认罚的;②取得权利人谅解的;③具有悔罪表现的。

一、罪与非罪

非法制造、销售非法制造的注册商标标识罪,是指未经注册商标所有人许可,伪造、擅自制造他人注册商标标识或者销售伪造、擅自制造的注册商标标识,情节严重的行为。犯罪客体是国家的商标管理制度和他人的注册商标专用权。犯罪主体包括自然人和单位。犯罪主观方面是故意,即明知自己未经注册商标所有人许可,伪造、擅自制造他人注册商标标识或者销售伪造、擅自制造的注册商标标识。

关于非法制造、销售"件数"的司法认定,可以行为人是否明知注册商标标识买卖相对人使用该注册商标标识的方式和范围为判断依据。如果行为人明知使用方式和范围,则可以认为行为人对其非法制造的注册商标标识所承载的代表性价值与法益侵害进行了框定和限制，宜将印制在同一件商品上的所有非法制造的注册商标标识予以折算为"一件"；如果行为人主观上对其非法制造、销售的注册商标标识的流向存在"概括的故意"，宜将包装盒等外观存在样态上所有能评价为"完整商标图样的一份标识"的注册商标标识均认定为"一件"。①

制造、储存、运输和未销售的侵权产品的价值，按照标价或已查清的侵权产品的实际销售平均价格计算。侵权产品没有标价或无法查清其实际销售价格的，按照被侵权产品的市场中间价格计算。被侵权产品市场中间价格的确定，有同种合格产品销售的可以按照同种产品价格计算，若侵权产品属于不在市场上单独销售的配件，市场中间价格可以按照权利人生产、制造、加工的成本价格计算，无法确定成本价格的，可以根据权利人提供的配件更换、维修价格计算。既没有实际销售价格，亦无法确定市场中间价格的情况下，仅有被害单位出具的《价格证明》不属于法律及相关司法解释规定的市场中间价格认定的证据。在不能确定非法经营数额的情况下，按照伪造、擅自制造两种以上注册商标标识的数量予以量刑处罚。②

二、一罪与数罪

在司法实践中，伪造、擅自制造注册商标标识的犯罪作为商标犯罪的源头犯罪，往往与假冒注册商标罪密切相关。对于非法制造他人注册商标标识，直接使用在自己生产、经营的商

---

① 参见林前枢、陈静岚：《非法制造注册商标标识罪中"件"的认定》，载《人民法院报》2019年3月21日，第6版；庄绪龙、包文焗：《论非法制造、销售非法制造的注册商标标识罪中"件数"的司法认定》，载《中国刑事法杂志》2013年第9期。

② 参见"李某志等非法制造注册商标标识案"（案例编号：2023-09-1-158-002），载人民法院案例库，最后访问日期：2024年9月12日。

重点解读	品上的，这两个行为之间存在着预备行为与实行行为之间的关系，按照实行行为吸收预备行为的原则，直接按照假冒注册商标罪定罪处罚；对于数个行为人出于假冒他人注册商标的共同故意，分工负责、互相配合的，非法制造注册商标标识的行为属于假冒注册商标行为的一部分，仅成立假冒注册商标罪的共同犯罪。
法律适用	【司法解释及司法解释性文件】1.《最高人民法院、最高人民检察院关于办理侵犯知识产权刑事案件具体应用法律若干问题的解释》第3条、第12条、第15~17条 2.《最高人民法院、最高人民检察院关于办理侵犯知识产权刑事案件具体应用法律若干问题的解释（二）》第3~7条 3.《最高人民法院、最高人民检察院关于办理非法生产、销售烟草专卖品等刑事案件具体应用法律若干问题的解释》第1条、第4~7条、第9~10条 4.《最高人民法院、最高人民检察院关于办理侵犯知识产权刑事案件具体应用法律若干问题的解释（三）》第8条、第9条 【相关法律法规】1.《商标法》第3条、第48条、第56~61条、第62~64条、第67条 2.《烟草专卖法》第18~20条、第33~35条 3.《商标法实施条例》第2条、第63条、第75~80条

93 假冒专利罪

刑法规定

第216条

假冒他人专利,情节严重的,处三年以下有期徒刑或者拘役,并处或者单处罚金。

第220条

单位犯本节第二百一十三条至第二百一十九条之一规定之罪的,对单位判处罚金,并对其直接负责的主管人员和其他直接责任人员,依照本节各该条的规定处罚。

立案标准

假冒他人专利,涉嫌下列情形之一的,应予立案追诉:

(1)非法经营数额在20万元以上或者违法所得数额在10万元以上的。

(2)给专利权人造成直接经济损失50万元以上的。

(3)假冒两项以上他人专利,非法经营数额在10万元以上或者违法所得数额在5万元以上的。

(4)其他情节严重的情形。

量刑标准

(1)犯本罪的,处3年以下有期徒刑或者拘役,并处或者单处罚金。

(2)单位犯本罪的,对单位判处罚金,并对其直接负责的主管人员和其他直接责任人员,依上述规定处罚。

(3)具有下列情形之一的,可以酌情从重处罚,一般不适用缓刑:①主要以侵犯知识产权为业的;②因侵犯知识产权被行政处罚后再次侵犯知识产权构成犯罪的;③拒不交出违

量刑标准

法所得的。

（4）具有下列情形之一的，可以酌情从轻处罚：①认罪认罚的；②取得权利人谅解的；③具有悔罪表现的。

重点解读

一、罪与非罪

假冒专利罪，是指违反国家专利管理法规，假冒他人专利，情节严重的行为。犯罪客体是国家的专利管理制度和他人的专利权。犯罪主体包括自然人和单位。犯罪主观方面是故意，即明知自己的行为违反国家专利管理法规，仍然假冒他人专利。

假冒专利罪的客观行为，仅包括假冒他人专利的行为，而并不包括冒充专利的行为。具体而言，包括：（1）未经许可，在其制造或者销售的产品、产品的包装上标注他人专利号的；（2）未经许可，在广告或者其他宣传材料中使用他人的专利号，使人将所涉及的技术误认为是他人专利技术的；（3）未经许可，在合同中使用他人的专利号，使人将合同涉及的技术误认为是他人专利技术的；（4）伪造或者变造他人的专利证书、专利文件或者专利申请文件的。对于冒充专利行为，一般按照《专利法》的要求，属于专利侵权行为，由专利管理机关责令其停止冒充，公开更正，并处以罚款等。需要注意的是，如果冒充专利行为构成中，有行为符合伪造、变造、买卖国家机关公文、证件、印章罪等其他犯罪的，也应进行相应的定罪处罚。

二、一罪与数罪

假冒专利罪与假冒注册商标罪。假冒注册商标罪，是指未经注册商标所有人许可，在同一种商品、服务上使用与其注册商标相同的商标，情节严重的行为。假冒专利罪与假冒注册商标罪同属于侵犯知识产权犯罪，在认定时，应把握二者在犯罪对象上的不同，前者的犯罪对象是他人的发明、实用新型和外观设计，后者的犯罪对象是商品、服务上的注册商标。

法律适用	【司法解释及司法解释性文件】1.《最高人民法院、最高人民检察院关于办理侵犯知识产权刑事案件具体应用法律若干问题的解释》第 4 条、第 10 条、第 12 条、第 15~17 条 2.《最高人民法院、最高人民检察院关于办理侵犯知识产权刑事案件具体应用法律若干问题的解释（三）》第 8~10 条 3.《最高人民法院、最高人民检察院关于办理生产、销售伪劣商品刑事案件具体应用法律若干问题的解释》第 10 条 【相关法律法规】1.《专利法》第 2 条、第 6 条、第 8 条、第 11~12 条、第 42 条、第 54 条、第 58 条、第 63~64 条 2.《专利法实施细则》第 84 条

94 侵犯著作权罪

第 217 条

以营利为目的,有下列侵犯著作权或者与著作权有关的权利的情形之一,违法所得数额较大或者有其他严重情节的,处三年以下有期徒刑,并处或者单处罚金;违法所得数额巨大或者有其他特别严重情节的,处三年以上十年以下有期徒刑,并处罚金:

(一)未经著作权人许可,复制发行、通过信息网络向公众传播其文字作品、音乐、美术、视听作品、计算机软件及法律、行政法规规定的其他作品的;

(二)出版他人享有专有出版权的图书的;

(三)未经录音录像制作者许可,复制发行、通过信息网络向公众传播其制作的录音录像的;

(四)未经表演者许可,复制发行录有其表演的录音录像制品,或者通过信息网络向公众传播其表演的;

(五)制作、出售假冒他人署名的美术作品的;

(六)未经著作权人或者与著作权有关的权利人许可,故意避开或者破坏权利人为其作品、录音录像制品等采取的保护著作权或者与著作权有关的权利的技术措施的。

第 220 条

单位犯本节第二百一十三条至第二百一十九条之一规定之罪的,对单位判处罚金,并对其直接负责的主管人员和其他直接责任人员,依照本节各该条的规定处罚。

立案标准	以营利为目的,未经著作权人许可,复制发行、通过信息网络向公众传播其文字作品、音乐、美术、视听作品、计算机软件及法律、行政法规规定的其他作品,或者出版他人享有专有出版权的图书,或者未经录音录像制作者许可,复制发行、通过信息网络向公众传播其制作的录音录像,或者未经表演者许可,复制发行录有其表演的录音录像制品,或者通过信息网络向公众传播其表演,或者制作、出售假冒他人署名的美术作品,或者未经著作权人或者与著作权有关的权利人许可,故意避开或者破坏权利人为其作品、录音录像制品等采取的保护著作权或者与著作权有关的权利的技术措施,违法所得数额较大(3万元以上)或者有其他严重情节(非法经营数额在5万元以上等)的,应予立案追诉。
量刑标准	(1)犯本罪,处3年以下有期徒刑,并处或者单处罚金。 (2)违法所得数额巨大或者有其他特别严重情节的,处3年以上10年以下有期徒刑,并处罚金。 (3)单位犯本罪的,对单位判处罚金,并对其直接负责的主管人员和其他直接责任人员,依上述规定处罚。 (4)具有下列情形之一的,可以酌情从重处罚,一般不适用缓刑:①主要以侵犯知识产权为业的;②因侵犯知识产权被行政处罚后再次侵犯知识产权构成犯罪的;③拒不交出违法所得的。 (5)具有下列情形之一的,可以酌情从轻处罚:①认罪认罚的;②取得权利人谅解的;③具有悔罪表现的。
重点解读	一、罪与非罪 侵犯著作权罪,是指以营利为目的,未经著作权人许可,复制发行、通过信息网络传播侵权作品,或者出版他人享有专有出版权的图书,或者未经录音录像制作者许可,复制发行、

通过信息网络传播侵权录音录像，或者未经表演者许可，复制发行侵权录音录像制品、通过信息网络传播其表演，或者制作、出售假冒他人署名的美术作品，或者未经著作权人及与著作权有关的权利人许可，故意避开、破坏权利人为保护著作权等的技术措施，违法所得数额较大或有其他严重情节的行为。犯罪客体是著作权以及与著作权有关的权利。犯罪主体包括自然人和单位。对于涉及众多作品的案件，在认定"未经著作权人许可"时，应围绕涉案复制品是否系非法出版、复制发行且被告人能够提供获得著作权人许可的相关证明材料进行审查。

在涉案作品众多且权利人分散的侵犯著作权罪案件中，因与涉案作品相关的著作权证明文书难以全部取得，故若在案证据能够证明涉案作品的传播属于不具备相应传播资质的非法传播，且侵权人不能提供获得著作权人许可的相关证据材料的，可以认定为侵犯著作权罪规定的"未经著作权人许可"。①

（一）深度链接行为

深度链接是相对于普通链接而言的，普通链接属于提供传输通道的技术服务，而深度链接则是绕过他人网站的主页而链接到次级网页或者媒体格式文件，进而方便用户在设链网站浏览或者下载。在司法实践中，加框链接、视频聚合平台等属于典型的深度链接，该行为往往表现为，行为人申请网站域名后，通过该网站管理后台，链接至相关的视频网站以获取相关作品的种子文件索引地址，以设置目录、索引等方式向用户持续推荐作品。在为用户提供浏览、下载上述影

---

① 参见"梁某某、王某甲等十五人侵犯著作权案"（案例编号：2023-09-1-160-010），载人民法院案例库，最后访问日期：2024年9月12日。

视作品的过程中，强制提供相关视频播放服务器或者发布各类广告的方式营利。《刑法修正案（十一）》明确了未经许可通过信息网络向公众传播他人作品等行为属于本罪规制的行为之一，深度链接行为即属于此类。但需要注意的是，成立本罪仍然要求以营利为目的，即除销售外，还需要满足以下情形之一：（1）以在他人作品中刊登收费广告、捆绑第三方作品等方式直接或者间接收取费用；（2）通过信息网络传播他人作品，或者利用他人上传的侵权作品，在网站或者网页上提供刊登收费广告服务，直接或间接收取费用；（3）以会员制方式通过信息网络传播他人作品，收取会员注册费或者其他费用；（4）其他利用他人作品牟利的情形。①

（二）关于"参与者是否具有以营利为目的"的认定

侵犯著作权罪作为目的犯，以营利为目的是成立本罪的前提。在司法实践中，除组织者外，涉及其中的参与者众多，对于是否具有以营利为目的，可以从以下方面进行综合把握：（1）参与者参与实施的侵权行为是否构成商业规模。可以通过对一定时间内销售数量或者销售数额来进行判断认定。（2）参与者对组织者侵犯著作权及著作权相关权利的行为是否知情。如果行为人明知组织者以营利为目的实施侵犯著作权及著作权相关权利的行为，仍然与其共同实施侵犯著作权及著作权相关权利的行为，足以表明参与者与组织者在主客观方面保持一致，成立共同犯罪。（3）参与者所实施的行为对最终客体损害之间是否具有客观的因果性。只有当参与者所实施的帮助行为从物

---

① 参见凌宗亮：《深度链接侵权影视作品是否构成侵犯著作权罪》，载《人民法院报》2014年9月11日，第7版；罗玮、欧阳本祺：《深度链接应属侵犯著作权罪中的发行》，载《检察日报》2018年10月21日，第3版。

理上或者心理上促进、强化了组织者的侵权行为时，才能为参与者的处罚提供根据。①

（三）传播作品数量

应以一部电影作品或一集电视剧作为传播侵权作品数量的最小统计单位，同时应将包含不完整的电影片段或者电视剧片段的视频文件予以扣除。若侵权影视作品涉及电视剧或者动漫番剧的，应以具有独立故事情节、完整故事内容的一集内容为一部（份）作品；若相关证据无法确定具体情况的，则应以一整部剧集作为一部（份）作品予以认定。②

（四）实践中常见的行为类型

1. 会员收费型。在获取付费影视资源后非法提供或以会员制方式提供种子资源并以此营利的行为符合侵犯著作权罪的犯罪构成。以注册会员人数作为定罪量刑的标准，主要目的是通过对会员数量、影响范围的划分来区分社会危害程度，"注册会员人数"应当包括免费会员。③

2. 私服外挂型。网络游戏程序属于可以由计算机等具有信息处理能力的装置执行的代码化序列的计算机软件。私服行为人通过非法途径获得网络游戏软件服务器端程序的源代码，即使调整程序的一些边缘部分以迎合游戏玩家的需要，但其非法提供的游戏软件的源程序与其所依托的正版软件源程序是实质性相似的。私服行为人对其经营的游戏软件并未真正做出独创

---

① 参见关晓海：《参与者是否构成侵犯著作权罪共犯的认定》，载《人民法院报》2017年3月23日，第7版。

② 参见"梁某某、王某甲等十五人侵犯著作权案"（案例编号：2023-09-1-160-010），载人民法院案例库，最后访问日期：2024年9月12日。

③ 参见"周某等侵犯著作权案"（案例编号：2023-09-1-160-005），载人民法院案例库，最后访问日期：2024年9月12日。

性的贡献。行为人未经游戏软件著作权人许可，非法获取网络游戏软件源程序后，私自架设并运营该网络游戏服务器牟利属于复制发行计算机软件的行为，非法获利数额较大的，以本罪论处。①

3.转码侵权型。对网页的"转码"过程必然导致对其中作品的存储，是否侵犯他人著作权取决于该存储是否短暂的及临时的、是否转码技术所必须、是否具备独立的经济价值等因素。若网络服务商以转码为借口，实施了超越转码技术所必须的、属于《著作权法》专有权利保护范围的行为，则应当承担侵权责任，在情节严重的情况下，以本罪论处。②

二、此罪与彼罪

侵犯著作权罪与销售侵权复制品罪。销售侵权复制品罪，是指以营利为目的，销售明知是侵犯著作权罪中的侵权复制品，违法所得数额巨大或者有其他严重情节的行为。侵犯著作权罪与销售侵权复制品罪之间，可以通过对"发行"的理解进行认定。从《著作权法》等前置法中可以看出，"发行"应当是指具备"发行"性质的销售行为，其本质是向公众和市场提供"新"的侵权复制品，对于销售市场原本已经存在的侵权复制品的行为，只能以销售侵权复制品罪定罪处罚。③

三、一罪与数罪

假冒产品中有部分产品使用了与注册商标相同的标识，构

---

① 参见"燕某侵犯著作权案"（案例编号：2023-09-1-160-008），载人民法院案例库，最后访问日期：2024年9月12日。
② 参见"北京易某信息技术有限公司、于某侵犯著作权案"（案例编号：2023-09-1-160-009），载人民法院案例库，最后访问日期：2024年9月12日。
③ 参见胡志元：《侵犯著作权犯罪的区分标准辨析》，载《人民检察》2019年第15期。

重点解读	成假冒注册商标罪。其他产品上使用的图形标识，虽未进行商标注册，但进行了著作权登记，具有独创性，属于《著作权法》保护的美术作品，且假冒数量巨大，情节特别严重的，构成侵犯著作权罪；被告人同时犯假冒注册商标罪、侵犯著作权罪，应数罪并罚。①
法律适用	【司法解释及司法解释性文件】1.《最高人民法院、最高人民检察院关于办理侵犯知识产权刑事案件具体应用法律若干问题的解释》第 5 条、第 12 条 2.《最高人民法院、最高人民检察院关于办理侵犯知识产权刑事案件具体应用法律若干问题的解释（二）》第 1~5 条 3.《最高人民法院、最高人民检察院关于办理侵犯知识产权刑事案件具体应用法律若干问题的解释（三）》第 2 条 4.《最高人民法院、最高人民检察院、公安部关于办理侵犯知识产权刑事案件适用法律若干问题的意见》十~十六 【相关法律法规】1.《著作权法》第 3 条、第 9~10 条、第 53 条 2.《著作权法实施条例》第 2 条、第 3 条、第 24 条、第 26 条、第 36 条

---

① 参见王亚萍、陈成建：《使用经著作权登记的美术作品生产假冒产品构成侵犯著作权罪》，载《人民司法·案例》2019 年第 26 期。

95 销售侵权复制品罪

刑法规定	**第218条** 以营利为目的，销售明知是本法第二百一十七条规定的侵权复制品，违法所得数额巨大或者有其他严重情节的，处五年以下有期徒刑，并处或者单处罚金。 **第220条** 单位犯本节第二百一十三条至第二百一十九条之一规定之罪的，对单位判处罚金，并对其直接负责的主管人员和其他直接责任人员，依照本节各该条的规定处罚。
立案标准	以营利为目的，销售明知是《刑法》第217条规定的侵权复制品，个人违法所得数额在人民币10万元以上（或虽未达10万元，但尚未销售的侵权复制品货值金额达30万元），单位违法所得数额人民币30万元以上，或者有其他严重情节的，应予立案追诉。
量刑标准	（1）违法所得数额巨大或者有其他严重情节的，处5年以下有期徒刑，并处或者单处罚金。 （2）单位犯本罪的，对单位判处罚金，并对其直接负责的主管人员和其他直接责任人员，依上述规定处罚。 （3）具有下列情形之一的，可以酌情从重处罚，一般不适用缓刑：①主要以侵犯知识产权为业的；②因侵犯知识产权被行政处罚后再次侵犯知识产权构成犯罪的；③拒不交出违法所得的。 （4）具有下列情形之一的，可以酌情从轻处罚：①认罪认罚的；②取得权利人谅解的；③具有悔罪表现的。

重点解读

一、罪与非罪

销售侵权复制品罪，是指以营利为目的，销售明知是侵犯著作权罪中的侵权复制品，违法所得数额巨大或者有其他严重情节的行为。犯罪客体是著作权以及与著作权有关的权利。犯罪主体包括自然人和单位。犯罪主观方面为故意。

二、此罪与彼罪

销售侵权复制品罪与非法经营罪。非法经营罪，是指违反国家规定，实施非法经营行为，扰乱市场秩序，情节严重的行为。非法经营罪的成立，关键在于判断行为人的经营行为对市场准入秩序和市场经济秩序的侵害。销售侵权复制品的行为具有非法经营的行为特征，销售侵权复制品罪与非法经营罪之间是特别罪名与一般罪名的关系。当行为符合销售侵权复制品罪的犯罪构成时，以本罪定罪处罚。

三、一罪与数罪

实施侵犯著作权犯罪，又销售该侵权复制品，构成犯罪的，以侵犯著作权罪定罪处罚。实施侵犯著作权犯罪，又销售明知是他人的侵权复制品，构成犯罪的，以侵犯著作权罪和销售侵权复制品罪，数罪并罚。

法律适用

【司法解释及司法解释性文件】《最高人民法院、最高人民检察院关于办理侵犯知识产权刑事案件具体应用法律若干问题的解释》第 6 条、第 14 条

【相关法律法规】1.《著作权法》第 3 条、第 8~10 条、第 53 条

2.《著作权法实施条例》第 2~4 条、第 24 条、第 26 条、第 36 条

3.《计算机软件保护条例》第 23~25 条

【规章及规范性文件】《最高人民检察院、公安部关于公安机关管辖的刑事案件立案追诉标准的规定（一）》第 27 条

96 侵犯商业秘密罪

刑法规定

第219条

有下列侵犯商业秘密行为之一，情节严重的，处三年以下有期徒刑，并处或者单处罚金；情节特别严重的，处三年以上十年以下有期徒刑，并处罚金：

（一）以盗窃、贿赂、欺诈、胁迫、电子侵入或者其他不正当手段获取权利人的商业秘密的；

（二）披露、使用或者允许他人使用以前项手段获取的权利人的商业秘密的；

（三）违反保密义务或者违反权利人有关保守商业秘密的要求，披露、使用或者允许他人使用其所掌握的商业秘密的。

明知前款所列行为，获取、披露、使用或者允许他人使用该商业秘密的，以侵犯商业秘密论。

本条所称权利人，是指商业秘密的所有人和经商业秘密所有人许可的商业秘密使用人。

第220条

单位犯本节第二百一十三条至第二百一十九条之一规定之罪的，对单位判处罚金，并对其直接负责的主管人员和其他直接责任人员，依照本节各该条的规定处罚。

立案标准

侵犯商业秘密，涉嫌下列情形之一的，应予立案追诉：

（1）给商业秘密的权利人造成损失数额或者因侵犯商业秘密违法所得数额在30万元以上的；

立案标准	（2）直接导致商业秘密的权利人因重大经营困难而破产、倒闭的。 （3）造成商业秘密的权利人其他重大损失的。
量刑标准	（1）犯本罪的，处 3 年以下有期徒刑，并处或者单处罚金。 （2）情节特别严重的，处 3 年以上 10 年以下有期徒刑，并处罚金。 （3）单位犯本罪的，对单位判处罚金，并对其直接负责的主管人员和其他直接责任人员，依上述规定处罚。 （4）具有下列情形之一的，可以酌情从轻处罚：①认罪认罚的；②取得权利人谅解的；③具有悔罪表现的；④以不正当手段获取权利人的商业秘密后尚未披露、使用或者允许他人使用的。
重点解读	一、罪与非罪 侵犯商业秘密罪，是指违反有关规定，以盗窃、贿赂、欺诈、胁迫、电子侵入或者其他不正当手段获取权利人的商业秘密，或者披露、使用或者允许他人使用以前述手段获取的权利人的商业秘密，或者违反保密义务或者违反权利人有关保守商业秘密的要求，披露、使用或者允许他人使用其所掌握的商业秘密，或者明知上述行为而获取、披露、使用或者允许他人使用该商业秘密，情节严重的行为。犯罪客体是商业秘密权利人对商业秘密的专用权和国家对商业秘密的管理制度。犯罪主体包括自然人和单位。 （一）"情节严重"之"情节"的理解[①] 对于"情节严重"的理解，可以从已有情节的同等严重程

[①] 参见刘科：《侵犯商业秘密罪中"情节严重"的认定方法》，载《中国法律评论》2022 年第 4 期。

度、犯罪手段、犯罪动机、特殊的主体身份和泄露对象造成的后果等方面进行认定。[①]"情节严重"中的"情节",只能是指客观方面的表明犯罪客体损害程度的情节,即表明行为不法与结果不法程度的情节。在不同类型的侵犯商业秘密罪中,关于"情节"的认定存在不同的认定方法。

1. 非法获取型侵犯商业秘密罪中"情节严重"之"情节"的认定方法。该类型包括"以盗窃、贿赂、欺诈、胁迫、电子侵入或者其他不正当手段获取权利人的商业秘密的"和"明知非法获取而获取、披露、使用或者允许他人使用该商业秘密的"两种情形。无论是从权利人处直接非法获取,还是从非权利人处间接非法获取,对于"情节"的理解可以"市场价值"为参照,根据该商业秘密的研究开发成本、实施该项商业秘密的收益、可得利益、可保持竞争优势的时间等因素综合确定。

2. 非法使用型侵犯商业秘密罪中"情节严重"之"情节"的认定方法。该类型包括"自己非法使用商业秘密与非法获取后自己使用或者允许他人使用""违反保密义务或者权利人保守商业秘密的要求,自己使用或者允许他人使用其掌握的商业秘密"和"第三人使用或者第三人允许他人使用"三种情形。

(1) 侵权人非法使用商业秘密行为中"情节"的认定方法。侵权人非法使用商业秘密的行为,包括单纯的非法使用商业秘密以及非法获取商业秘密后再使用该商业秘密的情形。在单纯的非法使用商业秘密行为中,给权利人造成的损失数额、侵权

[①] 参见潘莉:《侵犯商业秘密罪:如何界定"情节严重"》,载《检察日报》2020年11月25日,第3版。

人的违法所得数额、非法经营数额等,均可以作为"情节严重"中的"情节";在非法获取后再非法使用该商业秘密行为中,因同时存在非法获取行为与非法使用行为。所以,除了用以衡量非法使用行为情节严重程度的给权利人造成的损失数额、侵权人的违法所得数额、非法经营数额等情节以外,用以衡量非法获取行为情节严重程度的市场价值,也可以作为该类案件中"情节"的认定方法。

(2)允许他人使用商业秘密行为中"情节"的认定方法。允许他人使用商业秘密的行为,包括侵权人非法获取商业秘密后允许他人使用、违反义务允许他人使用、明知系非法获取的商业秘密仍然允许他人使用等情形。此种情形中,可能存在侵权人向被允许使用人收取许可使用费或者变相收取各种费用的情形。此时,可以将许可使用费与给权利人造成的损失数额、侵权人的违法所得数额、非法经营数额等多种情节合并处理。

3.非法披露型侵犯商业秘密罪中"情节严重"之"情节"的认定方法。该类型包括"以非法手段获取商业秘密后予以披露""违反约定或法定义务披露其掌握的商业秘密"和"第三人披露"三种情形。根据披露行为导致商业秘密被公开程度的不同,可以分两种情形认定。

(1)非法披露导致商业秘密被完全公开的情形。可以商业秘密的市场价值来认定"情节严重"中的"情节",同时通过调整情节严重中"严重"的数额大小来统一适用标准。

(2)非法披露导致商业秘密被部分公开的情形。如果权利人曾经许可他人合法适用该商业秘密并存在合理的许可使用费计算方法,可以许可使用费作为认定侵犯商业秘密行为"情节严重"中的"情节";如果侵权人明知被披露人员会适用或进一步披露该商业秘密,被披露人员由于使用或披露商业秘密涉及的违法所得数额、非法经营数额和给权利人造成的损失数额等,均可以作为认定侵犯商业秘密行为"情节严重"中的"情节";如果非法获取商业秘密以后又实施非法披露行为并致使商业秘密被部分公开的,除了以上所述的各种数额情节之外,商业秘密的市场价值也可以作为认定侵犯商业秘密行为"情节严重"中的"情节"。

(二)涉案数额

在司法实践中,侵犯商业秘密犯罪中密点分割情形的涉案数额存在一定的争议,该类型认定思路的确定,也为其他类型的处理提供了思路。密点分割是指在侵犯商业秘密犯罪中,行为人非法使用了商业秘密中的部分密点技术,而使整个商业秘密的价值部分或者全部丧失的情形。其中,对于价值全部丧失情形中涉案数额的认定,应在涉案数额计算基准问题上,优先以权利人的利润损失作为计算基准,只有在无法确定权利人利润损失的情况下,才能以行为人的犯罪获益作为计算基准。从因果关系角度分析,涉案数额认定中应当考虑密点分割的因素。在密点分割比例确定方面,优先适用利润比例。在无法确定利润比例的情况下,可依次适用价值比例和数量比例。[1]

(三)权利人损失

根据权利人自身对于商业秘密是否有使用行为,确定方法也有所不同。当商业秘密已被权利人使用并有产出时,其实施收益或可得利益有了可供计算的基础,可综合考虑研发成本、实施收益、可得利益及该商业秘密可保持竞争优势的时间来进

---

[1] 参见聂文峰、金华捷:《侵犯商业秘密犯罪中密点分割情形的涉案数额认定》,载《法律适用·司法案例》2017年第20期。

行评估。当商业秘密并未被权利人投入使用时，权利人为开发该商业秘密而支付的研发成本成为认定其损失的最佳依据。在衡量权利人投入的哪些成本可以纳入商业秘密的研发成本时，应重点把握两点：一是该成本是否属研发行为而产生；二是该成本可否对应于涉及的商业秘密。①

对权利人损失的认定，审查涉案商业秘密的秘点司法鉴定意见与损失司法会计鉴定意见之间及该两项鉴定意见与案件待证事实之间的关联性最为关键，简单以鉴代审，往往容易扩大损失认定，对行为人的处罚难以体现罪责刑相一致的刑事处罚原则。审理该类案件，应当依法对鉴定意见与案件待证事实之间是否存在关联性进行严格审查，在全面细致甄别、比对原始证据的基础上认定案件事实，确定被告人侵犯商业秘密行为导致权利人的损失数额。②

（四）宣告禁止令

在决定是否宣告禁止令，可以综合考量下列因素：（1）所掌握的商业秘密的类型、数量；（2）所掌握的商业秘密的价值，对被害单位未来生产经营的影响程度；（3）实施商业秘密犯罪是否违反竞业禁止、资格准入等职业要求；（4）再次披露、使用或许可他人使用商业秘密的可能性和便利性；（5）是否存在与所实施商业秘密犯罪密切相关的上下游产业链；（6）再犯可能给被害单位、所在行业或公共利益导致的后果。③

---

① 参见叶菊芬：《披露型侵犯商业秘密罪中权利人的损失》，载《人民法院报》2015年4月23日，第7版。

② 参见"林某某等侵犯商业秘密案"（案例编号：2023-09-1-162-004），载人民法院案例库，最后访问日期：2024年9月12日。

③ 参见"纪某等侵犯商业秘密案"（案例编号：2023-09-1-162-020），载人民法院案例库，最后访问日期：2024年9月12日。

重点解读

二、一罪与数罪

对于以盗窃、贿赂、欺诈、胁迫、电子侵入或者其他不正当手段获取权利人的商业秘密，然后使用该商业秘密制造产品并假冒他人注册商标的，应以侵犯商业秘密罪和假冒注册商标罪，数罪并罚。实施本罪行为，同时符合盗窃罪、非法侵入计算机信息系统罪等行为特征的，按照目的行为吸收手段行为的原则，以侵犯商业秘密罪定罪处罚。

实施侵犯商业秘密罪，同时构成为境外窃取、刺探、收买、非法提供国家秘密、情报罪，为境外窃取、刺探、收买、非法提供商业秘密罪，非法获取国家秘密罪等的，从一重罪处罚。

法律适用

【司法解释及司法解释性文件】1.《最高人民法院、最高人民检察院关于办理侵犯知识产权刑事案件具体应用法律若干问题的解释》第7条、第15~17条

2.《最高人民法院、最高人民检察院关于办理侵犯知识产权刑事案件具体应用法律若干问题的解释（二）》第3~7条

3.《最高人民法院、最高人民检察院关于办理侵犯知识产权刑事案件具体应用法律若干问题的解释（三）》第4条、第5条

【相关法律法规】1.《证券法》第179条、第217条

2.《商业银行法》第53条、第87条

3.《会计法》第32条、第44条

4.《价格法》第36、第46条

5.《反不正当竞争法》第9条、第17条、第21条

6.《技术进出口管理条例》第23条、第26条、第42条、第44条、第49条

7.《传统工艺美术保护条例》第2条、第18条、第20条

97 为境外窃取、刺探、收买、非法提供商业秘密罪

刑法规定

第219条之一

为境外的机构、组织、人员窃取、刺探、收买、非法提供商业秘密的,处五年以下有期徒刑,并处或者单处罚金;情节严重的,处五年以上有期徒刑,并处罚金。

第220条

单位犯本节第二百一十三条至第二百一十九条之一规定之罪的,对单位判处罚金,并对其直接负责的主管人员和其他直接责任人员,依照本节各该条的规定处罚。

立案标准

行为人为境外的机构、组织、人员窃取、刺探、收买、非法提供商业秘密的,应予立案追诉。

量刑标准

(1) 犯本罪的,处5年以下有期徒刑,并处或者单处罚金。

(2) 情节严重的,处5年以上有期徒刑,并处罚金。

(3) 单位犯本罪的,对单位判处罚金,并对其直接负责的主管人员和其他直接责任人员,依照上述规定处罚。

(4) 具有下列情形之一的,可以酌情从重处罚,一般不适用缓刑:①主要以侵犯知识产权为业的;②因侵犯知识产权被行政处罚后再次侵犯知识产权构成犯罪的;③拒不交出违法所得的。

(5) 具有下列情形之一的,可以酌情从轻处罚:①认罪认罚的;②取得权利人谅解的;③具有悔罪表现的。

重点解读	为境外窃取、刺探、收买、非法提供商业秘密罪，是指为境外机构、组织、人员窃取、刺探、收买、非法提供商业秘密的行为。犯罪客体是商业秘密权利人对商业秘密的专用权和国家对商业秘密的管理制度。犯罪主体包括自然人和单位，不必是对商业秘密负有保密义务的人员。犯罪主观方面为故意，即行为人或单位明知对方为境外势力，仍为其窃取、刺探、收买、非法提供商业秘密。
法律适用	【相关法律法规】《反不正当竞争法》第9条、第17条、第21条

扰乱市场秩序罪

98　损害商业信誉、商品声誉罪
99　虚假广告罪
100　串通投标罪
101　合同诈骗罪
102　组织、领导传销活动罪
103　非法经营罪
104　强迫交易罪
105　伪造、倒卖伪造的有价票证罪
106　倒卖车票、船票罪
107　非法转让、倒卖土地使用权罪
108　提供虚假证明文件罪
109　出具证明文件重大失实罪
110　逃避商检罪

98 损害商业信誉、商品声誉罪

刑法规定	**第 221 条** 捏造并散布虚伪事实，损害他人的商业信誉、商品声誉，给他人造成重大损失或者有其他严重情节的，处二年以下有期徒刑或者拘役，并处或者单处罚金。 **第 231 条** 单位犯本节第二百二十一条至第二百三十条规定之罪的，对单位判处罚金，并对其直接负责的主管人员和其他直接责任人员，依照本节各该条的规定处罚。
立案标准	捏造并散布虚伪事实，损害他人的商业信誉、商品声誉，涉嫌下列情形之一的，应予立案追诉： （1）给他人造成直接经济损失数额在 50 万元以上的； （2）虽未达到上述数额标准，但造成公司、企业等单位停业、停产 6 个月以上，或者破产的； （3）其他给他人造成重大损失或者有其他严重情节的情形。
量刑标准	（1）犯本罪的，处 2 年以下有期徒刑或者拘役，并处或者单处罚金。 （2）单位犯本罪的，对单位判处罚金，并对其直接负责的主管人员和其他直接责任人员，依上述规定处罚。
重点解读	一、罪与非罪 损害商业信誉、商品声誉罪，是指捏造并散布不真实或不存在的虚假事实，损害他人的商业信誉、商品声誉，给他人造

成重大损失或者有其他严重情节,扰乱市场秩序的行为。犯罪客体是他人的商业信誉和商品声誉。犯罪主体包括自然人和单位。犯罪主观方面为故意。

(一)捏造并散布

捏造并散布,是指行为人既捏造了虚伪事实,又进行散布的行为。散布的行为是本罪的实行行为。对于只实施了捏造但并未散布虚伪事实,或者散布了并非自己捏造的虚伪事实的行为,均不属于捏造并散布的情形。捏造,是指虚构、编造根本不存在的、不真实的事实,既包括完全虚构,也包括在真实情况基础上的部分虚构,歪曲真相。[1] 散布,是指将捏造的不实信息向社会不特定多数人进行传播的行为,并不需要多数人已然知悉该信息,只需要存在知悉的可能即可。

(二)虚伪事实

虚伪事实,是指未达到客观上有相当的材料、根据而叙述的事实。只要是散布缺乏相当资料、根据支撑的事实,就属于散布虚伪事实。当然,要求行为人散布事实需要有相当的资料、根据支撑,并非要求行为人确切地证明事实的真实性,只需要在可能性上,达到合理的程度即可,即待证事实存在的可能性明显大于不存在的可能性,即便不能完全排除存在相反的可能性,也可以根据优势证据认定这一事实。[2]

(三)损害他人的商业信誉、商品声誉

司法实践中,损害他人的商业信誉、商品声誉的行为,主要包括以下表现形式:(1)通过发布对比性广告、声明性广告,

---

[1] 参见郎胜:《刑法释义》,法律出版社2015年版,第359~360页。
[2] 参见杨绪峰:《损害商业信誉、商品声誉罪的教义学检讨》,载《政治与法律》2019年第2期。

散发公开信或召开新闻发布会等形式散布捏造的虚伪事实,恶意贬低、诋毁他人的商业信誉、商品声誉。(2)组织人员以客户或消费者的名义向市场监管部门、消费者协会或新闻单位等虚假投诉,诋毁和损害他人的商业信誉、商品声誉。(3)在业务洽谈等公开场合故意向竞争对手的客户或消费者散布捏造的虚伪事实,贬低和诋毁他人的商业信誉、商品声誉。(4)在商品包装或说明书上,贬低和诋毁他人生产、销售的同类商品,损害他人的商品声誉。[①]

(四)重大损失

重大损失,是指捏造并散布的虚伪事实,给他人的商业信誉、商品声誉造成的重大损失。最典型的代表是给他人造成的直接经济损失,实践中以他人的销售量减少、产品积压甚至是滞销等情况的出现作为判断依据,以被侵害公司、企业等单位的损失数额计算,其中对可得利益和应得利益均需要加以考量。需要注意的是,对于有直接证据能够证明被侵害的公司、企业等单位为被损害的商业信誉、商品声誉等的恢复,需要花费的合理费用,如聘请公关公司、专业律师等合理支出,作为间接经济损失。在具体的案件裁判时,因该部分损失与行为人的行为之间缺乏具有通常意义上的因果关系,不应作为重大损失的组成部分。但可以作为量刑或者被害公司、企业等单位提起刑事附带民事诉讼时的考量因素。

二、一罪与数罪

行为人本人捏造虚伪事实,通过教唆或者收买他人等形式去散布的,或者教唆或者收买他人损害商品声誉的,一般可构

---

① 参见王庆民、徐莹、蒋熙辉:《论损害商业信誉、商品声誉罪》,载《中国刑事法杂志》2000年第4期。

重点解读	成共同犯罪。行为人针对公司、企业等单位的董事长、经理或个体工商户等个人，捏造并散布有关商誉的虚伪事实，应当认定为损害他人的商业信誉、商品声誉，给他人造成重大损失或者有其他严重情节的，应当认定为本罪。如果针对的是公司、企业等单位的董事长、经理或个体工商户等个人名誉的虚伪事实，间接对公司、企业等单位的商誉造成影响的，应在损害商业信誉、商品声誉罪与诽谤罪之间，从一重罪论处。
法律适用	【相关法律法规】《反不正当竞争法》第 11 条、第 23 条 【规章及规范性文件】《最高人民检察院、公安部关于公安机关管辖的刑事案件立案追诉标准的规定（二）》第 66 条

99 虚假广告罪

刑法规定

第222条

广告主、广告经营者、广告发布者违反国家规定,利用广告对商品或者服务作虚假宣传,情节严重的,处二年以下有期徒刑或者拘役,并处或者单处罚金。

第231条

单位犯本节第二百二十一条至第二百三十条规定之罪的,对单位判处罚金,并对其直接负责的主管人员和其他直接责任人员,依照本节各该条的规定处罚。

立案标准

广告主、广告经营者、广告发布者违反国家规定,利用广告对商品或者服务作虚假宣传,涉嫌下列情形之一的,应予立案追诉:

(1)违法所得数额在10万元以上的;

(2)假借预防、控制突发事件,传染病防治的名义,利用广告作虚假宣传,致使多人上当受骗,违法所得数额在3万元以上的;

(3)利用广告对食品、药品作虚假宣传,违法所得数额在3万元以上的;

(4)虽未达到上述数额标准,但2年内因利用广告作虚假宣传受过2次以上行政处罚,又利用广告作虚假宣传的;

(5)造成严重危害后果或者恶劣社会影响的;

(6)其他情节严重的情形。

量刑标准

（1）犯本罪的，处 2 年以下有期徒刑或者拘役，并处或者单处罚金。

（2）单位犯本罪的，对单位判处罚金，并对其直接负责的主管人员和其他直接责任人员，依上述规定处罚。

重点解读

一、罪与非罪

虚假广告罪，是指广告主、广告经营者、广告发布者，违反《广告法》及相关法律法规的规定，利用广告对商品或者服务作虚假宣传，情节严重的行为。犯罪客体是消费者的合法权益。犯罪主体包括自然人和单位。广告主、广告经营者、广告发布者违反国家规定，利用广告对药品、保健食品或者其他食品、对非法集资活动相关的商品或者服务等作虚假宣传，情节严重的，按照本罪定罪处罚。

（一）犯罪主体

本罪犯罪主体包括广告主、广告经营者和广告发布者，不包括广告代言人。广告主，是指为推销商品或者服务，自行或者委托他人设计、制作、发布广告的自然人、法人或者其他组织。广告经营者，是指接受委托提供广告设计、制作、代理服务的自然人、法人或者其他组织。广告发布者，是指为广告主或者广告主委托的广告经营者发布广告的自然人、法人或者其他组织。

（二）虚假广告

虚假广告，是指以虚假或者引人误解的内容欺骗、误导消费者的商业广告。广告，是指在我国境内，商品经营者或者服务提供者通过一定媒介和形式直接或间接地介绍自己所推销的商品或者服务的商业广告活动。虚假的判断，主观上以超出一般人的合理认知与判断为标准，客观上以行为人违反《广告法》等法律法规，实施了对商品质量、性能用途、生产者、有效期限、产地等作引人误解的宣传；使用虚构、伪造或者无法验证的科研成果等信息作为证明材料；宣传的商品或服务不存在；虚构使用商品或接受服务的效果等行为为标准，主客观相结合来加以界定。①

（三）情节严重

对情节严重的把握，可以根据虚假广告在媒体上发布所持续的时间，虚假广告在媒体播出的频度，虚假广告投放覆盖媒体的数量以及虚假广告本身内容的欺骗程度，综合衡量虚假广告行为的社会危害性程度。②

二、此罪与彼罪

1.虚假广告罪与诈骗罪。诈骗罪，是指以非法占有为目的，诈骗公私财物，数额较大的行为。本罪与诈骗罪都存在虚构事实、隐瞒真相的欺骗手段，故而存在相似之处。但也存在以下区别：（1）本罪的犯罪主体包括自然人和单位，诈骗罪的主体只能是自然人。（2）本罪的欺骗行为只能是通过投放虚假广告的形式进行，诈骗罪并无此限制。

2.虚假广告罪与损害商业信誉、商品声誉罪。损害商业信誉、商品声誉罪，是指捏造并散布虚伪事实，损害他人的商业信誉、商品声誉，给他人造成重大损失或者有其他严重情节的行为。本罪的犯罪主体是特殊主体，只能是广告主、广告经营者和广告发布者，而损害商业信誉、商品声誉罪的犯罪主体是一般主体。实践中，常常出现以虚假广告的形式损害他人商业信誉、商品声誉的情形，如果两个行为均达到本罪与损害商业信誉、商品声誉罪的定罪标准，则属于手段行为（前行为）与

---

① 参见李希慧、沈元春：《虚假广告罪的若干问题探究》，载《河北法学》2005年第12期。

② 参见黎邦勇、张洪成：《重新认识虚假广告罪的法益位阶及构成要件》，载《中国刑事法杂志》2009年第7期。

重点解读

目的行为（后行为）之间的牵连关系，从一重罪处断即可。

三、一罪与数罪

明知他人从事欺诈发行股票、债券，非法吸收公众存款，擅自发行股票、债券，集资诈骗或者组织、领导传销活动等集资犯罪活动，仍为其提供广告等宣传的，不按本罪论处，以相关犯罪的共犯论处。

法律适用

【司法解释及司法解释性文件】1.《最高人民法院、最高人民检察院关于办理妨害预防、控制突发传染病疫情等灾害的刑事案件具体应用法律若干问题的解释》第5条

2.《最高人民法院关于审理非法集资刑事案件具体应用法律若干问题的解释》第12条

3.《最高人民法院、最高人民检察院关于办理危害食品安全刑事案件适用法律若干问题的解释》第19条

4.《最高人民法院、最高人民检察院关于办理危害药品安全刑事案件适用法律若干问题的解释》第12条

【相关法律法规】1.《广告法》第2条、第4条、第28条、第34条、第55条、第56条

2.《反不正当竞争法》第20条

3.《商业特许经营管理条例》第17条、第27条

【规章及规范性文件】《最高人民检察院、公安部关于公安机关管辖的刑事案件立案追诉标准的规定（二）》第67条

100 串通投标罪

刑法规定

第 223 条

投标人相互串通投标报价，损害招标人或者其他投标人利益，情节严重的，处三年以下有期徒刑或者拘役，并处或者单处罚金。

投标人与招标人串通投标，损害国家、集体、公民的合法利益的，依照前款的规定处罚。

第 231 条

单位犯本节第二百二十一条至第二百三十条规定之罪的，对单位判处罚金，并对其直接负责的主管人员和其他直接责任人员，依照本节各该条的规定处罚。

立案标准

投标人相互串通投标报价，或者投标人与招标人串通投标，涉嫌下列情形之一的，应予立案追诉：

（1）损害招标人、投标人或者国家、集体、公民的合法利益，造成直接经济损失数额在 50 万元以上的；

（2）违法所得数额在 20 万元以上的；

（3）中标项目金额在 400 万元以上的；

（4）采取威胁、欺骗或者贿赂等非法手段的；

（5）虽未达到上述数额标准，但 2 年内因串通投标受过 2 次以上行政处罚，又串通投标的；

（6）其他情节严重的情形。

量刑标准

（1）犯本罪的，处3年以下有期徒刑或者拘役，并处或单处罚金。

（2）单位犯本罪的，对单位判处罚金，并对其直接负责的主管人员和其他直接责任人员，依上述规定处罚。

重点解读

一、罪与非罪

串通投标罪，是指违反《招标投标法》和《招标投标法实施条例》等法律法规，相互串通投标报价，损害招标人或者其他投标人利益，情节严重的行为。投标人与招标人串通投标，损害国家、集体、公民的合法利益的，依照本罪的规定处罚。犯罪客体是招标人或者其他投标人的利益。犯罪主体包括自然人和单位。犯罪主观方面为故意。

（一）投标人

投标人，是指响应招标、参加招标竞争的法人或者其他组织。依法招标的科研项目允许个人参加招标的，也属于本罪的招标人范畴。对本罪招标人这一犯罪主体的理解，应当解释为参与投标程序、实施串通投标行为的自然人和单位，即将投标人解释为主管、负责、参与招标投标事项的人。[①]

（二）招标人

招标人，是指依照《招标投标法》规定提出招标项目、进行招标的法人或者其他组织。对招标人的理解不局限于具有编制招标文件和组织评标能力、具有与招标项目规模和复杂程度相适应的技术、经济等方面的专业人员，还包括评标委员会成员、组织者，如果发现评标委员会成员具有串通行为，应当认

[①] 参见钱斌、马作彪：《串通投标罪之主体认定》，载《人民司法》2014年第10期。

定为具有串通投标罪的主体资格。[①]

（三）招标行为

招标行为，是指招标人获得国家批准后所进行的招标项目。根据是否向社会不特定人开放招标，分为公开招标和邀请招标。公开招标，是指招标人以招标公告的方式邀请不特定的法人或者其他组织投标。邀请招标，是指招标人以投标邀请书的方式邀请特定的法人或者其他组织投标。根据招标性质，分为形式上的招标和实质上的招标。形式上的招标是指严格规范地依照《招标投标法》相关程序组织实施的采购行为，实质上的招标是指对于应当招标的采购项目采取了《政府采购法》规定的除招标之外的其他采购方式予以采购的行为。对于故意以询价采购规避本应招标采购中出现的串通报价行为，应按照实质招标行为看待，符合本罪定罪要求的，应以本罪论处。[②]

（四）串通投标行为[③]

实践中，串通投标的行为主要包括：（1）从投标人之间的串标行为来看，不仅包括投标人之间协商投标报价等投标文件的实质性内容，投标人之间约定中标人，投标人之间约定部分投标人放弃投标或者中标，属于同一集团、协会、商会等组织成员的投标人按照该组织要求协同投标，还包括投标人之间为谋取中标或者排斥特定投标人而采取的其他联合行动，不同投

[①] 参见邱远典、黄怡璇：《浅议串通投标罪的解释路径与适用》，载《中国检察官》2021年第2期。

[②] 参见程天民：《应当招标而违法询价采购行为的刑法解释》，载《中国检察官》2020年第8期。

[③] 参见邱远典、黄怡璇：《浅议串通投标罪的解释路径与适用》，载《中国检察官》2021年第2期。

标人的投标文件由同一单位或者个人编制，不同投标人委托同一单位或者个人办理投标事宜，不同投标人的投标文件载明的项目管理成员为同一人，不同投标人的投标文件异常一致或者投标报价呈规律性差异，不同投标人的投标文件相互混装，不同投标人的投标保证金从同一单位或者个人的账户转出。出借单位不知情或者没有证据证明出借单位知情的情况下，单个行为人利用掌握的多个单位参与围标，符合本行为特征。[①] 对于串通拍卖行为，不能以串通投标罪予以追诉。公安机关对串通竞拍国有资产行为以涉嫌串通投标罪刑事立案的，检察机关应当通过立案监督，依法通知公安机关撤销案件。（2）招标人与投标人串通投标的行为，包括招标人在开标前开启投标文件并将有关信息泄露给其他投标人，招标人直接或者间接向投标人泄露标底、评标委员会成员等信息，招标人明示或者暗示投标人压低或者抬高投标报价，招标人授意投标人撤换、修改投标文件，招标人明示或者暗示投标人为特定投标人中标提供方便，招标人与投标人为谋求特定投标人中标而采取的其他串通行为。

二、一罪与数罪

国家机关工作人员滥用职权，与投标人串通投标的，符合滥用职权罪与串通投标罪（共犯）定罪标准的，应从一重罪论处。国家机关工作人员在与投标人串通投标过程中，收受贿赂，符合受贿罪和串通投标罪的定罪标准的，应实行数罪并罚。

通过挂靠串通招标的场合，被挂靠单位明知挂靠者串通投标而接受其挂靠，为挂靠者实行串通投标犯罪提供便利条件的，

[①] 参见肖杰：《串通投标罪的主体、共犯及犯罪形态》，载《人民司法》2015年第18期。

重点解读	可以按共同犯罪处理，但就责任而言，显然挂靠者为重，被挂靠者可构成从犯，依据刑法总则的规定予以从轻、减轻或者免除处罚。①
法律适用	【相关法律法规】1.《政府采购法》第14条、第25条、第72条、第77条 2.《招标投标法》第5条、第8条、第22条、第25条、第32条、第50~53条 【规章及规范性文件】《最高人民检察院、公安部关于公安机关管辖的刑事案件立案追诉标准的规定（二）》第68条

---

① 参见孙国祥：《串通招标罪若干疑难问题辨析》，载《政治与法律》2009年第3期。

101 合同诈骗罪

刑法规定

第224条

有下列情形之一,以非法占有为目的,在签订、履行合同过程中,骗取对方当事人财物,数额较大的,处三年以下有期徒刑或者拘役,并处或者单处罚金;数额巨大或者有其他严重情节的,处三年以上十年以下有期徒刑,并处罚金;数额特别巨大或者有其他特别严重情节的,处十年以上有期徒刑或者无期徒刑,并处罚金或者没收财产:

(一)以虚构的单位或者冒用他人名义签订合同的;

(二)以伪造、变造、作废的票据或者其他虚假的产权证明作担保的;

(三)没有实际履行能力,以先履行小额合同或者部分履行合同的方法,诱骗对方当事人继续签订和履行合同的;

(四)收受对方当事人给付的货物、货款、预付款或者担保财产后逃匿的;

(五)以其他方法骗取对方当事人财物的。

第231条

单位犯本节第二百二十一条至第二百三十条规定之罪的,对单位判处罚金,并对其直接负责的主管人员和其他直接责任人员,依照本节各该条的规定处罚。

立案标准	以非法占有为目的,在签订、履行合同过程中,骗取对方当事人财物,数额在 2 万元以上的,应予立案追诉。
量刑标准	(1)数额较大的,处 3 年以下有期徒刑或者拘役,并处或者单处罚金。 (2)数额巨大或者有其他严重情节的,处 3 年以上 10 年以下有期徒刑,并处罚金。 (3)数额特别巨大或者有其他特别严重情节的,处 10 年以上有期徒刑或者无期徒刑,并处罚金或者没收财产。 (4)单位犯本罪的,对单位判处罚金,并对其直接负责的主管人员和其他直接责任人员,依上述规定处罚。
量刑参考	(1)构成合同诈骗罪的,根据下列情形在相应的幅度内确定量刑起点:①达到数额较大起点的,在 1 年以下有期徒刑、拘役幅度内确定量刑起点。②达到数额巨大起点或者有其他严重情节的,在 3 年至 4 年有期徒刑幅度内确定量刑起点。③达到数额特别巨大起点或者有其他特别严重情节的,在 10 年至 12 年有期徒刑幅度内确定量刑起点。依法应当判处无期徒刑的除外。 (2)在量刑起点的基础上,根据合同诈骗数额等其他影响犯罪构成的犯罪事实增加刑罚量,确定基准刑。 (3)构成合同诈骗罪的,根据诈骗手段、犯罪数额、损失数额、危害后果等犯罪情节,综合考虑被告人缴纳罚金的能力,决定罚金数额。 (4)构成合同诈骗罪的,综合考虑诈骗手段、犯罪数额、危害后果、退赃退赔等犯罪事实、量刑情节,以及被告人主观恶性、人身危险性、认罪悔罪表现等因素,决定缓刑的适用。

一、罪与非罪

合同诈骗罪，是指以非法占有为目的，在签订、履行合同过程中，实施以虚构的单位或者冒用他人名义签订合同；以伪造、变造、作废的票据或者其他虚假的产权证明作担保；没有实际履行能力，以先履行小额合同或者部分履行合同的方法，诱骗对方当事人继续签订和履行合同；收受对方当事人给付的货物、货款、预付款或者担保财产后逃匿的等欺骗手段，骗取对方当事人财物，数额较大的行为。犯罪客体是市场经济秩序。犯罪主体包括自然人和单位。

（一）以非法占有为目的

以非法占有为目的，是指通过非法手段，达到将本不属于自己所有的公私财物转化为自己所有的目的。对本罪中非法占有目的的认定，可采取"三看"要素审查法，亦即一看履约能力，二看履约行为，三看事后态度。被告人缺乏履约能力，亦无实际履约行为，事后又无承担违约责任的表现，应认定具有非法占有他人财物的主观目的。①

根据罪刑法定原则的要求，非法占有目的只能形成于双方当事人交付的货物、货款、预付款或者定金、保证金等担保合同履行的财产之前。在认定非法占有目的形成于哪个阶段时，一般要根据行为人是否有履行合同的能力、将来是否有履行能力、是否在履行，只要有能力也履行了，因为外在因素无法继续履行而携款逃匿的，应该认定该非法占有目的形成于事后阶段；如果行为人获取对方当事人交付的货物、货款、预付款或者定金、保证金等担保合同履行的财产后，没有马上逃

---

① 参见"陆某合同诈骗案"（案例编号：2023-03-1-167-010），载人民法院案例库，最后访问日期：2024年9月12日。

匿，后因对方当事人追债而躲避的，也应当认定非法占有目的形成于事后阶段。该要素形成的阶段也是区别于一般合同欺诈行为的关键。一般合同欺诈，是指行为人以追求经营利益为目的，在合同订立和履行过程中，故意告知对方虚假情况或者隐瞒真实情况，诱使对方作出错误决定，不平等地获取对方经济利益的行为。对于以非法占有为目的形成于事后阶段的看似合同诈骗的行为，只能以一般的合同欺诈行为处理。① 对于二者的区分，要注意审查涉案企业在签订、履行合同过程中是否具有非法占有目的和虚构事实、隐瞒真相的行为，准确认定是否具有诈骗故意。不能仅以行为人后来客观上未履行合同，就推定其签订合同时具有非法占有他人财物的故意，应当结合合同签订时企业经营状态、合同签订后履行情况、资金去向和用途等进行综合判断。②

（二）合同

本罪的犯罪客体为市场经济管理秩序，故而对本罪"合同"的理解，必然不限于典型的"经济合同"。对其理解，可以从以下合同特征入手：（1）合同的权利义务的内容必须与一定的财产有关，这是由合同诈骗罪的本质是利用合同骗取他人财物所决定的。（2）合同双方必须是市场交易的主体，合同体现的是市场交易关系，这是因为合同诈骗罪的客体除了包括他人的财产所有权之外，还包括市场经济秩序。（3）合同的形式不限于书面合同，还包括口头合同及其他事实上的合同，这是基于合

---

① 参见朱宝林：《合同诈骗罪非法占有目的之认定》，载《人民法院报》2013年6月19日，第6版。

② 参见"倪某某非法吸收公众存款案"（案例编号：2023-16-1-113-01），载人民法院案例库，最后访问日期：2024年9月12日。

同的本质是合同关系的实际确立而不是合同的表现形式。① 国有土地上房屋征收补偿协议在本质上属于行政协议，不属于合同诈骗罪中的合同。行为人在签订、履行房屋征收补偿协议的过程中，虚构事实、隐瞒真相，骗取征收补偿款的行为，应认定为诈骗罪。②

（三）非法占有的对象

非法占有的财物，只能是被害人由于受骗陷于错误认识而"自愿"为了保证合同订立生效或按照合同约定向行为人交付与合同相关的财物。一般包括定金、预付款、合同标的物、担保财产和贷款等。当然，也包括被害人由于受骗陷于错误认识而免除的债务。实践中常见的以签订、履行合同需要"运作费""打点费"等为由骗取的钱款，与合同内容无关，并非本罪所要求的非法占有的财物。③

此外，如果行为人被他人用"套路贷"方式，与第三方签订远高于实际借款金额的借款合同，只要行为人主观上没有非法占有贷款资金的故意，客观上亦未实施虚构事实、隐瞒真相的行为，借款合同所需的虚假材料系他人所准备，第三方不是基于错误认识将款项转账至行为人账户的，被"套路贷"的行为人的行为就不符合合同诈骗罪的构成要件，不构成本罪。④

---

① 参见陈兴良、张军、胡云腾主编：《人民法院刑事指导案例裁判要旨通纂》，北京大学出版社2013年版；古加锦：《金融诈骗罪的罪数形态探析》，载《政治与法律》2014年第2期。

② 参见黄伯青、李杰文：《利用房屋征收补偿协议骗取补偿款构成诈骗罪》，载《人民司法》2020年第5期。

③ 参见远桂宝：《合同诈骗罪"市场经济秩序"法益的实践性把握》，载《检察日报》2021年3月30日，第7版。

④ 参见"伍某合同诈骗案"（案例编号：2023-16-1-167-005），载人民法院案例库，最后访问日期：2024年9月12日。

（四）以其他方法骗取对方当事人财物

本罪成立所要求的以其他方法骗取对方当事人财物应当遵从主客观相一致的原则，从行为人有无实际履行能力、是否采用欺骗方式诱骗对方签订合同、是否实际履行合同、是否转移、隐匿财产等方面，准确评判行为手段和损失结果，并判定行为人是否具有非法占有目的。①

（五）实践中常见的涉罪行为类型

1. 对于行为人骗取担保获取金融机构贷款的情形，应该按照实际案情判断行为人非法占有的具体目的，并确定两种行为的属性及相互关系。若行为人具有骗取担保与骗取贷款的概括故意，且金融机构可通过行使担保物权进行权利救济，最终受损系担保人的情形，可推定行为人具有非法占有担保人财产的目的，从而认定被告人的行为构成合同诈骗罪。②

2. 行为人虚构事实、冒用他人名义，与汽车租赁公司签订车辆租赁合同并取得租赁车辆。之后行为人又利用伪造的产权证明将所租车辆质押向他人借款，骗取被害人现金。行为人的两个行为均符合合同诈骗罪的构成要件，依法应以合同诈骗罪予以定罪处罚，且犯罪数额应为前一行为骗取车辆的价值与后一行为所骗现金价值相加的总和。③

3. 行为人冒用他人的名义与快递公司签订物流合同，并从

---

① 参见"叶某林、谭某兹、石某、乔某坤合同诈骗案"（案例编号：2024-03-1-167-003），载人民法院案例库，最后访问日期：2024年9月12日。

② 参见周德金：《骗取担保获取银行贷款构成合同诈骗罪》，载《人民司法》2014年第16期。

③ 参见卢君、谭中平、肖瑶：《利用虚假信息租赁汽车再质押借款构成合同诈骗罪》，载《人民司法》2015年第6期；陈丹丹、宋蕾：《将租赁车辆抵押借款是否构成合同诈骗罪》，载《人民法院报》2015年9月16日，第6版。

中获得提成费致使快递公司的合同利益落空，并由此遭受相应的财产损失，符合合同诈骗罪的犯罪构成，应以本罪论处。[1]

4. 托盘融资业务的当事人之间不存在真实交易，不仅合同标的物虚假，参与贸易的各方对货物真实性也并不关心，这一行为在民事上被定性为以虚假买卖合同掩盖企业间拆借或借款的实质。三方行为人订立合同的目的并不是转移货物，在刑事上不能用履行买卖合同的要求去衡量合同主体的行为。故而，不宜以本罪论处。[2]

5. "对赌"协议是估值调整协议，纠纷应在民事领域解决。即便目标公司实施造假行为，但在没有就重要事项实施欺骗且双方在合同框架确定后再做评估的情况下，在"对赌"期内兑现收益或补偿投资者损失的，以及行为人具有还款意愿和还款能力的，不宜认定为合同诈骗罪。[3]

6. 对于"一房多卖"型案件，应当综合事件起因、行为人履行能力、交易情况等情节，综合认定行为人主观上是否具有非法占有目的。行为人故意隐瞒房屋已经出售的事实，仍与多人签订房屋买卖合同，骗取他人购房款的，可以认定其具有非法占有目的。对于第一次出售房屋行为，要结合其是否采用欺骗手段、是否提前预谋一房多卖、实际履行能力等，审慎认定非法占有目的。[4]

---

[1] 参见沈玉忠、马明睿：《假冒他人之名签订快递合同的行为定性》，载《中国检察官》2018年第6期。

[2] 参见周光权：《实务中对托盘融资行为定罪的误区辨析》，载《环球法律评论》2018年第5期。

[3] 参见周光权：《对赌协议场景下合同诈骗罪的界限》，载《法学》2022年第10期。

[4] 参见"贾某合同诈骗案"（案例编号：2024-03-1-167-002），载人民法院案例库，最后访问日期：2024年9月12日。

7.从事虚假电商代运营的行为人明知自身无履约能力,仍通过虚假广告招揽客户,虚构拥有自有工厂,能够提供具有竞争力的产品,并编造成功案例等引诱客户签订或升级服务合同,所得资金大部分被以分红、提成等方式瓜分,不仅侵犯了被害人的财产权利,也破坏了以公平信用为基础的网络交易规则,损害了消费者合法权益,严重扰乱了电商行业的市场管理秩序,应以本罪论处。[1]

二、此罪与彼罪

1.合同诈骗罪与诈骗罪。诈骗罪,是指以非法占有为目的,诈骗公私财物,数额较大的行为。合同诈骗罪与诈骗罪之间是特别法条与一般法条的关系。对于二者的界分,可以先抛开数额要素,以侵害的犯罪客体为基础,通过对"合同"的体系解释区分此罪与彼罪,即核查合同中是否存在商品交换为基础的交易关系。因为只有合同体现交易关系,利用合同进行诈骗才可能侵犯市场经济秩序,不反映交易关系的合同不体现市场经济秩序,不是合同诈骗罪中的"合同"。再加入数额要素进行法条竞合规则内的认定,即如果犯罪数额已达到合同诈骗罪的追诉标准,按照特殊法优于一般法的原则,应以合同诈骗罪定罪处罚。如果犯罪数额未达到合同诈骗罪的追诉标准,但达到诈骗罪的追诉标准,可以诈骗罪定罪处罚。[2]

2.合同诈骗罪与金融诈骗罪。金融诈骗罪,是集资诈骗罪、贷款诈骗罪、票据诈骗罪、保险诈骗罪等金融领域犯罪的统称。

---

[1] 参见"聚某甲等合同诈骗案"(案例编号:2023-03-1-167-002),载人民法院案例库,最后访问日期:2024年9月12日。

[2] 参见鞠佳佳:《合同诈骗罪与诈骗罪的双层界分》,载《中国刑事法杂志》2013年第6期。

重点解读	各种金融诈骗罪实质上都是利用金融交易过程中所形成的金融交易关系（金融交易合同）骗取他人财物的，而金融交易关系是市场交易关系的一种，金融交易合同完全符合合同诈骗罪中的"合同"的特征，故各种金融诈骗罪与合同诈骗罪之间均属于包容竞合，按照"特别法优于普通法"的原则，对金融诈骗行为应以相应金融诈骗罪论处。①
法律适用	【司法解释及司法解释性文件】1.《最高人民法院关于在审理经济纠纷案件中涉及经济犯罪嫌疑若干问题的规定》第1~12条 2.《最高人民法院、最高人民检察院关于常见犯罪的量刑指导意见（试行）》四、（六） 【相关法律法规】1.《民法典》第464条、第506条、第534条 2.《促进科技成果转化法》第47条 【规章及规范性文件】《最高人民检察院、公安部关于公安机关管辖的刑事案件立案追诉标准的规定（二）》第69条

---

① 参见古加锦：《金融诈骗罪的罪数形态探析》，载《政治与法律》2014年第2期。

102　组织、领导传销活动罪

刑法规定

第 224 条之一

组织、领导以推销商品、提供服务等经营活动为名，要求参加者以缴纳费用或者购买商品、服务等方式获得加入资格，并按照一定顺序组成层级，直接或者间接以发展人员的数量作为计酬或者返利依据，引诱、胁迫参加者继续发展他人参加，骗取财物，扰乱经济社会秩序的传销活动的，处五年以下有期徒刑或者拘役，并处罚金；情节严重的，处五年以上有期徒刑，并处罚金。

第 231 条

单位犯本节第二百二十一条至第二百三十条规定之罪的，对单位判处罚金，并对其直接负责的主管人员和其他直接责任人员，依照本节各该条的规定处罚。

立案标准

组织、领导以推销商品、提供服务等经营活动为名，要求参加者以缴纳费用或者购买商品、服务等方式获得加入资格，并按照一定顺序组成层级，直接或者间接以发展人员的数量作为计酬或者返利依据，引诱、胁迫参加者继续发展他人参加，骗取财物，扰乱经济社会秩序的传销活动，涉嫌组织、领导的传销活动人员在 30 人以上且层级在 3 级以上的，对组织者、领导者，应予立案追诉。

下列人员可以认定为传销活动的组织者、领导者：

（1）在传销活动中起发起、策划、操纵作用的人员；

立案标准

（2）在传销活动中承担管理、协调等职责的人员；

（3）在传销活动中承担宣传、培训等职责的人员；

（4）因组织、领导传销活动受过刑事追究，或者1年内因组织、领导传销活动受过行政处罚，又直接或者间接发展参与传销活动人员在15人以上且层级在3级以上的人员；

（5）其他对传销活动的实施、传销组织的建立、扩大等起关键作用的人员。

量刑标准

（1）犯本罪的，处5年以下有期徒刑或者拘役，并处罚金。

（2）情节严重的，处5年以上有期徒刑，并处罚金。

具有下列情形之一的，应当认定为"情节严重"：①组织、领导的参与传销活动人员累计达120人以上的；②直接或者间接收取参与传销活动人员缴纳的传销资金数额累计达250万元以上的；③曾因组织、领导传销活动受过刑事处罚，或者1年以内因组织、领导传销活动受过行政处罚又直接或者间接发展参与传销活动人员累计达60人以上的；④造成参与传销活动人员精神失常、自杀等严重后果的；⑤造成其他严重后果或者恶劣社会影响的。

重点解读

一、罪与非罪

组织、领导传销活动罪，是指组织、领导以推销商品、提供服务等经营活动为名，要求参加者以缴纳费用或者购买商品、服务等方式获得加入资格，并按照一定顺序组成层级，直接或者间接以发展人员的数量作为计酬或者返利依据，引诱、胁迫参加者继续发展他人参加，骗取财物的行为。犯罪客体是经济社会秩序。犯罪主体是自然人和单位，其中自然人仅限对非法传销活动进行组织、领导的人员。犯罪主观方面是故意。

（一）传销

传销，是指组织者通过发展人员或者要求被发展人员缴纳

"入门费"为条件取得加入资格等方式非法获取财物的行为,本质属于"庞氏骗局"。以销售商品为目的、以销售业绩为计酬依据的单纯的"团队计酬"式传销活动,不作为犯罪处理。形式上采取"团队计酬"方式,但实质上属于"以发展人员的数量作为计酬或者返利依据"的经营活动,其具有组织上的封闭性、交易上的隐蔽性、传销成员的分散性等特点。该经营方式以发展"人员"和吸纳"资金"两条必不可少的链条维系,参与者的酬金完全由这两个链条的业绩决定。传销与直销均采用多层次计酬的方式,但仍存在区别。

1. 从是否缴纳入门费上看,后者的销售人员在获取从业资格时没有被要求缴纳高额入门费,而前者不缴纳高额入门费或者购买与高额入门费等价的"道具商品"是根本得不到入门资格的。

2. 从经营对象上看,后者是以销售产品为导向,商品定价基本合理且有退货保障;而前者根本没有产品销售或只以价格与价值严重背离的"道具商品"为幌子且不许退货,以发展"下线"人数为主要目的。

3. 从人员的收入来源看,后者主要根据从业人员的销售业绩和奖金,而前者主要取决于发展的"下线"人多少和新入会成员的高额入门费。

4. 从组织存在和维系的条件看,后者的直销公司的生存与发展取决于产品销售业绩和利润,而前者的传销组织则取决于是否有新会员以一定倍率不断加入。[①]

实践中,数行为人成立网络平台后,以平台提供虚拟货币

[①] 参见黄太云:《〈刑法修正案(七)〉内容解读》,转引自林亚刚:《〈刑法修正案(七)〉"组织、领导传销罪"的解读》,载《政法论丛》2009年第6期。

增值服务为名，要求参与者购买一定数量的虚拟货币充值该平台获得加入资格，平台不具有行为人对外宣传的大部分盈利模式，主要从各层级参与人的投资中非法获利，参与者获得收益的结算方式为虚拟货币，收益主要取决于其下线人数及下线投资额，而非从虚拟货币的市场价涨跌获得收益的，应当认定为传销。[1]

（二）组织、领导

组织，是指行为首倡者或者发起人，纠集形成犯罪团体的行为。领导，是指在犯罪组织中进行决策、指挥的行为。组织、领导行为，并不包括诱骗、胁迫或者介绍他人从事传销的行为。

（三）骗取财物

传销活动的组织者、领导者采取编造、歪曲国家政策，虚构、夸大经营、投资、服务项目及盈利前景，掩饰计酬、返利真实来源或者其他欺诈手段，实施本罪规定的行为，从参与传销活动人员缴纳的费用或者购买商品、服务的费用中非法获利的，应当认定为骗取财物。参与传销活动人员是否认为被骗，不影响骗取财物的认定。

（四）犯罪数额

计算传销犯罪数额时，不应当扣除传销人员培训、会务等费用开支，而传销参与人投入的资金系传销犯罪所用财物，均应当计入犯罪数额。[2]

二、一罪与数罪

1.以非法占有为目的，组织、领导传销活动，同时构成组

---

[1] 参见"陈某芝等人组织、领导传销活动案"（案例编号：2023-03-1-168-001），载人民法院案例库，最后访问日期：2024年9月12日。

[2] 参见"陈某芝等人组织、领导传销活动案"（案例编号：2023-03-1-168-001），载人民法院案例库，最后访问日期：2024年9月12日。

重点解读	织、领导传销活动罪和集资诈骗罪的，依照处罚较重的规定定罪处罚。 　　2.犯组织、领导传销活动罪，并实施故意伤害、非法拘禁、敲诈勒索、妨害公务、聚众扰乱社会秩序、聚众冲击国家机关、聚众扰乱公共场所秩序、交通秩序等行为，构成犯罪的，依照数罪并罚的规定处罚。
法律适用	【司法解释及司法解释性文件】1.《最高人民法院、最高人民检察院、公安部关于办理组织领导传销活动刑事案件适用法律若干问题的意见》一~七 　　2.《最高人民法院关于审理非法集资刑事案件具体应用法律若干问题的解释》第13条 　　【相关法律法规】1.《商业特许经营管理条例》第1~30条 　　2.《禁止传销条例》第2条、第7条、第24条 　　3.《直销管理条例》第2~4条、第7条、第13~16条、第18条、第39条、第52条 　　4.《国务院关于禁止传销经营活动的通知》二、三 　　【规章及规范性文件】《最高人民检察院、公安部关于公安机关管辖的刑事案件立案追诉标准的规定（二）》第70条

103 非法经营罪

刑法规定

第 225 条

违反国家规定,有下列非法经营行为之一,扰乱市场秩序,情节严重的,处五年以下有期徒刑或者拘役,并处或者单处违法所得一倍以上五倍以下罚金;情节特别严重的,处五年以上有期徒刑,并处违法所得一倍以上五倍以下罚金或者没收财产:

(一)未经许可经营法律、行政法规规定的专营、专卖物品或者其他限制买卖的物品的;

(二)买卖进出口许可证、进出口原产地证明以及其他法律、行政法规规定的经营许可证或者批准文件的;

(三)未经国家有关主管部门批准非法经营证券、期货、保险业务的,或者非法从事资金支付结算业务的;

(四)其他严重扰乱市场秩序的非法经营行为。

第 231 条

单位犯本节第二百二十一条至第二百三十条规定之罪的,对单位判处罚金,并对其直接负责的主管人员和其他直接责任人员,依照本节各该条的规定处罚。

立案标准

违反国家规定,进行非法经营活动,扰乱市场秩序,涉嫌下列情形之一的,应予立案追诉:

1.违反国家烟草专卖管理法律法规,未经烟草专卖行政主管部门许可,无烟草专卖生产企业许可证、烟草专卖批发企业许可证、特种烟草专卖经营企业许可证、烟草专卖零售许可证

等许可证明,非法经营烟草专卖品,具有下列情形之一的:

(1)非法经营数额在5万元以上,或者违法所得数额在2万元以上的;

(2)非法经营卷烟20万支以上的;

(3)3年内因非法经营烟草专卖品受过2次以上行政处罚,又非法经营烟草专卖品且数额在3万元以上的。

2.未经国家有关主管部门批准,非法经营证券、期货、保险业务,或者非法从事资金支付结算业务,具有下列情形之一的:

(1)非法经营证券、期货、保险业务,数额在100万元以上,或者违法所得数额在10万元以上的。

(2)非法从事资金支付结算业务,数额在500万元以上,或者违法所得数额在10万元以上的。

(3)非法从事资金支付结算业务,数额在250万元以上不满500万元,或者违法所得数额在5万元以上不满10万元,且具有下列情形之一的:

① 因非法从事资金支付结算业务犯罪行为受过刑事追究的;

② 2年内因非法从事资金支付结算业务违法行为受过行政处罚的;

③ 拒不交代涉案资金去向或者拒不配合追缴工作,致使赃款无法追缴的;

④ 造成其他严重后果的。

(4)使用销售点终端机具(POS机)等方法,以虚构交易、虚开价格、现金退货等方式向信用卡持卡人直接支付现金,数额在100万元以上的,或者造成金融机构资金20万元以上逾期未还的,或者造成金融机构经济损失10万元以上的。

3.实施倒买倒卖外汇或者变相买卖外汇等非法买卖外汇行为,扰乱金融市场秩序,具有下列情形之一的:

(1)非法经营数额在500万元以上的,或者违法所得数额在10万元以上的。

(2)非法经营数额在250万元以上,或者违法所得数额在5万元以上,且具有下列情形之一的:

①因非法买卖外汇犯罪行为受过刑事追究的;

②2年内因非法买卖外汇违法行为受过行政处罚的;

③拒不交代涉案资金去向或者拒不配合追缴工作,致使赃款无法追缴的;

④造成其他严重后果的。

(3)公司、企业或者其他单位违反有关外贸代理业务的规定,采用非法手段,或者明知是伪造、变造的凭证、商业单据,为他人向外汇指定银行骗购外汇,数额在500万美元以上或者违法所得数额在50万元以上的。

(4)居间介绍骗购外汇,数额在100万美元以上或者违法所得数额在10万元以上的。

4.出版、印刷、复制、发行严重危害社会秩序和扰乱市场秩序的非法出版物,具有下列情形之一的:

(1)个人非法经营数额在5万元以上的,单位非法经营数额在15万元以上的;

(2)个人违法所得数额在2万元以上的,单位违法所得数额在5万元以上的;

(3)个人非法经营报纸5000份或者期刊5000本或者图书2000册或者音像制品、电子出版物500张(盒)以上的,单位非法经营报纸15000份或者期刊15000本或者图书5000册或者音像制品、电子出版物1500张(盒)以上的。

(4)虽未达到上述数额标准,但具有下列情形之一的:

①2年内因出版、印刷、复制、发行非法出版物受过2次以上行政处罚,又出版、印刷、复制、发行非法出版物的;

②因出版、印刷、复制、发行非法出版物造成恶劣社会影响或者其他严重后果的。

5.非法从事出版物的出版、印刷、复制、发行业务,严重扰乱市场秩序,具有下列情形之一的:

(1)个人非法经营数额在15万元以上的,单位非法经营数额在50万元以上的;

(2)个人违法所得数额在5万元以上的,单位违法所得数额在15万元以上的;

(3)个人非法经营报纸15000份或者期刊15000本或者图书5000册或者音像制品、电子出版物1500张(盒)以上的,单位非法经营报纸5万份或者期刊5万本或者图书15000册或者音像制品、电子出版物5000张(盒)以上的;

(4)虽未达到上述数额标准,2年内因非法从事出版物的出版、印刷、复制、发行业务受过2次以上行政处罚,又非法从事出版物的出版、印刷、复制、发行业务的。

6.采取租用国际专线、私设转接设备或者其他方法,擅自经营国际电信业务或者涉港澳台电信业务进行营利活动,扰乱电信市场管理秩序,具有下列情形之一的:

(1)经营去话业务数额在100万元以上的;

(2)经营来话业务造成电信资费损失数额在100万元以上的;

(3)虽未达到上述数额标准,但具有下列情形之一的:

①2年内因非法经营国际电信业务或者涉港澳台电信业务行为受过2次以上行政处罚,又非法经营国际电信业务或者涉港澳台电信业务的;

②因非法经营国际电信业务或者涉港澳台电信业务行为造成其他严重后果的。

7.以营利为目的,通过信息网络有偿提供删除信息服务,或者明知是虚假信息,通过信息网络有偿提供发布信息等服务,扰乱市场秩序,具有下列情形之一的:

(1)个人非法经营数额在5万元以上,或者违法所得数额在2万元以上的;

(2)单位非法经营数额在15万元以上,或者违法所得数额在5万元以上的。

8.非法生产、销售"黑广播""伪基站"、无线电干扰器等无线电设备,具有下列情形之一的:

(1)非法生产、销售无线电设备3套以上的;

(2)非法经营数额在5万元以上的;

(3)虽未达到上述数额标准,但2年内因非法生产、销售无线电设备受过2次以上行政处罚,又非法生产、销售无线电设备的。

9.以提供给他人开设赌场为目的,违反国家规定,非法生产、销售具有退币、退分、退钢珠等赌博功能的电子游戏设施设备或者其专用软件,具有下列情形之一的:

(1)个人非法经营数额在5万元以上,或者违法所得数额在1万元以上的;

(2)单位非法经营数额在50万元以上,或者违法所得数额在10万元以上的;

(3)虽未达到上述数额标准,但2年内因非法生产、销售赌博机行为受过2次以上行政处罚,又进行同种非法经营行为的;

(4)其他情节严重的情形。

10.实施下列危害食品安全行为,非法经营数额在10万元以上，或者违法所得数额在 5 万元以上的：

（1）以提供给他人生产、销售食品为目的，违反国家规定，生产、销售国家禁止用于食品生产、销售的非食品原料的；

（2）以提供给他人生产、销售食用农产品为目的，违反国家规定，生产、销售国家禁用农药、食品动物中禁止使用的药品及其他化合物等有毒、有害的非食品原料，或者生产、销售添加上述有毒、有害的非食品原料的农药、兽药、饲料、饲料添加剂、饲料原料的；

（3）违反国家规定，私设生猪屠宰厂（场），从事生猪屠宰、销售等经营活动的。

11. 未经监管部门批准，或者超越经营范围，以营利为目的，以超过 36% 的实际年利率经常性地向社会不特定对象发放贷款，具有下列情形之一的：

（1）个人非法放贷数额累计在 200 万元以上的，单位非法放贷数额累计在 1000 万元以上的；

（2）个人违法所得数额累计在 80 万元以上的，单位违法所得数额累计在 400 万元以上的；

（3）个人非法放贷对象累计在 50 人以上的，单位非法放贷对象累计在 150 人以上的；

（4）造成借款人或者其近亲属自杀、死亡或者精神失常等严重后果的；

（5）虽未达到上述数额标准，但具有下列情形之一的：

①2 年内因实施非法放贷行为受过 2 次以上行政处罚的；

②以超过 72% 的实际年利率实施非法放贷行为 10 次以上的。

黑恶势力非法放贷的，按照第（1）（2）（3）项规定的相应数额、数量标准的 50% 确定。同时具有第（5）项规定情形的，

立案标准

按照相应数额、数量标准的40%确定。

12. 从事其他非法经营活动,具有下列情形之一的:

(1) 个人非法经营数额在5万元以上,或者违法所得数额在1万元以上的;

(2) 单位非法经营数额在50万元以上,或者违法所得数额在10万元以上的;

(3) 虽未达到上述数额标准,但2年内因非法经营行为受过2次以上行政处罚,又从事同种非法经营行为的;

(4) 其他情节严重的情形。

法律、司法解释对非法经营罪的立案追诉标准另有规定的,依照其规定。

量刑标准

(1) 犯本罪的,处5年以下有期徒刑或者拘役,并处或者单处违法所得1倍以上5倍以下的罚金。

(2) 情节特别严重的,处5年以上有期徒刑,并处违法所得1倍以上5倍以下罚金或者没收财产。

(3) 单位犯本罪的,对单位判处罚金,并对其直接负责的主管人员和其他直接责任人员,依上述规定处罚。

重点解读

一、罪与非罪

非法经营罪,是指违反国家规定,实施非法经营行为,扰乱市场秩序,情节严重的行为。非法经营罪的成立,关键在于判断行为人的经营行为对市场准入秩序和市场经济秩序的侵害。市场准入秩序是违反国家规定的前置判断要求,即本罪惩处的首先是"行政不服从",是对市场准入秩序的扰乱。[1] 市场经济秩序则是对经营行为最终危害后果的衡量。

---

[1] 参见李怀胜:《信息秩序法益视野下网络公关犯罪的完善路径》,载《当代法学》2022年第3期。

犯罪客体是市场准入秩序和市场经济秩序。犯罪主体包括自然人和单位。

（一）违反国家规定

非法经营罪中的违反国家规定，主要是指违反行政许可，本质其实就是未经许可从事某项经营活动。[①] 此处的国家规定，只是本罪各分项行为的兜底性规定，并不具有实际意义。对于具体的非法经营行为，应该根据各分项罪名的罪状规定，适用具体的"违反规定"要求。《刑法》第225条第1项和第2项要求非法经营的行为违反了法律、行政法规规定的行政许可，第3项中则是未经国家有关主管部门批准，对被告人的行为是否属于第4项规定的"其他严重扰乱市场秩序的非法经营行为"，有关司法解释未作明确规定的，应当作为法律适用问题逐级向最高人民法院请示。

（二）经营

非法经营罪中的经营，既要从主观目的上进行把握，即以非法营利为目的，也要从客观经营行为上进行理解，即要区分长期的经营行为与日常的买卖活动。以非法营利为目的，是指行为人提供商品或服务是为了赚取利润。客观经营行为一般表现为筹划、组织、管理等一系列、反复、不间断的经济活动，区别于单次、偶然的交易行为。在司法实践中，执法者可以结合实际证据判断市场主体的买卖行为是否符合经营的内涵，对于单次、偶然的买卖行为，应当排除在本罪之外。[②]

[①] 参见陈兴良：《非法经营罪范围的扩张及其限制——以行政许可为视角的考察》，载《法学家》2021年第2期。

[②] 参见祝天剑：《非法经营罪之法教义学限缩》，载《法律适用》2022年第3期。

（三）非法经营罪的动态处理

非法经营罪作为兜底罪名，是一种一般罪名或普通罪名的存在。但刑事立法对相关罪名的修改，理应将符合特殊罪名的非法经营行为进行其他罪名的入罪处理。比如针对无证经营成品油的行为，根据《刑法修正案（九）》对危险驾驶罪的修改与《刑法修正案（十一）》增设的危险作业罪，根据运输、仓储等行为是否"危及公共安全"、是否"具有现实危险"等具体情形，分别适用危险驾驶罪和危险作业罪；造成严重后果的，适用危险物品肇事罪等。①

（四）实践中常见的涉罪行为类型

1.非法发行出版物骗取钱财型。未经许可从事出版物的出版、发行业务并牟利的行为认定，应当从侵犯客体和行为方式综合考虑。若行为人以散发广告等形式大量招揽客户，收取单个投稿人少量稿费，且按照约定组稿并出版、发行假杂志，行为人主观上希望通过经营行为牟利而非骗取投稿人的财产，侵犯客体为出版市场秩序的稳定性而非投稿人的财产权益；且投稿人基于行为人发稿流程、发刊速度、印刷质量、是否校审、版面费数额、能否退款及换刊等情况能够判断行为人系假冒正规出版单位期刊仍然投稿的，即使行为人在非法出版、发行过程中采用假冒正规出版社编辑名称等欺骗行为，也主要是为了吸引投稿，是整个犯罪行为的一部分，不应认定投稿人基于错误认识处分财产，不能认定诈骗罪，应以本罪论处。②

---

① 参见马春晓：《轻罪立法时代无证经营成品油行为的刑法定性——基于建构性刑法解释的展开》，载《法学》2022年第3期。

② 参见"杨某等非法经营案"（案例编号：2023-03-1-169-015），载人民法院案例库，最后访问日期：2024年9月12日。

2.非法运营第四方支付平台型。行为人未经国家主管部门批准，运营第四方支付平台，整合即时通信收付款媒介，非法进行资金流转，属于非法从事资金支付结算业务，应以本罪论处。①

3.非法经营黄金期货业务型。行为人以提供黄金"现货延期交易"为名，未经批准在国内非法代理境外黄金及其衍生产品交易，投资人采取买空、卖空以及对冲黄金合约等交易手段，利用境外黄金市场价格波动获取投机利益，不关注最终能否真正取得黄金所有权。上述行为属于未经国家有关主管部门批准，变相非法经营黄金期货业务，扰乱金融市场秩序；情节严重的，应以本罪论处。②

4.虚构交易非法套现型。行为人先垫资替信用卡持卡人归还到期透支款项，后使用POS机以虚构交易方式取回垫资款的，属于"非法从事资金支付结算业务"，情节严重的，应以本罪论处。③

5.非法代购麻醉药品、精神药品型。在认定跨境代购麻醉药品、精神药品行为性质时，不能仅从行为特征本身予以认定，还应从侵犯法益、刑事处罚必要性等方面进行综合评价。行为人虽然明知某境外药品同时是国家管制精神药品，但出于治疗特定疾病目的，通过逃避海关监管的形式为不特定人员大量从境外代购，不具有作为毒品替代物向吸贩毒人员销售的主观故意、没有证据证实代购药品流向毒品市场或吸毒人员的，不应

---

① 参见"满某、孙某非法经营案"（案例编号：2023-04-1-169-003），载人民法院案例库，最后访问日期：2024年9月12日。
② 参见"周某非法经营案"（案例编号：2023-03-1-169-012），载人民法院案例库，最后访问日期：2024年9月12日。
③ 参见"袁某非法经营案"（案例编号：2023-03-1-169-007），载人民法院案例库，最后访问日期：2024年9月12日。

认定为毒品犯罪。明显超出必要成本加价销售，通过代购境外药品非法牟利，情节严重的，应以本罪论处。[1]

二、此罪与彼罪

非法经营罪与其他罪名的区别。根据行为人对行为的不同认识，行为人占有、获取财物的方式和侵害犯罪客体的不同，可以将非法经营罪与诈骗罪、赌博罪等进行此罪与彼罪的划分。

例如，行为人在未经批准的情况下，以作为投资人与券商的中介人的方式，通过建立微信群、视频讲课等方式进行虚假宣传，劝说、推介客户在软件平台购买股票期权，实施的居间介绍行为属于与股票期权交易相关的活动，在谋取非法利益的同时造成了对股票期货交易市场秩序的严重扰乱和破坏。该犯罪行为在占有获取财物的方式以及侵害的犯罪客体等方面与诈骗罪的构成要件存在区别，应当以非法经营罪追究刑事责任。[2]

再如，赌博罪的客体是以劳动取得财产的社会经济活动方式和秩序，属于扰乱社会公共秩序类犯罪，非法经营罪的客体为市场准入秩序和市场经济秩序，属于破坏市场经济秩序类犯罪。赌博罪的核心是投注博彩，非法经营罪则表现为直接对兑奖凭证的制作和销售。[3]

【司法解释及司法解释性文件】 1.《最高人民法院、最高人民检察院关于办理非法生产、销售、使用禁止在饲料和动物饮用水中使用的药品等刑事案件具体应用法律若干问题的解释》第1条、第2条、第5~6条

---

[1] 参见"胡某某非法经营案"（案例编号：2023-03-1-169-006），载人民法院案例库，最后访问日期：2024年9月12日。
[2] 参见符东杰、张德：《利用网络平台非法开展证券、期货业务构成非法经营罪》，载《人民司法》2022年第8期。
[3] 参见侯婉颖：《赌博罪与非法经营罪界限探析》，载《中国检察官》2015年第4期。

2.《最高人民法院、最高人民检察院关于办理非法生产、销售烟草专卖品等刑事案件具体应用法律若干问题的解释》第1条、第3~7条、第9条

3.《最高人民法院、最高人民检察院关于办理非法从事资金支付结算业务、非法买卖外汇刑事案件适用法律若干问题的解释》第1~12条

4.《最高人民法院关于审理非法出版物刑事案件具体应用法律若干问题的解释》第11~17条

5.《最高人民法院关于审理扰乱电信市场管理秩序案件具体应用法律若干问题的解释》第1~5条、第10条

6.《最高人民法院、最高人民检察院关于办理危害食品安全刑事案件适用法律若干问题的解释》第16~18条

7.《最高人民法院、最高人民检察院关于办理妨害预防、控制突发传染病疫情等灾害的刑事案件具体应用法律若干问题的解释》第6条

8.《最高人民法院、最高人民检察院关于办理赌博刑事案件具体应用法律若干问题的解释》第6条

9.《最高人民法院关于审理非法集资刑事案件具体应用法律若干问题的解释》第11条

10.《最高人民法院、最高人民检察院关于办理利用信息网络实施诽谤等刑事案件适用法律若干问题的解释》第7条

11.《最高人民法院、最高人民检察院、公安部、国家安全部关于依法办理非法生产销售使用"伪基站"设备案件的意见》一~三

12.《最高人民法院、最高人民检察院、公安部关于办理利用赌博机开设赌场案件适用法律若干问题的意见》四

13.《最高人民法院、最高人民检察院关于办理扰乱无线电

通讯管理秩序等刑事案件适用法律若干问题的解释》第 4 条

14.《最高人民法院关于审理走私、非法经营、非法使用兴奋剂刑事案件适用法律若干问题的解释》第 2 条

15.《最高人民法院关于审理破坏森林资源刑事案件适用法律若干问题的解释》第 10 条

【相关法律法规】1.《烟草专卖法》第 3 条、第 10 条、第 34 条、第 35 条

2.《反兴奋剂条例》第 38 条

3.《危险废物经营许可证管理办法》第 25~28 条

【规章及规范性文件】《最高人民检察院、公安部关于公安机关管辖的刑事案件立案追诉标准的规定（二）》第 71 条

104 强迫交易罪

刑法规定

第 226 条

以暴力、威胁手段,实施下列行为之一,情节严重的,处三年以下有期徒刑或者拘役,并处或者单处罚金;情节特别严重的,处三年以上七年以下有期徒刑,并处罚金:

(一)强买强卖商品的;

(二)强迫他人提供或者接受服务的;

(三)强迫他人参与或者退出投标、拍卖的;

(四)强迫他人转让或者收购公司、企业的股份、债券或者其他资产的;

(五)强迫他人参与或者退出特定的经营活动的。

第 231 条

单位犯本节第二百二十一条至第二百三十条规定之罪的,对单位判处罚金,并对其直接负责的主管人员和其他直接责任人员,依照本节各该条的规定处罚。

立案标准

以暴力、威胁手段强买强卖商品,强迫他人提供服务或者接受服务,涉嫌下列情形之一的,应予立案追诉:

(1)造成被害人轻微伤的;

(2)造成直接经济损失 2000 元以上的;

(3)强迫交易 3 次以上或者强迫 3 人以上交易的;

(4)强迫交易数额 1 万元以上,或者违法所得数额 2000 元以上的;

立案标准

（5）强迫他人购买伪劣商品数额 5000 元以上，或者违法所得数额 1000 元以上的；

（6）其他情节严重的情形。

以暴力、威胁手段强迫他人参与或者退出投标、拍卖，强迫他人转让或者收购公司、企业的股份、债券或者其他资产，强迫他人参与或者退出特定的经营活动，具有多次实施、手段恶劣、造成严重后果或者恶劣社会影响等情形之一的，应予立案追诉。

量刑标准

（1）情节严重的，处 3 年以下有期徒刑或者拘役，并处或者单处罚金。

（2）情节特别严重的，处 3 年以上 7 年以下有期徒刑，并处罚金。

（3）单位犯本罪的，对单位判处罚金，并对其直接负责的主管人员和其他直接责任人员，依上述规定处罚。

重点解读

一、罪与非罪

强迫交易罪，是指以暴力、威胁手段，强买强卖商品，或者强迫他人提供或者接受服务，或者强迫他人参与或者退出投标、拍卖，或者强迫他人转让或者收购公司、企业的股份、债券或者其他资产，或者强迫他人参与或者退出特定的经营活动，情节严重的行为。犯罪客体是市场经济秩序。犯罪主体包括自然人和单位。犯罪主观方面是故意。

（一）暴力、威胁

暴力、威胁手段是成立强迫交易罪的前提，其暴力程度应轻于抢劫罪的暴力，包括通过使用言语恐吓、行为威胁等"软暴力"手段。在认定强迫交易罪时，应重点考察是否存在真实的交易或者说存在交易的基础。对于仅有交易的外在形式，但双方均无真实的交易意思的，行为人试图达到的目的并不是促成交易，而是基于催要欠款、赌资等的，不宜以本罪论处。

（二）实践中常见的涉罪行为类型

1. 美容行业强迫交易行为。美容行业乱象经常表现为欺诈和威胁手段并用，认定是否构成强迫交易罪，应结合对他人违背真实意愿进行消费起决定性作用的核心行为、被害人人数、交易金额及对美容行业市场秩序的危害程度等具体情况进行综合判断；主要以威胁手段实现交易的，不属于民事欺诈。[①]

2. 物业强迫交易行为。物业工作人员滥用物业管理权，利用管理小区的便利，违背他人意志，采取暴力、威胁手段，强迫他人购买或接受与其合谋的第三人的装修商品或服务，以谋取个人利益，以本罪论处。物业工作人员滥用物业管理权，与第三人合谋，对从该第三人处购买装修建材或服务的业主采取较为宽松的管理方式，对未在该第三人处购买装修建材或服务的业主采取非常严格的管理方式，使得在第三人处购买商品和服务与在他人处购买所遭受的物业管理存在巨大差距；同时，物业工作人员及第三人采取手段制止业主装修，尽管这些手段没有危及业主生命健康，但具有强制性和暴力性。上述情形足以使业主产生恐惧心理从而选择与其进行交易，物业工作人员的行为已超出物业管理权限，达到"暴力、威胁"程度并对业主形成强制心理作用，属强迫交易行为。[②]

二、此罪与彼罪

1. 强迫交易罪与敲诈勒索罪。敲诈勒索罪，是指敲诈勒索

---

① 参见"王某等人强迫交易案"（案例编号：2023-03-1-170-001），载人民法院案例库，最后访问日期：2024年9月12日。

② 参见"陆某等强迫交易案"（案例编号：2023-03-1-170-002），载人民法院案例库，最后访问日期：2024年9月12日。

公私财物，数额较大或者多次敲诈勒索的行为。二者的区分，应结合危害行为发生场合、取财是否有对应依据、非法占有程度等因素加以综合界定。首先，在危害行为发生场合方面。强迫交易要求危害行为发生在交易或服务过程之中，且危害行为完成之时，交易或服务亦随之完结；而敲诈勒索则对危害行为发生的场合没有要求。其次，在取财依据方面。强迫交易依托一定的事实基础，如市场交易、产品服务等，行为人取得非法利益必须依托这些事实基础；而敲诈勒索则多表现为行为人以虚构的事实对被害人实施心理强制，进而强行获取非法利益，也即敲诈勒索中的取财不具备相应的客观事实基础。最后，在非法占有程度方面。强迫交易是在违背正常市场交易规范前提下获取不当利益，是一种不对等的利益获取，系有偿占有利益性质；而敲诈勒索则是完全的非法占有利益，系无偿占有利益性质。[1]

2.强迫交易罪与非法经营罪。非法经营罪，是指违反国家规定，实施非法经营行为，扰乱市场秩序，情节严重的行为。非法经营罪的成立，关键在于判断行为人的经营行为对市场准入秩序和市场经济秩序的侵害。对于现实生活中出现的欺行霸市的行为，其从事的生产经营本身符合市场准入的秩序性要求，并不符合非法经营罪。但欺行霸市的行为，属于典型的以暴力、威胁手段强迫对方以较低的、不合理的价格，促成交易的目的。达到强迫交易罪定罪标准的，以本罪论处。

三、一罪与数罪

以暴力、胁迫手段强迫他人借贷，属于"强迫他人提供或

---

[1] 参见石魏、程欢欢：《敲诈勒索罪与强迫交易罪的准确界定和区分》，载《人民法院报》2020年7月2日，第6版。

重点解读	者接受服务",情节严重的,以本罪论处;同时构成故意伤害罪等其他犯罪的,依照处罚较重的规定定罪处罚。以非法占有为目的,以借贷为名采用暴力、胁迫手段获取他人财物,符合抢劫罪或敲诈勒索罪构成要件的,以相应的犯罪论处。
法律适用	【司法解释及司法解释性文件】1.《最高人民法院、最高人民检察院、公安部、司法部关于办理黑恶势力犯罪案件若干问题的指导意见》第14~17条、第20条 2.《最高人民检察院关于强迫借贷行为适用法律问题的批复》 3.《最高人民法院、最高人民检察院、公安部、司法部关于办理实施"软暴力"的刑事案件若干问题的意见》一、二、五 4.《最高人民法院、最高人民检察院、公安部、司法部关于办理利用信息网络实施黑恶势力犯罪刑事案件若干问题的意见》二 【相关法律法规】1.《退耕还林条例》第59条 2.《制止牟取暴利的暂行规定》第8条 【规章及规范性文件】《最高人民检察院、公安部关于公安机关管辖的刑事案件立案追诉标准的规定(一)》第28条

105 伪造、倒卖伪造的有价票证罪

刑法规定

第 227 条第 1 款

伪造或者倒卖伪造的车票、船票、邮票或者其他有价票证，数额较大的，处二年以下有期徒刑、拘役或者管制，并处或者单处票证价额一倍以上五倍以下罚金；数额巨大的，处二年以上七年以下有期徒刑，并处票证价额一倍以上五倍以下罚金。

第 231 条

单位犯本节第二百二十一条至第二百三十条规定之罪的，对单位判处罚金，并对其直接负责的主管人员和其他直接责任人员，依照本节各该条的规定处罚。

立案标准

伪造或者倒卖伪造的车票、船票、邮票或者其他有价票证，涉嫌下列情形之一的，应予立案追诉：

（1）车票、船票票面数额累计 2000 元以上，或者数量累计 50 张以上的；

（2）邮票票面数额累计 5000 元以上，或者数量累计 1000 枚以上的；

（3）其他有价票证价额累计 5000 元以上，或者数量累计 100 张以上的；

（4）非法获利累计 1000 元以上的；

（5）其他数额较大的情形。

量刑标准

（1）数额较大的，处 2 年以下有期徒刑、拘役或者管制，并处或单处票证价额 1 倍以上 5 倍以下罚金。

（2）数额巨大的，处 2 年以上 7 年以下有期徒刑，并处票证价额 1 倍以上 5 倍以下罚金。

（3）单位犯本罪的，对单位判处罚金，并对其直接负责的主管人员和其他直接责任人员，依上述规定处罚。

重点解读

一、罪与非罪

伪造、倒卖伪造的有价票证罪，是指伪造或者明知是伪造的车票、船票、邮票或者其他有价票证而进行倒卖，数额较大的行为。犯罪客体是市场经济秩序。犯罪主体包括自然人和单位。犯罪主观方面为故意。

伪造，是指对车票、船票、邮票或者其他有价票证的图案、形状、色彩等要素进行制作的行为，要求伪造的有价票证足以使一般人信以为真。倒卖，是指出售、贩卖，并不以先行购买为前提。对于变造或者倒卖变造的邮票数额较大的，以本罪论处。非法制作或者出售非法制作的 IC 电话卡，数额较大的，以本罪论处，犯罪数额可以根据销售数额认定；明知是非法制作的 IC 电话卡而使用或者购买并使用，造成电信资费损失数额较大的，以盗窃罪定罪处罚。

二、一罪与数罪

行为人伪造有价票证后又倒卖的，不实行数罪并罚。对于倒卖金融票证以及伪造的有价证券等，如果不符合相应金融诈骗罪的犯罪构成和定罪标准，符合本罪定罪标准的，应按本罪论处。倒卖伪造的有价票证，达到本罪定罪要求，同时构成诈骗罪的，应从一重罪论处。

法律适用	【司法解释及司法解释性文件】1.《最高人民法院关于对变造、倒卖变造邮票行为如何适用法律问题的解释》 2.《最高人民检察院关于非法制作、出售、使用 IC 电话卡行为如何适用法律问题的答复》 【相关法律法规】1.《治安管理处罚法》第 52 条 2.《印刷业管理条例》第 8 条、第 10 条、第 36~37 条 【规章及规范性文件】《最高人民检察院、公安部关于公安机关管辖的刑事案件立案追诉标准的规定（一）》第 29 条

106 倒卖车票、船票罪

刑法规定	**第 227 条第 2 款** 倒卖车票、船票，情节严重的，处三年以下有期徒刑、拘役或者管制，并处或者单处票证价额一倍以上五倍以下罚金。 **第 231 条** 单位犯本节第二百二十一条至第二百三十条规定之罪的，对单位判处罚金，并对其直接负责的主管人员和其他直接责任人员，依照本节各该条的规定处罚。
立案标准	倒卖车票、船票或者倒卖车票坐席、卧铺签字号以及订购车票、船票凭证，涉嫌下列情形之一的，应予立案追诉： （1）票面数额累计 5000 元以上的； （2）非法获利累计 2000 元以上的； （3）其他情节严重的情形。
量刑标准	（1）情节严重的，处 3 年以下有期徒刑、拘役或者管制，并处或单处票证价额 1 倍以上 5 倍以下罚金。 （2）单位犯本罪的，对单位判处罚金，并对其直接负责的主管人员和其他直接责任人员，依上述规定处罚。
重点解读	**一、罪与非罪** 倒卖车票、船票罪，是指倒卖车票、船票，情节严重的行为。犯罪客体是市场经济秩序。犯罪主体包括自然人和单位。犯罪主观方面为故意。倒卖车票、船票的行为，包括高价、变价、变相加价倒卖车票或者倒卖坐席、卧铺签字号及订购车票凭证

<table>
<tr><td>重点解读</td><td>等行为。
　　对于铁路职工倒卖车票或者与其他人员勾结倒卖车票；组织倒卖车票的首要分子；曾因倒卖车票受过治安处罚2次以上，2年内又倒卖车票，构成倒卖车票罪的，依法从重处罚。
　　二、一罪与数罪
　　收购已经使用过的车票、船票后出卖给他人的，可以本罪论处。如果同时构成贪污罪、职务侵占罪、诈骗罪的共犯，应从一重罪论处。①</td></tr>
<tr><td>法律适用</td><td>　　【司法解释及司法解释性文件】《最高人民法院关于审理倒卖车票刑事案件有关问题的解释》第1条、第2条
　　【相关法律法规】《治安管理处罚法》第52条
　　【规章及规范性文件】《最高人民检察院、公安部关于公安机关管辖的刑事案件立案追诉标准的规定（一）》第30条</td></tr>
</table>

---

① 参见张明楷：《刑法学》（第六版），法律出版社2021年版，第1103页。

107 非法转让、倒卖土地使用权罪

刑法规定

第 228 条

以牟利为目的，违反土地管理法规，非法转让、倒卖土地使用权，情节严重的，处三年以下有期徒刑或者拘役，并处或者单处非法转让、倒卖土地使用权价额百分之五以上百分之二十以下罚金；情节特别严重的，处三年以上七年以下有期徒刑，并处非法转让、倒卖土地使用权价额百分之五以上百分之二十以下罚金。

第 231 条

单位犯本节第二百二十一条至第二百三十条规定之罪的，对单位判处罚金，并对其直接负责的主管人员和其他直接责任人员，依照本节各该条的规定处罚。

立案标准

以牟利为目的，违反土地管理法规，非法转让、倒卖土地使用权，涉嫌下列情形之一的，应予立案追诉：

（1）非法转让、倒卖永久基本农田 5 亩以上的；

（2）非法转让、倒卖永久基本农田以外的耕地 10 亩以上的；

（3）非法转让、倒卖其他土地 20 亩以上的；

（4）违法所得数额在 50 万元以上的；

（5）虽未达到上述数额标准，但因非法转让、倒卖土地使用权受过行政处罚，又非法转让、倒卖土地的；

（6）其他情节严重的情形。

量刑标准

（1）犯本罪的，处 3 年以下有期徒刑或者拘役，并处或者单处非法转让、倒卖土地使用权价额 5% 以上 20% 以下罚金。

（2）情节特别严重的，处 3 年以上 7 年以下有期徒刑，并处非法转让、倒卖土地使用权价额 5% 以上 20% 以下罚金。

（3）单位犯本罪的，对单位判处罚金，并对其直接负责的主管人员和其他直接责任人员，依上述规定处罚。

重点解读

一、罪与非罪

非法转让、倒卖土地使用权罪，是指以牟利为目的，违反土地管理法规，非法转让、倒卖土地使用权，情节严重的行为。犯罪客体是国家土地管理秩序。犯罪主体包括自然人和单位。犯罪主观方面为故意，且以牟利为目的。

（一）以牟利为目的

以牟利为目的，是指行为人转让、倒卖土地使用权不是通过正常合法的土地移转或土地买卖活动获取合法利润而是在进行非法转让、倒卖活动中投机取巧从中牟取暴利获取非法利润。对于以牟利为目的的认定，行为人在取得土地使用权与转让时如果存在差价，一般会被评价为牟利目的，这种事实推定大体是妥当的，但是也要注意例外情形，如果行为人有合法的理由转让土地使用权，而不是为了通过转让行为单纯获利，那么即便在客观上真的获取了利润，有时候也不能以非法转让、倒卖土地使用权罪论处。[①]

（二）非法转让、倒卖土地使用权

土地，包括农用地、林地、草原、荒地、石地以及其他的

[①] 参见佟齐、门美子：《非法转让、倒卖土地使用权罪探析——以刘某案展开》，载《中国检察官》2014 年第 12 期。

土地等。对本罪的认定,应首先明确土地使用权的归属,未实际取得土地使用权之前的转让行为,应由民法调整。① 只有当以出让、划拨方式获得国有土地使用权的单位和个人没有依照法律规定的方式转让土地使用权或符合法律规定的用地者在取得集体土地使用权后非法转让、倒卖给他人的才会发生非法转让、倒卖土地使用权的犯罪活动。对于以其他方式非法转让、倒卖土地的,只需要行为人实施了非法转移、倒卖土地权利的行为,并因此获利,均属于本罪行为。

对行为人将其所承包土地使用权"转租"的行为,应当结合全案证据对"转租"行为性质进行实质判断。具体判断因素包括:行为人"转租"是否具有非法牟利的目的,"转租"是否业已履行完毕法律规定的必要程序,双方约定的"转租"期限是否超越强制性规定,行为人是否一次性收取全部租赁费用,行为人在"转租"后是否继续履行其所承包土地使用权的义务,行为人是否明知或放任对方改变土地用途,以及行为人获得支付对价的金额等。对于以"转租"之名行转让土地使用权之实的,应以本罪论处。②

二、此罪与彼罪

非法转让、倒卖土地使用权罪与非法低价出让国有土地使用权罪。非法低价出让国有土地使用权罪,是指国家机关工作人员徇私舞弊,违反土地管理法规,滥用职权,非法低价出让国有土地使用权,情节严重的行为。二者在违反土地管理法规,非法出

---

① 参见金丹:《非法转让、倒卖土地使用权罪实务探析》,载《中国检察官》2015年第1期。

② 参见"田某满、田某利非法转让土地使用权案"(案例编号:2024-02-1-173-001),载人民法院案例库,最后访问日期:2024年9月12日。

重点解读	让土地使用权方面存在相似之处，但在犯罪对象、犯罪主体和目的方面均有所不同。在犯罪对象方面，前者犯罪对象仅为土地使用权，既包括国有土地使用权，也包括集体土地使用权；后者只能是国有土地使用权。在犯罪主体方面，前者为一般主体，包括自然人和单位；后者为特殊主体，只能是国家机关工作人员。在犯罪目的方面，前者要求以牟利为目的，后者并无目的要求。 **三、一罪与数罪** 　　行为人非法占用农用地后，又将农用地使用权非法转让、倒卖，造成农用地大量毁坏，且达到本罪定罪标准的，应从一重罪论处。如果在非法转让、倒卖土地使用权的过程中，存在贪污、受贿、行贿等犯罪行为，构成犯罪的，应数罪并罚。
法律适用	【司法解释及司法解释性文件】《最高人民法院关于审理破坏土地资源刑事案件具体应用法律若干问题的解释》第1~3条、第7~9条 【相关法律法规】1.《草原法》第9条 2.《土地管理法》第2条、第10条、第13条、第74条 3.《基本农田保护条例》第2条、第30条 【规章及规范性文件】《最高人民检察院、公安部关于公安机关管辖的刑事案件立案追诉标准的规定（二）》第72条

108 提供虚假证明文件罪

刑法规定

第 229 条第 1、2 款

承担资产评估、验资、验证、会计、审计、法律服务、保荐、安全评价、环境影响评价、环境监测等职责的中介组织的人员故意提供虚假证明文件,情节严重的,处五年以下有期徒刑或者拘役,并处罚金;有下列情形之一的,处五年以上十年以下有期徒刑,并处罚金:

(一)提供与证券发行相关的虚假的资产评估、会计、审计、法律服务、保荐等证明文件,情节特别严重的;

(二)提供与重大资产交易相关的虚假的资产评估、会计、审计等证明文件,情节特别严重的;

(三)在涉及公共安全的重大工程、项目中提供虚假的安全评价、环境影响评价等证明文件,致使公共财产、国家和人民利益遭受特别重大损失的。

有前款行为,同时索取他人财物或者非法收受他人财物构成犯罪的,依照处罚较重的规定定罪处罚。

第 231 条

单位犯本节第二百二十一条至第二百三十条规定之罪的,对单位判处罚金,并对其直接负责的主管人员和其他直接责任人员,依照本节各该条的规定处罚。

立案标准	承担资产评估、验资、验证、会计、审计、法律服务、保荐、安全评价、环境影响评价、环境监测等职责的中介组织的人员故意提供虚假证明文件，涉嫌下列情形之一的，应予立案追诉： （1）给国家、公众或者其他投资者造成直接经济损失数额在 50 万元以上的； （2）违法所得数额在 10 万元以上的； （3）虚假证明文件虚构数额在 100 万元以上且占实际数额 30% 以上的； （4）虽未达到上述数额标准，但 2 年内因提供虚假证明文件受过 2 次以上行政处罚，又提供虚假证明文件的； （5）其他情节严重的情形。
量刑标准	（1）犯本罪的，处 5 年以下有期徒刑或者拘役，并处罚金。 （2）具有《刑法》第 229 条第 1 款规定的三种情形的，处 5 年以上 10 年以下有期徒刑，并处罚金。 （3）索取他人财物或者非法收受他人财物，犯本罪的，依照处罚较重的规定定罪处罚。 （4）单位犯本罪的，对单位判处罚金，并对其直接负责的主管人员和其他直接责任人员，依上述规定处罚。
重点解读	一、罪与非罪 提供虚假证明文件罪，是指承担资产评估、验资、验证、会计、审计、法律服务、保荐、安全评价、环境影响评价、环境监测等职责的中介组织的人员，故意提供虚假的资产评估报告、验资证明、验证证明、会计报告、审计报告、法律文书、保荐证明、安全评价报告、环境影响评价报告、环境监测报告等证明文件，情节严重的行为。犯罪客体是国家、公众或者投资者利益。犯罪主体包括自然人和单位。犯罪主观方面是故意。

提供虚假证明文件的行为是制作与交付等系列行为的总称。在实践中，上述中介组织的人员在虚假的证明文件上签订确认的署名行为，也属于提供虚假证明文件的行为。承担资产评估、验资、验证、会计、审计、法律服务等职责的中介组织或其人员，故意为信用卡申请人提供虚假的财产状况、收入、职务等资信证明材料，情节严重的，以本罪论处。地质工程勘测院和其他履行勘测职责的单位及其工作人员在履行勘察、勘查、测绘职责过程中，故意提供虚假工程地质勘察报告等证明文件，情节严重的，以本罪论处。车辆安全技术检验公司作为第三方中介组织，根据《道路交通安全法》及其实施条例等的规定，具备审查并出具相关检测报告的职能，可以视为本罪法条列举未尽的中介组织，[①] 对其在进行车辆检验过程中提供虚假验车报告，情节严重的，以本罪论处。

从事货物运输代理、报关、会计、税务、外贸综合服务等中介组织及其人员违反国家有关进出口经营规定，为他人提供虚假证明文件，致使他人骗取国家出口退税款，情节严重的，以本罪论处。

二、一罪与数罪

行为人实施提供虚假证明文件行为构成犯罪，同时索取他人财物或者非法收受他人财物构成犯罪的，依照处罚较重的规定定罪处罚。国家机关工作人员与本罪的身份犯事前通谋，共同故意实施了提供虚假证明文件的行为，以本罪的共犯论处。对于在共同犯罪过程中存在贪污、受贿行为，达到定罪标准的，应当数罪并罚。

---

① 参见熊学庆：《对提供虚假车辆安全检验报告行为如何定性》，载《人民法院报》2014年5月8日，第7版。

【司法解释及司法解释性文件】1.《最高人民法院、最高人民检察院关于办理妨害信用卡管理刑事案件具体应用法律若干问题的解释》第 4 条

2.《最高人民法院、最高人民检察院关于办理环境污染刑事案件适用法律若干问题的解释》第 10 条

【相关法律法规】1.《安全生产法》第 92 条

2.《道路交通安全法》第 94 条

3.《证券法》第 163 条、第 182 条、第 213 条

4.《公证法》第 2 条、第 23 条、第 42 条

5.《证券投资基金法》第 106 条、第 149 条

6.《注册会计师法》第 14 条、第 20~21 条、第 39 条

7.《资产评估法》第 11 条、第 45 条

8.《特种设备安全监察条例》第 93 条

9.《期货交易管理条例》第 61 条、第 76 条、第 79 条、第 80 条

10.《工伤保险条例》第 61 条

11.《股票发行与交易管理暂行条例》第 18 条、第 73 条、第 78 条

12.《国有资产评估管理办法》第 9 条、第 32 条、第 35 条

【规章及规范性文件】《最高人民检察院、公安部关于公安机关管辖的刑事案件立案追诉标准的规定（二）》第 73 条

109 出具证明文件重大失实罪

第 229 条第 1、3 款

承担资产评估、验资、验证、会计、审计、法律服务、保荐、安全评价、环境影响评价、环境监测等职责的中介组织的人员故意提供虚假证明文件,情节严重的,处五年以下有期徒刑或者拘役,并处罚金;有下列情形之一的,处五年以上十年以下有期徒刑,并处罚金:

(一)提供与证券发行相关的虚假的资产评估、会计、审计、法律服务、保荐等证明文件,情节特别严重的;

(二)提供与重大资产交易相关的虚假的资产评估、会计、审计等证明文件,情节特别严重的;

(三)在涉及公共安全的重大工程、项目中提供虚假的安全评价、环境影响评价等证明文件,致使公共财产、国家和人民利益遭受特别重大损失的。

第一款规定的人员,严重不负责任,出具的证明文件有重大失实,造成严重后果的,处三年以下有期徒刑或者拘役,并处或者单处罚金。

第 231 条

单位犯本节第二百二十一条至第二百三十条规定之罪的,对单位判处罚金,并对其直接负责的主管人员和其他直接责任人员,依照本节各该条的规定处罚。

立案标准	承担资产评估、验资、验证、会计、审计、法律服务、保荐、安全评价、环境影响评价、环境监测等职责的中介组织的人员严重不负责任，出具的证明文件有重大失实，涉嫌下列情形之一的，应予立案追诉： 　　（1）给国家、公众或者其他投资者造成直接经济损失数额在 100 万元以上的； 　　（2）其他造成严重后果的情形。
量刑标准	（1）犯本罪的，处 3 年以下有期徒刑或者拘役，并处或者单处罚金。 　　（2）单位犯本罪的，对单位判处罚金，并对其直接负责的主管人员和其他直接责任人员，依上述规定处罚。
重点解读	出具证明文件重大失实罪，是指承担资产评估、验资、验证、会计、审计、法律服务、保荐、安全评价、环境影响评价、环境监测等职责的中介组织的人员，严重不负责任，出具的证明文件有重大失实，造成严重后果的行为。犯罪客体是国家、公众或者投资者利益。犯罪主体包括自然人和单位。犯罪主观方面是故意。 　　出具证明文件重大失实罪作为身份犯，犯罪主体只能是承担资产评估、验资、验证、会计、审计、法律服务、保荐、安全评价、环境影响评价、环境监测等职责的中介组织的人员。作为过失犯罪，要求其在出具证明文件时，严重不负责任，存在重大失实。因个人专业能力导致的失实或者证明文件出现的瑕疵，均不属于本罪的处罚范围。承担资产评估、验资、验证、会计、审计、法律服务等职责的中介组织或其工作人员，严重不负责任，为信用卡申请人提供虚假的财产状况、收入、职务等资信证明材料，造成严重后果的，以本罪论处。地质工程勘测院和其他履行勘测职责的单位及其工作人员在履行勘察、勘

重点解读	查、测绘职责过程中，严重不负责任，提供虚假工程地质勘察报告等证明文件，造成严重后果的，以本罪论处。公证员在履行公正职责过程中，严重不负责任，出具的公证书有重大失实，造成严重后果的，以本罪论处。
法律适用	【司法解释及司法解释性文件】《最高人民法院、最高人民检察院关于办理妨害信用卡管理刑事案件具体应用法律若干问题的解释》第 4 条 【相关法律法规】1.《安全生产法》第 92 条 2.《公证法》第 2 条、第 23 条、第 42 条 3.《资产评估法》第 11 条、第 45 条 4.《特种设备安全监察条例》第 93 条 5.《期货交易管理条例》第 61 条、第 76 条、第 79 条、第 80 条 6.《工伤保险条例》第 61 条 7.《股票发行与交易管理暂行条例》第 18 条、第 73 条、第 78 条 8.《国有资产评估管理办法》第 9 条、第 32 条、第 35 条 【规章及规范性文件】《最高人民检察院、公安部关于公安机关管辖的刑事案件立案追诉标准的规定（二）》第 74 条

110 逃避商检罪

刑法规定

第230条

违反进出口商品检验法的规定，逃避商品检验，将必须经商检机构检验的进口商品未报经检验而擅自销售、使用，或者将必须经商检机构检验的出口商品未报经检验合格而擅自出口，情节严重的，处三年以下有期徒刑或者拘役，并处或者单处罚金。

第231条

单位犯本节第二百二十一条至第二百三十条规定之罪的，对单位判处罚金，并对其直接负责的主管人员和其他直接责任人员，依照本节各该条的规定处罚。

立案标准

违反进出口商品检验法的规定，逃避商品检验，将必须经商检机构检验的进口商品未报经检验而擅自销售、使用，或者将必须经商检机构检验的出口商品未报经检验合格而擅自出口，涉嫌下列情形之一的，应予立案追诉：

（1）给国家、单位或者个人造成直接经济损失数额在50万元以上的；

（2）逃避商检的进出口货物货值金额在300万元以上的；

（3）导致病疫流行、灾害事故的；

（4）多次逃避商检的；

（5）引起国际经济贸易纠纷，严重影响国家对外贸易关系，或者严重损害国家声誉的；

（6）其他情节严重的情形。

量刑标准	（1）犯本罪的，处3年以下有期徒刑或者拘役，并处或者单处罚金。 （2）单位犯本罪的，对单位判处罚金，并对其直接负责的主管人员和其他直接责任人员，依上述规定处罚。
重点解读	逃避商检罪，是指违反进出口商品检验法的规定，逃避商品检验，将必须经商检机构检验的进口商品未报经检验而擅自销售、使用，或者将必须经商检机构检验的出口商品未报经检验合格而擅自出口，情节严重的行为。犯罪客体是商品检验管理秩序，犯罪主体包括自然人和单位。犯罪主观方面是故意。
法律适用	【相关法律法规】1.《商品检验法》第3条、第5条、第10~12条、第14~16条、第32~34条 2.《进出口商品检验法实施条例》第4条、第6条、第16条、第24条、第42条、第43条 【规章及规范性文件】《最高人民检察院、公安部关于公安机关管辖的刑事案件立案追诉标准的规定（二）》第75条

其他相关犯罪

111　帮助恐怖活动罪　　113　挪用资金罪
112　职务侵占罪　　　　114　虚假诉讼罪

111 帮助恐怖活动罪

刑法规定

第 120 条之一

资助恐怖活动组织、实施恐怖活动的个人的,或者资助恐怖活动培训的,处五年以下有期徒刑、拘役、管制或者剥夺政治权利,并处罚金;情节严重的,处五年以上有期徒刑,并处罚金或者没收财产。

为恐怖活动组织、实施恐怖活动或者恐怖活动培训招募、运送人员的,依照前款的规定处罚。

单位犯前两款罪的,对单位判处罚金,并对其直接负责的主管人员和其他直接责任人员,依照第一款的规定处罚。

立案标准

具有下列情形之一的,以帮助恐怖活动罪定罪处罚:

(1)以募捐、变卖房产、转移资金等方式为恐怖活动组织、实施恐怖活动的个人、恐怖活动培训筹集、提供经费,或者提供器材、设备、交通工具、武器装备等物资,或者提供其他物质便利的。

(2)以宣传、招收、介绍、输送等方式为恐怖活动组织、实施恐怖活动、恐怖活动培训招募人员的。

(3)以帮助非法出入境,或者为非法出入境提供中介服务、中转运送、停留住宿、伪造身份证明材料等便利,或者充当向导、帮助探查偷越国(边)境路线等方式,为恐怖活动组织、实施恐怖活动、恐怖活动培训运送人员的。

(4)其他资助恐怖活动组织、实施恐怖活动的个人、恐怖

立案标准

活动培训,或者为恐怖活动组织、实施恐怖活动、恐怖活动培训招募、运送人员的情形。

实施恐怖活动的个人,包括已经实施恐怖活动的个人,也包括准备实施、正在实施恐怖活动的个人;包括在我国领域内实施恐怖活动的个人,也包括在我国领域外实施恐怖活动的个人;包括我国公民,也包括外国公民和无国籍人。

量刑标准

(1)犯本罪的,处5年以下有期徒刑、拘役、管制或者剥夺政治权利,并处罚金。

(2)情节严重的,处5年以上有期徒刑,并处罚金或者没收财产。

(3)单位犯本罪的,对单位判处罚金,并对其直接负责的主管人员和其他直接责任人员,依照上述规定处罚。

重点解读

一、罪与非罪

本罪是指资助恐怖活动组织、实施恐怖活动的个人或者资助恐怖活动培训以及为恐怖活动组织、实施恐怖活动或者恐怖活动培训招募、运送人员的行为。犯罪客体是国家安全、公共安全和人民生命财产安全。犯罪主体包括自然人和单位。犯罪主观方面是故意,即明知他人实施的是危害公共安全的恐怖犯罪活动。对于本罪主观明知的确定,应当根据案件具体情况,结合行为人的具体行为、认知能力、一贯表现和职业等综合认定。

本罪是行为犯,即无需造成国家安全、公共安全和人民生命财产安全的损害和危险(包括具体的危险),对于资助行为也没有数额、数量的要求,只需要行为人实施了为恐怖活动组织或者实施恐怖活动的个人募集、提供经费、物资或者提供场所以及其他物质便利的行为即可。

(一)资助对象

资助对象,包括恐怖活动组织、实施恐怖活动的个人、恐怖活动培训。其中，实施恐怖活动的个人，包括：（1）已经实施恐怖活动和准备实施、正在实施恐怖活动的个人；（2）在我国领域内外实施恐怖活动的个人；（3）我国公民、外国公民和无国籍人。

（二）资助行为

资助行为是指明知是恐怖活动组织或者实施恐怖活动的个人或恐怖活动培训而为其提供经费，或者提供器材、设备、交通工具、武器装备等物质条件，或者提供场所以及其他物质便利的行为。值得注意的是：（1）资助行为必须是行为人对于恐怖活动的组织和个人实施的危害本罪客体的行为具有主观明知，如果是被胁迫、欺骗所实施的，则不构成本罪所要求的资助行为；（2）本罪客观行为作为帮助行为的正犯化，是法定赋予的犯罪性，且无数额、数量等量的要求，不可进行主观排除；（3）本罪所谓的"资助"其实是本罪的实行行为或危害行为，对于该实行行为的帮助行为，则需要按照共同犯罪理论进行处理。

二、此罪与彼罪

帮助恐怖活动罪与资助危害国家安全犯罪活动罪。资助危害国家安全犯罪活动罪是指境内外机构、组织或者个人资助境内组织或个人实施背叛国家，分裂国家，颠覆国家政权，煽动颠覆国家政权，武装叛乱、暴乱，煽动分裂国家行为之一的危害国家安全的行为。二者的主要区别在于行为的对象不同，帮助恐怖活动罪的资助对象是实施恐怖活动的组织或个人，而资助危害国家安全犯罪活动罪资助的对象为实施6种危害国家安全犯罪即背叛国家，分裂国家，煽动分裂国家，武装叛乱、暴乱，颠覆国家政权，煽动颠覆国家政权的境内外机构、组织或者个人。

帮助恐怖活动罪与组织、参加、领导恐怖组织罪的界限。

【重点解读】

本罪的行为人应不是恐怖组织的成员，即不能为恐怖组织的组织者、领导者或者参加者。如果是恐怖组织的成员，无论是组织者、领导者还是参加者，即使其为恐怖组织提供了金钱、财物，也不能构成本罪。行为人在成为恐怖组织的成员前，如果为恐怖组织提供了资助，则既构成本罪又构成组织、领导、参加恐怖组织罪，应当实行数罪并罚。

值得注意的是，明知是恐怖活动犯罪所得及其产生的收益，为掩饰、隐瞒其来源和性质，而提供资金账户，将财产转换为现金、金融票据、有价证券，通过转账或者其他支付结算方式转移资金，跨境转移资产的，以洗钱罪定罪处罚。事先通谋的，以相关恐怖活动犯罪的共同犯罪论处。

【法律适用】

【司法解释及司法解释性文件】1.《最高人民法院、最高人民检察院关于办理非法从事资金支付结算业务、非法买卖外汇刑事案件适用法律若干问题的解释》第 5 条

2.《最高人民法院、最高人民检察院关于办理洗钱刑事案件适用法律若干问题的解释》第 6 条

【相关法律法规】1.《反恐怖主义法》第 3 条、第 79~80 条

2.《国家安全法》第 77 条

【规章及规范性文件】《最高人民检察院、公安部关于公安机关管辖的刑事案件立案追诉标准的规定（二）》第 1 条

112 职务侵占罪

刑法规定

第271条

公司、企业或者其他单位的工作人员,利用职务上的便利,将本单位财物非法占为己有,数额较大的,处三年以下有期徒刑或者拘役,并处罚金;数额巨大的,处三年以上十年以下有期徒刑,并处罚金;数额特别巨大的,处十年以上有期徒刑或者无期徒刑,并处罚金。

国有公司、企业或者其他国有单位中从事公务的人员和国有公司、企业或者其他国有单位委派到非国有公司、企业以及其他单位从事公务的人员有前款行为的,依照本法第三百八十二条、第三百八十三条的规定定罪处罚。

立案标准

公司、企业或者其他单位的人员,利用职务上的便利,将本单位财物非法占为己有,数额在3万元以上的,应予立案追诉。

量刑标准

(1)数额较大的,处3年以下有期徒刑或者拘役,并处罚金。
(2)数额巨大的,处3年以上10年以下有期徒刑,并处罚金。
(3)数额特别巨大的,处10年以上有期徒刑或者无期徒刑,并处罚金。

重点解读

一、罪与非罪

本罪是指公司、企业或者其他单位的工作人员,利用职务上的便利,将本单位财物非法占为己有,数额较大的行为。犯罪客体是公司、企业或者其他单位的财产所有权。既包括有体物与无体物，也包括已在单位控制中的财物和应归单位占有而未能占有的财物。至于单位财产所有权的性质，在所不论。犯罪主体是特定自然人，即公司、企业或者其他单位的工作人员。保险代理人与保险公司签订保险代理合同书，接受保险公司的培训与管理，根据保险公司委托，在授权范围内以保险公司的名义代为办理保险业务，并收取佣金。保险代理人与保险公司在实质上符合事实劳动关系。保险代理人在一定时期内实际履行着单位职责，承担着与保险公司业务员相同的工作任务，具有保险公司日常经营业务过程中的职务便利，可以成为本罪的犯罪主体。[①] 犯罪主观方面是故意，且具有非法占有本单位财物的目的。犯罪手段上既包括窃取、骗取，也包括侵占以及其他将本单位财物占为己有的行为。犯罪客观方面要求利用职务上的便利。与贪污罪中利用职务上的便利条件不同的是，本罪所要求的利用职务上的便利，不仅包括利用本人职务范围内的权力和地位形成的便利条件，也包括利用从事劳务过程中持有本单位财物的便利。

对于单位职工利用职务上的便利侵占单位数量不大或者数额较小的财物，未达立案标准或定罪标准的，属于一般侵占单位财物的行为。可由所在公司、企业或者其他单位责令其退还或赔偿非法占有的财物，并按照相关法规以及所在公司、企业或者其他单位的有关规定处理。

（一）本单位财物

本单位财物，既包括实际占有的财物，也包括应该占有的财物。也就是说，虽然财物暂时未被单位实际占有，但按照约

---

① 参见"徐某栋、朱某华职务侵占案"（案例编号：2023-05-1-226-009），载人民法院案例库，最后访问日期：2024年9月12日。

定、规则，该财物应该属于本单位所有。故而，对于本单位财物的理解，应该围绕本罪所保护的法益即单位的财产利益进行实质解释，既可以是本单位的原有资金，也可以是应当交付给本单位的客户资金。对于单位的应收款项、可得利益等，虽然尚未进入单位账户或者由单位实际控制，仍属于单位的财物。①股权属于股东个人财产而非公司财产，公司职员利用职务便利侵占股权的行为通常不构成本罪，但如果侵占股权后进一步侵占公司财产的，则构成本罪。②值得注意的是，涉案财物的权属存在争议，没有充分、确实的证据证明该财物的所有权归属于单位的，不能以本罪论处。③

（二）职务便利

职务侵占罪中利用职务便利的实质是行为人基于工作职责能够占有、处分本单位财物，包括本人职权范围内，或者因执行职务而产生的主管、经手、管理单位资金或者客户资金的权力。本人职权范围，既包括其日常岗位所具有的职权，也包括由单位负责的主管人员根据工作需要临时授予的职权，只要是因执行职务而产生的主管、经手、管理单位资金的权力即可认定利用职务上的便利。④故而，临时工利用职务上的便利非法占

---

① 参见"聂某某职务侵占案"（案例编号：2024-03-1-226-001），载人民法院案例库，最后访问日期：2024年9月12日。

② 参见"王某1职务侵占案"（案例编号：2023-04-1-226-002），载人民法院案例库，最后访问日期：2024年9月12日。

③ 参见"王某职务侵占案"（案例编号：2023-16-1-226-002），载人民法院案例库，最后访问日期：2024年9月12日。

④ 参见"聂某某职务侵占案"（案例编号：2024-03-1-226-001），载人民法院案例库，最后访问日期：2024年9月12日。

有本单位财物的，以本罪论处。①如果行为人仅系在短时间内"握有"单位财物，或者是财物仅仅从手中"过一下"，其对过手的财物并无占有、处分的权利，非法占有财物还需要借助秘密窃取等手段实现，应认定行为人是在利用工作便利，即利用因工作关系形成的接近单位财物的方便或条件窃取财物，此情形属于盗窃，而非职务侵占。②

（三）犯罪金额

本罪应当以行为人实际侵占单位财物的金额作为犯罪金额，依法不扣除为完成犯罪支付的成本。实践中，在实际股东仅有法定代表人一人、其个人财产与公司财产混同的情况下，主观上难以认定具有非法占有的故意，客观上并未侵犯其他挂名股东的权益，故形成财产混同的相应数额不应计算在职务侵占的数额内，应从犯罪数额中扣除。③

（四）实践中常见的涉罪行为类型

1. 内外勾结型。行为人与单位人员勾结，利用单位人员的职务便利共同非法占有单位数额较大的财物，构成职务侵占罪；二审法院在选择适用职务侵占罪新旧刑法条文时需要符合从旧兼从轻原则，在涉及罪名改判时，对于轻法中增设的罚金刑，在遵循上诉不加刑原则的情况下可以依法判处。④

---

① 参见"贺某松职务侵占案"（案例编号：2023-04-1-226-003），载人民法院案例库，最后访问日期：2024年9月12日。

② 参见陈伶俐、艾国：《职务便利与工作便利的界分》，载《人民司法》2019年第35期。

③ 参见"冯某某职务侵占案"（案例编号：2024-05-1-226-007）、"王某某职务侵占案"（案例编号：2023-05-1-226-007），载人民法院案例库，最后访问日期：2024年9月12日。

④ 参见田虎：《内外勾结型职务侵占罪的法律适用》，载《人民司法》2023年第11期。

2. 伙同骗取型。《刑法》第 271 条第 2 款规定了国有公司、企业或者其他国有单位中从事公务的人员和国有公司、企业或者其他国有单位委派到非国有公司、企业以及其他单位从事公务的人员有职务侵占行为的，按照贪污罪的规定处罚，而贪污罪的行为方式包括利用职务上的便利侵吞、窃取、骗取以及其他手段，所以职务侵占罪也应当包括利用职务上的便利侵吞、窃取、骗取的行为。故而，行为人伙同他人骗取公司钱款的，符合本罪构成条件的，应按本罪论处。[1]

3. 表见代理型。如果行为人在本单位无相关业务的情况下，擅自虚构某项业务，并通过自己具有的职务取得对方信任后获取了财物，应按诈骗罪论处。如果行为人所在公司存在某项业务，只是对于业务的开展方式、开展时间、收取费用的大小等内容暂未明确，行为人利用职务便利以该业务的名义收取了相对方的财物的，应按职务侵占罪论处。[2]

4. 赚取差价型。行为人利用职务便利条件，虚构加盟商的名义从单位订购产品，享受加盟商的价格优惠，再私自加价销售给非加盟商，侵吞差额利润，因公司销售给员工、非加盟商的价格高于加盟商的价格，故从中牟取的利益属于单位财物，而非行为人劳动所得，职务行为与非法占有单位财物的行为存在因果关系，构成职务侵占罪。[3]

---

[1] 参见彭新林：《职务侵占犯罪行为方式也包括窃取、骗取》，载《检察日报》2022 年 7 月 30 日；陈咪娜等：《伙同他人骗取公司钱款行为是否构成职务侵占罪》，载《中国检察官》2023 年第 4 期。

[2] 参见张鹏成：《适用"双重标准"认定职务侵占罪》，载《检察日报》2020 年 3 月 29 日，第 3 版。

[3] 参见"熊某甲、雷某职务侵占案"（案例编号：2024-05-1-226-005），载人民法院案例库，最后访问日期：2024 年 9 月 12 日。

二、此罪与彼罪

1. 职务侵占罪与侵占罪。侵占罪，是指以非法占有为目的，将代为保管的他人财物、遗忘物或者埋藏物非法占为己有，数额较大，拒不交还或交出的行为。二者之间属于特殊与一般的关系，区分的关键在于犯罪主体和犯罪对象不同。在犯罪主体方面，职务侵占罪的犯罪主体为公司、企业或者其他单位的工作人员；而侵占罪的主体是一般主体，任何具备刑事责任能力的自然人均可。在犯罪对象方面，职务侵占罪的犯罪对象为公司、企业或其他单位的财物，而侵占罪的犯罪对象为代为保管的他人财物或者其他遗忘物、埋藏物。

2. 职务侵占罪与非国家工作人员受贿罪。非国家工作人员受贿罪，是指公司、企业或者其他单位的工作人员，利用职务上的便利，索取他人财物或者非法收受他人财物，为他人谋取利益，或者在经济往来中，利用职务上的便利，违反国家规定，收受各种名义的回扣、手续费，归个人所有，数额较大的行为。在经济往来中收受回扣、手续费归个人所有的行为，容易产生二者罪名适用上的分歧。区别点主要在于：第一，犯罪对象不同。职务侵占罪的犯罪对象为本单位的财物或者应当属于本单位的财物；而非国家工作人员受贿罪的犯罪对象为其他单位、自然人的公私财物。第二，非法取财的时间点不同。职务侵占罪多发生于利用职务便利实施侵占行为之后；而非国家工作人员受贿罪中的取财行为，既可以发生在利用职务为他人谋取利益过程中，也可以是利用职务为他人谋取利益的前后。第三，职务便利的要求不同。职务侵占罪中主体必须是具有可利用与自己直接占有、间接占有、支配本单位财物的职务；而非国家工作人员受贿罪只要求具有为他人谋取利益的职务即可。

3. 职务侵占罪与盗窃罪。盗窃罪，是指以非法占有为目的，

重点解读	盗窃公私财物数额较大或者多次盗窃、入户盗窃、携带凶器盗窃、扒窃公私财物的行为。相对于盗窃罪而言，职务侵占罪是一种特殊的占有型财产犯罪，其特殊性在于职务侵占罪的主体要求是公司、企业或者其他单位的工作人员，行为上要求利用了职务上的便利。由于职务侵占行为的手段通常就是窃取，很容易和盗窃罪发生混淆。行为人能顺利盗卖财产是因职务便利这一特殊原因，应当按照职务侵占罪定罪处罚。①
法律适用	【司法解释及司法解释性文件】1.《最高人民法院、最高人民检察院关于办理妨害预防、控制突发传染病疫情等灾害的刑事案件具体应用法律若干问题的解释》第14条 2.《最高人民法院关于村民小组组长利用职务便利非法占有公共财物行为如何定性问题的批复》 3.《最高人民法院关于审理贪污、职务侵占案件如何认定共同犯罪几个问题的解释》第2~3条 【相关法律法规】1.《保险法》第174条、第179条 2.《合伙企业法》第96~97条 3.《公司法》第181条 4.《基金会管理条例》第43条 【规章及规范性文件】《最高人民检察院、公安部关于公安机关管辖的刑事案件立案追诉标准的规定（二）》第76条

---

① 参见"严某勇职务侵占案"（案例编号：2024-05-1-226-002），载人民法院案例库，最后访问日期：2024年9月12日。

113 挪用资金罪

刑法规定	**第272条第1、3款** 公司、企业或者其他单位的工作人员，利用职务上的便利，挪用本单位资金归个人使用或者借贷给他人，数额较大、超过三个月未还的，或者虽未超过三个月，但数额较大、进行营利活动的，或者进行非法活动的，处三年以下有期徒刑或者拘役；挪用本单位资金数额巨大的，处三年以上七年以下有期徒刑；数额特别巨大的，处七年以上有期徒刑。 有第一款行为，在提起公诉前将挪用的资金退还的，可以从轻或者减轻处罚。其中，犯罪较轻的，可以减轻或者免除处罚。
立案标准	公司、企业或者其他单位的工作人员，利用职务上的便利，挪用本单位资金归个人使用或者借贷给他人，涉嫌下列情形之一的，应予立案追诉： （1）挪用本单位资金数额5万元以上，超过3个月未还的； （2）挪用本单位资金数额5万元以上，进行营利活动的； （3）挪用本单位资金数额2万元以上，进行非法活动的。
量刑标准	（1）数额较大、超过3个月未还的，或者虽未超过3个月，但数额较大、进行营利活动的，或者进行非法活动的，处3年以下有期徒刑或者拘役。 （2）挪用本单位资金数额巨大的，处3年以上7年以下有

量刑标准

期徒刑。

（3）数额特别巨大的，处 7 年以上有期徒刑。

重点解读

一、罪与非罪

本罪是指公司、企业或者其他单位的工作人员，利用职务上的便利，挪用本单位资金归个人使用或者借贷给他人，数额较大、超过 3 个月未还的，或者虽未超过 3 个月，但数额较大、进行营利活动的，或者进行非法活动的行为。其中，挪用资金超过 3 个月未还属于一种持续行为，不因被害人报案而中断，只要行为人挪用资金归个人使用，数额较大，该行为持续的时间超过 3 个月即构成本罪。[①] 犯罪客体是公司、企业或者其他单位的财产所有权。犯罪主体是特定自然人，即公司、企业或者其他单位的工作人员。既包括受国家机关、国有公司、企业、事业单位、人民团体委托管理、经营国有财产的非国家工作人员，也包括村民小组组长等。犯罪主观方面是故意。

（一）挪用

挪用是指行为人违反财经、税务制度，动用其经手、管理、使用、调配的单位资金。值得注意的是，行为人将企业资金转入他人账户，虽然在形式上具有"资金从单位到个人的流转过程"，但是，如果无论从其运作资金的主观目的、客观行为抑或行为结果上看，行为人运作资金是为"盘活"企业资金，保障合伙企业权益的，不应按本罪论处。[②]

---

① 参见"李某挪用资金案"（案例编号：2023-05-1-227-003），载人民法院案例库，最后访问日期：2024 年 9 月 12 日。

② 参见"姚某某挪用资金案"（案例编号：2023-16-1-227-001），载人民法院案例库，最后访问日期：2024 年 9 月 12 日。

（二）营利活动

营利活动是指将挪用的资金进行经营或者其他为了获取利润的行为，至于是否实现盈利，在所不论。挪用公款存入银行、用于集资、购买股票、国债等，属于挪用公款进行营利活动。行为人只要将挪用的公款存入银行，不管是存定期还是活期，虽其主观意图不在于获取利息，但可认定其主观上具有营利意图，其行为属于营利活动。对于挪用资金用于公司、企业验资，验资后即将资金归还给单位的，虽然验资行为并非直接营利行为，而只是营利性准备，但司法实践中已普遍认定该行为系进行营利活动。挪用资金作为办卡的资金证明，虽不能直接获得经济利益，但使用该卡可以获得投资理财的优惠利益，使用该卡投资理财获取利益的行为可视为营利活动，办理该卡的行为是营利活动的向前延伸，可以参照挪用资金验资认定为"进行营利活动"。[1]

（三）进行非法活动

进行非法活动既包括一般的违法行为，也包括犯罪行为。归个人使用，是指个人决定将本单位资金供本人、亲友等自然人或者其他单位使用，并具有"以个人名义进行的"或者"以单位名义进行，谋取个人利益的"情形。[2]

二、此罪与彼罪

挪用资金罪与挪用公款罪。挪用公款罪是指国家工作人员利用职务上的便利，挪用公款归个人使用，进行非法活动，或

---

[1] 参见"王某某挪用资金案"（案例编号：2023-05-1-227-002），载人民法院案例库，最后访问日期：2024年9月12日。

[2] 参见戴民杰：《挪用资金罪中"归个人使用"的教义学诠释》，载《政治与法律》2020年第2期。

重点解读	者挪用公款数额较大、进行营利活动，或者挪用公款数额较大、超过 3 个月未还的行为。二者的关键在于对国家工作人员的判断上。挪用资金罪的犯罪主体为公司、企业或者其他单位中的非国家工作人员，挪用公款罪中的犯罪主体为国家工作人员。
法律适用	【司法解释及司法解释性文件】《最高人民法院、最高人民检察院关于办理贪污贿赂刑事案件适用法律若干问题的解释》第 5~6 条、第 11 条 【相关法律法规】1.《商业银行法》第 52 条、第 85 条 2.《合伙企业法》第 101 条 3.《证券法》第 129 条 4.《公司法》第 181 条 【规章及规范性文件】《最高人民检察院、公安部关于公安机关管辖的刑事案件立案追诉标准的规定（二）》第 77 条

114 虚假诉讼罪

刑法规定

第 307 条之一

以捏造的事实提起民事诉讼，妨害司法秩序或者严重侵害他人合法权益的，处三年以下有期徒刑、拘役或者管制，并处或者单处罚金；情节严重的，处三年以上七年以下有期徒刑，并处罚金。

单位犯前款罪的，对单位判处罚金，并对其直接负责的主管人员和其他直接责任人员，依照前款的规定处罚。

有第一款行为，非法占有他人财产或者逃避合法债务，又构成其他犯罪的，依照处罚较重的规定定罪从重处罚。

司法工作人员利用职权，与他人共同实施前三款行为的，从重处罚；同时构成其他犯罪的，依照处罚较重的规定定罪从重处罚。

立案标准

单独或者与他人恶意串通，以捏造的事实提起民事诉讼，有下列情形之一的，应予立案追诉：

（1）致使人民法院基于捏造的事实采取财产保全或者行为保全措施的；

（2）致使人民法院开庭审理，干扰正常司法活动的；

（3）致使人民法院基于捏造的事实作出裁判文书、制作财产分配方案，或者立案执行基于捏造的事实作出的仲裁裁决、公证债权文书的；

立案标准

（4）多次以捏造的事实提起民事诉讼的；

（5）因以捏造的事实提起民事诉讼被采取民事诉讼强制措施或者受过刑事追究的；

（6）其他妨害司法秩序或者严重侵害他人合法权益的情形。

量刑标准

（1）以捏造的事实提起民事诉讼，妨害司法秩序或者严重侵害他人合法权益的，处3年以下有期徒刑、拘役或者管制，并处或者单处罚金。

（2）情节严重的，处3年以上7年以下有期徒刑，并处罚金。

（3）单位犯本罪的，对单位判处罚金，并对其直接负责的主管人员和其他直接责任人员，依照上述规定处罚。

重点解读

一、罪与非罪

本罪是指行为人以捏造的事实提起民事诉讼，妨害司法秩序或者严重损害他人合法权益的行为。犯罪客体是复杂客体，既包括司法机关的正常活动秩序，也包括他人的财产权等合法权益。犯罪主体是一般主体，既包括自然人也包括单位。犯罪主观方面为故意。犯罪客观方面表现为捏造事实提起民事诉讼的行为以及由该行为导致的妨害司法秩序或严重损害他人合法权益的结果。实施本罪行为，未达到情节严重的标准，行为人系初犯，在民事诉讼过程中自愿具结悔过，接受人民法院处理决定，积极退赃、退赔的，可以认定为犯罪情节轻微，不起诉或者免予刑事处罚；确有必要判处刑罚的，可以从宽处罚。但是，司法工作人员利用职权实施本罪行为，并不适用不起诉、免予刑罚或从宽处罚的规定。

（一）行为类型

虚假诉讼的行为方式包括单方欺诈型和双方恶意串通型。所谓单方欺诈型，是指一方当事人提起虚假诉讼侵害另一方当事人合法权益。此种情形下，双方当事人一般存在一定的利益对抗关系。所谓双方恶意串通型，是指双方当事人恶意串通进行虚假诉讼，侵害国家利益、公共利益或者他人的合法权益，双方当事人之间并不存在利益对抗关系。

实践中，要注意将商业维权行为与恶意维权区分开，关键在于明确恶意维权和诉讼行为的动机和目的是否为非法获利。以著作权领域虚假诉讼为例，重点审查以下内容：行为人是否具有通过恶意行为获取高额赔偿而非法占有他人财产的目的；是否存在虚构事实、隐瞒真相，导致被害人陷入认识错误，误认为登记人确实享有著作权而给予赔偿致遭受财产损失；是否存在提起虚假民事诉讼，导致法官作出错误判决，致使被害人交付或被执行处置财产而遭受损失等情形。[①]

（二）捏造事实

捏造，是指无中生有、凭空虚构特定事实的行为。事实，是指据以提起民事诉讼的，对启动民事诉讼具有决定性作用的事实。以捏造的事实提起民事诉讼的行为包括：（1）与夫妻一方恶意串通，捏造夫妻共同债务的；（2）与他人恶意串通，捏造债权债务关系和以物抵债协议的；（3）与公司、企业的法定代表人、董事、监事、经理或者其他管理人员恶意串通，捏造公司、企业债务或者担保义务的；（4）捏造知识产权侵权关系或者不正当竞争关系的；（5）在破产案件审理过程中申报捏造的债权的；（6）与被执行人恶意串通，捏造债权或者对查封、扣押、冻结财产的优先权、担保物权的；（7）单方或者与他人恶意串通，捏造身份、合同、侵权、继承等民事法律关系的其他行为。此外，以下两类也以"以捏造的事实提起民事

[①] 参见曾于生：《著作权领域虚假诉讼案件的审查要点与办理方法》，载《中国检察官》2023年第22期。

诉讼"论：（1）隐瞒债务已经全部清偿的事实，向人民法院提起民事诉讼，要求他人履行债务的。（2）向人民法院申请执行基于捏造的事实作出的仲裁裁决、公证债权文书，或者在民事执行过程中以捏造的事实对执行标的提出异议、申请参与执行财产分配的。

值得注意的是，本罪所要求的捏造的事实仅限于无中生有、凭空捏造和虚构民事法律关系、民事纠纷的行为。实践中，民事案件的具体情况各不相同，对于行为人实施的行为是否属于捏造民事法律关系、虚构民事纠纷的虚假诉讼犯罪行为，应当结合民事诉讼理论和案件具体情况，进行实质性判断，不能作形式化、简单化处理。对于"真假混杂"，特别是"部分篡改型"虚假诉讼行为，即民事法律关系和民事纠纷客观存在，行为人只是对具体的诉讼标的额、履行方式等部分事实作夸大或者隐瞒的行为，不构成本罪。①

（三）情节严重

以捏造的事实提起民事诉讼，致使人民法院多次启动民事诉讼、执行等程序，造成他人强烈质疑人民法院司法权威，特别是在被司法机关发现后仍通过转移债权等方式继续实施虚假诉讼行为，严重干扰正常司法活动、严重损害司法公信力的，应认定为虚假诉讼罪中的"情节严重"。② 对于欺诈侵财类虚假诉讼犯罪，行为人实施虚假诉讼犯罪行为，非法占有他人财产

---

① 参见"高某虚假诉讼案"（案例编号：2023-05-1-293-006），载人民法院案例库；周峰等：《虚假诉讼罪具体适用中的两个问题》，载《人民法院报》2019年9月12日第6版；转引自胡云腾等：《虚假诉讼罪实体与程序疑难问题研究》，载《法学家》2023年第6期。

② 参见"陈某甲、郑某甲虚假诉讼案"（案例编号：2024-05-1-293-001），载人民法院案例库，最后访问日期：2024年9月12日。

数额达到10万元以上的，可以认定为"情节严重"。对于逃避债务类虚假诉讼行为，致使他人债权无法实现，数额达到100万元以上的，或者在无证据证实他人无法实现的债权具体数额的情况下，法院生效裁判确定的义务人自动履行裁判确定的财产给付义务或者人民法院强制执行财产权益数额达到100万元以上的，可以认定为"情节严重"。对于行为人出于其他目的实施虚假诉讼行为的情形与逃避债务类行为类似，义务人自动履行财产给付义务或者人民法院强制执行的财产权益数额达到100万元以上的，可以认定为"情节严重"。①

（四）民刑衔接

民事执行中的执行异议和执行异议之诉也是虚假诉讼相对多发的领域。在被执行人与提出执行异议或者执行异议之诉的案外人存在亲属关系或者其他利害关系的情况下，人民法院要依法加大审查力度，综合考虑案件情况，着重审查判断是否存在虚假诉讼行为。对于存在虚假诉讼犯罪线索的，在通过民事程序进行纠正的同时，还要依照有关规定及时移送公安机关立案侦查。②

民事诉讼当事人、其他诉讼参与人实施虚假诉讼，人民法院向公安机关移送案件有关材料前，可以依照《民事诉讼法》的规定先行予以罚款、拘留；对虚假诉讼刑事案件被告人判处罚金、有期徒刑或者拘役的，人民法院已经依照《民事诉讼法》的规定给予的罚款、拘留，应当依法折抵相应罚金或者刑期。

---

① 参见"张某民虚假诉讼案"（案例编号：2023-05-1-293-003），载人民法院案例库，最后访问日期：2024年9月12日。
② 参见"刘某春、杨某勇虚假诉讼案"（案例编号：2023-05-1-293-009），载人民法院案例库，最后访问日期：2024年9月12日。

二、此罪与彼罪

虚假诉讼罪与诈骗罪。诈骗罪的成立,要求行为人实施诈骗行为,被害人陷入错误认识并处分财产,被害人遭受财产损失且损失后果与行为人诈骗行为之间具有因果关系。单方欺诈型虚假诉讼行为与诈骗罪之间存在竞合关系,区分的关键在于对二者罪质的判断。虚假诉讼罪侧重于诉讼行为本身,核心是对司法秩序的干扰和破坏;而诈骗罪侧重于诈骗,核心是获取非法利益从而侵害他人合法财产权益。根据现行规定,行为人在实施虚假诉讼的同时,具有非法占有的目的,使被害人造成了财产损失,符合诈骗罪的成立要件的,应当认定为虚假诉讼罪与诈骗罪的想象竞合犯,从一重罪处罚。[1]

三、一罪与数罪

实施本罪行为,非法占有他人财产或者逃避合法债务,又构成诈骗罪,职务侵占罪,拒不执行判决、裁定罪,贪污罪等犯罪的,依照处罚较重的规定定罪从重处罚。司法工作人员利用职权,与他人共同实施本罪行为的,从重处罚;同时构成滥用职权罪,民事枉法裁判罪,执行判决、裁定滥用职权罪等犯罪的,依照处罚较重的规定定罪从重处罚。诉讼代理人、证人、鉴定人等诉讼参与人与他人通谋,代理提起虚假民事诉讼、故意作虚假证言或者出具虚假鉴定意见,共同实施本罪行为的依照共同犯罪的规定定罪处罚;同时构成妨害作证罪,帮助毁灭、伪造证据罪等犯罪的,依照处罚较重的规定定罪从重处罚。

---

[1] 参见胡云腾等:《虚假诉讼罪实体与程序疑难问题研究》,载《法学家》2023年第6期。

|法律适用|【司法解释及司法解释性文件】1.《最高人民法院、最高人民检察院关于办理虚假诉讼刑事案件适用法律若干问题的解释》
2.《最高人民法院、最高人民检察院、公安部、司法部关于进一步加强虚假诉讼犯罪惩治工作的意见》第2~9条
【相关法律法规】《民事诉讼法》第115~116条
【规章及规范性文件】《最高人民检察院、公安部关于公安机关管辖的刑事案件立案追诉标准的规定（二）》第78条

附录 1

中华人民共和国刑法（节录）

（1979年7月1日第五届全国人民代表大会第二次会议通过 1997年3月14日第八届全国人民代表大会第五次会议修订 根据1998年12月29日第九届全国人民代表大会常务委员会第六次会议通过的《全国人民代表大会常务委员会关于惩治骗购外汇、逃汇和非法买卖外汇犯罪的决定》、1999年12月25日第九届全国人民代表大会常务委员会第十三次会议通过的《中华人民共和国刑法修正案》、2001年8月31日第九届全国人民代表大会常务委员会第二十三次会议通过的《中华人民共和国刑法修正案（二）》、2001年12月29日第九届全国人民代表大会常务委员会第二十五次会议通过的《中华人民共和国刑法修正案（三）》、2002年12月28日第九届全国人民代表大会常务委员会第三十一次会议通过的《中华人民共和国刑法修正案（四）》、2005年2月28日第十届全国人民代表大会常务委员会第十四次会议通过的《中华人民共和国刑法修正案（五）》、2006年6

月 29 日第十届全国人民代表大会常务委员会第二十二次会议通过的《中华人民共和国刑法修正案（六）》、2009 年 2 月 28 日第十一届全国人民代表大会常务委员会第七次会议通过的《中华人民共和国刑法修正案（七）》、2009 年 8 月 27 日第十一届全国人民代表大会常务委员会第十次会议通过的《全国人民代表大会常务委员会关于修改部分法律的决定》、2011 年 2 月 25 日第十一届全国人民代表大会常务委员会第十九次会议通过的《中华人民共和国刑法修正案（八）》、2015 年 8 月 29 日第十二届全国人民代表大会常务委员会第十六次会议通过的《中华人民共和国刑法修正案（九）》、2017 年 11 月 4 日第十二届全国人民代表大会常务委员会第三十次会议通过的《中华人民共和国刑法修正案（十）》、2020 年 12 月 26 日第十三届全国人民代表大会常务委员会第二十四次会议通过的《中华人民共和国刑法修正案（十一）》和 2023 年 12 月 29 日第十四届全国人民代表大会常务委员会第七次会议通过的《中华人民共和国刑法修正案（十二）》修正）①

第一编 总 则

第一章 刑法的任务、基本原则和适用范围

第一条 为了惩罚犯罪，保护人民，根据宪法，结合我国同犯罪作

---

① 刑法、历次刑法修正案、涉及修改刑法的决定的施行日期，分别依据各法律所规定的施行日期确定。

斗争的具体经验及实际情况，制定本法。

第二条 中华人民共和国刑法的任务，是用刑罚同一切犯罪行为作斗争，以保卫国家安全，保卫人民民主专政的政权和社会主义制度，保护国有财产和劳动群众集体所有的财产，保护公民私人所有的财产，保护公民的人身权利、民主权利和其他权利，维护社会秩序、经济秩序，保障社会主义建设事业的顺利进行。

第三条 法律明文规定为犯罪行为的，依照法律定罪处刑；法律没有明文规定为犯罪行为的，不得定罪处刑。

第四条 对任何人犯罪，在适用法律上一律平等。不允许任何人有超越法律的特权。

第五条 刑罚的轻重，应当与犯罪分子所犯罪行和承担的刑事责任相适应。

第六条 凡在中华人民共和国领域内犯罪的，除法律有特别规定的以外，都适用本法。

凡在中华人民共和国船舶或者航空器内犯罪的，也适用本法。

犯罪的行为或者结果有一项发生在中华人民共和国领域内的，就认为是在中华人民共和国领域内犯罪。

第七条 中华人民共和国公民在中华人民共和国领域外犯本法规定之罪的，适用本法，但是按本法规定的最高刑为三年以下有期徒刑的，可以不予追究。

中华人民共和国国家工作人员和军人在中华人民共和国领域外犯本法规定之罪的，适用本法。

第八条 外国人在中华人民共和国领域外对中华人民共和国国家或者公民犯罪，而按本法规定的最低刑为三年以上有期徒刑的，可以适用本法，但是按照犯罪地的法律不受处罚的除外。

第九条 对于中华人民共和国缔结或者参加的国际条约所规定的罪行,中华人民共和国在所承担条约义务的范围内行使刑事管辖权的,适用本法。

第十条 凡在中华人民共和国领域外犯罪,依照本法应当负刑事责任的,虽然经过外国审判,仍然可以依照本法追究,但是在外国已经受过刑罚处罚的,可以免除或者减轻处罚。

第十一条 享有外交特权和豁免权的外国人的刑事责任,通过外交途径解决。

第十二条 中华人民共和国成立以后本法施行以前的行为,如果当时的法律不认为是犯罪的,适用当时的法律;如果当时的法律认为是犯罪的,依照本法总则第四章第八节的规定应当追诉的,按照当时的法律追究刑事责任,但是如果本法不认为是犯罪或者处刑较轻的,适用本法。

本法施行以前,依照当时的法律已经作出的生效判决,继续有效。

第二章 犯罪

第一节 犯罪和刑事责任

第十三条 一切危害国家主权、领土完整和安全,分裂国家、颠覆人民民主专政的政权和推翻社会主义制度,破坏社会秩序和经济秩序,侵犯国有财产或者劳动群众集体所有的财产,侵犯公民私人所有的财产,侵犯公民的人身权利、民主权利和其他权利,以及其他危害社会的行为,依照法律应当受刑罚处罚的,都是犯罪,但是情节显著轻微危害不大的,不认为是犯罪。

第十四条 明知自己的行为会发生危害社会的结果,并且希望或者放任这种结果发生,因而构成犯罪的,是故意犯罪。

故意犯罪,应当负刑事责任。

第十五条 应当预见自己的行为可能发生危害社会的结果,因为疏忽大意而没有预见,或者已经预见而轻信能够避免,以致发生这种结果的,是过失犯罪。

过失犯罪,法律有规定的才负刑事责任。

第十六条 行为在客观上虽然造成了损害结果,但是不是出于故意或者过失,而是由于不能抗拒或者不能预见的原因所引起的,不是犯罪。

第十七条 已满十六周岁的人犯罪,应当负刑事责任。

已满十四周岁不满十六周岁的人,犯故意杀人、故意伤害致人重伤或者死亡、强奸、抢劫、贩卖毒品、放火、爆炸、投放危险物质罪的,应当负刑事责任。

已满十二周岁不满十四周岁的人,犯故意杀人、故意伤害罪,致人死亡或者以特别残忍手段致人重伤造成严重残疾,情节恶劣,经最高人民检察院核准追诉的,应当负刑事责任。

对依照前三款规定追究刑事责任的不满十八周岁的人,应当从轻或者减轻处罚。

因不满十六周岁不予刑事处罚的,责令其父母或者其他监护人加以管教;在必要的时候,依法进行专门矫治教育。

第十七条之一 已满七十五周岁的人故意犯罪的,可以从轻或者减轻处罚;过失犯罪的,应当从轻或者减轻处罚。

第十八条 精神病人在不能辨认或者不能控制自己行为的时候造成危害结果,经法定程序鉴定确认的,不负刑事责任,但是应当责令他的家属或者监护人严加看管和医疗;在必要的时候,由政府强制医疗。

间歇性的精神病人在精神正常的时候犯罪，应当负刑事责任。

尚未完全丧失辨认或者控制自己行为能力的精神病人犯罪的，应当负刑事责任，但是可以从轻或者减轻处罚。

醉酒的人犯罪，应当负刑事责任。

第十九条　又聋又哑的人或者盲人犯罪，可以从轻、减轻或者免除处罚。

第二十条　为了使国家、公共利益、本人或者他人的人身、财产和其他权利免受正在进行的不法侵害，而采取的制止不法侵害的行为，对不法侵害人造成损害的，属于正当防卫，不负刑事责任。

正当防卫明显超过必要限度造成重大损害的，应当负刑事责任，但是应当减轻或者免除处罚。

对正在进行行凶、杀人、抢劫、强奸、绑架以及其他严重危及人身安全的暴力犯罪，采取防卫行为，造成不法侵害人伤亡的，不属于防卫过当，不负刑事责任。

第二十一条　为了使国家、公共利益、本人或者他人的人身、财产和其他权利免受正在发生的危险，不得已采取的紧急避险行为，造成损害的，不负刑事责任。

紧急避险超过必要限度造成不应有的损害的，应当负刑事责任，但是应当减轻或者免除处罚。

第一款中关于避免本人危险的规定，不适用于职务上、业务上负有特定责任的人。

第二节　犯罪的预备、未遂和中止

第二十二条　为了犯罪，准备工具、制造条件的，是犯罪预备。

对于预备犯，可以比照既遂犯从轻、减轻处罚或者免除处罚。

第二十三条 已经着手实行犯罪，由于犯罪分子意志以外的原因而未得逞的，是犯罪未遂。

对于未遂犯，可以比照既遂犯从轻或者减轻处罚。

第二十四条 在犯罪过程中，自动放弃犯罪或者自动有效地防止犯罪结果发生的，是犯罪中止。

对于中止犯，没有造成损害的，应当免除处罚；造成损害的，应当减轻处罚。

第三节 共同犯罪

第二十五条 共同犯罪是指二人以上共同故意犯罪。

二人以上共同过失犯罪，不以共同犯罪论处；应当负刑事责任的，按照他们所犯的罪分别处罚。

第二十六条 组织、领导犯罪集团进行犯罪活动的或者在共同犯罪中起主要作用的，是主犯。

三人以上为共同实施犯罪而组成的较为固定的犯罪组织，是犯罪集团。

对组织、领导犯罪集团的首要分子，按照集团所犯的全部罪行处罚。

对于第三款规定以外的主犯，应当按照其所参与的或者组织、指挥的全部犯罪处罚。

第二十七条 在共同犯罪中起次要或者辅助作用的，是从犯。

对于从犯，应当从轻、减轻处罚或者免除处罚。

第二十八条 对于被胁迫参加犯罪的，应当按照他的犯罪情节减轻处罚或者免除处罚。

第二十九条　教唆他人犯罪的，应当按照他在共同犯罪中所起的作用处罚。教唆不满十八周岁的人犯罪的，应当从重处罚。

如果被教唆的人没有犯被教唆的罪，对于教唆犯，可以从轻或者减轻处罚。

第四节　单位犯罪

第三十条　公司、企业、事业单位、机关、团体实施的危害社会的行为，法律规定为单位犯罪的，应当负刑事责任。

第三十一条　单位犯罪的，对单位判处罚金，并对其直接负责的主管人员和其他直接责任人员判处刑罚。本法分则和其他法律另有规定的，依照规定。

第三章　刑罚

第一节　刑罚的种类

第三十二条　刑罚分为主刑和附加刑。

第三十三条　主刑的种类如下：

（一）管制；

（二）拘役；

（三）有期徒刑；

（四）无期徒刑；

（五）死刑。

第三十四条　附加刑的种类如下：

（一）罚金；

（二）剥夺政治权利；

（三）没收财产。

附加刑也可以独立适用。

第三十五条　对于犯罪的外国人，可以独立适用或者附加适用驱逐出境。

第三十六条　由于犯罪行为而使被害人遭受经济损失的，对犯罪分子除依法给予刑事处罚外，并应根据情况判处赔偿经济损失。

承担民事赔偿责任的犯罪分子，同时被判处罚金，其财产不足以全部支付的，或者被判处没收财产的，应当先承担对被害人的民事赔偿责任。

第三十七条　对于犯罪情节轻微不需要判处刑罚的，可以免予刑事处罚，但是可以根据案件的不同情况，予以训诫或者责令具结悔过、赔礼道歉、赔偿损失，或者由主管部门予以行政处罚或者行政处分。

第三十七条之一　因利用职业便利实施犯罪，或者实施违背职业要求的特定义务的犯罪被判处刑罚的，人民法院可以根据犯罪情况和预防再犯罪的需要，禁止其自刑罚执行完毕之日或者假释之日起从事相关职业，期限为三年至五年。

被禁止从事相关职业的人违反人民法院依照前款规定作出的决定的，由公安机关依法给予处罚；情节严重的，依照本法第三百一十三条的规定定罪处罚。

其他法律、行政法规对其从事相关职业另有禁止或者限制性规定的，从其规定。

第二节　管制

第三十八条　管制的期限，为三个月以上二年以下。

判处管制，可以根据犯罪情况，同时禁止犯罪分子在执行期间从事特定活动，进入特定区域、场所，接触特定的人。

对判处管制的犯罪分子，依法实行社区矫正。

违反第二款规定的禁止令的，由公安机关依照《中华人民共和国治安管理处罚法》的规定处罚。

第三十九条　被判处管制的犯罪分子，在执行期间，应当遵守下列规定：

（一）遵守法律、行政法规，服从监督；

（二）未经执行机关批准，不得行使言论、出版、集会、结社、游行、示威自由的权利；

（三）按照执行机关规定报告自己的活动情况；

（四）遵守执行机关关于会客的规定；

（五）离开所居住的市、县或者迁居，应当报经执行机关批准。

对于被判处管制的犯罪分子，在劳动中应当同工同酬。

第四十条　被判处管制的犯罪分子，管制期满，执行机关应即向本人和其所在单位或者居住地的群众宣布解除管制。

第四十一条　管制的刑期，从判决执行之日起计算；判决执行以前先行羁押的，羁押一日折抵刑期二日。

第三节　拘役

第四十二条　拘役的期限，为一个月以上六个月以下。

第四十三条　被判处拘役的犯罪分子，由公安机关就近执行。

在执行期间，被判处拘役的犯罪分子每月可以回家一天至两天；参加劳动的，可以酌量发给报酬。

第四十四条　拘役的刑期，从判决执行之日起计算；判决执行以前先行羁押的，羁押一日折抵刑期一日。

第四节　有期徒刑、无期徒刑

第四十五条　有期徒刑的期限，除本法第五十条、第六十九条规定外，为六个月以上十五年以下。

第四十六条　被判处有期徒刑、无期徒刑的犯罪分子，在监狱或者其他执行场所执行；凡有劳动能力的，都应当参加劳动，接受教育和改造。

第四十七条　有期徒刑的刑期，从判决执行之日起计算；判决执行以前先行羁押的，羁押一日折抵刑期一日。

第五节　死刑

第四十八条　死刑只适用于罪行极其严重的犯罪分子。对于应当判处死刑的犯罪分子，如果不是必须立即执行的，可以判处死刑同时宣告缓期二年执行。

死刑除依法由最高人民法院判决的以外，都应当报请最高人民法院核准。死刑缓期执行的，可以由高级人民法院判决或者核准。

第四十九条　犯罪的时候不满十八周岁的人和审判的时候怀孕的妇女，不适用死刑。

审判的时候已满七十五周岁的人，不适用死刑，但以特别残忍手段致人死亡的除外。

第五十条　判处死刑缓期执行的，在死刑缓期执行期间，如果没有故意犯罪，二年期满以后，减为无期徒刑；如果确有重大立功表现，二年期满以后，减为二十五年有期徒刑；如果故意犯罪，情节恶劣的，报请最高人民法院核准后执行死刑；对于故意犯罪未执行死刑的，死刑缓期执行的期间重新计算，并报最高人民法院备案。

对被判处死刑缓期执行的累犯以及因故意杀人、强奸、抢劫、绑架、放火、爆炸、投放危险物质或者有组织的暴力性犯罪被判处死刑缓期执行的犯罪分子，人民法院根据犯罪情节等情况可以同时决定对其限制减刑。

第五十一条 死刑缓期执行的期间，从判决确定之日起计算。死刑缓期执行减为有期徒刑的刑期，从死刑缓期执行期满之日起计算。

第六节 罚金

第五十二条 判处罚金，应当根据犯罪情节决定罚金数额。

第五十三条 罚金在判决指定的期限内一次或者分期缴纳。期满不缴纳的，强制缴纳。对于不能全部缴纳罚金的，人民法院在任何时候发现被执行人有可以执行的财产，应当随时追缴。

由于遭遇不能抗拒的灾祸等原因缴纳确实有困难的，经人民法院裁定，可以延期缴纳、酌情减少或者免除。

第七节 剥夺政治权利

第五十四条 剥夺政治权利是剥夺下列权利：

（一）选举权和被选举权；

（二）言论、出版、集会、结社、游行、示威自由的权利；

（三）担任国家机关职务的权利；

（四）担任国有公司、企业、事业单位和人民团体领导职务的权利。

第五十五条 剥夺政治权利的期限，除本法第五十七条规定外，为一年以上五年以下。

判处管制附加剥夺政治权利的，剥夺政治权利的期限与管制的期限相等，同时执行。

第五十六条 对于危害国家安全的犯罪分子应当附加剥夺政治权利；对于故意杀人、强奸、放火、爆炸、投毒、抢劫等严重破坏社会秩序的犯罪分子，可以附加剥夺政治权利。

独立适用剥夺政治权利的，依照本法分则的规定。

第五十七条 对于被判处死刑、无期徒刑的犯罪分子，应当剥夺政治权利终身。

在死刑缓期执行减为有期徒刑或者无期徒刑减为有期徒刑的时候，应当把附加剥夺政治权利的期限改为三年以上十年以下。

第五十八条 附加剥夺政治权利的刑期，从徒刑、拘役执行完毕之日或者从假释之日起计算；剥夺政治权利的效力当然施用于主刑执行期间。

被剥夺政治权利的犯罪分子，在执行期间，应当遵守法律、行政法规和国务院公安部门有关监督管理的规定，服从监督；不得行使本法第五十四条规定的各项权利。

第八节　没收财产

第五十九条 没收财产是没收犯罪分子个人所有财产的一部或者全部。没收全部财产的，应当对犯罪分子个人及其扶养的家属保留必需的生活费用。

在判处没收财产的时候，不得没收属于犯罪分子家属所有或者应有的财产。

第六十条 没收财产以前犯罪分子所负的正当债务，需要以没收的财产偿还的，经债权人请求，应当偿还。

第四章　刑罚的具体运用

第一节　量刑

第六十一条　对于犯罪分子决定刑罚的时候，应当根据犯罪的事实、犯罪的性质、情节和对于社会的危害程度，依照本法的有关规定判处。

第六十二条　犯罪分子具有本法规定的从重处罚、从轻处罚情节的，应当在法定刑的限度以内判处刑罚。

第六十三条　犯罪分子具有本法规定的减轻处罚情节的，应当在法定刑以下判处刑罚；本法规定有数个量刑幅度的，应当在法定量刑幅度的下一个量刑幅度内判处刑罚。

犯罪分子虽然不具有本法规定的减轻处罚情节，但是根据案件的特殊情况，经最高人民法院核准，也可以在法定刑以下判处刑罚。

第六十四条　犯罪分子违法所得的一切财物，应当予以追缴或者责令退赔；对被害人的合法财产，应当及时返还；违禁品和供犯罪所用的本人财物，应当予以没收。没收的财物和罚金，一律上缴国库，不得挪用和自行处理。

第二节　累犯

第六十五条　被判处有期徒刑以上刑罚的犯罪分子，刑罚执行完毕或者赦免以后，在五年以内再犯应当判处有期徒刑以上刑罚之罪的，是累犯，应当从重处罚，但是过失犯罪和不满十八周岁的人犯罪的除外。

前款规定的期限，对于被假释的犯罪分子，从假释期满之日起计算。

第六十六条 危害国家安全犯罪、恐怖活动犯罪、黑社会性质的组织犯罪的犯罪分子，在刑罚执行完毕或者赦免以后，在任何时候再犯上述任一类罪的，都以累犯论处。

第三节 自首和立功

第六十七条 犯罪以后自动投案，如实供述自己的罪行的，是自首。对于自首的犯罪分子，可以从轻或者减轻处罚。其中，犯罪较轻的，可以免除处罚。

被采取强制措施的犯罪嫌疑人、被告人和正在服刑的罪犯，如实供述司法机关还未掌握的本人其他罪行的，以自首论。

犯罪嫌疑人虽不具有前两款规定的自首情节，但是如实供述自己罪行的，可以从轻处罚；因其如实供述自己罪行，避免特别严重后果发生的，可以减轻处罚。

第六十八条 犯罪分子有揭发他人犯罪行为，查证属实的，或者提供重要线索，从而得以侦破其他案件等立功表现的，可以从轻或者减轻处罚；有重大立功表现的，可以减轻或者免除处罚。

第四节 数罪并罚

第六十九条 判决宣告以前一人犯数罪的，除判处死刑和无期徒刑的以外，应当在总和刑期以下、数刑中最高刑期以上，酌情决定执行的刑期，但是管制最高不能超过三年，拘役最高不能超过一年，有期徒刑总和刑期不满三十五年的，最高不能超过二十年，总和刑期在三十五年以上的，最高不能超过二十五年。

数罪中有判处有期徒刑和拘役的，执行有期徒刑。数罪中有判处有期徒刑和管制，或者拘役和管制的，有期徒刑、拘役执行完毕后，管制仍须执行。

数罪中有判处附加刑的，附加刑仍须执行，其中附加刑种类相同的，合并执行，种类不同的，分别执行。

第七十条 判决宣告以后，刑罚执行完毕以前，发现被判刑的犯罪分子在判决宣告以前还有其他罪没有判决的，应当对新发现的罪作出判决，把前后两个判决所判处的刑罚，依照本法第六十九条的规定，决定执行的刑罚。已经执行的刑期，应当计算在新判决决定的刑期以内。

第七十一条 判决宣告以后，刑罚执行完毕以前，被判刑的犯罪分子又犯罪的，应当对新犯的罪作出判决，把前罪没有执行的刑罚和后罪所判处的刑罚，依照本法第六十九条的规定，决定执行的刑罚。

第五节 缓刑

第七十二条 对于被判处拘役、三年以下有期徒刑的犯罪分子，同时符合下列条件的，可以宣告缓刑，对其中不满十八周岁的人、怀孕的妇女和已满七十五周岁的人，应当宣告缓刑：

（一）犯罪情节较轻；

（二）有悔罪表现；

（三）没有再犯罪的危险；

（四）宣告缓刑对所居住社区没有重大不良影响。

宣告缓刑，可以根据犯罪情况，同时禁止犯罪分子在缓刑考验期限内从事特定活动，进入特定区域、场所，接触特定的人。

被宣告缓刑的犯罪分子，如果被判处附加刑，附加刑仍须执行。

第七十三条 拘役的缓刑考验期限为原判刑期以上一年以下，但是不能少于二个月。

有期徒刑的缓刑考验期限为原判刑期以上五年以下，但是不能少于一年。

缓刑考验期限，从判决确定之日起计算。

第七十四条　对于累犯和犯罪集团的首要分子，不适用缓刑。

第七十五条　被宣告缓刑的犯罪分子，应当遵守下列规定：

（一）遵守法律、行政法规，服从监督；

（二）按照考察机关的规定报告自己的活动情况；

（三）遵守考察机关关于会客的规定；

（四）离开所居住的市、县或者迁居，应当报经考察机关批准。

第七十六条　对宣告缓刑的犯罪分子，在缓刑考验期限内，依法实行社区矫正，如果没有本法第七十七条规定的情形，缓刑考验期满，原判的刑罚就不再执行，并公开予以宣告。

第七十七条　被宣告缓刑的犯罪分子，在缓刑考验期限内犯新罪或者发现判决宣告以前还有其他罪没有判决的，应当撤销缓刑，对新犯的罪或者新发现的罪作出判决，把前罪和后罪所判处的刑罚，依照本法第六十九条的规定，决定执行的刑罚。

被宣告缓刑的犯罪分子，在缓刑考验期限内，违反法律、行政法规或者国务院有关部门关于缓刑的监督管理规定，或者违反人民法院判决中的禁止令，情节严重的，应当撤销缓刑，执行原判刑罚。

第六节　减刑

第七十八条　被判处管制、拘役、有期徒刑、无期徒刑的犯罪分子，在执行期间，如果认真遵守监规，接受教育改造，确有悔改表现的，或者有立功表现的，可以减刑；有下列重大立功表现之一的，应当减刑：

（一）阻止他人重大犯罪活动的；

（二）检举监狱内外重大犯罪活动，经查证属实的；

（三）有发明创造或者重大技术革新的；

（四）在日常生产、生活中舍己救人的；

（五）在抗御自然灾害或者排除重大事故中，有突出表现的；

（六）对国家和社会有其他重大贡献的。

减刑以后实际执行的刑期不能少于下列期限：

（一）判处管制、拘役、有期徒刑的，不能少于原判刑期的二分之一；

（二）判处无期徒刑的，不能少于十三年；

（三）人民法院依照本法第五十条第二款规定限制减刑的死刑缓期执行的犯罪分子，缓期执行期满后依法减为无期徒刑的，不能少于二十五年，缓期执行期满后依法减为二十五年有期徒刑的，不能少于二十年。

第七十九条　对于犯罪分子的减刑，由执行机关向中级以上人民法院提出减刑建议书。人民法院应当组成合议庭进行审理，对确有悔改或者立功事实的，裁定予以减刑。非经法定程序不得减刑。

第八十条　无期徒刑减为有期徒刑的刑期，从裁定减刑之日起计算。

第七节　假释

第八十一条　被判处有期徒刑的犯罪分子，执行原判刑期二分之一以上，被判处无期徒刑的犯罪分子，实际执行十三年以上，如果认真遵守监规，接受教育改造，确有悔改表现，没有再犯罪的危险的，可以假释。如果有特殊情况，经最高人民法院核准，可以不受上述执行刑期的限制。

对累犯以及因故意杀人、强奸、抢劫、绑架、放火、爆炸、投放危险物质或者有组织的暴力性犯罪被判处十年以上有期徒刑、无期徒刑的犯罪分子，不得假释。

对犯罪分子决定假释时，应当考虑其假释后对所居住社区的影响。

第八十二条　对于犯罪分子的假释，依照本法第七十九条规定的程序进行。非经法定程序不得假释。

第八十三条　有期徒刑的假释考验期限，为没有执行完毕的刑期；无期徒刑的假释考验期限为十年。

假释考验期限，从假释之日起计算。

第八十四条　被宣告假释的犯罪分子，应当遵守下列规定：

（一）遵守法律、行政法规，服从监督；

（二）按照监督机关的规定报告自己的活动情况；

（三）遵守监督机关关于会客的规定；

（四）离开所居住的市、县或者迁居，应当报经监督机关批准。

第八十五条　对假释的犯罪分子，在假释考验期限内，依法实行社区矫正，如果没有本法第八十六条规定的情形，假释考验期满，就认为原判刑罚已经执行完毕，并公开予以宣告。

第八十六条　被假释的犯罪分子，在假释考验期限内犯新罪，应当撤销假释，依照本法第七十一条的规定实行数罪并罚。

在假释考验期限内，发现被假释的犯罪分子在判决宣告以前还有其他罪没有判决的，应当撤销假释，依照本法第七十条的规定实行数罪并罚。

被假释的犯罪分子，在假释考验期限内，有违反法律、行政法规或者国务院有关部门关于假释的监督管理规定的行为，尚未构成新的犯罪的，应当依照法定程序撤销假释，收监执行未执行完毕的刑罚。

第八节　时效

第八十七条　犯罪经过下列期限不再追诉：

（一）法定最高刑为不满五年有期徒刑的，经过五年；

（二）法定最高刑为五年以上不满十年有期徒刑的，经过十年；

（三）法定最高刑为十年以上有期徒刑的，经过十五年；

（四）法定最高刑为无期徒刑、死刑的，经过二十年。如果二十年以后认为必须追诉的，须报请最高人民检察院核准。

第八十八条　在人民检察院、公安机关、国家安全机关立案侦查或者在人民法院受理案件以后，逃避侦查或者审判的，不受追诉期限的限制。

被害人在追诉期限内提出控告，人民法院、人民检察院、公安机关应当立案而不予立案的，不受追诉期限的限制。

第八十九条　追诉期限从犯罪之日起计算；犯罪行为有连续或者继续状态的，从犯罪行为终了之日起计算。

在追诉期限以内又犯罪的，前罪追诉的期限从犯后罪之日起计算。

第五章　其他规定

第九十条　民族自治地方不能全部适用本法规定的，可以由自治区或者省的人民代表大会根据当地民族的政治、经济、文化的特点和本法规定的基本原则，制定变通或者补充的规定，报请全国人民代表大会常务委员会批准施行。

第九十一条　本法所称公共财产，是指下列财产：

（一）国有财产；

（二）劳动群众集体所有的财产；

（三）用于扶贫和其他公益事业的社会捐助或者专项基金的财产。

在国家机关、国有公司、企业、集体企业和人民团体管理、使用或者运输中的私人财产，以公共财产论。

第九十二条　本法所称公民私人所有的财产，是指下列财产：

（一）公民的合法收入、储蓄、房屋和其他生活资料；

（二）依法归个人、家庭所有的生产资料；

（三）个体户和私营企业的合法财产；

（四）依法归个人所有的股份、股票、债券和其他财产。

第九十三条　本法所称国家工作人员，是指国家机关中从事公务的人员。

国有公司、企业、事业单位、人民团体中从事公务的人员和国家机关、国有公司、企业、事业单位委派到非国有公司、企业、事业单位、社会团体从事公务的人员，以及其他依照法律从事公务的人员，以国家工作人员论。

第九十四条　本法所称司法工作人员，是指有侦查、检察、审判、监管职责的工作人员。

第九十五条　本法所称重伤，是指有下列情形之一的伤害：

（一）使人肢体残废或者毁人容貌的；

（二）使人丧失听觉、视觉或者其他器官机能的；

（三）其他对于人身健康有重大伤害的。

第九十六条　本法所称违反国家规定，是指违反全国人民代表大会及其常务委员会制定的法律和决定，国务院制定的行政法规、规定的行政措施、发布的决定和命令。

第九十七条 本法所称首要分子,是指在犯罪集团或者聚众犯罪中起组织、策划、指挥作用的犯罪分子。

第九十八条 本法所称告诉才处理,是指被害人告诉才处理。如果被害人因受强制、威吓无法告诉的,人民检察院和被害人的近亲属也可以告诉。

第九十九条 本法所称以上、以下、以内,包括本数。

第一百条 依法受过刑事处罚的人,在入伍、就业的时候,应当如实向有关单位报告自己曾受过刑事处罚,不得隐瞒。

犯罪的时候不满十八周岁被判处五年有期徒刑以下刑罚的人,免除前款规定的报告义务。

第一百零一条 本法总则适用于其他有刑罚规定的法律,但是其他法律有特别规定的除外。

最高人民检察院、公安部关于公安机关管辖的刑事案件立案追诉标准的规定(二)

(2022年4月6日公布 公通字〔2022〕12号)

第一条 〔帮助恐怖活动案(刑法第一百二十条之一第一款)〕资助恐怖活动组织、实施恐怖活动的个人的,或者资助恐怖活动培训的,应予立案追诉。

第二条 〔走私假币案(刑法第一百五十一条第一款)〕走私伪造的货币,涉嫌下列情形之一的,应予立案追诉:

（一）总面额在二千元以上或者币量在二百张（枚）以上的；

（二）总面额在一千元以上或者币量在一百张（枚）以上，二年内因走私假币受过行政处罚，又走私假币的；

（三）其他走私假币应予追究刑事责任的情形。

第三条 〔虚报注册资本案（刑法第一百五十八条）〕申请公司登记使用虚假证明文件或者采取其他欺诈手段虚报注册资本，欺骗公司登记主管部门，取得公司登记，涉嫌下列情形之一的，应予立案追诉：

（一）法定注册资本最低限额在六百万元以下，虚报数额占其应缴出资数额百分之六十以上的；

（二）法定注册资本最低限额超过六百万元，虚报数额占其应缴出资数额百分之三十以上的；

（三）造成投资者或者其他债权人直接经济损失累计数额在五十万元以上的；

（四）虽未达到上述数额标准，但具有下列情形之一的：

1. 二年内因虚报注册资本受过二次以上行政处罚，又虚报注册资本的；

2. 向公司登记主管人员行贿的；

3. 为进行违法活动而注册的。

（五）其他后果严重或者有其他严重情节的情形。

本条只适用于依法实行注册资本实缴登记制的公司。

第四条 〔虚假出资、抽逃出资案（刑法第一百五十九条）〕公司发起人、股东违反公司法的规定未交付货币、实物或者未转移财产权，虚假出资，或者在公司成立后又抽逃其出资，涉嫌下列情形之一的，应予立案追诉：

（一）法定注册资本最低限额在六百万元以下，虚假出资、抽逃出资数额占其应缴出资数额百分之六十以上的；

（二）法定注册资本最低限额超过六百万元，虚假出资、抽逃出资数额占其应缴出资数额百分之三十以上的；

（三）造成公司、股东、债权人的直接经济损失累计数额在五十万元以上的；

（四）虽未达到上述数额标准，但具有下列情形之一的：

1. 致使公司资不抵债或者无法正常经营的；

2. 公司发起人、股东合谋虚假出资、抽逃出资的；

3. 二年内因虚假出资、抽逃出资受过二次以上行政处罚，又虚假出资、抽逃出资的；

4. 利用虚假出资、抽逃出资所得资金进行违法活动的。

（五）其他后果严重或者有其他严重情节的情形。

本条只适用于依法实行注册资本实缴登记制的公司。

第五条 〔欺诈发行证券案（刑法第一百六十条）〕在招股说明书、认股书、公司、企业债券募集办法等发行文件中隐瞒重要事实或者编造重大虚假内容，发行股票或者公司、企业债券、存托凭证或者国务院依法认定的其他证券，涉嫌下列情形之一的，应予立案追诉：

（一）非法募集资金金额在一千万元以上的；

（二）虚增或者虚减资产达到当期资产总额百分之三十以上的；

（三）虚增或者虚减营业收入达到当期营业收入总额百分之三十以上的；

（四）虚增或者虚减利润达到当期利润总额百分之三十以上的；

（五）隐瞒或者编造的重大诉讼、仲裁、担保、关联交易或者其他重大事项所涉及的数额或者连续十二个月的累计数额达到最近一期披露的净资产百分之五十以上的；

（六）造成投资者直接经济损失数额累计在一百万元以上的；

（七）为欺诈发行证券而伪造、变造国家机关公文、有效证明文件或者相关凭证、单据的；

（八）为欺诈发行证券向负有金融监督管理职责的单位或者人员行贿的；

（九）募集的资金全部或者主要用于违法犯罪活动的；

（十）其他后果严重或者有其他严重情节的情形。

第六条 〔违规披露、不披露重要信息案（刑法第一百六十一条）〕依法负有信息披露义务的公司、企业向股东和社会公众提供虚假的或者隐瞒重要事实的财务会计报告，或者对依法应当披露的其他重要信息不按照规定披露，涉嫌下列情形之一的，应予立案追诉：

（一）造成股东、债权人或者其他人直接经济损失数额累计在一百万元以上的；

（二）虚增或者虚减资产达到当期披露的资产总额百分之三十以上的；

（三）虚增或者虚减营业收入达到当期披露的营业收入总额百分之三十以上的；

（四）虚增或者虚减利润达到当期披露的利润总额百分之三十以上的；

（五）未按照规定披露的重大诉讼、仲裁、担保、关联交易或者其他重大事项所涉及的数额或者连续十二个月的累计数额达到最近一期披露的净资产百分之五十以上的；

（六）致使不符合发行条件的公司、企业骗取发行核准或者注册并且上市交易的；

（七）致使公司、企业发行的股票或者公司、企业债券、存托凭证或者国务院依法认定的其他证券被终止上市交易的；

（八）在公司财务会计报告中将亏损披露为盈利，或者将盈利披露为亏损的；

（九）多次提供虚假的或者隐瞒重要事实的财务会计报告，或者多次对依法应当披露的其他重要信息不按照规定披露的；

（十）其他严重损害股东、债权人或者其他人利益，或者有其他严重情节的情形。

第七条〔妨害清算案（刑法第一百六十二条）〕公司、企业进行清算时，隐匿财产，对资产负债表或者财产清单作虚伪记载或者在未清偿债务前分配公司、企业财产，涉嫌下列情形之一的，应予立案追诉：

（一）隐匿财产价值在五十万元以上的；

（二）对资产负债表或者财产清单作虚伪记载涉及金额在五十万元以上的；

（三）在未清偿债务前分配公司、企业财产价值在五十万元以上的；

（四）造成债权人或者其他人直接经济损失数额累计在十万元以上的；

（五）虽未达到上述数额标准，但应清偿的职工的工资、社会保险费用和法定补偿金得不到及时清偿，造成恶劣社会影响的；

（六）其他严重损害债权人或者其他人利益的情形。

第八条〔隐匿、故意销毁会计凭证、会计帐簿、财务会计报告案（刑法第一百六十二条之一）〕隐匿或者故意销毁依法应当保存的会计凭证、会计帐簿、财务会计报告，涉嫌下列情形之一的，应予立案追诉：

（一）隐匿、故意销毁的会计凭证、会计帐簿、财务会计报告涉及金额在五十万元以上的；

（二）依法应当向监察机关、司法机关、行政机关、有关主管部门等提供而隐匿、故意销毁或者拒不交出会计凭证、会计帐簿、财务会计报告的；

（三）其他情节严重的情形。

第九条 〔虚假破产案（刑法第一百六十二条之二）〕公司、企业通过隐匿财产、承担虚构的债务或者以其他方法转移、处分财产，实施虚假破产，涉嫌下列情形之一的，应予立案追诉：

（一）隐匿财产价值在五十万元以上的；

（二）承担虚构的债务涉及金额在五十万元以上的；

（三）以其他方法转移、处分财产价值在五十万元以上的；

（四）造成债权人或者其他人直接经济损失数额累计在十万元以上的；

（五）虽未达到上述数额标准，但应清偿的职工的工资、社会保险费用和法定补偿金得不到及时清偿，造成恶劣社会影响的；

（六）其他严重损害债权人或者其他人利益的情形。

第十条 〔非国家工作人员受贿案（刑法第一百六十三条）〕公司、企业或者其他单位的工作人员利用职务上的便利，索取他人财物或者非法收受他人财物，为他人谋取利益，或者在经济往来中，利用职务上的便利，违反国家规定，收受各种名义的回扣、手续费，归个人所有，数额在三万元以上的，应予立案追诉。

第十一条 〔对非国家工作人员行贿案（刑法第一百六十四条第一款）〕为谋取不正当利益，给予公司、企业或者其他单位的工作人员以财物，个人行贿数额在三万元以上的，单位行贿数额在二十万元以上的，应予立案追诉。

第十二条 〔对外国公职人员、国际公共组织官员行贿案（刑法第一百六十四条第二款）〕为谋取不正当商业利益，给予外国公职人员或者国际公共组织官员以财物，个人行贿数额在三万元以上的，单位行贿数额在二十万元以上的，应予立案追诉。

第十三条 〔背信损害上市公司利益案（刑法第一百六十九条之一）〕上市公司的董事、监事、高级管理人员违背对公司的忠实义务，利用职务便利，操纵上市公司从事损害上市公司利益的行为，以及上市公司的控股股东或者实际控制人，指使上市公司董事、监事、高级管理人员实施损害上市公司利益的行为，涉嫌下列情形之一的，应予立案追诉：

（一）无偿向其他单位或者个人提供资金、商品、服务或者其他资产，致使上市公司直接经济损失数额在一百五十万元以上的；

（二）以明显不公平的条件，提供或者接受资金、商品、服务或者其他资产，致使上市公司直接经济损失数额在一百五十万元以上的；

（三）向明显不具有清偿能力的单位或者个人提供资金、商品、服务或者其他资产，致使上市公司直接经济损失数额在一百五十万元以上的；

（四）为明显不具有清偿能力的单位或者个人提供担保，或者无正当理由为其他单位或者个人提供担保，致使上市公司直接经济损失数额在一百五十万元以上的；

（五）无正当理由放弃债权、承担债务，致使上市公司直接经济损失数额在一百五十万元以上的；

（六）致使公司、企业发行的股票或者公司、企业债券、存托凭证或者国务院依法认定的其他证券被终止上市交易的；

（七）其他致使上市公司利益遭受重大损失的情形。

第十四条 〔伪造货币案（刑法第一百七十条）〕伪造货币，涉嫌下列情形之一的，应予立案追诉：

（一）总面额在二千元以上或者币量在二百张（枚）以上的；

（二）总面额在一千元以上或者币量在一百张（枚）以上，二年内因伪造货币受过行政处罚，又伪造货币的；

（三）制造货币版样或者为他人伪造货币提供版样的；

（四）其他伪造货币应予追究刑事责任的情形。

第十五条 〔出售、购买、运输假币案（刑法第一百七十一条第一款）〕出售、购买伪造的货币或者明知是伪造的货币而运输，涉嫌下列情形之一的，应予立案追诉：

（一）总面额在四千元以上或者币量在四百张（枚）以上的；

（二）总面额在二千元以上或者币量在二百张（枚）以上，二年内因出售、购买、运输假币受过行政处罚，又出售、购买、运输假币的；

（三）其他出售、购买、运输假币应予追究刑事责任的情形。

在出售假币时被抓获的，除现场查获的假币应认定为出售假币的数额外，现场之外在行为人住所或者其他藏匿地查获的假币，也应认定为出售假币的数额。

第十六条 〔金融工作人员购买假币、以假币换取货币案（刑法第一百七十一条第二款）〕银行或者其他金融机构的工作人员购买伪造的货币或者利用职务上的便利，以伪造的货币换取货币，总面额在二千元以上或者币量在二百张（枚）以上的，应予立案追诉。

第十七条 〔持有、使用假币案（刑法第一百七十二条）〕明知是伪造的货币而持有、使用，涉嫌下列情形之一的，应予立案追诉：

（一）总面额在四千元以上或者币量在四百张（枚）以上的；

（二）总面额在二千元以上或者币量在二百张（枚）以上，二年内因持有、使用假币受过行政处罚，又持有、使用假币的；

（三）其他持有、使用假币应予追究刑事责任的情形。

第十八条〔变造货币案（刑法第一百七十三条）〕变造货币，涉嫌下列情形之一的，应予立案追诉：

（一）总面额在二千元以上或者币量在二百张（枚）以上的；

（二）总面额在一千元以上或者币量在一百张（枚）以上，二年内因变造货币受过行政处罚，又变造货币的；

（三）其他变造货币应予追究刑事责任的情形。

第十九条〔擅自设立金融机构案（刑法第一百七十四条第一款）〕未经国家有关主管部门批准，擅自设立金融机构，涉嫌下列情形之一的，应予立案追诉：

（一）擅自设立商业银行、证券交易所、期货交易所、证券公司、期货公司、保险公司或者其他金融机构的；

（二）擅自设立金融机构筹备组织的。

第二十条〔伪造、变造、转让金融机构经营许可证、批准文件案（刑法第一百七十四条第二款）〕伪造、变造、转让商业银行、证券交易所、期货交易所、证券公司、期货公司、保险公司或者其他金融机构的经营许可证或者批准文件的，应予立案追诉。

第二十一条〔高利转贷案（刑法第一百七十五条）〕以转贷牟利为目的，套取金融机构信贷资金高利转贷他人，违法所得数额在五十万元以上的，应予立案追诉。

第二十二条〔骗取贷款、票据承兑、金融票证案（刑法第一百七十五条之一）〕以欺骗手段取得银行或者其他金融机构贷款、票据承兑、信用证、保函等，给银行或者其他金融机构造成直接经济损失数额在五十万元以上的，应予立案追诉。

第二十三条 〔非法吸收公众存款案（刑法第一百七十六条）〕非法吸收公众存款或者变相吸收公众存款，扰乱金融秩序，涉嫌下列情形之一的，应予立案追诉：

（一）非法吸收或者变相吸收公众存款数额在一百万元以上的；

（二）非法吸收或者变相吸收公众存款对象一百五十人以上的；

（三）非法吸收或者变相吸收公众存款，给集资参与人造成直接经济损失数额在五十万元以上的；

非法吸收或者变相吸收公众存款数额在五十万元以上或者给集资参与人造成直接经济损失数额在二十五万元以上，同时涉嫌下列情形之一的，应予立案追诉：

（一）因非法集资受过刑事追究的；

（二）二年内因非法集资受过行政处罚的；

（三）造成恶劣社会影响或者其他严重后果的。

第二十四条 〔伪造、变造金融票证案（刑法第一百七十七条）〕伪造、变造金融票证，涉嫌下列情形之一的，应予立案追诉：

（一）伪造、变造汇票、本票、支票，或者伪造、变造委托收款凭证、汇款凭证、银行存单等其他银行结算凭证，或者伪造、变造信用证或者附随的单据、文件，总面额在一万元以上或者数量在十张以上的；

（二）伪造信用卡一张以上，或者伪造空白信用卡十张以上的。

第二十五条 〔妨害信用卡管理案（刑法第一百七十七条之一第一款）〕妨害信用卡管理，涉嫌下列情形之一的，应予立案追诉：

（一）明知是伪造的信用卡而持有、运输的；

（二）明知是伪造的空白信用卡而持有、运输，数量累计在十张以上的；

（三）非法持有他人信用卡，数量累计在五张以上的；

（四）使用虚假的身份证明骗领信用卡的；

（五）出售、购买、为他人提供伪造的信用卡或者以虚假的身份证明骗领的信用卡的。

违背他人意愿，使用其居民身份证、军官证、士兵证、港澳居民往来内地通行证、台湾居民来往大陆通行证、护照等身份证明申领信用卡的，或者使用伪造、变造的身份证明申领信用卡的，应当认定为"使用虚假的身份证明骗领信用卡"。

第二十六条 〔窃取、收买、非法提供信用卡信息案（刑法第一百七十七条之一第二款）〕窃取、收买或者非法提供他人信用卡信息资料，足以伪造可进行交易的信用卡，或者足以使他人以信用卡持卡人名义进行交易，涉及信用卡一张以上的，应予立案追诉。

第二十七条 〔伪造、变造国家有价证券案（刑法第一百七十八条第一款）〕伪造、变造国库券或者国家发行的其他有价证券，总面额在二千元以上的，应予立案追诉。

第二十八条 〔伪造、变造股票、公司、企业债券案（刑法第一百七十八条第二款）〕伪造、变造股票或者公司、企业债券，总面额在三万元以上的，应予立案追诉。

第二十九条 〔擅自发行股票、公司、企业债券案（刑法第一百七十九条）〕未经国家有关主管部门批准或者注册，擅自发行股票或者公司、企业债券，涉嫌下列情形之一的，应予立案追诉：

（一）非法募集资金金额在一百万元以上的；

（二）造成投资者直接经济损失数额累计在五十万元以上的；

（三）募集的资金全部或者主要用于违法犯罪活动的；

（四）其他后果严重或者有其他严重情节的情形。

本条规定的"擅自发行股票或者公司、企业债券"，是指向社会不特定对象发行、以转让股权等方式变相发行股票或者公司、企业债券，或者向特定对象发行、变相发行股票或者公司、企业债券累计超过二百人的行为。

第三十条〔内幕交易、泄露内幕信息案（刑法第一百八十条第一款）〕证券、期货交易内幕信息的知情人员、单位或者非法获取证券、期货交易内幕信息的人员、单位，在涉及证券的发行，证券、期货交易或者其他对证券、期货交易价格有重大影响的信息尚未公开前，买入或者卖出该证券，或者从事与该内幕信息有关的期货交易，或者泄露该信息，或者明示、暗示他人从事上述交易活动，涉嫌下列情形之一的，应予立案追诉：

（一）获利或者避免损失数额在五十万元以上的；

（二）证券交易成交额在二百万元以上的；

（三）期货交易占用保证金数额在一百万元以上的；

（四）二年内三次以上实施内幕交易、泄露内幕信息行为的；

（五）明示、暗示三人以上从事与内幕信息相关的证券、期货交易活动的；

（六）具有其他严重情节的。

内幕交易获利或者避免损失数额在二十五万元以上，或者证券交易成交额在一百万元以上，或者期货交易占用保证金数额在五十万元以上，同时涉嫌下列情形之一的，应予立案追诉：

（一）证券法规定的证券交易内幕信息的知情人实施或者与他人共同实施内幕交易行为的；

（二）以出售或者变相出售内幕信息等方式，明示、暗示他人从事与该内幕信息相关的交易活动的；

（三）因证券、期货犯罪行为受过刑事追究的；

（四）二年内因证券、期货违法行为受过行政处罚的；

（五）造成其他严重后果的。

第三十一条 〔利用未公开信息交易案（刑法第一百八十条第四款）〕证券交易所、期货交易所、证券公司、期货公司、基金管理公司、商业银行、保险公司等金融机构的从业人员以及有关监管部门或者行业协会的工作人员，利用因职务便利获取的内幕信息以外的其他未公开的信息，违反规定，从事与该信息相关的证券、期货交易活动，或者明示、暗示他人从事相关交易活动，涉嫌下列情形之一的，应予立案追诉：

（一）获利或者避免损失数额在一百万元以上的；

（二）二年内三次以上利用未公开信息交易的；

（三）明示、暗示三人以上从事相关交易活动的；

（四）具有其他严重情节的。

利用未公开信息交易，获利或者避免损失数额在五十万元以上，或者证券交易成交额在五百万元以上，或者期货交易占用保证金数额在一百万元以上，同时涉嫌下列情形之一的，应予立案追诉：

（一）以出售或者变相出售未公开信息等方式，明示、暗示他人从事相关交易活动的；

（二）因证券、期货犯罪行为受过刑事追究的；

（三）二年内因证券、期货违法行为受过行政处罚的；

（四）造成其他严重后果的。

第三十二条 〔编造并传播证券、期货交易虚假信息案（刑法第一百八十一条第一款）〕编造并且传播影响证券、期货交易的虚假信息，扰乱证券、期货交易市场，涉嫌下列情形之一的，应予立案追诉：

（一）获利或者避免损失数额在五万元以上的；

（二）造成投资者直接经济损失数额在五十万元以上的；

（三）虽未达到上述数额标准，但多次编造并且传播影响证券、期货交易的虚假信息的；

（四）致使交易价格或者交易量异常波动的；

（五）造成其他严重后果的。

第三十三条〔诱骗投资者买卖证券、期货合约案（刑法第一百八十一条第二款）〕证券交易所、期货交易所、证券公司、期货公司的从业人员，证券业协会、期货业协会或者证券期货监督管理部门的工作人员，故意提供虚假信息或者伪造、变造、销毁交易记录，诱骗投资者买卖证券、期货合约，涉嫌下列情形之一的，应予立案追诉：

（一）获利或者避免损失数额在五万元以上的；

（二）造成投资者直接经济损失数额在五十万元以上的；

（三）虽未达到上述数额标准，但多次诱骗投资者买卖证券、期货合约的；

（四）致使交易价格或者交易量异常波动的；

（五）造成其他严重后果的。

第三十四条〔操纵证券、期货市场案（刑法第一百八十二条）〕操纵证券、期货市场，影响证券、期货交易价格或者证券、期货交易量，涉嫌下列情形之一的，应予立案追诉：

（一）持有或者实际控制证券的流通股份数量达到该证券的实际流通股份总量百分之十以上，实施刑法第一百八十二条第一款第一项操纵证券市场行为，连续十个交易日的累计成交量达到同期该证券总成交量百分之二十以上的；

（二）实施刑法第一百八十二条第一款第二项、第三项操纵证券市场行为，连续十个交易日的累计成交量达到同期该证券总成交量百分之二十以上的；

（三）利用虚假或者不确定的重大信息，诱导投资者进行证券交易，行为人进行相关证券交易的成交额在一千万元以上的；

（四）对证券、证券发行人公开作出评价、预测或者投资建议，同时进行反向证券交易，证券交易成交额在一千万元以上的；

（五）通过策划、实施资产收购或者重组、投资新业务、股权转让、上市公司收购等虚假重大事项，误导投资者作出投资决策，并进行相关交易或者谋取相关利益，证券交易成交额在一千万元以上的；

（六）通过控制发行人、上市公司信息的生成或者控制信息披露的内容、时点、节奏，误导投资者作出投资决策，并进行相关交易或者谋取相关利益，证券交易成交额在一千万元以上的；

（七）实施刑法第一百八十二条第一款第一项操纵期货市场行为，实际控制的帐户合并持仓连续十个交易日的最高值超过期货交易所限仓标准的二倍，累计成交量达到同期该期货合约总成交量百分之二十以上，且期货交易占用保证金数额在五百万元以上的；

（八）通过囤积现货，影响特定期货品种市场行情，并进行相关期货交易，实际控制的帐户合并持仓连续十个交易日的最高值超过期货交易所限仓标准的二倍，累计成交量达到同期该期货合约总成交量百分之二十以上，且期货交易占用保证金数额在五百万元以上的；

（九）实施刑法第一百八十二条第一款第二项、第三项操纵期货市场行为，实际控制的帐户连续十个交易日的累计成交量达到同期该期货合约总成交量百分之二十以上，且期货交易占用保证金数额在五百万元以上的；

（十）利用虚假或者不确定的重大信息，诱导投资者进行期货交易，行为人进行相关期货交易，实际控制的帐户连续十个交易日的累计成交量达到同期该期货合约总成交量百分之二十以上，且期货交易占用保证金数额在五百万元以上的；

（十一）对期货交易标的公开作出评价、预测或者投资建议，同时进行相关期货交易，实际控制的帐户连续十个交易日的累计成交量达到同期该期货合约总成交量的百分之二十以上，且期货交易占用保证金数额在五百万元以上的；

（十二）不以成交为目的，频繁或者大量申报买入、卖出证券、期货合约并撤销申报，当日累计撤回申报量达到同期该证券、期货合约总申报量百分之五十以上，且证券撤回申报额在一千万元以上、撤回申报的期货合约占用保证金数额在五百万元以上的；

（十三）实施操纵证券、期货市场行为，获利或者避免损失数额在一百万元以上的。

操纵证券、期货市场，影响证券、期货交易价格或者证券、期货交易量，获利或者避免损失数额在五十万元以上，同时涉嫌下列情形之一的，应予立案追诉：

（一）发行人、上市公司及其董事、监事、高级管理人员、控股股东或者实际控制人实施操纵证券、期货市场行为的；

（二）收购人、重大资产重组的交易对方及其董事、监事、高级管理人员、控股股东或者实际控制人实施操纵证券、期货市场行为的；

（三）行为人明知操纵证券、期货市场行为被有关部门调查，仍继续实施的；

（四）因操纵证券、期货市场行为受过刑事追究的；

（五）二年内因操纵证券、期货市场行为受过行政处罚的；

（六）在市场出现重大异常波动等特定时段操纵证券、期货市场的；

（七）造成其他严重后果的。

对于在全国中小企业股份转让系统中实施操纵证券市场行为，社会危害性大，严重破坏公平公正的市场秩序的，比照本条的规定执行，但本条第一款第一项和第二项除外。

第三十五条 〔背信运用受托财产案（刑法第一百八十五条之一第一款）〕商业银行、证券交易所、期货交易所、证券公司、期货公司、保险公司或者其他金融机构，违背受托义务，擅自运用客户资金或者其他委托、信托的财产，涉嫌下列情形之一的，应予立案追诉：

（一）擅自运用客户资金或者其他委托、信托的财产数额在三十万元以上的；

（二）虽未达到上述数额标准，但多次擅自运用客户资金或者其他委托、信托的财产，或者擅自运用多个客户资金或者其他委托、信托的财产的；

（三）其他情节严重的情形。

第三十六条 〔违法运用资金案（刑法第一百八十五条之一第二款）〕社会保障基金管理机构、住房公积金管理机构等公众资金管理机构，以及保险公司、保险资产管理公司、证券投资基金管理公司，违反国家规定运用资金，涉嫌下列情形之一的，应予立案追诉：

（一）违反国家规定运用资金数额在三十万元以上的；

（二）虽未达到上述数额标准，但多次违反国家规定运用资金的；

（三）其他情节严重的情形。

第三十七条 〔违法发放贷款案（刑法第一百八十六条）〕银行或

者其他金融机构及其工作人员违反国家规定发放贷款,涉嫌下列情形之一的,应予立案追诉:

（一）违法发放贷款,数额在二百万元以上的;

（二）违法发放贷款,造成直接经济损失数额在五十万元以上的。

第三十八条 〔吸收客户资金不入帐案（刑法第一百八十七条）〕银行或者其他金融机构及其工作人员吸收客户资金不入帐,涉嫌下列情形之一的,应予立案追诉:

（一）吸收客户资金不入帐,数额在二百万元以上的;

（二）吸收客户资金不入帐,造成直接经济损失数额在五十万元以上的。

第三十九条 〔违规出具金融票证案（刑法第一百八十八条）〕银行或者其他金融机构及其工作人员违反规定,为他人出具信用证或者其他保函、票据、存单、资信证明,涉嫌下列情形之一的,应予立案追诉:

（一）违反规定为他人出具信用证或者其他保函、票据、存单、资信证明,数额在二百万元以上的;

（二）违反规定为他人出具信用证或者其他保函、票据、存单、资信证明,造成直接经济损失数额在五十万元以上的;

（三）多次违规出具信用证或者其他保函、票据、存单、资信证明的;

（四）接受贿赂违规出具信用证或者其他保函、票据、存单、资信证明的;

（五）其他情节严重的情形。

第四十条 〔对违法票据承兑、付款、保证案（刑法第一百八十九条）〕银行或者其他金融机构及其工作人员在票据业务中,对违反票据法规定的票据予以承兑、付款或者保证，造成直接经济损失数额在五十万元以上的，应予立案追诉。

第四十一条 〔逃汇案（刑法第一百九十条）〕公司、企业或者其他单位，违反国家规定，擅自将外汇存放境外，或者将境内的外汇非法转移到境外，单笔在二百万美元以上或者累计数额在五百万美元以上的，应予立案追诉。

第四十二条 〔骗购外汇案《全国人民代表大会常务委员会关于惩治骗购外汇、逃汇和非法买卖外汇犯罪的决定》第一条）〕骗购外汇，数额在五十万美元以上的，应予立案追诉。

第四十三条 〔洗钱案（刑法第一百九十一条）〕为掩饰、隐瞒毒品犯罪、黑社会性质的组织犯罪、恐怖活动犯罪、走私犯罪、贪污贿赂犯罪、破坏金融管理秩序犯罪、金融诈骗犯罪的所得及其产生的收益的来源和性质，涉嫌下列情形之一的，应予立案追诉：

（一）提供资金帐户的；

（二）将财产转换为现金、金融票据、有价证券的；

（三）通过转帐或者其他支付结算方式转移资金的；

（四）跨境转移资产的；

（五）以其他方法掩饰、隐瞒犯罪所得及其收益的来源和性质的。

第四十四条 〔集资诈骗案（刑法第一百九十二条）〕以非法占有为目的，使用诈骗方法非法集资，数额在十万元以上的，应予立案追诉。

第四十五条 〔贷款诈骗案（刑法第一百九十三条）〕以非法占有为目的，诈骗银行或者其他金融机构的贷款，数额在五万元以上的，应予立案追诉。

第四十六条 〔票据诈骗案（刑法第一百九十四条第一款）〕进行金融票据诈骗活动，数额在五万元以上的，应予立案追诉。

第四十七条 〔金融凭证诈骗案（刑法第一百九十四条第二款）〕使用伪造、变造的委托收款凭证、汇款凭证、银行存单等其他银行结算凭证进行诈骗活动，数额在五万元以上的，应予立案追诉。

第四十八条 〔信用证诈骗案（刑法第一百九十五条）〕进行信用证诈骗活动，涉嫌下列情形之一的，应予立案追诉：

（一）使用伪造、变造的信用证或者附随的单据、文件的；

（二）使用作废的信用证的；

（三）骗取信用证的；

（四）以其他方法进行信用证诈骗活动的。

第四十九条 〔信用卡诈骗案（刑法第一百九十六条）〕进行信用卡诈骗活动，涉嫌下列情形之一的，应予立案追诉：

（一）使用伪造的信用卡、以虚假的身份证明骗领的信用卡、作废的信用卡或者冒用他人信用卡，进行诈骗活动，数额在五千元以上的；

（二）恶意透支，数额在五万元以上的。

本条规定的"恶意透支"，是指持卡人以非法占有为目的，超过规定限额或者规定期限透支，经发卡银行两次有效催收后超过三个月仍不归还的。

恶意透支的数额，是指公安机关刑事立案时尚未归还的实际透支的本金数额，不包括利息、复利、滞纳金、手续费等发卡银行收取的费用。归还或者支付的数额，应当认定为归还实际透支的本金。

恶意透支，数额在五万元以上不满五十万元的，在提起公诉前全部归还或者具有其他情节轻微情形的，可以不起诉。但是，因信用卡诈骗受过二次以上处罚的除外。

第五十条 〔有价证券诈骗案（刑法第一百九十七条）〕使用伪造、变造的国库券或者国家发行的其他有价证券进行诈骗活动，数额在五万元以上的，应予立案追诉。

第五十一条 〔保险诈骗案（刑法第一百九十八条）〕进行保险诈骗活动，数额在五万元以上的，应予立案追诉。

第五十二条 〔逃税案（刑法第二百零一条）〕逃避缴纳税款，涉嫌下列情形之一的，应予立案追诉：

（一）纳税人采取欺骗、隐瞒手段进行虚假纳税申报或者不申报，逃避缴纳税款，数额在十万元以上并且占各税种应纳税总额百分之十以上，经税务机关依法下达追缴通知后，不补缴应纳税款、不缴纳滞纳金或者不接受行政处罚的；

（二）纳税人五年内因逃避缴纳税款受过刑事处罚或者被税务机关给予二次以上行政处罚，又逃避缴纳税款，数额在十万元以上并且占各税种应纳税总额百分之十以上的；

（三）扣缴义务人采取欺骗、隐瞒手段，不缴或者少缴已扣、已收税款，数额在十万元以上的。

纳税人在公安机关立案后再补缴应纳税款、缴纳滞纳金或者接受行政处罚的，不影响刑事责任的追究。

第五十三条 〔抗税案（刑法第二百零二条）〕以暴力、威胁方法拒不缴纳税款，涉嫌下列情形之一的，应予立案追诉：

（一）造成税务工作人员轻微伤以上的；

（二）以给税务工作人员及其亲友的生命、健康、财产等造成损害为威胁，抗拒缴纳税款的；

（三）聚众抗拒缴纳税款的；

（四）以其他暴力、威胁方法拒不缴纳税款的。

第五十四条 〔逃避追缴欠税案（刑法第二百零三条）〕纳税人欠缴应纳税款，采取转移或者隐匿财产的手段，致使税务机关无法追缴欠缴的税款，数额在一万元以上的，应予立案追诉。

第五十五条 〔骗取出口退税案（刑法第二百零四条）〕以假报出口或者其他欺骗手段，骗取国家出口退税款，数额在十万元以上的，应予立案追诉。

第五十六条 〔虚开增值税专用发票、用于骗取出口退税、抵扣税款发票案（刑法第二百零五条）〕虚开增值税专用发票或者虚开用于骗取出口退税、抵扣税款的其他发票，虚开的税款数额在十万元以上或者造成国家税款损失数额在五万元以上的，应予立案追诉。

第五十七条 〔虚开发票案（刑法第二百零五条之一）〕虚开刑法第二百零五条规定以外的其他发票，涉嫌下列情形之一的，应予立案追诉：

（一）虚开发票金额累计在五十万元以上的；

（二）虚开发票一百份以上且票面金额在三十万元以上的；

（三）五年内因虚开发票受过刑事处罚或者二次以上行政处罚，又虚开发票，数额达到第一、二项标准百分之六十以上的。

第五十八条 〔伪造、出售伪造的增值税专用发票案（刑法第二百零六条）〕伪造或者出售伪造的增值税专用发票，涉嫌下列情形之一的，应予立案追诉：

（一）票面税额累计在十万元以上的；

（二）伪造或者出售伪造的增值税专用发票十份以上且票面税额在六万元以上的；

（三）非法获利数额在一万元以上的。

第五十九条 〔非法出售增值税专用发票案（刑法第二百零七条）〕非法出售增值税专用发票，涉嫌下列情形之一的，应予立案追诉：

（一）票面税额累计在十万元以上的；

（二）非法出售增值税专用发票十份以上且票面税额在六万元以上的；

（三）非法获利数额在一万元以上的。

第六十条 〔非法购买增值税专用发票、购买伪造的增值税专用发票案（刑法第二百零八条第一款）〕非法购买增值税专用发票或者购买伪造的增值税专用发票，涉嫌下列情形之一的，应予立案追诉：

（一）非法购买增值税专用发票或者购买伪造的增值税专用发票二十份以上且票面税额在十万元以上的；

（二）票面税额累计在二十万元以上的。

第六十一条 〔非法制造、出售非法制造的用于骗取出口退税、抵扣税款发票案（刑法第二百零九条第一款）〕伪造、擅自制造或者出售伪造、擅自制造的用于骗取出口退税、抵扣税款的其他发票，涉嫌下列情形之一的，应予立案追诉：

（一）票面可以退税、抵扣税额累计在十万元以上的；

（二）伪造、擅自制造或者出售伪造、擅自制造的发票十份以上且票面可以退税、抵扣税额在六万元以上的；

（三）非法获利数额在一万元以上的。

第六十二条 〔非法制造、出售非法制造的发票案（刑法第二百零九条第二款）〕伪造、擅自制造或者出售伪造、擅自制造的不具有骗取出口退税、抵扣税款功能的其他发票，涉嫌下列情形之一的，应予立案追诉：

（一）伪造、擅自制造或者出售伪造、擅自制造的不具有骗取出口退税、抵扣税款功能的其他发票一百份以上且票面金额累计在三十万元以上的；

（二）票面金额累计在五十万元以上的；

（三）非法获利数额在一万元以上的。

第六十三条 〔非法出售用于骗取出口退税、抵扣税款发票案（刑法第二百零九条第三款）〕非法出售可以用于骗取出口退税、抵扣税款的其他发票，涉嫌下列情形之一的，应予立案追诉：

（一）票面可以退税、抵扣税额累计在十万元以上的；

（二）非法出售用于骗取出口退税、抵扣税款的其他发票十份以上且票面可以退税、抵扣税额在六万元以上的；

（三）非法获利数额在一万元以上的。

第六十四条 〔非法出售发票案（刑法第二百零九条第四款）〕非法出售增值税专用发票、用于骗取出口退税、抵扣税款的其他发票以外的发票，涉嫌下列情形之一的，应予立案追诉：

（一）非法出售增值税专用发票、用于骗取出口退税、抵扣税款的其他发票以外的发票一百份以上且票面金额累计在三十万元以上的；

（二）票面金额累计在五十万元以上的；

（三）非法获利数额在一万元以上的。

第六十五条 〔持有伪造的发票案（刑法第二百一十条之一）〕明知是伪造的发票而持有，涉嫌下列情形之一的，应予立案追诉：

（一）持有伪造的增值税专用发票或者可以用于骗取出口退税、抵扣税款的其他发票五十份以上且票面税额累计在二十五万元以上的；

（二）持有伪造的增值税专用发票或者可以用于骗取出口退税、

抵扣税款的其他发票票面税额累计在五十万元以上的；

（三）持有伪造的第一项规定以外的其他发票一百份以上且票面金额在五十万元以上的；

（四）持有伪造的第一项规定以外的其他发票票面金额累计在一百万元以上的。

第六十六条〔损害商业信誉、商品声誉案（刑法第二百二十一条）〕捏造并散布虚伪事实，损害他人的商业信誉、商品声誉，涉嫌下列情形之一的，应予立案追诉：

（一）给他人造成直接经济损失数额在五十万元以上的；

（二）虽未达到上述数额标准，但造成公司、企业等单位停业、停产六个月以上，或者破产的；

（三）其他给他人造成重大损失或者有其他严重情节的情形。

第六十七条〔虚假广告案（刑法第二百二十二条）〕广告主、广告经营者、广告发布者违反国家规定，利用广告对商品或者服务作虚假宣传，涉嫌下列情形之一的，应予立案追诉：

（一）违法所得数额在十万元以上的；

（二）假借预防、控制突发事件、传染病防治的名义，利用广告作虚假宣传，致使多人上当受骗，违法所得数额在三万元以上的；

（三）利用广告对食品、药品作虚假宣传，违法所得数额在三万元以上的；

（四）虽未达到上述数额标准，但二年内因利用广告作虚假宣传受过二次以上行政处罚，又利用广告作虚假宣传的；

（五）造成严重危害后果或者恶劣社会影响的；

（六）其他情节严重的情形。

第六十八条〔串通投标案（刑法第二百二十三条）〕投标人相互

串通投标报价，或者投标人与招标人串通投标，涉嫌下列情形之一的，应予立案追诉：

（一）损害招标人、投标人或者国家、集体、公民的合法利益，造成直接经济损失数额在五十万元以上的；

（二）违法所得数额在二十万元以上的；

（三）中标项目金额在四百万元以上的；

（四）采取威胁、欺骗或者贿赂等非法手段的；

（五）虽未达到上述数额标准，但二年内因串通投标受过二次以上行政处罚，又串通投标的；

（六）其他情节严重的情形。

第六十九条〔合同诈骗案（刑法第二百二十四条）〕以非法占有为目的，在签订、履行合同过程中，骗取对方当事人财物，数额在二万元以上的，应予立案追诉。

第七十条〔组织、领导传销活动案（刑法第二百二十四条之一）〕组织、领导以推销商品、提供服务等经营活动为名，要求参加者以缴纳费用或者购买商品、服务等方式获得加入资格，并按照一定顺序组成层级，直接或者间接以发展人员的数量作为计酬或者返利依据，引诱、胁迫参加者继续发展他人参加，骗取财物，扰乱经济社会秩序的传销活动，涉嫌组织、领导的传销活动人员在三十人以上且层级在三级以上的，对组织者、领导者，应予立案追诉。

下列人员可以认定为传销活动的组织者、领导者：

（一）在传销活动中起发起、策划、操纵作用的人员；

（二）在传销活动中承担管理、协调等职责的人员；

（三）在传销活动中承担宣传、培训等职责的人员；

（四）因组织、领导传销活动受过刑事追究，或者一年内因组织、领导传销活动受过行政处罚，又直接或者间接发展参与传销活动人员在十五人以上且层级在三级以上的人员；

（五）其他对传销活动的实施、传销组织的建立、扩大等起关键作用的人员。

第七十一条 〔非法经营案（刑法第二百二十五条）〕违反国家规定，进行非法经营活动，扰乱市场秩序，涉嫌下列情形之一的，应予立案追诉：

（一）违反国家烟草专卖管理法律法规，未经烟草专卖行政主管部门许可，无烟草专卖生产企业许可证、烟草专卖批发企业许可证、特种烟草专卖经营企业许可证、烟草专卖零售许可证等许可证明，非法经营烟草专卖品，具有下列情形之一的：

1.非法经营数额在五万元以上，或者违法所得数额在二万元以上的；

2.非法经营卷烟二十万支以上的；

3.三年内因非法经营烟草专卖品受过二次以上行政处罚，又非法经营烟草专卖品且数额在三万元以上的。

（二）未经国家有关主管部门批准，非法经营证券、期货、保险业务，或者非法从事资金支付结算业务，具有下列情形之一的：

1.非法经营证券、期货、保险业务，数额在一百万元以上，或者违法所得数额在十万元以上的；

2.非法从事资金支付结算业务，数额在五百万元以上，或者违法所得数额在十万元以上的；

3.非法从事资金支付结算业务，数额在二百五十万元以上不满五百万元，或者违法所得数额在五万元以上不满十万元，且具有下列情形之一的：

（1）因非法从事资金支付结算业务犯罪行为受过刑事追究的；

（2）二年内因非法从事资金支付结算业务违法行为受过行政处罚的；

（3）拒不交代涉案资金去向或者拒不配合追缴工作，致使赃款无法追缴的；

（4）造成其他严重后果的。

4.使用销售点终端机具（POS机）等方法，以虚构交易、虚开价格、现金退货等方式向信用卡持卡人直接支付现金，数额在一百万元以上的，或者造成金融机构资金二十万元以上逾期未还的，或者造成金融机构经济损失十万元以上的。

（三）实施倒买倒卖外汇或者变相买卖外汇等非法买卖外汇行为，扰乱金融市场秩序，具有下列情形之一的：

1.非法经营数额在五百万元以上的，或者违法所得数额在十万元以上的；

2.非法经营数额在二百五十万元以上，或者违法所得数额在五万元以上，且具有下列情形之一的：

（1）因非法买卖外汇犯罪行为受过刑事追究的；

（2）二年内因非法买卖外汇违法行为受过行政处罚的；

（3）拒不交代涉案资金去向或者拒不配合追缴工作，致使赃款无法追缴的；

（4）造成其他严重后果的。

3.公司、企业或者其他单位违反有关外贸代理业务的规定，采用非法手段，或者明知是伪造、变造的凭证、商业单据，为他人向外汇指定银行骗购外汇，数额在五百万美元以上或者违法所得数额在五十万元以上的；

4.居间介绍骗购外汇,数额在一百万美元以上或者违法所得数额在十万元以上的。

(四)出版、印刷、复制、发行严重危害社会秩序和扰乱市场秩序的非法出版物,具有下列情形之一的:

1.个人非法经营数额在五万元以上的,单位非法经营数额在十五万元以上的;

2.个人违法所得数额在二万元以上的,单位违法所得数额在五万元以上的;

3.个人非法经营报纸五千份或者期刊五千本或者图书二千册或者音像制品、电子出版物五百张(盒)以上的,单位非法经营报纸一万五千份或者期刊一万五千本或者图书五千册或者音像制品、电子出版物一千五百张(盒)以上的;

4.虽未达到上述数额标准,但具有下列情形之一的:

(1)二年内因出版、印刷、复制、发行非法出版物受过二次以上行政处罚,又出版、印刷、复制、发行非法出版物的;

(2)因出版、印刷、复制、发行非法出版物造成恶劣社会影响或者其他严重后果的。

(五)非法从事出版物的出版、印刷、复制、发行业务,严重扰乱市场秩序,具有下列情形之一的:

1.个人非法经营数额在十五万元以上的,单位非法经营数额在五十万元以上的;

2.个人违法所得数额在五万元以上的,单位违法所得数额在十五万元以上的;

3.个人非法经营报纸一万五千份或者期刊一万五千本或者图书五千册或者音像制品、电子出版物一千五百张(盒)以上的,单位非法经营报纸五万份或者期刊五万本或者图书一万五千册或者音像制品、电子出版物五千张（盒）以上的；

4.虽未达到上述数额标准，二年内因非法从事出版物的出版、印刷、复制、发行业务受过二次以上行政处罚，又非法从事出版物的出版、印刷、复制、发行业务的。

（六）采取租用国际专线、私设转接设备或者其他方法，擅自经营国际电信业务或者涉港澳台电信业务进行营利活动，扰乱电信市场管理秩序，具有下列情形之一的：

1.经营去话业务数额在一百万元以上的；

2.经营来话业务造成电信资费损失数额在一百万元以上的；

3.虽未达到上述数额标准，但具有下列情形之一的：

（1）二年内因非法经营国际电信业务或者涉港澳台电信业务行为受过二次以上行政处罚，又非法经营国际电信业务或者涉港澳台电信业务的；

（2）因非法经营国际电信业务或者涉港澳台电信业务行为造成其他严重后果的。

（七）以营利为目的，通过信息网络有偿提供删除信息服务，或者明知是虚假信息，通过信息网络有偿提供发布信息等服务，扰乱市场秩序，具有下列情形之一的：

1.个人非法经营数额在五万元以上，或者违法所得数额在二万元以上的；

2.单位非法经营数额在十五万元以上，或者违法所得数额在五万元以上的。

（八）非法生产、销售"黑广播""伪基站"、无线电干扰器等无线电设备，具有下列情形之一的：

1. 非法生产、销售无线电设备三套以上的;

2. 非法经营数额在五万元以上的;

3. 虽未达到上述数额标准,但二年内因非法生产、销售无线电设备受过二次以上行政处罚,又非法生产、销售无线电设备的。

(九)以提供给他人开设赌场为目的,违反国家规定,非法生产、销售具有退币、退分、退钢珠等赌博功能的电子游戏设施设备或者其专用软件,具有下列情形之一的:

1. 个人非法经营数额在五万元以上,或者违法所得数额在一万元以上的;

2. 单位非法经营数额在五十万元以上,或者违法所得数额在十万元以上的;

3. 虽未达到上述数额标准,但二年内因非法生产、销售赌博机行为受过二次以上行政处罚,又进行同种非法经营行为的;

4. 其他情节严重的情形。

(十)实施下列危害食品安全行为,非法经营数额在十万元以上,或者违法所得数额在五万元以上的:

1. 以提供给他人生产、销售食品为目的,违反国家规定,生产、销售国家禁止用于食品生产、销售的非食品原料的;

2. 以提供给他人生产、销售食用农产品为目的,违反国家规定,生产、销售国家禁用农药、食品动物中禁止使用的药品及其他化合物等有毒、有害的非食品原料,或者生产、销售添加上述有毒、有害的非食品原料的农药、兽药、饲料、饲料添加剂、饲料原料的;

3. 违反国家规定,私设生猪屠宰厂(场),从事生猪屠宰、销售等经营活动的。

(十一)未经监管部门批准,或者超越经营范围,以营利为目的,以超过百分之三十六的实际年利率经常性地向社会不特定对象发放贷款，具有下列情形之一的：

1. 个人非法放贷数额累计在二百万元以上的，单位非法放贷数额累计在一千万元以上的；

2. 个人违法所得数额累计在八十万元以上的，单位违法所得数额累计在四百万元以上的；

3. 个人非法放贷对象累计在五十人以上的，单位非法放贷对象累计在一百五十人以上的；

4. 造成借款人或者其近亲属自杀、死亡或者精神失常等严重后果的；

5. 虽未达到上述数额标准，但具有下列情形之一的：

（1）二年内因实施非法放贷行为受过二次以上行政处罚的；

（2）以超过百分之七十二的实际年利率实施非法放贷行为十次以上的。

黑恶势力非法放贷的，按照第1、2、3项规定的相应数额、数量标准的百分之五十确定。同时具有第5项规定情形的，按照相应数额、数量标准的百分之四十确定。

（十二）从事其他非法经营活动，具有下列情形之一的：

1. 个人非法经营数额在五万元以上，或者违法所得数额在一万元以上的；

2. 单位非法经营数额在五十万元以上，或者违法所得数额在十万元以上的；

3. 虽未达到上述数额标准，但二年内因非法经营行为受过二次以上行政处罚，又从事同种非法经营行为的；

4. 其他情节严重的情形。

法律、司法解释对非法经营罪的立案追诉标准另有规定的，依照其规定。

第七十二条 〔非法转让、倒卖土地使用权案（刑法第二百二十八条）〕以牟利为目的，违反土地管理法规，非法转让、倒卖土地使用权，涉嫌下列情形之一的，应予立案追诉：

（一）非法转让、倒卖永久基本农田五亩以上的；

（二）非法转让、倒卖永久基本农田以外的耕地十亩以上的；

（三）非法转让、倒卖其他土地二十亩以上的；

（四）违法所得数额在五十万元以上的；

（五）虽未达到上述数额标准，但因非法转让、倒卖土地使用权受过行政处罚，又非法转让、倒卖土地的；

（六）其他情节严重的情形。

第七十三条 〔提供虚假证明文件案（刑法第二百二十九条第一款）〕承担资产评估、验资、验证、会计、审计、法律服务、保荐、安全评价、环境影响评价、环境监测等职责的中介组织的人员故意提供虚假证明文件，涉嫌下列情形之一的，应予立案追诉：

（一）给国家、公众或者其他投资者造成直接经济损失数额在五十万元以上的；

（二）违法所得数额在十万元以上的；

（三）虚假证明文件虚构数额在一百万元以上且占实际数额百分之三十以上的；

（四）虽未达到上述数额标准，但二年内因提供虚假证明文件受过二次以上行政处罚，又提供虚假证明文件的；

（五）其他情节严重的情形。

第七十四条 〔出具证明文件重大失实案（刑法第二百二十九条第三款）〕承担资产评估、验资、验证、会计、审计、法律服务、保荐、安全评价、环境影响评价、环境监测等职责的中介组织的人员严重不负责任，出具的证明文件有重大失实，涉嫌下列情形之一的，应予立案追诉：

（一）给国家、公众或者其他投资者造成直接经济损失数额在一百万元以上的；

（二）其他造成严重后果的情形。

第七十五条 〔逃避商检案（刑法第二百三十条）〕违反进出口商品检验法的规定，逃避商品检验，将必须经商检机构检验的进口商品未报经检验而擅自销售、使用，或者将必须经商检机构检验的出口商品未报经检验合格而擅自出口，涉嫌下列情形之一的，应予立案追诉：

（一）给国家、单位或者个人造成直接经济损失数额在五十万元以上的；

（二）逃避商检的进出口货物货值金额在三百万元以上的；

（三）导致病疫流行、灾害事故的；

（四）多次逃避商检的；

（五）引起国际经济贸易纠纷，严重影响国家对外贸易关系，或者严重损害国家声誉的；

（六）其他情节严重的情形。

第七十六条 〔职务侵占案（刑法第二百七十一条第一款）〕公司、企业或者其他单位的人员，利用职务上的便利，将本单位财物非法占为己有，数额在三万元以上的，应予立案追诉。

第七十七条 〔挪用资金案（刑法第二百七十二条第一款）〕公司、企业或者其他单位的工作人员，利用职务上的便利，挪用本单位资金归个人使用或者借贷给他人，涉嫌下列情形之一的，应予立案追诉：

（一）挪用本单位资金数额在五万元以上，超过三个月未还的；

（二）挪用本单位资金数额在五万元以上，进行营利活动的；

（三）挪用本单位资金数额在三万元以上，进行非法活动的。

具有下列情形之一的，属于本条规定的"归个人使用"：

（一）将本单位资金供本人、亲友或者其他自然人使用的；

（二）以个人名义将本单位资金供其他单位使用的；

（三）个人决定以单位名义将本单位资金供其他单位使用，谋取个人利益的。

第七十八条 〔虚假诉讼案（刑法第三百零七条之一）〕单独或者与他人恶意串通，以捏造的事实提起民事诉讼，涉嫌下列情形之一的，应予立案追诉：

（一）致使人民法院基于捏造的事实采取财产保全或者行为保全措施的；

（二）致使人民法院开庭审理，干扰正常司法活动的；

（三）致使人民法院基于捏造的事实作出裁判文书、制作财产分配方案，或者立案执行基于捏造的事实作出的仲裁裁决、公证债权文书的；

（四）多次以捏造的事实提起民事诉讼的；

（五）因以捏造的事实提起民事诉讼被采取民事诉讼强制措施或者受过刑事追究的；

（六）其他妨害司法秩序或者严重侵害他人合法权益的情形。

附　则

第七十九条 本规定中的"货币"是指在境内外正在流通的以下货币：

（一）人民币（含普通纪念币、贵金属纪念币）、港元、澳门元、新台币；

（二）其他国家及地区的法定货币。

贵金属纪念币的面额以中国人民银行授权中国金币总公司的初始发售价格为准。

第八十条　本规定中的"多次"，是指三次以上。

第八十一条　本规定中的"虽未达到上述数额标准"，是指接近上述数额标准且已达到该数额的百分之八十以上的。

第八十二条　对于预备犯、未遂犯、中止犯，需要追究刑事责任的，应予立案追诉。

第八十三条　本规定中的立案追诉标准，除法律、司法解释、本规定中另有规定的以外，适用于相应的单位犯罪。

第八十四条　本规定中的"以上"，包括本数。

第八十五条　本规定自2022年5月15日施行。《最高人民检察院、公安部关于公安机关管辖的刑事案件立案追诉标准的规定（二）》（公通字〔2010〕23号）和《最高人民检察院、公安部关于公安机关管辖的刑事案件立案追诉标准的规定（二）的补充规定》（公通字〔2011〕47号）同时废止。

附录 2

指导案例 87 号

◎ 郭明升、郭明锋、孙淑标假冒注册商标案

裁判要点 假冒注册商标犯罪的非法经营数额、违法所得数额，应当综合被告人供述、证人证言、被害人陈述、网络销售电子数据、被告人银行账户往来记录、送货单、快递公司电脑系统记录、被告人等所作记账等证据认定。被告人辩解称网络销售记录存在刷信誉的不真实交易，但无证据证实的，对其辩解不予采纳。

指导案例 70 号

◎ 北京阳光一佰生物技术开发有限公司、习文有等生产、销售有毒、有害食品案

裁判要点 行为人在食品生产经营中添加的虽然不是国务院有关

部门公布的《食品中可能违法添加的非食用物质名单》和《保健食品中可能非法添加的物质名单》中的物质，但如果该物质与上述名单中所列物质具有同等属性，并且根据检验报告和专家意见等相关材料能够确定该物质对人体具有同等危害的，应当认定为《中华人民共和国刑法》第一百四十四条规定的"有毒、有害的非食品原料"。

指导案例 61 号

◎ 马乐利用未公开信息交易案

裁判要点 刑法第一百八十条第四款规定的利用未公开信息交易罪援引法定刑的情形，应当是对第一款内幕交易、泄露内幕信息罪全部法定刑的引用，即利用未公开信息交易罪应有"情节严重""情节特别严重"两种情形和两个量刑档次。

检例第 194 号

◎ 上海某公司、许林、陶伟侵犯著作权案

要旨 通过反向工程获取芯片中二进制代码后，未经许可以复制二进制代码方式制售权利人芯片的，应认定为复制发行计算机软件行为，违法所得数额较大或有其他严重情节的，以侵犯著作权罪追究刑事责任。对于以复制二进制代码方式制售权利人芯片的，应以二进制代码作为比对客体，综合全案证据认定计算机软件是否构成实质性相

似。办案中应完善涉商业秘密证据的取证、鉴定、审查、质证方法，避免知识产权遭受"二次侵害"。

检例第 193 号

◎ 梁永平、王正航等十五人侵犯著作权案

要旨 办理网络侵犯著作权刑事案件，应当准确理解把握"避风港规则"适用条件，通过审查网络服务提供者是否明知侵权，认定其无罪辩解是否成立。涉案侵权视听作品数量较大的，可通过鉴定机构抽样鉴定的方式，结合权利人鉴别意见，综合认定作品是否构成实质性相似。对于涉案人员众多的网络知识产权案件，应根据涉案人员在案件中的地位、作用、参与程度以及主观恶性等因素，按照宽严相济刑事政策分层分类处理。

检例第 192 号

◎ 周某某与项某某、李某某著作权权属、侵权纠纷等系列虚假诉讼监督案

要旨 冒充作者身份，以他人创作的作品骗取著作权登记，并以此为主要证据提起诉讼谋取不正当利益，损害他人合法权益，妨害司法秩序的，构成虚假诉讼。检察机关应积极推进数字检察，以大数据赋能创新法律监督模式，破解虚假诉讼监督瓶颈。对于知识产权领域虚

假诉讼案件，检察机关应依职权启动监督程序，通过监督民事生效裁判、移送刑事案件线索、提出社会治理意见建议等方式促进综合治理。

检例第 190 号

◎ 宋某某违规出具金融票证、违法发放贷款、非国家工作人员受贿案

要旨 集体经济组织中行使公权力的人员是否属于国家工作人员，应当依据该集体经济组织股权结构、是否从事公务等要素审查判断。银行或其他金融机构工作人员违反规定，不正当履行职权或超越职权出具信用证或者保函、票据、存单、资信证明，情节严重的，构成违规出具金融票证罪。

检例第 188 号

◎ 桑某受贿、国有公司人员滥用职权、利用未公开信息交易案

要旨 检察机关在办理投融资领域受贿犯罪案件时，要准确认定利益输送行为的性质，着重审查投融资的背景、投融资方式、融资需求的真实性、行为人是否需要承担风险、风险与所获收益是否相符等证据。在办理国有公司人员滥用职权犯罪案件时，要客观认定行为造成公共财产损失的范围，对于国有公司应得而未获得的预期收益，可

以认定为损失数额。在办理利用未公开信息交易犯罪案件时，对于内幕信息、未公开信息的范围、趋同性交易盈利数额等关键要件的认定，要调取证券监督管理部门、证券交易所等专业机构出具的认定意见，综合全案证据审查判断。

检例第 177 号

◎ 孙旭东非法经营案

要旨 对于为恶意透支的信用卡持卡人非法套现的行为，应当根据其与信用卡持卡人有无犯意联络、是否具有非法占有目的等，区分非法经营罪与信用卡诈骗罪。经二次退回补充侦查仍未达到起诉条件，但根据已查清的事实认为犯罪嫌疑人仍然有遗漏犯罪重大嫌疑的，检察机关依法可以自行侦查。应当结合相关类型犯罪的特点，对在案证据、需要补充的证据和可能的侦查方向进行分析研判，明确自行侦查的可行性和路径。检察机关办理信用卡诈骗案件时发现涉及上下游非法经营金融业务等犯罪线索的，应当通过履行立案监督等职责，依法追诉遗漏犯罪嫌疑人和遗漏犯罪事实。

检例第 176 号

◎ 郭四记、徐维伦等人伪造货币案

要旨 行为人为直接实施伪造货币人员提供专门用于伪造货币的

技术或者物资的，应当认定其具有伪造货币的共同犯罪故意。通过网络积极宣传、主动为直接实施伪造货币人员提供伪造货币的关键技术、物资，或者明知他人有伪造货币意图，仍积极提供专门从事伪造货币相关技术、物资等，应当认定其在共同伪造货币犯罪中起主要作用，系主犯，对其实际参与的伪造货币犯罪总额负责。对于通过网络联络、分工负责、共同实施伪造货币犯罪案件，检察机关应当注重对伪造货币犯罪全链条依法追诉。

检例第 175 号

◎ 张业强等人非法集资案

要旨 违反私募基金管理有关规定，以发行销售私募基金形式公开宣传，向社会公众吸收资金，并承诺还本付息的，属于变相非法集资。向私募基金投资者隐瞒未将募集资金用于约定项目的事实，虚构投资项目经营情况，应当认定为使用诈骗方法。非法集资人虽然将部分集资款投入生产经营活动，但投资随意，明知经营活动盈利能力不具有支付本息的现实可能性，仍然向社会公众大规模吸收资金，还本付息主要通过募新还旧实现，致使集资款不能返还的，应当认定其具有非法占有目的。在共同犯罪或者单位犯罪中，应当根据非法集资人是否具有非法占有目的，认定其构成集资诈骗罪还是非法吸收公众存款罪。检察机关应当围绕私募基金宣传推介方式、收益分配规则、投资人信息、资金实际去向等重点判断非法集资人是否具有非法占有目的，针对性开展指控证明工作。

检例第 102 号

◎ **金义盈侵犯商业秘密案**

要旨 办理侵犯商业秘密犯罪案件,被告人作无罪辩解的,既要注意审查商业秘密的成立及侵犯商业秘密的证据,又要依法排除被告人取得商业秘密的合法来源,形成指控犯罪的证据链。对鉴定意见的审查,必要时可聘请或指派有专门知识的人辅助办案。

检例第 101 号

◎ **姚常龙等五人假冒注册商标案**

要旨 凡在我国合法注册且在有效期内的商标,商标所有人享有的商标专用权依法受我国法律保护。未经商标所有人许可,无论假冒商品是否销往境外,情节严重构成犯罪的,依法应予追诉。判断侵犯注册商标犯罪案件是否构成共同犯罪,应重点审查假冒商品生产者和销售者之间的意思联络情况、对假冒违法性的认知程度、对销售价格与正品价格差价的认知情况等因素综合判断。

检例第 100 号

◎ **陈力等八人侵犯著作权案**

要旨 办理网络侵犯视听作品著作权犯罪案件,应注意及时提取、固定和保全相关电子数据,并围绕客观性、合法性、关联性要求对电子数据进行全面审查。对涉及众多作品的案件,在认定"未经著作权人许可"时,应围绕涉案复制品是否系非法出版、复制发行且被告人能否提供获得著作权人许可的相关证明材料进行审查。

检例第 99 号

◎ 广州卡门实业有限公司涉嫌销售假冒注册商标的商品立案监督案

要旨 在办理注册商标类犯罪的立案监督案件时,对符合商标法规定的正当合理使用情形而未侵犯注册商标专用权的,应依法监督公安机关撤销案件,以保护涉案企业合法权益。必要时可组织听证,增强办案透明度和监督公信力。

检例第 98 号

◎ 邓秋城、双善食品(厦门)有限公司等销售假冒注册商标的商品案

要旨 办理侵犯注册商标类犯罪案件,应注意结合被告人销售假冒商品数量、扩散范围、非法获利数额及在上下游犯罪中的地位、作用等因素,综合判断犯罪行为的社会危害性,确保罪责刑相适应。在认定犯罪的主观明知时,不仅考虑被告人供述,还应综合考虑交易场

所、交易时间、交易价格等客观行为，坚持主客观相一致。对侵害众多消费者利益的情形，可以建议相关社会组织或自行提起公益诉讼。

检例第 93 号

◎ 丁某某、林某某等人假冒注册商标立案监督案

要旨 检察机关在办理售假犯罪案件时，应当注意审查发现制假犯罪事实，强化对人民群众切身利益和企业知识产权的保护力度。对于公安机关未立案侦查的制假犯罪与已立案侦查的售假犯罪不属于共同犯罪的，应当按照立案监督程序，监督公安机关立案侦查。对于跨地域实施的关联制假售假犯罪，检察机关可以建议公安机关并案管辖。

检例第 91 号

◎ 温某某合同诈骗立案监督案

要旨 检察机关办理涉企业合同诈骗犯罪案件，应当严格区分合同诈骗与民事违约行为的界限。要注意审查涉案企业在签订、履行合同过程中是否具有非法占有目的和虚构事实、隐瞒真相的行为，准确认定是否具有诈骗故意。发现公安机关对企业之间的合同纠纷以合同诈骗进行刑事立案的，应当依法监督撤销案件。对于立案后久侦不结的"挂案"，检察机关应当向公安机关提出纠正意见。

检例第 90 号

◎ 许某某、包某某串通投标立案监督案

要旨 刑法规定了串通投标罪,但未规定串通拍卖行为构成犯罪。对于串通拍卖行为,不能以串通投标罪予以追诉。公安机关对串通竞拍国有资产行为以涉嫌串通投标罪刑事立案的,检察机关应当通过立案监督,依法通知公安机关撤销案件。

检例第 66 号

◎ 博元投资股份有限公司、余蒂妮等人违规披露、不披露重要信息案

要旨 刑法规定违规披露、不披露重要信息罪只处罚单位直接负责的主管人员和其他直接责任人员,不处罚单位。公安机关以本罪将单位移送起诉的,检察机关应当对单位直接负责的主管人员及其他直接责任人员提起公诉,对单位依法作出不起诉决定。对单位需要给予行政处罚的,检察机关应当提出检察意见,移送证券监督管理部门依法处理。

检例第 65 号

◎ 王鹏等人利用未公开信息交易案

要旨 具有获取未公开信息职务便利条件的金融机构从业人员及

其近亲属从事相关证券交易行为明显异常,且与未公开信息相关交易高度趋同,即使其拒不供述未公开信息传递过程等犯罪事实,但其他证据之间相互印证,能够形成证明利用未公开信息犯罪的完整证明体系,足以排除其他可能的,可以依法认定犯罪事实。

检例第 64 号

◎ 杨卫国等人非法吸收公众存款案

要旨 单位或个人假借开展网络借贷信息中介业务之名,未经依法批准,归集不特定公众的资金设立资金池,控制、支配资金池中的资金,并承诺还本付息的,构成非法吸收公众存款罪。

检例第 62 号

◎ 南京百分百公司等生产、销售伪劣农药案

要旨 1. 未取得农药登记证的企业或者个人,借用他人农药登记证、生产许可证、质量标准证等许可证明文件生产、销售农药,使生产遭受较大损失的,以生产、销售伪劣农药罪追究刑事责任。

2. 对于使用伪劣农药造成的农业生产损失,可采取田间试验的方法确定受损原因,并以农作物绝收折损面积、受害地区前三年该类农作物的平均亩产量和平均销售价格为基准,综合计算认定损失金额。

检例第 61 号

◎ 王敏生产、销售伪劣种子案

要旨 以同一科属的此品种种子冒充彼品种种子，属于刑法上的"假种子"。行为人对假种子进行小包装分装销售，使农业生产遭受较大损失的，应当以生产、销售伪劣种子罪追究刑事责任。

检例第 55 号

◎ 福建王某兴等人劳动仲裁执行虚假诉讼监督案

要旨 为从执行款项中优先受偿，当事人伪造证据将普通债权债务关系虚构为劳动争议申请劳动仲裁，获取仲裁裁决或调解书，据此向人民法院申请强制执行，构成虚假诉讼。检察机关对此类虚假诉讼行为应当依法进行监督。

检例第 54 号

◎ 陕西甲实业公司等公正执行虚假诉讼监督案

要旨 当事人恶意串通、捏造事实，骗取公证文书并申请法院强制执行，侵害他人合法权益，损害司法秩序和司法权威，构成虚假诉讼。检察机关对此类虚假诉讼应当依法监督，规范非诉执行行为，维护司法秩序和社会诚信。

检例第 41 号

◎ 叶经生等组织、领导传销活动案

要旨 组织者或者经营者利用网络发展会员,要求被发展人员以缴纳或者变相缴纳"入门费"为条件,获得提成和发展下线的资格。通过发展人员组成层级关系,并以直接或者间接发展的人员数量作为计酬或者返利的依据,引诱被发展人员继续发展他人参加,骗取财物,扰乱经济社会秩序的,以组织、领导传销活动罪追究刑事责任。

检例第 40 号

◎ 周辉集资诈骗案

要旨 网络借贷信息中介机构或其控制人,利用网络借贷平台发布虚假信息,非法建立资金池募集资金,所得资金大部分未用于生产经营活动,主要用于借新还旧和个人挥霍,无法归还所募资金数额巨大,应认定为具有非法占有目的,以集资诈骗罪追究刑事责任。

检例第 39 号

◎ 朱炜明操纵证券市场案

要旨 证券公司、证券咨询机构、专业中介机构及其工作人员违

背从业禁止规定,买卖或者持有证券,并在对相关证券作出公开评价、预测或者投资建议后,通过预期的市场波动反向操作,谋取利益,情节严重的,以操纵证券市场罪追究其刑事责任。

检例第 15 号

◎ **胡林贵等人生产、销售有毒、有害食品,行贿;骆梅、刘康素销售伪劣产品;朱伟全、曾伟中生产、销售伪劣产品;黎达文等人受贿,食品监管渎职案**

要旨 实施生产、销售有毒、有害食品犯罪,为逃避查处向负有食品安全监管职责的国家工作人员行贿的,应当以生产、销售有毒、有害食品罪和行贿罪实行数罪并罚。

负有食品安全监督管理职责的国家机关工作人员,滥用职权,向生产、销售有毒、有害食品的犯罪分子通风报信,帮助逃避处罚的,应当认定为食品监管渎职罪;在渎职过程中受贿的,应当以食品监管渎职罪和受贿罪实行数罪并罚。

检例第 14 号

◎ **孙建亮等人生产、销售有毒、有害食品案**

要旨 明知盐酸克伦特罗(俗称"瘦肉精")是国家禁止在饲料和动物饮用水中使用的药品,而用以养殖供人食用的动物并出售的,应当认定为生产、销售有毒、有害食品罪。明知盐酸克伦特罗是国家禁止在饲料和动物饮用水中使用的药品,而买卖和代买盐酸克伦特罗片,供他人用以养殖供人食用的动物的,应当认定为生产、销售有毒、有害食品罪的共犯。

检例第 13 号

◎ 徐孝伦等人生产、销售有害食品案

要旨 在食品加工过程中,使用有毒、有害的非食品原料加工食品并出售的,应当认定为生产、销售有毒、有害食品罪;明知是他人使用有毒、有害的非食品原料加工出的食品仍然购买并出售的,应当认定为销售有毒、有害食品罪。

检例第 12 号

◎ 柳立国等人生产、销售有毒、有害食品,生产、销售伪劣产品案

要旨 明知对方是食用油经销者,仍将用餐厨废弃油(俗称"地沟油")加工而成的劣质油脂销售给对方,导致劣质油脂流入食用油市场供人食用的,构成生产、销售有毒、有害食品罪;明知油脂经销者向饲料生产企业和药品生产企业等单位销售豆油等食用油,仍将用餐厨废弃油加工而成的劣质油脂销售给对方,导致劣质油脂流向饲料生产企业和药品生产企业等单位的,构成生产、销售伪劣产品罪。